suhrkamp taschenbuch 3886

Im Jahr 1977 veröffentlichte Peter Handke zum ersten Mal ein Journal – Titel *Das Gewicht der Welt* (st 500). Es ist das Resultat einer, wie sein Autor schrieb, »mir bis dahin unbekannten literarischen Möglichkeit«, nämlich dem »Mit-Schreiben mit den täglichen und nächtlichen Geschehnissen«.

Diese neue literarische Gattung setzte Peter Handke fort mit *Die Geschichte des Bleistifts* (st 1149), den *Phantasien der Wiederholung* (BS 1230) sowie *Am Felsfenster morgens*. Nun erscheint als Taschenbuch der – vorläufig – letzte Band dieser kleinen großen Reihe: Aufzeichnungen zwischen November 1987 und Juli 1990, jenem Zeitraum, in dem der Schriftsteller als Person ohne festen Wohnsitz unterwegs war (z. B. in Schottland, in Ägypten, in Japan) und in dem er unter anderem den *Versuch über die Müdigkeit* und den *Versuch über die Jukebox* (beide in st 3288) schrieb.

»Ein dickes, ein gewichtiges Buch von eigener Aktualität: eine Exkursion in die Zeit hinter unserer Gegenwart.«
Martin Lüdke, Focus

»In seinem wunderbaren Buch ›Gestern unterwegs‹ erfährt man das Glück des Lesens.« *Ulrich Greiner, Die Zeit*

Peter Handke, geboren in Griffen (Kärnten), lebt heute in der Nähe von Paris.

Peter Handke
Gestern unterwegs

Aufzeichnungen
November 1987 – Juli 1990

Suhrkamp

Umschlagfoto: Lillian Birnbaum

suhrkamp taschenbuch 3886
Erste Auflage 2007
© 2005 Jung und Jung, Salzburg und Wien
Lizenzausgabe mit freundlicher Genehmigung von
Jung und Jung, Salzburg und Wien
Suhrkamp Taschenbuch Verlag
Alle Rechte vorbehalten, insbesondere das
der Übersetzung, des öffentlichen Vortrags sowie
der Übertragung durch Rundfunk und Fernsehen,
auch einzelner Teile.
Kein Teil des Werkes darf in irgendeiner Form
(durch Fotografie, Mikrofilm oder andere Verfahren)
ohne schriftliche Genehmigung des Verlages reproduziert
oder unter Verwendung elektronischer Systeme verarbeitet,
vervielfältigt oder verbreitet werden.
Druck: Ebner & Spiegel, Ulm
Printed in Germany
Umschlag: Göllner, Michels, Zegarzewski
ISBN 978-3-518-45886-0

1 2 3 4 5 6 – 12 11 10 09 08 07

Gestern unterwegs

Lieber Leser!

»Gestern unterwegs« gibt sich, nach dem »Gewicht der Welt«, der »Geschichte des Bleistifts«, den »Phantasien der Wiederholung«, »Am Felsfenster, morgens«, als die letzte Phase meines Mit-Schreibens mit den täglichen und nächtlichen Geschehnissen. Es bezeichnet auch den Übergang oder die Übergänge vom puren Mit-Schreiben (vorherrschend vor allem im »Gewicht der Welt«, 1975 bis 1977) zum nachträglichen, leicht zeitversetzten Notieren: von dem, was »jetzt« geschieht, zu dem, was »gestern« geschah, und vorgestern, und vor einigen Tagen, und vor einer Woche ... Unter anderem rührt das wohl von dem fast ständigen Unterwegssein, ohne festen Wohnsitz, in der hier memorierten und evozierten Zeit, vom November 1987 bis zum Wieder-Seßhaftwerden im Juli 1990. (Danach fand und findet im übrigen kaum mehr ein Mit-Schreiben im Sinn der früheren Journale statt.)

Weggelassen habe ich im Kopieren, mehr als fünfzehn Jahre nach »Gestern unterwegs«, viele Lektürezitate und auch Bilder- oder Skulpturenbeschreibungen. Manche Wiederholungen dagegen ließ ich (mir) durchgehen. Die Notate zu dem, was hier im Journal »Der Bildverlust« heißt, gelten einem Vorhaben, aus dem im Lauf der folgenden fünfzehn Jahre *zwei* Bücher werden sollten, »Mein

Jahr in der Niemandsbucht« und eben »Der Bildverlust«.

Wen es interessiert, der soll wissen, daß ich in den Jahren von »Gestern unterwegs« das Theaterstück »Das Spiel vom Fragen« schrieb, dann den »Versuch über die Müdigkeit«, dann das Filmbuch »Die Abwesenheit«, dann den »Versuch über die Jukebox«; zuletzt übersetzte ich Shakespeares »A Winter's Tale«.

P. H., 22. Februar 2005
(es schneit, oder, aus
dem Arabischen rückübersetzt:
»Es schneit auf die Erde«)

Grabinschriften aus dem 19. Jahrhundert, gelesen zum Abschied aus Österreich: »Unvergeslicher Vater! und zärtlich innigstgeliebte Mutter! die ihr beisam̃en unter dieser Hülle verborgen liegt: Euch wünschen euere rückgelassenen – im dritten Grabe abkom̃enden Sprößlinge sanfte Ruhe und ewiges Hallelujah!« Und: »Hier ruhet einsam Valentin Ratschnig... in der finsteren Todtenhülle, beweint von den Verlasenen.« Und: »Hier ruhet Felix Karpf, gewesener Postbeförderer, dañ Bauer... *so* gestorben am 17. Februar 1814« (Friedhöfe in Kärnten, Inschriften in der Sprache Ferdinand Raimunds – und dann aber eine Stele aus der sogenannten heidnischen oder keltischen Vorzeit, ein eingeritztes Skelett, und die nachher, in der christlichen Zeitrechnung, in diese reine Zeichnung überallhin gehauenen, schlecht und wahllos gehauenen Christenkreuze; St. Gr.-St. Martin bei Klagenfurt-Keutschach, 17./18.Nov. 1987)

Gestern schrie zu meinen Häupten ein Rabe, der dann ein blökendes Schaf nebenan auf der Weide war, und heute schlackerte hinter mir ein Hund mit den Ohren, der dann ein Mann mit rasselnden Schlüsseln war (im Verkehrsbrausen von Jesenice, Jugoslawien, 19. Nov. 1987)

Das Vaterunser des Vaterlosen: »Jetzt! Und...« Jetzt! Und... die sonneflimmernden Blätter der Pappeln vor dem schon winterdüsteren Felshang

Der eigentliche Tagesanfang: das Werden der Formen – das Sichzacken der Platanenblätter, die auf dem nassen Asphalt liegen – und das Übergehen der Formen auf mich, wodurch ich ersetzt und erweitert werde (Busbahnhof Ljubljana, 20. Nov. 1987)

Gestern, als es noch nicht regnete, bei trockenem Asphalt, landete neben einem liegenden Platanenblatt ein Spatz, und das Blatt flog davon kurz auf; als ein anderer Spatz landete, rollte von ihm ein Steinchen hin auf das Blatt

Ein Trupp von Soldaten in gefleckten Uniformen im Ferndunst auf der Straße als ein graubrauner Kartoffelhaufen (Postojna)

Zwei Kinder, mit dunklen regennassen Stöcken fechtend, umstanden von anderen Kindern (vor dem Berg Nanos)

Zwei braunscheckige Hühner gingen pickend unter einem windgeschüttelten Oleanderbusch vor einem Bauernhaus (Senožeče)

Aus der Luft und dem Wasser, woraus ich bestehe, habe ich mithilfe des Herzschlags und des Bedenkens doch schon dies und das gemacht?

Sowie ich etwas »haben« will, wie zum Beispiel gerade etwas wie das Haus in der Doline (von Divača), packt mich ein Unbehagen, ja ein Todesgrausen – aus dem mich aber die leere, die Folge-Doline wieder herausholt, die ich nur sehe – anschaue, ohne haben zu wollen

»Laß, laß, laß, laß ...«: Lebens- wie Sterbegebet

Den Säuglingsblick zum Himmelslicht wiederholen, bis zum Ende

Die Wiederholung als die Erfüllung, die Fülle der Zeit – siehe auch die Wiederholung des Alten Testaments im Neuen

Den Geist gliedern mithilfe der Form. Sonst weht und wirkt er nicht (Bahnhof Koper, windgerillte Pfützen, rauschendes Schilf)

Erfahre ich das Schöne, will ich ihm etwas versprechen

Gehen in der Dämmerung nach Hrastovlje im Karst. Nur der Wind in den Kiefern und den welken Blättern, die gefaßte Quelle am Eingang zum Dorf, die überall offenen, beleuchteten Schuppen neben den sonst finsteren Häusern, da wurde noch gearbeitet, oder Mischmaschinen liefen im Leeren, und die alte Frau, die mir die Kirche nicht mehr aufsperren wollte (»ich kann nicht allein hinaufgehen«): so nur der Blick durch das Eisengatter in der Wehrmauer, dazu die Züge am Gegenhang, erleuchtet die Personenzüge, vorausleuchtend ins Dunkel die dunklen Güterzüge, steilauffahrend nach der Schleife, und mein sich wiederholender Gedanke auf dem Rückweg nach Rižana: »Die Nacht muß dein Element werden!; Schatten des Gehenden auf den durch die Autoscheinwerfer scharfgezeichneten Schilfhainen, wie gekreuzigt der Schatten da, langes Laufen im Dunkeln, auf einmal am Himmel das

Erscheinen der Sterne im Wolkenfeld, das Laufen erleichternd, Gedanke an die unbetrachteten Totentanzfresken in der Hrastovlje-Kirche – sie haben nicht auf meine Wiederkehr gewartet, aber immerhin habe ich mich ihnen endlich, so wie ich es lange schon vorhatte, zu Fuß genähert, im Schweiß, zur Musik der Züge an den Felswänden

Immer doch habe ich diese slowenische Landschaft, insbesondere die Binnenlandschaft, die Häuser, die Heuhar(p)fen, als jene »fluidale Urheimat« erlebt, wie es auf jener seltsamen Grabinschrift des Friedhofs von St. G. hieß, die vor einem Jahr Teil der ausgedienten Kreuze in der Abfallecke geworden war und inzwischen ganz verschwunden ist: »Am ... kehrte X. Y. in seine fluidale Urheimat zurück«

Auch im Slowenischen das Wort »abendfüllend« für Filme, »celovečern«

Die Bora in Piran jetzt um das vorwinterlich leere Hotel Punta fauchend, alte Zeitung auf einem Tisch, das Meer sich spiegelnd an allen Wänden, das schäumende Meer

Die eine Gemeinsamkeit zwischen St. G. und Piran: die Kirche dort wie die Taufkirche hier haben romanische Transennen – nur geht die Transenne von Piran nach Osten, nicht nach Westen wie die Lilientransenne daheim

Wieviel mehr geben mir und wieviel näher kommen mir doch die religiösen Zeichen – auch »bloß« die karolingischen Ornamentschlingen am Baptisterium von Piran – als alle die noch so plastischen weltlichen Herrschaftszeichen, wie etwa die Markuslöwen (obwohl der Löwe an sich Zeichen eines Evangelisten ist)

Vor bald fünfundzwanzig Jahren erstmals in Piran: alles war unentzifferbar, aber verlangte nach Entzifferung; und heute? Jedenfalls fühlte ich mich damals umgeben von den Blöcken einer noch zu errichtenden Welt; und heute? Der Blick in die Ferne fällt mir zu leicht, der Blick ins Freie kennt zu wenig Widerstand

Nichts verstehe ich, nichts will ich verstehen von den Leuten, die nichts im Sinn haben; die unkünstlerisch sind

Statt: »Herr, bleibe bei uns (denn es will Abend werden)«, sag: »Bleib in unserer Nähe!«, und so kann ich doch einmal das »Wir« verwenden

Das (ausgehaltene) Anschauen ist schon das Nachdenken?

Wahrscheinlich sind wir alle von Anbeginn herzlos; ich jedenfalls suche in der Arbeit mein Herz (Piran, Abend, Bora)

Nach der Alptraumnacht sitze ich an der Seefahrerkirche in der Sonne und atme, und es ist Sonntag, die Kinder stehen stumm am Meer, die Katzen laufen, im Radio singt mit hoher ruhiger Stimme eine Frau, eine Fischerstimme ruft vom Meer aufs Land, Regung der kleinen Uferpalmen,

Möwen im Himmelblau, Glanz eines Frauenhaars – weiter mit deinen Erscheinungen, Lebenswelt, Gott schütze euch, unbekannt-bekannte Passanten

Der Dichter als der Igel: er war immer schon früher da (Rovinj)

Schönheit ist auch Preisgegebenheit

Von mir wurde gesagt, ich sei auch nicht mehr der, der ich war, worauf das Kind sagte: Nein! – worauf ich den Kopf auf seine Schulter legte (23. Nov. 1987)

Manchmal die Zeit als ein Lied, aus kommenden, dastehenden, verschwindenden Gegenübern – Hunden, Tauben, Kindern, Laufenden im Regen –, dazwischen die skandierende Leere (»Alles Vergängliche …«); die Zeit als das Lied namens »Gestern wird morgen sein«

Im rinnenden Regen die Transennen, die Lichtkanäle, aus Meereslicht zwischen den dunklen Pinien und Zypressen: Vorstellung, Robinson käme da gerade durchgetaumelt, als Schiffbrüchiger

Wolle nichts Neues mehr, du weißt doch, was du bis ans Ende zu tun hast: deine Heimat zu suchen

Schulkind allein mit der Schultasche, eine große weiße Blume im Haar, im steinernen Unterstand an der Insellandstraße (auf Krk wieder, zum ersten Mal seit dem Sommer 1964)

Manchmal erscheinen mir alle Schreibenden als Linkshänder, und so liebenswert

Eine Art Sinn des Lebens: an der Tränke zu stehen (so wie »wir alle« gerade in dem Rundturmlokal am Hafen von Krk, 24. Nov. 1987)

Ich weiß, daß die alltäglichen Handlungen – das Gläserwaschen der Kellnerin, das so achtsame Tragen der zwei Gläser Wasser durch das Kind hin zur Mutter –, ich weiß, daß sie heilig sind, und doch kann ich so wenige dieser Vorgänge fassen

Gestern abend, am Sprühmeer im Sturm, war die Menschheitsfahne herausgehängt: die immer wieder zerstiebende, hochfahrende Gischt als Hintergrund vor den da landeinwärts Gehenden, feierabendlich, alle blau gekleidet, und dazu unablässig, eben als ihr Hintergrund, die ins Land vorpreschende, vorschießende, dann langsam herabwallende zarte Schaumfahne

Auf der Bank der Bushaltestelle: das ergraute Haar der Mutter spricht mit dem lichtbraunen des Kindes (Krk – Malinska, 25. Nov. 1987); ist deswegen vielleicht das Christentum so mächtig, weil es dergleichen *erzählt* von Mutter und Kind, Vater und Sohn usw.?

Beim Hören des Regens in den Blättern wieder das Küheweiden-unter-den-Bäumen-Gefühl; wie sich das Ereignislose aber tausendfach wiederholt und im Lauf der Wiederholungen noch verstärkt, während die sogenannten Ereignisse …

Was beschäftigt mich so besonders an den Formen und Gestalten des Romanischen? Das Verhältnis der Figuren, spielkegelhaft, zueinander, das Für (und das Wider), und auch das Dasein der einzelnen, der vereinzelten Lauschenden

Erinnerung an das »Wetterleuchten« hinter den Fingernägeln in der Kinderzeit, sowie man auf die Nägel drückte (Erinnerung kam in Gedanken an das wirkliche Wetterleuchten vom Vorabend)

In der Fremde, der guten: mit dem, was *nicht* wie zu Hause ist – dem, was *endlich* nicht so ist –, etwas anfangen

Draußen in der Einöde gingen so viele Leute so schnell, als wollten sie sich noch rasch mit dem Nötigsten versorgen, oder noch rasch sich mit ihren Liebsten zusammenfinden

Verschreckt sind wir auf die Welt gekommen, und das steckt in uns immer noch?

Die in der Wildnis einen einzelnen Baum mit einer ausladenden runden Steinmauer umgeben haben, das waren unsere Vorfahren (Senj → Zadar, 26. Nov. 1987)

Lebensgefühl, das mir in der Regel genügt, ja – fast – das Höchste ist: das schlichte In-der-Welt-Sein (angesichts, ja angesichts, der abgefallenen Blätter jetzt im Morgenlicht von Zadar, mit Alten und Kindern als Passanten, mit Spatzenschreien)

Meine Abneigung gegen alle Herrschaftszeichen – nicht nur gegen den venezianischen Löwen: so in der Kirche des »alten Peter« von Zadar das (kleine) Triumphgefühl, die römische Säule umgekehrt stehen zu sehen, das Fundament nach oben, die ehemalige Säulenspitze als schwacher Stumpf in der Erde – dagegen die leere Kirche als ein Hochofen des Geistes: da faucht und weht es hinauf in die Leere, bis hinaus in die fast nur noch aus Zapfen bestehende Kiefernkrone und hinauf zum zunehmenden Mond

Denkort Brücke

Die Herrlichkeit der alten Buchhandschriften – und ob nicht mit dem Buchdruck etwas verlorenging? als Tatsächlichkeit, nicht als Möglichkeit? – die fortlaufende langsame bedächtige dienende herrscherliche Hand-Schrift?

Usurpatorisches Christentum wieder: wie um die Köpfe an den römischen Grabmälern Aureolen gemeißelt wurden, um die Römer zu Heiligen zu machen

Ob die romanische Skulptur besser mit Kalkstein »geht« als mit Marmor?

Zähl nur noch die *Voll*gefühle; zähl? (Split, Hafen)

Manchmal bin ich von der Zeit gewiegt wie in Abrahams Schoß (wie zuvor in Rovinj jetzt auf den Meeresbahnhöfen von Split)

Die romanischen Formen als »das Wahre« – denk auch heute an den Weihrauchfaßschwinger an der Innenseite des Glockenturms der Kathedrale von Split, das in die Lüfte geschwungene Gefäß genau »in der Schwebe« –, aber wie kam es, daß jene (diese) Formen aus dem 11./12./13. Jahrhundert das Wahre sind und wurden? Und daß solches Wahre wieder verschwand (nicht: »verlorenging«)?

Eins meiner Probleme: ich möchte, an Ort und Stelle, *alles* sehen – und gerate so in den Wirbel (»Der Bildverlust«). Lerne, Reisender, die Augen zu schließen

»Herz, wärst du nur besser!« sagte ich zum Herzen. – »Aber vielleicht bist du ohnedies gut.« – Darauf freute sich, und freut sich, das Herz (im Bus Split–Trogir)

Die Taufe heute im Mausoleum von Split (Taufe/ Mausoleum): die beiwohnenden Kinder zusammengedrängt zu einem (1) Kind, das den Täufling küßte

Das Dritte, das »Es« (der Grammatik); denk *dieses* Es (zum Beispiel im »Es war einmal ...«)

Die Holztür an der Mausoleums-Kathedrale von Split: die Szenen aus dem Leben des Herrn (verstehe allmählich dieses Wort), etwa der Jünger (verstehe allmählich dieses Wort) Johannes, der beim Abendmahl den Kopf seinem Herrn wieder an die Schulter lehnt, dabei – Variante – mit einer Hand Trost sucht *im Ärmel* seines Meisters (»es gibt so viel Trost«), die Taufe im Jordan, wo der zu Taufende wieder, wie an der Bronzetür in Pisa, in dem Wellenhügel(chen) steht, dazu zwei Fische schnuppernd an seinen Füßen (wie mir in den vergangenen Sommern beim Schwimmen in der Soča/im Isonzo), die Ölbergszene, die Apostel schlafend, die Köpfe an die Flanke des Berges geschmiegt, die drei Könige, gar flott unterwegs dem Stern folgend, parallel, wie immer in den romanischen Darstellungen, auf ihren langgestreckten Pferden, ebenso zielstrebig der langgestreckte Esel auf der Flucht nach Ägypten, die *schwebende* Krippe mit den *hinfälligen* (treffendes Wort) Hirten, der *Winkel* mit den gedrängt-gemordeten Kindern von Bethlehem, der küssende Judas beim Verrat, den Leib nach hinten vom geküßten Verratenen weggestreckt »wie so manche unwahren Frauen ...«

Den »Bildverlust« romanisch erzählen (29. Nov. 1987, Split)

Transennen: Durch*brüche*, nicht Übergänge – wie etwa auch die geflochtenen Luftmuster innen in der Mauer des Diokletianpalastes –, wie die Luftmuster einst an den Scheunen des Heimatdorfs (Lüftungsmuster) – was zieht mich an diesen sanften, edlen, unauffälligen, wie von selbst gestalteten Durchbrüchen derart an? (»Der Bildverlust«)

Jeder trauert für sich allein

Das Gewaltigste (Meister Radovan von Trogir): das leere Grab; der Auferstandene in einer Feuerflamme, vor der noch eine Rauchsäule steht, auf-

gefahren – daneben die Helme über den Gesichtern der Totenbewachsoldaten

Die natürlichste Art, mit sich selber zu reden: durch ein Mißgeschick, einen Unfall

Gestern: im Busbahnhof von Trogir, in der mürrischen Atmosphäre des Sonntagabends, der Leere, der Entleertheit, dem angedunkelten Speiseraum, der Überzahl des Personals da: und plötzlich tauchte ein junger, unschuldig-kindlich wirkender Mann auf, bei dessen Eintreten ein Freudestrahlen, auch ganz kindlich, durch die Bediensteten ging, auch die zuvor besonders verächtliche schöne junge Kellnerin, so als sei nun endlich der erwartete, sehnlich erwartete Held gekommen, und die Dreischaft des Personals wandte sich einander zu mit dem sanften Lächeln des »Endlich ist er da!« Ich stellte mir vor, er sei ein Fußballer, der Star von Hajduk Split, der gerade noch im Stadion (Radio) das Siegestor geschossen hatte und nun heimgekehrt war in seinen Wohnort Trogir, frisch, im Staubmantel, gewohnt ans Gefeiertwerden, und bescheiden damit umgehend. Und dann war der Held gegangen, und kurze Zeit strahlte es noch in dem öden Raum, an dem die Passagiere draußen, von und zu den Bussen, nun festlich vorbeidefilierten

Vor ein paar Tagen das Mittagsläuten von Malinska auf Krk: es klang in der Einöde, wo ich ging, mit dem leisesten Ausklingen noch wider, an einem verschlossenen Ferienhaus, gerade, als käme es aus diesem heraus

Der schlafende Engel: gibt es das?

Der Johannes von der Holztür in Split: ich habe mich getäuscht, er sucht *nicht* Trost mit der Hand im Ärmel des Meisters – aber es ist eine fruchtbare Täuschung

Die Gleichzeitigkeit der romanischen Formengeschichten: zugleich wird dem toten Gekreuzigten mit der Lanze in die Rippen gestoßen und dem noch Lebenden der Essigschwamm gereicht. Und zugleich hält die Mutter bei der Kreuzabnahme ihres Sohnes ihm unten die tote Hand und legt ihr großes Trauergesicht darauf, und zugleich er, *schon* thronend in der Glorie, *noch* mit dem Auferstehungsbanner unten bei den armen Seelen in der Vorhölle

Die Schönheit eines Ortes, eines Geländes, besteht oft erst einmal allein darin, daß ich ihn, den Ort, endlich gefunden habe (die Sveta Trojica, die Kapelle der hl. Dreieinigkeit, bei Split, im Niemandsland, neben Sandhaufen, Wohnwagen, einem Gemüsegarten, dahinter das Hajduk-Stadion)

Ein Schwermutsgrund in Ö.: die schon im Morgengrauen halb gelösten Kreuzworträtsel auf den Gasthaustischen; hier in J. scheint man wenigstens damit erst gegen Mittag anzufangen?

In der Nacht gestern: nichts mehr als das Glimmen der Kohle unten in den Maronenbratbecken und das Anrauschen des Meeres (Hafen Split)

Jenes Stoßgebet zu meiner toten Mutter: »...dein Sohn geht immer noch unter dem Himmel!« (Maribor 1981) kommt immer wieder zurück als klare Welle

Die Krönungsszene gestern in der Kirche von Trogir: Christus, der, in weitem Abstand, mit einem Schwung seine Mutter krönt, und sie, die sich ebenso dazu weit vorneigt, beide wie spielende Kinder (der Renaissance-Seitenaltar)

Wir Leute führen uns auf, als hätten wir alles schon verloren gegeben und als Personen keinen Anspruch mehr, gewürdigt zu werden; die Natur hingegen tut immer noch, wie wenn nichts wäre, und so trifft das Wahrnehmen, Würdigen, Weiterdenken doch noch?

Ohne das »Sursum corda!« ist kein Leben – die aus den Palmen, oben aus den wie Barbecue-Schichten oder Döner-Kebab-Säulen geformten Stämmen, noch lang nach dem Regen quirlenden Riesentropfen, unten auf der Lache rund um den Stamm Blasen bildend (Kai von Split)

Kitzel am Fingergelenk in der Sonne – und das Gelb einer Wespe, des letzten Novembertags, schon ist es entflogen (Autobusbahnhof)

Die romanischen Gestalten, ohne sich einander auch nur irgendwie zuzuwenden, sind doch – anders als die so gemeinschaftlich tuenden gotischen – zusammen, einfach, indem sie groß da sind, wie Kinder, die voneinander (Bescheid?) wissen und so vom andern keine Ansprache brauchen

Der Zeichner im Busbahnhof von Šibenik gestern: sehr gewissenhaft, zeichnend von Schnellblick zu Schnellblick, dazu ein seltsames langwährendes Nicken hin zu dem jeweils Porträtierten – von dem danach, wie auch von sämtlichen Umstehenden, ein großes Staunen war über das eigene Abbild – dieses Staunen wäre erst das ganze Bild gewesen: wie etwa der Schnauzbärtige, gefurchte Stirn, dicke tiefe Ringe unter den Augen, noch lange nach dem Gezeichnetwordensein in dem großen Warteraum im Kreis ging und jedermann mit düsterem, stolzem Staunen, triumphierend lachend – kurz, scharf – sein Porträt zeigte; dazu vor dem einen Fenster draußen die Wartenden, dahinter die ankommenden, abfahrenden Busse, vor dem andern Fenster das finstere Meer, mit dem kurzen Glanz eines Fischerboots (das war Šibenik)

Gespräch des Reisenden: mit den Scheitelwirbeln der Kinder (unter den Aleppokiefern des Berges Marjan)

Gestern nacht, im kleinen Ferngucker, zählten die Pleiaden tatsächlich als das Siebengestirn: die Zahl Sieben in den Sternen so deutlich (habhaft) wie nirgends bisher

»Man wundert sich: Immer geht es noch weiter, und weiter, und heute habe ich die Stimme meines Kindes gehört« (Dubrovnik, Nacht, Donnerrumpeln, Meer, 1. Dez. 1987)

Die Verkündigung des Engels an die Jungfrau Maria (»Du wirst einen Sohn gebären«) in dem Diptychon aus dem 15. Jahrhundert im Rektorenpalast; die junge Frau skeptisch über die Botschaft, nicht (noch nicht) glauben könnend, der Engel gewiß, aber geradezu trauernd verkündend, wissend um das künftige Schicksal der jungen Frau, in der Hand einmal keine Lilie?, sondern eine Art Standarte? Eine Lilienstandarte?

Der Efeu, geplättet und verdreht vom Sturmregen, lagert mit seiner Schleppe über dem Olivenbaum, so scheinharmlos – dabei im Begriff, den Baum aufzufressen – wie die Tatze der romanischen Löwen auf den Häuptern der Opfer unter ihnen

Die Mauern von Dubrovnik: welch schöne Abschreckung im Vergleich zu den heutigen Abschreckungen

Die Kreuzgangkapitelle im Franziskanerkloster von Dubrovnik: Wären mir diese erhaben-frechen Tier-, Mensch-, Pflanzen(ja auch die)-Köpfe doch damals im Regenstrom aus dem Rauch des Kartoffelfeuers am Rand der Kuhweide erschienen – aber so erscheinen sie eben jetzt, die damals so erwarteten (»Der Bildverlust«)

»Nur ruhig!« – »Wenn du nicht da bist – wie kann ich ruhig sein?« (D., Morgendämmerung, Spatzen raschelnd in der Palme)

Mit dem Licht der Zwischenräume arbeiten (Busbahnhof Dubrovnik)

Statt »Epiphanie« sag: »Zusammenkunft«

Wann immer du jemand bekümmert Wirkenden, Abwesenden, fast Unseligen erblickst, denk: Das ist vielleicht einer, der auf Schönheit aus ist, *von Grund auf*, und der unversehens erstrahlen wird: der Dichter

Die entziffernswertesten Kapitel sind jene, wo die Figuren in einer, und wenn auch noch so geringen Beziehung zueinander sind, so wie im Franziskanerkreuzgang von D. gestern die Kindervögel links und rechts des Muttervogels, allesamt mit den Schnäbeln im Federkleid der Mutter, und dazu das Bildnis des Buchträgers, Propheten, dem hinten ein Hund und ein anderes Tier (Widder?) in die Knöchel und Fersen beißen, während er unverdrossen da kniet und mit beiden Händen das offene Buch in die Welt hält

Gestern war die Horizontlinie des Meeres so klar gerundet, als stürze da planetweit ein gewaltiger Katarakt weg ins Leere, und dann strahlte die Sonne aus der Wolkenbank darüber einen dunklen Pyramidenstumpf heraus, der als das Vorbild zu einer romanischen Kirchenfassade, Kirchenstirn erschien

Schöne Tage, es gibt sie, sie sind nicht nur eine Redensart – die Schönheit von Himmel und Erde greift dann ein in das innerste Herz

Das Bild des kataraktischen Ozeans, wegstürzend in den Nichtshorizont (siehe oben): die mittelalterlichen Sehweisen, sie wirken weiter (»Der Bildverlust«)

Ston bei Dubrovnik: Dezemberlibellen am Orangenhainhang zur großen »chinesischen« Mauer, dazu gelbe Falter; unten eine Frau im Freien Fische bratend – und endlich weiß ich auch, wie Myrten aussehen, samt ihren teelöffelförmigen Blättern – denk auch an »unsere« Blau(Schwarz)beerensträucher, die Myrtillen –, immer zusammen mit andern Gewächsen, zum Beispiel dem Wacholder. Und »Chinesische Mauer« für die von Ston paßt überdies deswegen, weil ringsum die kegeligen Hügel stehen, an den Flanken und auf den Kuppen die vereinzelten Schirmpinien, pagodenhaft. Grillengezirp, dezemberlich, zwischen den Felsen, vor und hinter mir

Wäre ich im Jahr tausendeinhundert geboren, hätte man mich gelassen, wie ich bin; so muß ich mich »durchsetzen« (»Der Bildverlust oder Die Zeitgrenze«)

Ston: der Weg hinaus zu den Salinen, teils versunken unter Wasser, die Salzzugschienen fast verrostet, die Schwellen der Gleise verschoben, der Glanz des schwankenden Schilfflaums in der tiefstehenden Wintersonne, die Hühner im salzangegrauten Salinengras, dann die Kirche zur Lagerhalle geworden, im Fastniemandsland, das Apsisfensterchen gesäumt von Flechtornamenten, die Kuppel wie ein Atlantikbunker an der Küste der Normandie, die kleinen offenen hölzernen Salzwaggons, einer dickverkrustet von Salz, wie ein vereister Sarg, die Salzhaufen wie Schneeverwehungen an den Schienen (und jetzt die Rocktaschen gefüllt mit Salz!), und vorher in Ston auf der Straße die bratende Frau, hockend, schürend und fächelnd am Rost, Fische, Würste, Fleisch, und die Rundumstehenden schon mit der Gabel in der Hand, am Rücken, und jetzt die Kühe, Euter übervoll, grasend im Salinenland mit dem silbrigen Schilf

Sowie am Wissenden das Kindliche erscheint, wird sein Wissen empfangbar (zurück in Dubrovnik, Sternenhimmel, Vollmond); (5. Dezember 1987)

Eine Epopöe wert wäre auch das Aufundabgehen der (meist) jungen Leute auf der Placa, dem Stradun, von D., insbesondere die Art der einzelnen, im Flanieren umzudrehen, zu wenden, in einem jeweils verschiedenen Tanzschritt, und so den Mitgehpartnern das Signal zum Umkehren zu geben, dazu auch die gewisse, ungewisse Linie, über die, obwohl der Platz noch weiterläuft, nicht und nicht hinausgegangen wird – und wie die einzelnen, die über diese Linie geraten, wie in Angst vor der Leere besonders jäh Kehrtschritt machen – Stunden zugeschaut habe ich gestern und vorgestern dieser Polonaise

Bei fast bedecktem Himmel waren weitum auf dem Meer Glanzstellen (aus solchen Sätzen: »Der Bildverlust«)

Wie brauche ich Licht, Raum, Luft zum Bedenken!

Wie ich gestern, angesichts der im Vollmondlicht gestaffelten dalmatinischen Inseln, das Wort »Inselwelt« erlebte

Die »Achtundsechziger« und ihre Lehrer wollten mit dem Seelischen »aufräumen«, und was ist jetzt ihr Raum?

»Der Augenblickdenker«: nur das bin ich

Wie Kafkas »Die Kinder laufen unter dem Wind«, so auch: »Die Spatzen fliegen unter dem Wind« (sie fliegen gerade im Tiefflug über den nassen Boden, lauter schrillend als der Sturm, diesen durchdringend) (6. Dez. 1987)

Verb für Gelassenheit: »setzt ein« (hat etwas von stiller Musik)

Der junge Mann gestern abend, im Moment des Umkehrens auf der Placa von D., blickte ins Leere vor sich und blies sich die Haare aus der Stirn – und dann erst machte er kehrt; während andere, tambourmajorettenhaft, davor erst einmal eine Zeitlang auf der Stelle traten

»Getrost«: triftig-schönes Wort, im Gegensatz zu »Trost«

Die Kinder als Dichter: sie stehen da, halten die Hand in den Regen, und das ist ihr Gedicht

Stellt die Perspektive sich ein, öffnet sich die Welt (Titograd, 9. Dez. 1987)

Schreiben: Es geht nicht ohne den Glanz

Gestern beim Landen in Skopje der erste Schnee auf der Reise (und erstmals auf der Reise im Flugzeug); schönes Sichbeschneienlassen aller Passagiere auf dem Weg zur Halle, es war auch für die Gegend der erste Schnee, und auch das Gepäck kam verschneit auf dem Rollband (10. Dez.)

Kann man nicht, statt »um eine Erfahrung reicher«, manchmal sagen: »um eine Erfahrung ärmer?«

Ein den Namen verdienender »Gedanke« ist für mich etwa, einmal denken zu können: »Ein guter Mensch!« (der dem Hasen ausweichende Busfahrer, Ohrid)

»Gott, bewahre uns vor einem nationalen Aufbruch!« Das dachte ich heute im makedonischen Zug beim Lesen der frühen Gedichte von Hölderlin

Gestern: das waren die Schneeflocken, durch die Badlands vor Tetovo wirbelnd, in der Dämmerung, und dann die nachts meerhaft an Land schlagenden Wellen des Ohridsees

Hat er (sie) sich entschlossen, in Frage zu kommen (und dazu zu stehen), beginnt die ernsteste Liebesgeschichte der Welt (dachte ich heute mittag am Bahnhof von Ohrid)

Beteiligt denken ist Poesie

Die schlafenden Jünger auf dem Ölberg wieder in Sveti Kliment von Ohrid; es liegen fast alle schwer hingestreckt, erschöpft, einer die Hand auf dem

Leib des andern, sogar der Johannes, der einzige aufrechten Hauptes, nächst seinem blutschwitzenden Herrn, kämpft mit dem Schlaf, seine Augen sind schon nicht mehr recht da

»Belohnt des Herzens Mühen / Der Ruhe Vorgefühl …« (Der Gott der Jugend). Und ich? Weil ich so wenig Ruhe habe, sehe ich auch so schlecht, unscharf? »Daß so ferne dir die Heimat liegt, / Armes Herz, du wirst sie nie erfragen, / Wenn dir nicht ein Traum von ihr genügt« (An die Natur)

Gestern in Sveti Naum am einen Ende des Ohridsees habe ich jenseits hinaufgeschaut zu Albanien, Shoipëria, zu den bewaldeten, in der Sonne schimmernden, wie völlig siedlungslosen Hängen eines gewaltigen Berges, Gorice – e Epërme, und zu meinen Füßen der Fluß, der – mit dem Märchentrommelstein wieder in der Strömung – sich nach einer Felsbrücke in den See ergoß, sehr schnell, kam dabei zugleich aus Shoipëria, und der Taxifahrer dann in der Nacht, der alle Welt umarmen wollte, mir den Arm um die Schultern legte, war ein Albaner, ebenso wie vorgestern das wunderliebe, anmutige, endlich einmal »schön sprechende«, wie auf ewig lächelnde Mädchen im Zug von Tetovo (12. Dezember)

Das erste Bild des Tages: nicht so sehr die schneebedeckten Gipfel Albaniens jenseits des Sees als vielmehr der zitternde Reflex der Scheiben des fahrenden Busses auf dem Asphalt

Verb für die Sonne: sie »hilft« (»jetzt«)

In der Kirche Sveta Sofija: Ich hielt die himmelansteigenden Engel in Jakobs Traum zunächst für die Leiter(sprossen) selber, die Engel eine Art Räuberleiter bildend – und dann war es leider doch eine tatsächliche Leiter himmelwärts

Heute früh das erste Zerkrachen der Eispfützen unter den Sohlen in diesem Winter

Immer wieder verwechsle ich den Ohridsee mit dem Meer – wären nicht die Schwäne und die um sich selber schnellenden, dabei silbrig werdenden Winzigfische

Struga bei Ohrid, gestern: im »Bistro« die den Winter über trinkenden Burschen, zahnlückig-gutaussehend, mit sehr kalten Händen, einer aber, mit Ikonenaugen, den Augen aus der Kirche Sveti Kliment, hatte ganz warme Hände, und alle: »Es wird Krieg geben, wir werden kämpfen!«; im Nachtbus zurück nach Ohrid die schöne strenge Frau in einer andern Reihe, dann der Heimweg zu Fuß am See entlang in einem Dunkel, das nicht dunkel genug sein konnte, für den wie vollzähligen Sternenhimmel samt Milchstraße, Aufgang des Orion, wie ein unendlich verlangsamter Stabhochspringer über den Bergrücken, dazu Kastor und Pollux, und der Kleine Hund über dem Großen, und vor allem, so winzig wie klar, der wunderbare Siebenhaufen, das Diadem der Pleiaden wieder, wie herunterzuholen, um es jemandem zu schenken, und danach fast ein Ärger über das doch schwache Licht des Seehotels in der Finsternis, weil es den Sternenhimmel auslöschte

»Die Undenkbarkeit«: Tod, die Undenkbarkeit (Busbahnhof Bitola, Mazedonien, 13. Dez.); gibt es ein Substantiv »Denkbarkeit«?

Ein paar Dinge von gestern (aufgeschrieben vor einer Moschee in Bitola, leichter Schneefall, Flocken auf heißen Händen und ebensolcher Stirn): die Jäger am Morgen am Ufer des Ohridsees, zu viert im Auto durch die Stille (»reiche Stille« las ich gerade bei Hölderlin) rasend, dann plötzliches Bremsen, Büchsen sofort im Anschlag – ein Eichhörnchen, das noch ein paarmal aufspringt und dann schon im Kofferraum liegt, Deckel zu (es springt im Innern vielleicht noch einmal), dann gleich wieder das Ballern der Jäger, die ich dann, in hohen Gummistiefeln, beim gemeinsamen Wasserlassen sah, lange, lange, und die Stelle, wo das Eichhörnchen im Gras gelegen hatte, zeigte, einige Momente nur nach dem Todesschuß, keine Spur mehr von dem Tier, nichts als schmelzender Reif, kein Blut, kein Fellstück, nicht einmal ein Geruch mehr, einen Augenblick bloß nach dem Mord; dann die Busfahrt durch das mazedonische Hochland, zwei Pässe, die Waldrebenbäusche (»Lianen«) im Gegenlicht als gewaltige Winterblütenpracht, ganze Hänge leuchtend von ihrem Silbergrau: ungewisse Erinnerung, sie seien »etwas anderes«, so groß war das Bild; Schneeflächen, gefrorene Rinnsale, Hochland vor allem mit Laubbäumen, blattlosen, viele Badlands – Verirrtäler, eingeschnitten in den rötlichen Mergel; in Bitola dann die alte Griechenstadt Herakleia Lynkestis, in deren Ruinen ich weit und breit stundenlang allein ging, und endlich die Hesiod-Inschrift aus »Werke und Tage«, ich habe sie kopiert und werde sie noch entziffern, »dem Gott Gerechtigkeit...?« (theô dikaiosyne), und jetzt Riesendohlenschwärme über der Moschee kreisend, kurvend, gellend über Bitola, Schnee auf den Nasenflügeln (ich), endlich im Jahr, große Freude = »DaSein!«; die konkaven Muster oben am Minarett wie eine Struktur von Fledermausnischen – in Wirklichkeit hocken die dunklen Dohlen darin, und unten das offene Feuer vor der Moschee – all die offenen Feuer quer durch Jugoslawien bisher, hier eines umringt von Alten und Kindern, daneben ein einzelnes Kind kickend mit einem Luftballon, Schnee in meiner Handhöhle – »laß es weiterschneien!« (Gebet)

»Unterhalten«? Unterhalten kann ich euch nur durch meine Umwege (Bitola, Nacht, Schnee im Schwarzen aufblitzend gleich den sich werfendwendenden Winzigfischen im Ohridsee)

»...die Sonne des Geistes, die schönere Welt« (Diotima)

»Haßt den Rausch wie den Frost!« (»An die jungen Dichter« [БИТОЛА]). Den Frost hassen?

Die Himmelsrichtungen der mazedonischen Flüsse, hier in Bitola, wie im Skopje des Vardar, sind ganz anders als die unsrigen, ganz *eigen*, *fluß*eigen

Gestern abend, in einer dunklen Seitenstraße von Bitola, noch dunkler als die dunkle Hauptstraße: drei Esel reglos im Schneefall, rund um ihren reglosen Herrn, ein Sternbild (14. Dez. 1987)

Gestern abend auch: der mazedonische Geiger, fast immer nur auf der höchsten Saite fiedelnd, und so die gewaltigsten Morgenlandklänge hervorrufend – eher einen einzigen großen Schall

Florina, Griechenland, nach der Überquerung der jugoslawischen Grenze: plötzlich zeigen wieder alle Leute stolz ihre Uhren vor

Wahrnehmung einer uralt-ewigen Form: das Herz erblüht (vorgestern das überwachsene, vieldachige türkische Bad von Ohrid)

Heute, noch in Bitola, gegen Mittag, beim Busbahnhof, dachte ich: »Wo bleiben die Spatzen?«, und im nächsten Moment landete mir schon einer vor den Füßen, und einen Moment später war der ganze Vorplatz spatzenvoll

Nach zwei guten Stunden in ΦΛΩPINA, wo mir, nach Wochen ohne Reklame, sogar die Firmennamen, groß und sinnlos, wie sie waren, zusagten (»Mitsubishi«), wo ich zu Mittag aß einem alten Träger gegenüber im Busbuffet, neben ihm ein alter Lehrer, der, so der Buffetpächter, »in Rente ist und spaziert, ißt und trinkt«, draußen die Spatzen in einem Straßenbusch, der von ihnen, den Unsichtbaren, ruckelte, »Florina, die kälteste Stadt Griechenlands«, so der Patron, aus Piräus, seine Kinder beide in Deutschland geboren, »D. ist gut, dort gibt es Fabriken, hier ist keine Fabrik«; und jetzt Busfahrt nach Thessaloniki, wieder über Hochland und Paß (Schnee) in die Dunkelheit hinein, an einer völlig einsamen Tankstelle im kahlen Wärterhäuschen der einzelne Mensch beim Fernsehen in der schwarzen Nacht, Fernsehen schwarz-weiß, Licht im Häuschen grellweiß, und meine Freude auf ein Lokal mit ebenso kalthellem Neonlicht – und nun sitze ich, in Thessaloniki, gerade in einem solchen, neben den Kartenspielern um die Ecke der einzige Gast (und leider habe ich seit langem wieder einmal Zeitung gelesen)

In der Nacht (15. Dez. 1987), im Schlafen – ohne Träumen –, kam ich in »ganz Griechenland« an (vorher die Ankunft »nur« in Florina). Am Morgen – Diesigkeit, Lärm – wurde ich wieder ausgebootet. Aber so soll es nicht bleiben

Die Amazonenschlacht: die fragenden Gesichter der Sterbenden, auf welche die Lebenden, die Sieger, ihre Beine gepflanzt haben, um dann die Schlacht weiterzuschlagen. Hören die Sterbenden aber zu fragen auf? Oder: Ist ihr Todeskampf nicht eine einzige Verzweiflungsfrage?

»Und«: das Lautenspiel des Orpheus *und* die Arche Noah: der Hase zu Füßen des Sängers wie am Himmel sein Sternbild zu Füßen des Orion; das grimmig lauschende Wildschwein; ebenso der Panther, mit gefletschten Zähnen

Das Ungerechte (die Ungerechtigkeit) der Unlust (gestern abend, angesichts der Schmutzschlieren im Pflaster)

»Und«: die Akazienfächer vor dem Himmel, und darüber die Fächer der Fernsehantennen

Ein Vater zwischen seinen beiden Kindern, die eine Hand auf die Schulter des einen Kindes gelegt, die andere Hand schwebend über dem anderen Kind, und beide Kinder haben nun das Bewußtsein, etwas ganz Besonderes zu sein

In Thessaloniki alle die im Vergleich zu den Jetztbauten wie winzigen byzantinischen Kirchen, überdies alle unter dem Niveau »von heute«, in einer Mulde (das Niveau von heute: der Schutt der Epochen, die Epochen-Geologie), alle Kirchen in Senken, selbst die Sophia-Basilika, und vor einer die alte Frau, als Klageweib die Zerstörung der Bilder durch die Türken beschwörend, dabei immer wieder »regelrecht« aufheulend – und doch auch die Wohltat der inzwischen überwachsenen islamischen Heiligtümer, oder auch bloß der aufgelassenen türkischen Bäder mit den Runddächern, oder die ehemalige Markthalle und die moosgrünen Kuppeln der verfallenen türkischen Brunnen, und da und dort die zwerghaften Katzen, im Näherstreichen mehr und mehr jammernd: »Winterkatze, wie lang wirst du noch leben?«

»Ich möchte zum Orakel nach Dodona!« (angesichts der Dodona-Straße in der Oberstadt von Th.) – »Aber da gibt's doch längst nichts mehr zu sehen.« – »Nichts wie hin!«

Der gewaltige Verkehr, Busse auf Busse, in der *Egnatia*-Straße, so stark, daß lange, lange nicht einmal ein Blick möglich wurde zwischen den dichtaufgeschlossen dahinbrausenden oder stockenden Fahrzeugen hin zum »anderen Ufer«, dazu Polizistengeschrill am »Platz der Demokratie« wie kurz vor dem Ende der Welt – zwischendurch aber, momentlang, lächelnde Unterhaltung der Ordnungshüter, und dazu das wundersame Muster an der Ostwand der Apostelkirche, aus Kreisen, Haken, Mäandern, geformt allein aus Ziegeln und Verputz, ein Muster, das ein Gesicht hatte, ein Gesicht wie *hinter* allen Gesichtern – ein wenig wie das Schweißtuchgesicht?, nein, eher pantokratorallherrscherhaft; und dann wieder das wohltuende Abirren zu den islamischen Halbruinen, dem Gras, dem Moos auf den Dächern; und dann die große Totenzeremonie in der Hagia Sofia von Th., für einen Rechtsanwalt, δικηγόρος, 55 Jahre alt, aus Kerkyra, Hunderte von Trauergästen wandelten beim Hinausgehen an den etwa fünf Leidtragenden vorbei, die – es waren nur Frauen – sitzenblieben, unter den Frauen eine alte, die Mutter?, mit geschwollener Oberlippe, fast keine Augen mehr vor Weinen, die Tochter lächelnd, die alte Frau immer wieder aufschluchzend, deutlich die Wiederholung von Golgotha in der starken Abwesenheit des Sohnes und der Erfülltheit der Mutter vom Tod des Sohnes; Hinaustragen des Leichnams dann, im Sarg, der sich bog über den Trägern, durchsichtig war und den durchgerüttelten Körper sehen ließ; Weggang aller Trauergäste die Treppen hinauf zum Straßen-Gegenwarts-Niveau; dann die Leere um die Kathedrale (wie vor Tagen nach dem Mord der Jäger an dem Eichhörnchen in Ohrid), Leere an der Stelle des Sargs, rasches Wegräumen aller Feiergeräte, Aufsammeln der Asterblüten durch die Bestatter, dazu die Madonna in der Apsiskuppel, das Mosaikgold um ihre Gestaltlinien glimmend wie draußen das

Meer an den schon abenddunklen Küsten, das Kind auf ihrem Mosaikschoß hatte sie einst als *Kreuz* in der Hand gehalten, im »Ikonenstreit« ist das Kreuz durch das Kind ersetzt worden, Kind, welches noch den Kreuzesstiel unter den Fersen aufweist, die zweite Hand der Mutter auf der Kindesschulter, welche vorher der Kreuz*querbalken* war (»Der Bildverlust«); und darauf mein Versuch der Erdung beim Flanieren an den alleuropäischen Modegeschäften vorbei, beim Zeitunglesen (Sport) und beim Gedanken- und Sinnen-Sprung in die Haarpracht der vorbeiziehenden griechischen Frauen

Der Erzähler in den Träumen, der Traumerzähler – immer mehr erlebe ich die Träume zugleich als etwas mir Erzähltes –, fragt nie, er sagt nur, erzählt, verkündet (ja), sagt, und das ohne Unterlaß, ein wenig wie ein Nachrichtensprecher, im selben Tonfall für Katastrophen und Hochzeiten, nur so schön sinnlos (16. Dez. 1987, Thessaloniki)

Ein innerer Ordnungsruf: Halt Ausschau am Morgen nach den Vögeln – und jetzt die Sonne im Schreibheft, als sei sie lange lange nicht mehr auf dem Papier gewesen

Das Fresko des gerade von den Toten Auferstandenen in der Kirche des Nikolaos Orfanos in Thessaloniki; so etwas habe ich noch nie gesehen: wie herrlich der auferstandene Christus zunächst ALLEIN seines Weges wandelt, noch im weißen Leichentuch, das ihn umweht, die Rechte in die Morgendämmerlandschaft gehalten wie segnend und wie selber gesegnet von der Luft und dem dunkelblauen Himmel, die Segenshand da herausragend zwischen olivenähnlichen Bäumen und so sanften Hügeln – und in der Folge, im Folgebild, die Begegnung mit den beiden Frauen, die unterwegs gewesen waren, ihn als Leichnam zu salben, *und* sich nun hingeworfen haben, und er, der von den Toten Auferstandene, hält die Hände über sie, braucht zu der dunkelgekleideten Magdalena erst gar nicht zu sagen: »Noli me tangere!«

Wieder, und wieder: Wie die drei auf dem Ölberg, die Apostel, wartend auf ihren todesangstblutschwitzenden Herrn, auch hier in Griechenland, wie zuvor quer durch Jugoslawien, schlafen, *hingestürzt* vor Müdigkeit, auf allen vieren der eine, die Arme von sich gestreckt, der andere rücklings, Beine oben auf den Felsblock gelegt, Kopf hintüber gefallen, tief unten, Hand auf dem Gesicht, der dritte wie im Bergaufkrabbeln oder -klettern schlafohnmächtig geworden, die Hand noch am Stein über sich, wie um sich hinaufzuziehen, so auf der Stelle, mitten in der Kletterwand, vom Schlaf übermannt, während der Blutschwitzende im hellen Gewand oben auf dem Ölberggipfel steht, und daneben – siehe »Gleichzeitigkeit« – der Gekreuzigte schon, im Sterben, so im Sterben weit weggekrümmt vom Kreuzlängsbalken, im furchtbaren Todeskampf so weit weggekrümmt von den Dingen wie noch nie jemand; vorher – vorher? siehe »Gleichzeitigkeit« – die Folterknechte, sie foltern ihn auch mit Tönen, mit Trommeln, ein Riesenblasrohr knapp an seinem Ohr, klopfen an die Schilder, ja, sie foltern ihn vordringlich mit *Tönen*, und dann (?), beim Aufdaskreuzsteigen, hält er sich mit einem Arm an der

Leiter fest, stützt (federt?) sich davon ab und wird zugleich an den beiden Armen emporgehievt, -gezerrt, ein Bein unten auf einem Schemel, das andere schon oben auf der Fußunterlage, an die seine Füße gleich genagelt werden, dazu einer, der den Henkern die Leiter hält, und wie Jesus vorher, vorher?, wieder, wie in Ohrid, beim Verräterkuß durch Judas, die *Schriftrolle* in der Hand hält, und die Abendmahlsrunde, wieder wie in Ohrid, wo die Apostel sich alle weit vorbeugen müssen zur Tischkreismitte mit dem Brot und den Fischen, und auch da hält der Herr die Schriftrolle in der Hand, den ihm zugefallenen Jünger Johannes im Ellbogen, der Todgeweihte in sich und in die Ferne gekehrt

Wo gestern, vor der Hagia Sophia, die Begräbnismenge stand, stehen heute Demonstranten mit dem Spruchband: Αναβάθμιση της παιδείας και του διδασκάλου (Mehr Wertschätzung für Bildung und Lehrer)

Wie in der Erzählung – siehe die Fresken in der Kirche des Nikolaos Orfanos – fast nur die Variante zählt: so »Der Bildverlust«: der für sich wandelnde von den Toten Auferstandene, umweht von der Frühmorgenluft, durchlässig für alles Licht der Welt – wie oft habe ich selber, ich persönlich-unpersönlich, das schon erlebt, etwa im Herbst 1978 im Central Park von New York, nachdem ich endlich den Anfang der Langsamen Heimkehr geschaffen hatte, und am Ende der Kindergeschichte, und nach den ersten Tagen des Chinesen des Schmerzes, und …

Gestern noch: das Schuhmuster, kaum sichtbar oft, im Schmutzschlierenpflaster der Gehsteige, dem helldunklen, von Thessaloniki: das sind die heutigen Ornamente, die nachchristlichen; und dann die lautmundig das Glas vor dem Marienbild abküssende alte Frau in der »Ohne-Hand-Kirche«, und zuletzt das Schrillen der Schulendeglocke im Dunkel, in einem Betonhof, wo viele unbespielte Korbballnetze hingen

Im Schnellzug jetzt nach Larissa in Mittelgriechenland an der Abteilwand die gerahmten Farbphotos »Bilderland Sachsen«, »Deutschlands schönste Ferienstraßen« – um ein Haar wäre ich aus dem Schnellzug gestiegen für den reklamebilderlosen Personenzug –: ein ähnliches Gefühl des Grauens, ja, wie gestern abend angesichts eines Reisebüroplakates »Urlaub in Österreich – Saalbach: Durch Schneekanonen schneesicher«, samt grotesker Schematisierung der »Kanonen« – Bildverbot! (»Bildverlust«)

Thessaloniki, im nachhinein: Riesenstadt, skandiert von den hellen Akazienschoten in den kahlen Bäumen, wie sie da hingen und den Stadtlärm durchraschelten, -rasselten

Der Christus in der Ossios-David-Kirche wurde, während des Ikonen(Bilder)streits mit Rinderhäuten verdeckt (»Der Bildverlust«)

»... und wild ist und verzagt und kalt von / Sorgen das Leben der Armen immer (H., Der Frieden)

»Dem Sehnenden war
Der Wink genug ...« (Larissa, ΛΑΡΙΣΑ, 17. Dezember 1987)

Er dachte: »Ich werde immer ruhiger«, und die Unruhe fing an und hörte nimmer auf

Immer wieder doch noch das θαυμάζειν, das Sichwundern. Ich wundere mich, θαυμάζω, gerade hier in dem riesigen, von Männern schwarzen Café, bei den gar hohen Fenstern, den schräg von den Wänden abstehenden Spiegeln; dem Spielerlärm – Würfel, Karten –; bei den mit hocherhobenen Armen Zeitunglesenden; den (fast) unzähligen Losverkäufern, bei dem Alten, der Sprechfunkgeräte und tragbare Telephone zum Verkauf anbietet; bei dem Trompe-l'œil-Stufenwürfelboden; den einfach so im weiten Saal Umhergehenden; dem zitternden Wasser in den Gläsern neben den Kaffeeschälchen quer durch die Halle; dem im Mittelpunkt stehenden Eisenofen; dessen in den Hof hinaus durch die Mauer führendem Blechrohr; bei der unablässig voll Ingrimm durch den Raum schießenden Aufräumhexe, Tuch um den Kopf, der einzigen Frau hier; bei den allesamt hinaus zum nächtlichen Platz, kinohaft, gerichteten leeren Stühlen – die besetzten ändern, zum Spielen, kreishaft, die Richtung –; bei den bloß so, rauchlos, tranklos, Dasitzenden, immer allein, alt; bei dem Kontor mit dem ständig buchführenden Wirt, der wie ein Bankier wirkt, Zahlen schreibend, im »Aktenschrank« freilich hinter ihm, verborgen hinter einem der Schrankflügel, die »scharfen Getränke«, Metaxa, Ouzo etc., darüber die Backgammonschachteln, gestapelt; bei dem

Stuckmuster oben an der Saaldecke, dem einzigen Schmuck im Raum; bei dem elefantgroßen Telefon, rot; bei den Myriaden der sich regenden Akazienschoten vor den hohen Fenstern im Nachtwind; bei dem innen über der Eingangstür schnell wirbelnden, bei dem zweiten, über einem der Fenster langsam sich drehenden Schiffsschraubenventilator; bei den über den Fensterlaibungen weggezogenen gar kurzen Gardinen mit den mächtigen Troddeln; bei dem ständigen In-die-Hände-Klatschen der Spielermassen; bei dem einen, einzigen, Kind hier an der Vaterhand: Ich wundere mich (Name des Monstercafés: ΚΑΦΕΝΕΙΟΝ ΝΕΟΣ ΚΟΣΜΟΣ)

Was hier in der Fremde in manchen Momenten der Reiseüberdruß ist, wäre zuhause Lebensüberdruß (?) (im Bus von Larissa nach Ioannina)

Eins ist (mir) klar: Wir sind »zu etwas« da, auf der Welt; zu was?

Und wie sagte einst der Priester in der Messe: »La vida es vocación!« – Das Leben ist Ruf

Die Birke, das noch vielzählige Laub flimmernd in der Sonne, verliert ein (1) Blatt (Raststätte-Bus, nach den Urweltfelsen von Kalambaka)

Vor ein paar Tagen die mazedonischen Viehsteigmusterlandschaften, im Hochland von Resen, und jetzt, Pyramiden im Leeren, die mittelgriechischen, ebenfalls im Hochland, samt Schafen im Nebel

Gestern früh in Th. vor der Buchhandlung mit den Büchern der Großen (und weniger Großen): wieder einmal meine Sehnsucht, mein Drang, mein *Wille*, zu ihnen zu gehören

Gestern auch noch: der Geldwechsler allein in der riesigen, sonst leeren Wechselhalle von Thessaloniki, strahlend über mich Kunden – ihn hätte Jesus nicht aus dem Tempel, oder dessen Vorhalle, vertrieben

Eine kleine Epopöe verdiente auch der Freiluftphotograph in dem Park von Larissa, klassisch mich ablichtend (sic) unter seinem schwarzen Tuch, dann die Lade ziehend mit der Entwicklerflüssigkeit, mir dann das »auf dem Kopf stehende« Negativ vorführend, danach das entwickelte Photo mit einer besonderen Zurechtschneideschere zurechtschneidend, vorher sein Zeitzählen während des Entwickelns, lautlos, mit den Lippen, sein Aushändigen des Photos wie einer kostbaren – auch sorgfältig verpackten – Ware, einer *Kreation*

Zwei Pässe auf der Busfahrt von Larissa nach Ioannina: der erste schon »über dem Nebelmeer«, weit über tausend Meter, und da schon die Eichenwälder, die orakelrauschenden, kleinwüchsigen Eichenwälder (»auf nach Dodona«), und die zweite Paßhöhe gerade, bei 1690 Metern, mit Schneeflecken, dazu die Zedern des Libanon

Ankunft bei Sonnenuntergang, nach halbtaglanger Fahrt durch das große Gebirge PINDOS: »das Salz der Ankunft« – da mich niemand mit diesem begrüßt, nehme ich es mir selber, lege es mir auf die

Zunge, das Salz, vor einer Woche gesammelt neben den Gleisen der Saline von Ston/Dubrovnik: »Pindos« – gerade habe ich das Wort bei Hölderlin gelesen, in »An die Deutschen«

Der eine Schlafende jeweils in all den καφενεία bisher in Griechenland: der gestern nacht in Larissa stand, während rings um ihn gekehrt wurde, plötzlich auf, setzte sich an den nächsten Tisch und schlief dort weiter – der von heute in Ioannina stand ebenso plötzlich, mitten im Schlafen, auf und verschwand, fast ohne zu taumeln

Einige der Entgegenkommenden hier sind selber schon durch und durch geharzt vom Wein?

»Treuherzigkeit«: schöndingliches Wort – und warum sind solche Wörter verdorben? – Aber sie sollen es nicht sein – die »Unverdorbenheit« wiederherstellen

Ein Hölderlinscher Vergleich: »Traurigfroh wie das Herz, wenn es, sich selber zu schön, / Liebend unterzugehen, / In die Fluten der Zeit sich wirft« (»Heidelberg«); und dann das herrliche Verb »sich vertrauern«: »Und laßt in Sorgen und in Irren / Nimmer den Genius sich vertrauern« – und jetzt auf zum Fragezeichenort Dodona (18. Dez. 1987)

In Dodona, nach dem Fußweg durch das bereifte weiße Schluchttal, zuerst bergauf, wo der Hirt die Schafe vorantrieb und auf den Weg zurückbrachte mit nichts als einem leisen sanften Pfeifen: am kleinwüchsigen Eichbaum raschelt jetzt (jetzt) das Laub, und (»und«) das vergoldete Orakel-Eichenlaub, mehr als zweitausenddreihundert Jahre alt, mit den vergoldeten Eicheln, rauscht jetzt mit (*mit*), goldplättchenhaft, metallisch-klickend. Die Leute, die damals zu dem Baumorakel hier pilgerten, waren alle in Fragenot. Und ich? Bin ich in Fragenot? Habe ich überhaupt eine Frage? An den χρησμοί, den Orakeln, interessiert, *beschäftigt* mich mehr die Frage als der Antwort-Spruch? Und: Gibt es einen Orakelspruch in Form einer Frage?

»An einem 18. Dezember, nach dem Morgenfrost, fiel mir zu Mittag eine Biene ins Weinglas« (Romananfang, Dodona)

In Dodona: das Geräusch der dicken, ah wie weichen Hahnenfüße, der im Sand laufenden, in der Stille, ein Geräusch, wie ich es noch nie gehört habe; ein fürsorglicher Hahn, der die verirrte oder trödelnde Henne heimscheuchte, Geräusch eines machtvollen, selbstbewußten, herrscherlichen, eben hahnhaften Dahintapsens

»Frage mich!« sprach das Orakel. Der zu ihm Hingepilgerte: »Ich hatte viele Fragen. Aber nun, hier, habe ich sie alle vergessen.«

Erziehe dich zur Sorglosigkeit (Dodona, Schafe, ein scheuer Hund mit sonnendurchschienenem Schweif, greinende Katzen, Eselstöhnen und -pumpen, Hähne, Elstern schwarzweiß das Graugrün durchfliegend, Menschen [gut], Spatzen, kleine Fliegen in Stromlinienform)

Was ich auch nicht wußte: daß die Katzen zurückschrecken vor den Hühnern (ich, der ich doch die entscheidende, nein, bestimmende Zeit meines Lebens ein Landmensch gewesen bin); daß sie gegenüber den Hühnern die Schwächeren sind; die Hühner mit *Schnäbeln* – die Katzen*krallen* können gegen Federkleid und Hornhaut nichts ausrichten – »Futterstreit zwischen Hühnern und Katzen in Dodona«

Atemanhaltend–lebenpumpend in der Sonne sitzen (D.)

DIE TANGENTE: Deine Feinde nicht »mittschiffs« angreifen, sondern an ihnen vorbei eine haarscharfe, klare Tangente ziehen und so – sie »außer Gefecht« setzen; sie brauchen keine »Versenkung«

ͨΗλιος (Sonne): zum ersten Mal (seit der Schulzeit) habe ich heute dieses Ur-Wort ausgesprochen – ist es mir über die Lippen gekommen; in Dodona

Geheimnis des Lebens: Die Wiederholung; das, was sich (und mich) wiederholt; – so kam mir gerade der Nagelfluh am Fluß Ribnica vor einer guten Woche in Titograd in den Sinn *und* der Nagelfluh, der Konglomeratfels des Mönchsbergs in S. (»und«); die Wiederholung im Räumlichen wie im Zeitlichen

Dodona: die Abwesenheit des Zikadenschrillens jetzt im Winter, und dadurch besonders fühlbar (vor-, nachfühlbar) für Momente; aber es zirpen die Grillen, und es hüpfen die Heuschrecken an der

Orakelstätte, die später zum Theater und dann zur Leere wurde

Das Versäumnis von *hier* wird die Idee für *dort*

»Und«: Die Spatzen und die Farne (die Spatzen hervorschwirrend aus den welken Winterfarnfeldern)

Den jungen Mädchen gehört die Welt (zurück in Ioannina, Bushalt)

Der Fernsehende: kommt nicht mehr in Frage

Das Vorsokratische πάντα τά σπουδαῖα νυκτός μᾶλλον ἐξευρίσκεται – alles Fragwürdige wird in der Nacht besser herausgefunden –: Warum geht mir diese meine Version des alten Satzes heute die ganze Zeit durch den Kopf?

Der Hütehund gestern auf meinem Rückweg von Dodona, auf der Straße mich anbrüllend: vielleicht wollte er mich nur als Schaf zurückholen zu seinen Schafen, ebenso dann gleich der zweite Hund, dem auf der Stelle von einer wieder andern Seite ein dritter beisprang, mich anspringend, so daß ich von allen Seiten umzingelt war, und ich, der dachte: Recht so, das ist für die erlebte Vollkommenheit vorher im Hain; und dann, schon in der Dämmerung, die Frau, die mit ihrem Esel auf dem Feldweg heimging, der Esel mit Reisig so hoch und so ausladend bepackt, daß er, kleine Gestalt, ein ganzes Riesengehäuse auf sich hatte, aus dem nur sein schmächtiges Hinterteil hervorragte

»Sprache der Liebenden / Sei die Sprache des Landes, / Ihre Seele der Laut des Volks«: das habe ich mir wohl schon einmal aufgeschrieben und kann es immer noch nicht auswendig – und so, genauso, habe ich im Zug von Skopje nach Kičevo das Mädchen mit dem aufmerksamen lächelnden Gesicht mit ihrem Freund albanisch sprechen hören –; doch meist habe ich bisher unterwegs, wenn auch nicht so beengend wie daheim, nur herzlose Stimmen gehört, und am herzlosesten die *geschulten*, die von Speakerinnen

»Alles prüfe der Mensch, sagen die Himmlischen, / Daß er, kräftig genährt, danken für alles lern« (19. Dez. 1987, Ioannina – und jetzt hinaus in die Sonne)

Am meisten lerne ich durch die Varianten des Immergleichen

So vieles Schreiben über Bücher (»Kritik«): Nach den alten Ahnungslosen, die das Beiwort »alt« nicht verdienen, kommen die jungen Ahnungslosen, für die entsprechend das gleiche gilt

Gedanke: der Allmächtigkeitsrausch mancher Muslime (siehe der Pascha von Ioannina im 19. Jahrhundert) auch gespeist durch die »Vielweiberei«

Andere Gedankenvorstellung: die Ornamente des Islam können niemals mit BILDERN überschmiert – ausgefüllt werden – dagegen die Bilder ...

Den »heidnischen« korinthischen Kapitellen sind die farbigen islamischen Nischen-Ornamente draufgesetzt worden – ähnlich wie die Kreuze (am Anfang der Reise) eingemeißelt erschienen in die »heidnischen« Formen des Steins auf dem Friedhof von Keutschach, Kärnten – Bild der Gewalt

In einer dunklen Seitenstraße ging er, beschleunigt, auf die weiße Neonschrift zu. Als er diese entzifferte als »HIGH LIFE«, bog er sofort wieder ab (Patras, Peloponnes, 20. Dezember 1987)

»Und«: der Schwarm der Pleiaden (vorgestern nacht in Ioannina sah ich ihn wieder) und die Spatzenschwärme im Tag-Himmel (auch sie zeigen oft die Siebenzahl) (oder sie »scheinen« sieben)

Gestern nacht, bei der Ankunft, nach der Fährfahrt, im seltsamen Hotel in Patras, wo ich wohl der einzige Gast bin, wurde ich gleich umringt vom Personal. Der Manager gab mir die Hand, in der ein längliches Bonbon, wie eine Patrone, steckte. Von der Rezeptionstheke mußte ich dann eine klebrige Süßigkeit nehmen und zum Mund führen, und in beide Hände bekam ich danach Prospekte gedrückt, durfte nur noch laut und deutlich reden, und als ich mich umdrehte, wartete im offenen Lift ein schwaches Mädchen mit meiner Tasche, jemand endlich Sprachloser, und die Flasche Wasser, die ich in der Nacht aus der Bar mitnehmen wollte, wurde mir – sofort war ich, der einzige Gast, wieder umringt – von einem der Barkeeper mit im Lift zum Zimmer getragen, das ich dann auch nicht selber aufsperren durfte

Gestern im Bus von Ioannina kam die Eukalyptuszone (nach der Kiefern- und Eichenzone)

Eine Art Strafe auszusprechen ist mir doch denkbar: die Ächtung (?)

Wie schön war die Zeit, als ich noch nichts zu fordern hatte. Und was habe ich jetzt zu fordern? (Olympia, Abend)

Gestern, im Bahnhofslokal von Pyrgos, als kurz ein Zug hielt, kam ein junger Mann hereingestürzt, sah mich mit der Tasche da, allein, fragte, auf deutsch: »Schon lange unterwegs?«, fügte hinzu: »Ich war sechs Jahre in Griechenland, heute geht's zurück nach Hause«, und war auch schon wieder im Zug

Was ich im Morgengrauen für am Hotel lehnende Weihnachtsbäume hielt, waren dann – Erleichterung – nur die Lanzetten der Oleandersträucher

»Der Gott, der Geist im Menschenwort« (H.)

Um an der Sonne Maß nehmen zu können, muß ich selber erst einmal Teil der Sonne geworden sein (Olympia, Morgen, Spatzen)

Es zitterte das Regenwasser in den Rillen der Startschwelle des Stadions von Olympia, der etwa zwanzig Meter langen, aus hellem Marmor, und auf dieser langen Linie saß ein einzelner Spatz, und ein Flugzeug flog hoch darüber – gut, daß die Spatzen sich zu den Trümmerfeldern gesellen, und ebenso die Feigen- und Olivenbäume (Olympia hat etwas von einem gigantischen Elefantenfriedhof, ohne das Elfenbein)

Praxiteles' Hermes mit dem Kind auf dem Arm: child is father to the man

Die Stille *überliefern* (ich dachte an Dodona vorgestern, während der abenteuerlichen Bergfahrt jetzt quer durch den Peloponnes Richtung Tripoli, im Moment auf tausendzweihundert Metern)

Gesundwerden durch Staunen

Heute (am Abend im Estiatorion, Speiselokal, v. »Herd«, in Tripoli) war ein Orangentag. Eine bekam ich geschenkt von der alten Frau oberhalb von Olympia, die zweite von dem Orangenverkäufer von Tropaia in Arkadien, welches zerschunden war, mit gewaltigen Schluchten und ausgedehnten Bergfriedhöfen

An einem Ort treffe ich erst ein, wenn ich dort aufatme

Bei Hölderlin gilt das »Heilig, heilig, heilig!« fast für jedes Ding, als Beiwort, im Guten wie aber auch im Bedenklichen

Τέρμα! (Ende!) sagte der Busfahrer heute bei der abendlichen Ankunft in Tripoli, nach einer halbtägigen Bergfahrt durch den Peloponnes

»Unschuld [heilige]« ist für Hölderlin: »So mit den Himmlischen allein zu sein und ... vor ihnen ein stetes Auge zu haben« – etwas Entsprechendes könnte ich über die »Ruhe« sagen

Die himmelwärts gewendeten Nasenlöcher oder Nüstern der Gesichter aus der mykenischen Zeit – gesehen gestern in Olympia – entsprechen mir; siehe auch die Zen-Anweisungen, so dazusitzen, daß man »mit dem Hintern den Himmel grüßt« (22. Dez. 1987, Tripoli)

Der »Dichter«, für H.: »des Tages Engel«

Die blauen Blüten des Frauenschuh, allüberall blühend zwischen den Trümmerbrocken gestern von Olympia: auch diese Blumen machten, ebenso wie die Spatzen auf der Ziel-Start-Schwelle des Stadions, das gar leiblich-Männliche luftig(er)

Manchmal, wenn ich jenen warmen Moment oder Ruck des Vergnügens am Lebendigsein spüre, denke ich: »Verrücktes Vergnügen«

Allmählich, im Versuch des Zurückdenkens auf der Reise jetzt, frage ich mich schon: »Wo waren doch die hohen Gehsteige, die mich an Oxford/Mississippi erinnerten, an den April 1966?« – Antwort: »Das war in Patras, vorgestern.«

Die Sonne jetzt nach dem Hochlandregen in Arkadien, der in Windeseile (sic) kam und wieder ging; dann am Bahnhof von Tripoli jähes Drängen aller Wartenden durch die Gleistür; junge Bäume wurden in die Güterwaggons geworfen, die Wurzeln in Plastik gehüllt; dann unserm abfahrenden Zug hinten nachwirbelnde sehr große Platanenblätter, von den Bahnschwellen auffliegend, hoch, dazu die Eisenhaufen neben den Gleisen, die Schrauben darin

wie verrußte Zigarren, samt Spatzen und Katzen –
und bei dem allen fühlte ich mich so viel wohler als
gestern vor den klassischen Statuen von Olympia –
vor denen ich geradezu einen Ekel empfand, besonders vor den römischen Gebilden in den Jahrhunderten nach der heutigen Zeitrechnung – schön,
zum Lachen schön waren allein die *Miniaturen*,
etwa wo Odysseus, sich unten am Bauch des
Polyphem-Widders festklammernd, sich aus der
Höhle des von ihm geblendeten Zyklopen stiehlt,
oder der Miniatur-Bock, der stolz dahinsteigt, wie
ohne Bewußtsein, daß ihm dabei auf dem Rücken
ein Vogel sitzt; oder danach auf der Busfahrt die
Übereinstimmung zwischen dem Zeus, wie er das
Kind Ganymed, den Götterbengel, unter dem Arm
trägt, und dem Busbengel, einem Halbwüchsigen,
der, zuvor auf der Fahrt ein nicht nur spaßhafter,
sondern rüder Kopfnußverabreicher an die Kleineren vor ihm auf den Sitzen, in seinem Dorf ausgestiegen dort auf einmal ein winziges Kind, seinen
Bruder?, auf den Arm nahm, es sich geradeso wie
Zeus den Ganymed unter die Achsel klemmte und
liebevoll mit dem Kind sich im Kreis drehte (statt
wie Zeus zum Olymp zu entwischen)

Der alte Schuster von Tripoli gestern nacht, der in
seinem winzigen dreieckigen Laden aufräumte für
den sehr späten Feierabend; die brauchbaren Lederstücke zusammenschichtete, den Abfall, vom Werktisch gewischt, zu einem Haufen kehrte; der einzig
noch sichtbar Tätige in der still und dunkel gewordenen Bergstadt. Er hatte sehr dicke Brillen, und im
Durch-das-Fenster-Schauen draußen von der Straße
kam mir vor, so ein vollkommen weißes Haar hätte

ich noch nirgends gesehen, bis auf eine gelbliche Strähne das Weißeste aller Weiß, an der Stirn ansetzend als ein großes dichtes weißes Leuchten, ein Weißes Meer, das sich, gleißend geradezu, nach hinten über den Kopf zog, so weiß, daß kein einziges der Haare einzeln deutlich wurde; und wie er so räumte und ordnete, stetig gesenkten Hauptes, mir zum Greifen nah, und mein Zuschauen nicht und nicht bemerkend, oder sich darum nicht kümmernd: das war Tripoli für mich gestern abend – und dann noch der andere edle alte Mann, hochgewachsen, im Kafeneion abseits von den andern auf einem Stuhl, ohne Tisch, aufrecht dasitzend und auf den Platz hinaus blickend, mit einem so zarten Blick, daß ich Hoffnung für und Lust auf das Alter bekam – zarter Blick? ein vollkommen wacher, aufmerksamer, mitgehender (mitgehend in Ruhe und Unbewegtheit) Blick, der keine Verletzung durch das Leben abgetan hatte, sie alle in sich gesammelt hielt und *Dasein* ausstrahlte (und während ich das aufschrieb, ist vor mir ein – kleiner – Zusammenstoß zweier Autos passiert, Polizisten sind da, eine Menschenmenge hat sich versammelt, ohne daß ich etwas merkte)

Sich Sprachlosigkeit anbefehlen, zeitweise; in der Sprachlosigkeit die Welt sich ausbreiten lassen

Und jetzt: Die Riesensteineiche von Arkadien, in Levidi, unten in der steinernen Senke bei der Marina-Kapelle, ein eigenes, einzelnes Schwirren im Wind; die ungeernteten Mandeln in den kahlen Bäumen, die schwärzlichen Hüllen teils weggeschrumpelt; der Vorweihnachtsmann, betrunken, maurerhaft bekalktes Haar, in Gummistiefeln durch die

Ödnis taumelnd; der Mann mit dem Packen von Briefen neben dem Gasofen in der Bar – und auf einmal sah ich, während er, warum nur?, die Post durchschaute, auch meine gerade draußen eingeworfenen Karten darunter: er war der Briefkastenausheber, der, nach der Durchsicht (genug Marken?), den Packen in die Jackentasche knüllte, mit einem Gummiring drumherum, und weitersüffelte; beruhigend dann der große Postsack am Bushalt: es würde also doch noch ein Bus kommen; und dann die leere Landschaft Arkadiens im Bus bei einbrechender Dämmerung, die Eichen tatsächlich durch Steine wachsend (tatsächlich/wörtlich), und so hinab ins Tiefland nach Argos, auf dem großen Platz dort in den Kiefern gewaltiger Spatzentumult, die Spatzenmyriaden nur durch ihr Gehüpfe zu unterscheiden von den Kiefernzapfenmyriaden, beide gleich zahlreich, und eine halbe Stunde später, in der Winterdunkelheit, Fastruhe in den Bäumen, und dann wieder die Beheimatung durch die weißen Neonröhren an den Decken der verschiedenen καφενεία, in Argos viele in Rundbogenform; Vorstellung einer »Suite« all der weißen Café-Neonröhren quer durch Griechenland bisher, schiefe, einfache, zwillinghafte, Drillinge, Fünflinge, kreisförmige, Doppelkreise, in Diagonalen, kreuzförmige Ö, und zuletzt noch die Sichelform des zunehmenden Mondes über dem schlafversunkenen Argos

Licht der Langsamkeit, Augenlicht

Raimund und Nestroy: Raimund *hat* eine Welt, und Nestroy nutzt den *Bestand* der Welt (Argos, Nacht)

Verb für Nicolas Poussin: »kümmert sich« (um die Schönheit)

Vorgestern in Olympia der Hermes des Praxiteles: er weiß mit dem Kind Dionysos, das er trägt, nicht recht, was anfangen: »Ich tue, wie mir befohlen.« Er trägt das Kleine »gewollt wohlwollend« und zugleich ratlos, und dieser »überhobene Anspruch« erscheint mir jetzt im nachhinein als *der* Ausdruck der Gestalten des alten Griechenland – es ist ein kaltes, unbeteiligtes, halbherziges Wohlwollen*wollen*; hoch dagegen die Gestalten Israels

Die Pleiaden, gestern über einem dunklen Niemandsland in Argos, hatten die Form eines (sehr) kleinen Fragezeichens im Himmel, und Kastor und Pollux leuchteten in der Tat einmal als Zwillingssterne, es war nicht möglich, sie, im Unterschied etwa zu »unseren« mitteleuropäischen Gegenden, anders zu erblicken und zu bezeichnen: so nah beieinander waren sie, und eben so zwillingsähnlich (23. Dez. 1987, Argos)

Weissagung für mich selber: »Heute werde ich Schmetterlinge sehen!« (So warm ist es schon am Morgen im Tiefland hier)

Auf dem Hang vor der Akropolis von Argos sind die Schneckenhäuser voll Wasser – unter dem wolkenlosen Himmel; und am Einstieg zum Hang, statt der Schmetterlinge, die tote Ratte, dann Schmetterlinge? nein, Libellen; dann der Thymian, der wilde; dann endlich der, ein Schmetterling, hellrot, mit dunklen Augen auf den Flügeln, diese durchschienen von der Sonne; danach das Karstkarrenfeld innerhalb der Burgumfriedung oben, wo ich im Augenblick sitze; aus der Stadt, tief unten, eine ferne Lautsprecherstimme, sonst nur das Gezirp hier in der Stille; man könnte leicht verlorengehen in einem der vielen jähen Löcher und Schächte im Erdboden zwischen Gras und Felsen; und je länger ich so sitze, an einen Marmorblock gelehnt, desto näher kommt, mit den weithin ruckenden Grashalmen, die Stille – Stille, umgib mich, heb mich auf

Jene andere, vollkommene Stille, die sich gestern ergab (oder einstellte) in dem Kafeneion von Levidi inmitten von Arkadien, mitten am Nachmittag, unter den fünf Männern, die da-dort um den Ofen geschart waren, mitten in dem Riesencaféraum mit dem Schiffboden, und dazu der lange Schürhaken, der auf dem Ofen lag – kein Atem mehr zu hören, kein Knistern eines Gewands, auch nicht von der Frau im Hintergrund – eine so große Stille, wie ich sie mir unter so vielen Leuten »daheim bei uns« nicht denken kann

Beiwort für die Sorge bei Hölderlin: »Häßlich« (ja, »der schöne Sorglose«, »schön sorglos«)

Feierlich, festlich, rituell, weiträumig, voll klarer Zwischenräume – so muß das Leben seinerzeit gewesen sein, auch das alltägliche (denke ich gerade im alten Theater von Argos, und ein tiefroter Schmetterling flattert über dem von dem blauen Himmel bläulichen Steinblock)

Ich kann gar nichts weitergeben als durch das Aufschreiben (ich habe nichts weiterzugeben ...)

Das allerschönste Werk, bestehend aus Nichts, und wieder Nichts, und dem menschlichen Atem, dem Licht, den Tagen und Nächten, hat die Menschheit noch nicht geschaffen

So viele, die über Bücher schreiben (sich auslassen?), machen diese, gerade die wesentlichen, fürs erste unleserlich

Verb für die Tränen: »entstürzen«

Oft, daß ich denke: »Im Internat bin ich vernichtet worden« (sind wir alle vernichtet worden) (24. Dez. 1987, Nauplion)

Graues Bruchland, das sich regt und regt und regt: von den grauen Spatzen (Mykene)

Philosophen: bauen das Sagen; Dichter: errichten die Lufterdreiche des Schreibens (oder Luftweltreiche)

Romananfang etwa so: »Es gab für die Tatsache (den Sachverhalt) XY eine Redensart, die, unaussprechlich und abgeschmackt wie alle ihresgleichen, in einem bestimmten meiner Lebensaugenblicke zwar nicht aussprechbar wurde, doch unversehens im Innern ihr Bild bekam. So etwas geschah mir an einem ... Tag in ...«

Würde ich eine Statue schaffen wollen, dann die des über die Schulter Blickenden

Das (Er)Schauen der Dingformen: nicht Ein-, sondern *Aus*verleibung

Verb für die Ruhe: »füllt aus«

»Er gewann an Langsamkeit«: schön wär's (Nauplion, 25. Dezember 1987)

Gestern in Mykene: die Finsternis in dem Atridengrab, dem sich an die erste Grabkuppel anschließenden zweiten, eine absolute Finsternis, in der nur, als Nachbild, die Steinblöcke der ersten Kuppel nachflimmerten, welche bei der Umkehr dann, samt ihrer Dämmernis, klarhell erschien; der Flatterhall der Schritte in dem Grab der Klytämnestra, der Monolith als Oberschwelle im Eingang – noch nie habe ich in einem Bauwerk einen so großen Stein gesehen, die Unterschwellen als Nagelfluh-Konglomerat (wieder), das, als dann der Regen daraufsprühte, farbig, vielfarbig wurde, das Farbenspiel im Kommen und Schwinden des leichten Regens, im Trocknen und wieder Naßwerden und wieder Trocknen des Steins; die Insektennester in den Mauernischen, festgefügt, aus Sand, in gleichem Maß das Steinwerk besänftigend wie die winzigen Pflanzen darin; dann das Rascheln und Knattern der Eukalyptusbäume im Dorf Mykene, Kälte im Wirtshaus, sichtbarer Atemhauch, die Wirtin bereitete in der fernen Küche ein Hochzeitsessen vor, dünne Fladen in einer Pfanne, die Fladen dann, mit Käse bestreut, auf einer großen Marmorplatte; der

Weg zu Fuß dann auf Argos zu querdurch Orangen-, Mandarinen-, Zitronenhaine, auf Feldwegen, unten an den Orangen, in einer Fruchthöhlung, etwas wie das Nachbild der Blüten, deren Form wie eingeprägt da in die Schale der Frucht, und unwillkürlich erlebte ich das als ein Sinnbild für das richtige Alt- oder Reifsein; und die seltsamen, eiförmigen, haarigen Früchte im Gras, »Unkrautfrüchte«, die, als ich sie anfaßte, urplötzlich durch eine obere Öffnung ihr gesamtes Inneres, samt dunklen Kernen, in die Lüfte schossen-spritzten, einmal dann auch mir in den Mund, sehr bitterer Geschmack, einmal dann auch, unberechenbar ihre Spritzrichtung, mir aufs Gewand; dann sehr langes Umherirren in der Dunkelheit, bis ich endlich nach Argos fand, die Akropolis zwar ständig beleuchtet vor Augen, das Stadtzentrum aber wieder und wieder verfehlend; dann, nach der Fahrt nach Nauplion, die Feierabendruhe, wobei im Kafeneion ein Film mit Belmondo lief, Ruhe auch durch das heimische Französisch?

Manche Kettenhunde bellen auf alles, was sich bewegt, und dann noch auf das, was sich nicht bewegt (am stillen Meer unterwegs nach Nea Kios, 26. Dez. 1987)

Das Bächlein, das direkt ins Meer fließt: das klar dahinschießende Wasser am zwischen Bach und Meer aufragenden »Schlußstein« des Baches, eine Art Quellgeräusch, wie in den Bergen, wenn dort das Wasser aus einem Brunnenrohr in einen Holztrog fließt: der Märchenstein überall, wobei sich die Wellen des Meeres mit dessen Getrommel vermischen, leises Brausen (Meer) / lautes Plätschern

(Bach am Stein), das Bachwasser drängt die Meereswellen, so sanft sind die, ab und zurück, und das einmalige kurze Drüberfahren jetzt einer Welle über den Schlußstein hat etwas von einem Streichen über einen Kopf, dabei kommt es zu einem kurzen Verstummen der Trommelstimme, des Erzählens, an dem Stein – Trommeln und Erzählen, das dann gleich wieder weitersprudelt und -klingt; vom Bachwasser heller, blinkender Scheitel des Märchensteins, dessen Stimme jung, »ewig jung«

Anschlag an der katholischen Kirche von Nauplion: »1. In dieser Kirche wird das Allerheiligste aufbewahrt. 2. Es ist ratsam, sich dem Hund nicht zu nähern«

»Schau, die Freude!« (Verb für die Freude: »geht auf«) – Und was »schaue« ich so, auf dem Weg, zu Fuß, nach Epidauros? Unter zwei Kiefern, die dastehen als zwei Pendants, zwei andere Pendants, zwei schwarze Esel, einander genau gegenüber, und (*und*) dazu ein mit Plastiktaschen beladenes Kind, und den Abglanz der Sonne

Eine (1) Lebensart immerhin habe ich geschafft: das Gehen

Wer ist der Erfinder des Stacheldrahts? (Vor dem winterversperrten Theater von Epidauros)

Ein Aloebaum, versilbert, als Christbaum: Weihnachten ist nicht zu entkommen, nicht einmal an den klassischen Stätten Griechenlands?

Als gestern in Nea Kios, von dem an der Gräte fast Erstickten, nach der Befreiung ein Niesen kam, wie von einem Neugeborenen

Ein Unwirklichkeitsgefühl wieder angesichts der antiken Stätten, wie Olympia und jetzt Epidauros: als seien sie bloße Rückprojektionen (eines amerikanischen Filmes); und als seien auch die Kiefern, selbst die Schrunden der Rinden bloße Rückprojektionen, vor denen wir, die kleinen falschen Akteure von heute, herumhampeln

»Im Zorne reinigt aber / Sich der Gefesselte ...« (Ganymed)

Epidauros, gestern (27. Dez. 1987): die Frau, deren Profil, darin Nase, Stirn und vor allem auch der gesichtsumlaufende Mund, Profil *und* Vorderansicht in einem war, ähnlich wie vorgestern die Frauengesichter der Fresken von Mykene; und davor war mir die »Schau« möglich, und ich erlebte mit der »Schau« zugleich auch dieses Wort; in der Schau war ich ganz und nichts, und stand so unwillkürlich auf, als die Frau, von heute, in Fleisch und Blut wie nur irgend jemand, mit ihrer Gruppe wegging, und folgte ihr, bewegt von der Schau, solange ich konnte. Ganz Auge und ganz Ohr – nur so bin ich (da). Und dann die Schafherde in der halben Wildnis hoch über dem Amphitheater, mit einem wie unendlichen Bimmeln, eine tiefere Glocke darunter, selten dazwischenschallend, die des Leittiers, die Verschiedenartigkeit all der Schafherden quer durch das Griechenland bis hierher, für die mir erstmals die Augen aufgingen, und dazu das ewig rupfende Vorangehen der Tiere, das Fressen als Arbeit

»Aber so einsam fehlt jedes Göttliche mir« (Menons Klage um Diotima)

Die Rosetten der Hundepfotenspuren im Erdreich, erdweit

Die beigen Ginsterblüten oberhalb des Theaters von Epidauros: Geruch von Kleinkindhaut

Die monumentale Alleinheit der Formenwelt, und (mit) der Natur, in der Stille der Nacht, ohne Zuschauer: ich dachte, zurück jetzt in Nauplion, an das Theater von Epidauros, jetzt, wie es ansteigt, jetzt, in der Nacht, während ich hier bin, in N.

Ein Bild Griechenlands: die an den Souvlakistäbchen Knabbernden hinter den Fenstern der Züge; und ein Hörbild: neben dem Klicken der Spielerwürfel das Knistern der Gasofen- und Kaminflammen; und ein Wortbild, allgegenwärtig: ἐν τάξει, »in Ordnung«

Die Schrankenwärterin saß an den Gleisen in der Sonne und wartete, strickend, auf den Zug aus Kalamata und Patras (vor Korinth)

Wieder die Frau im Bus heute mit der langen mykenischen Nase und den vorgestülpten Lippen (siehe Vorderansicht und Profil in einem), gleich wie die Prinzessin mit den Garben in den Händen, auf dem Freskenrest im Museum von Nauplion gestern früh;

dazu neben ihr im Bus, brünett und sommersprossig, das entsprechende Kind, wenn auch ohne die lange schmale wurzellose schöne Sattelnase: in der Anschauung spürte ich, der Fiebernde, Kranke, nicht da Seiende, wie ich *genas* und allmählich *dawurde* (28. Dez. 1987, Korinth)

Besonders schön noch, im nachhinein: die langen schmalen geraden (siehe die Nasen) Füße der Frauen von Mykene, *ganz auf der Erde*, ohne Sohlenbogen oder -wölbung, auch die jener größeren Frau, von der nur die Füße überdauert haben – und so, im Bedenken im nachhinein, kommt wieder der »Dichtermut«, gemäß H.; gestern dagegen, im Kranksein und in der Übelkeit, gab es, Stunden um Stunden, nicht einmal den »Lebensmut« – wie entscheidend ist doch die körperlich-seelische Gesundheit oder Beweglichkeit oder Gegenwärtigkeit, oder Vergegenwärtigungskraft

Archea Korinthos jetzt, das Alte (einstige, frühere) Korinth; auf dem Rostrum, wo der Apostel Paulus dem Prokonsul das Christentum erklärte, die Inschrift: »... αἰώνιον βάρος«, ewiges Gewicht – »für diesen flüchtigen Augenblick ... ist uns ein ewiges Gewicht der Glorie bereitet«; siehe das »nunc stans«, das stehende Jetzt dann der Scholastiker

»Als ... das Trauern mit Recht über der Erde begann«: Daß das Göttliche nie mehr wiederkehrt: Man kann fast nur so denken. Aber man darf so nicht denken (und ich erinnere mich dabei auch an Walter Benjamin, auf Akrokorinth, in der Sonne, bei wehendem Berggras)

Verb für die Sorge: »verunstaltet«

Der sanfte Backenstreich des warmen Winds, ein so heftiges wie leises Rauschen: das und die Sonne gestern auf Akrokorinth haben mich fürs erste geheilt

An den (einen) »Aufbruch« glauben können und müssen wohl nur die Deutschen (ich dachte, in Archea Nemea jetzt, in der Mittagssonne, an H. und auch an Nicolas Born, in der Sonne, wo ich, mithilfe der Sonne, allmählich sorglos, »entsorgt« werde)

Ein fast widerwärtiges Schönheitsbild gestern beim Abstieg von Akrokorinth: im Abendhimmel, schwarzblau, ohne Wolken, der zunehmende Mond, dreiviertelvoll, gleich daneben der Abendstern, die Venus?, dann hinter dem Bergkamm, über den venezianischen Zinnen, die ich mir von den Türken zurechtgestutzt dachte, die Flugzeugdüsenstreifen, eine zweifache Bahn, mit dem blinkenden Metallkörper voran, dann noch so eine Düsenbahn, die beiden Bahnen dann, über den Zinnen, gerade vor Mond und Stern, einander kreuzend, und Mond wie Stern so in ihrer Mitte lassend als die zwei Leuchtzeichen in ihrem Bahnendreieck, die Kreuzbandstreifen dann noch lange im Himmel, einkesselnd Zinnen, Mond und Venus, bis sie endlich verflockten und weg waren (29. Dez. 1987)

»Too late!« schrie der alte Mann in Archea Nemea und meinte damit vielleicht, er habe, ausgewandert nach Amerika, einmal Englisch sprechen können, nun aber sei alles »too late«. Er schrie das tatsächlich; drohend oder weinend oder empört. Und dann, weiterschreiend zu mir: »Take the train!« Seine Augen, unsichtbar unter der Schirmmütze, schienen aber zu lachen. Hörbar meinte er mit seinem »Too late!« auch mein Aufsuchenwollen des Tempels, von Archea Nemea; wo ich später, schon bei den Sternen, unter einem Olivenbaum lag und wo ein Eselreiter im Dunkel mich fragte: »Polonia?«

Im Estiatorion von Archea Nemea erzählte mir die Wirtin, als sie erfahren hatte, aus welchem Land ich war, von diesem Land, das sie dabei nur vom Hörensagen kannte, ΑΥΣΤΡΙΑ! Afstría! – Und es erschien vor mir Österreich, durch ihr Gestenspiel, die »Flocken«, im Arme-Schwingen, die »Bergbäche« als jähes Armabwärtsfallen, als ein sagenhaftes Land. Sie erzählte von diesem ihr unbekannten Land fingerschnippend, unterstreichend, Handkantenschläge auf den Tisch austeilend, in die Winkel zeigend, die Hände verschränkend; erzählte mir, dem dort Herstammenden, von einem ganz unglaublichen Land, wo sie allein als Lesende und Hörende gewesen war: »Die Früchte dort! Der Winter!« ...

»All the good times I've been wasting having good times« (sang das nicht einst Eric Burdon?) (30. Dez. 1987)

Gibt es das? Ohne die ursprüngliche Scheu geboren zu sein? Und wie. Fast nur noch Leute ohne Scheu scheint es zu geben. Dann aber die Frage: Wie kommt es, daß doch noch hier und dort bei dem einen und dem andern, und bei gar nicht so wenigen Kindern!, lang nicht bei allen, die ursprüngliche

Scheu erscheint, habhaft wird, wirkt, abschreckt, aufschreckt, mahnt? (Unter der Akropolis von Athen, 31. Dezember 1987)

Auf der Akropolis: der Japaner, der seinem Kind die Flasche gab: ich hörte das Saugen des Kindes als *das* Geräusch des Ortes; und zugleich kamen mir Romulus und Remus in den Sinn

Die Rückfahrten, -wege am Ende des Tages: mein Archiv; meine Archivierungszeit

Der Mann – war es ich? – hatte auf der Brust eine Sonnenuhr (und dieser Traum soll mein Neujahrsgeschenk sein) (Athen, 1. Januar 1988)

Seltsam auch, daß ich all die Wochen unterwegs beim Bergaufgehen unwillkürlich zu erzählen anfange, irgendwem, und zwar einzig von meinem Bergaufgehen, dem jeweils gegenwärtigen, den gegenwärtigen Anblicken, Empfindungen

Gestern während der Messe das Kind auf dem Thron in der Kirche, immer wieder fröhlich und frech das Kyrie eleison, Herr, erbarme dich unser! schmetternd, bemuttert vom erwachsenen Mitsänger daneben, und der Priester, beim Auf-und-abschreiten hinter der Ikonenwand, immer wieder da hervorkommend und mit den Gläubigen Alltägliches beredend, und plötzlich doch wuchtig-amtlich losröhrend

Frage an einen rein gestischen Maler: »Am Ende der (Mal-)Geste, sind denn da nie in Ihnen Bilder entstanden? Haben Sie sich derer nicht erwehren müssen?« – Der Maler (Jean Degottex): »Nein, niemals« (»Der Bildverlust«)

Lebenswille: Unversehens blickte er sich um nach der Schönheit

Aufrauschen der trockenen Sporenbüschel an einem Winterbaum wie von sanft aufgedrehtem Wasser (auf dem Likavitoshügel, Athen)

Als die Schöne sich zu dem Unscheinbaren gesellte, fiel plötzlich auf, wie schön dieser war

Adverb bei Hölderlin für den Geist: »furchtlosrege«

Besonders heftiger Brand an den so edlen, klargezeichneten, grünleuchtenden Winternesseln: das war der Likavitoshügel; der Lauf durch die Nesseln als Belebungsmittel; »Der Bildverlust«: Der Nessellauf

Erinnerung an die Rückkehr ins Internat nach den Weihnachtsferien: Herzbrechen; und es war immer wieder noch etwas zu brechen

Die Dichter bei H.: »Sie scheinen allein zu sein, doch ahnen sie immer« (2. Jan. 1988, Athen)

Der kykladische Flötenspieler, der kykladische Lyraspieler: herrliche Luftwebstühle – schreib so auch, simili modo, die Bücher

Salz (von Ston bei Dubrovnik): Reisebegleiter Salz (Kairo, 3. Jan. 1988)

Gestern nacht: auf einmal, in der Stille, der lange Lastwagen, die Ladefläche dicht auf dicht bestückt von Eseln, zwischen ihnen Männer stehend, die mir alle die Hand hoben zur Begrüßung in Ägypten (und jetzt Nebel über dem Nil, und weithin das kurzkurze Hupen)

Gestern auch, noch im Flugzeug: der Schein weit unten im Dämmer hier und da über die Ebene fahrend, und aufleuchtend an den Stellen, wo Wasser war: das Nildelta. Das Licht kam vom Vollmond, und einmal schien es im Düstern unten schon verschwunden, bis da ein schneehelles Gefährt wie auf einer Schnellstraße dahinschoß und so, weißer Blitz, in der Erdtiefe weitersauste, in eine Art Tunnel: der Mond auf dem Strom – dann im Fastdunkel die Strukturen der hier Arabischen, dort Libyschen Wüste

»... und antwortete (die Natur) dem freundlichen Frager gern« (Novalis, Die Lehrlinge zu Sais)

Der Geist der Weltreise ist nicht mehr da? »Weltreisen« sollen die andern machen? Nur das Kreuz des Südens möchte ich gern einmal erblicken, und nicht bloß im Planetarium

Und: Die Übergänge vom weißen Alabaster zum grauen Granit in den Grabkammern von Giseh, und die Spatzen auf den Pyramidenblöcken, und die einzelne kleine Pflanzenstaude im Wüstensand, und die Seelenabzugslöcher in den Grabkammern, klein das eine, groß das andere, einander gegenüber, als Pendants, und die stillste der Kammern zutiefst, im

Pyramideninnern, in der Mitte des Todes, und mein Lebensgefühl im Übergang, im Übergang der Welt auf mich, und von mir zur Welt; und das Ohr der Sphinx, und die Form des Papyrus als die Hieroglyphe für Grün (4. Jan. 1988)

Ägypten: zuerst die Kunst des Grabs – dann die Kunst des Grabs *und* der Tempel

Fast alle Musik läßt mein Herz, ohnehin oft so schwach, trudeln, ruderlos (die Akazienzweige, sich bewegend hoch über dem großen Wasser des Nil, zart, klein, Formen über den ebenfalls geformten, mächtigen Schlieren und Schlingen der Strömung)

Hier, in der islamischen Welt, scheint nichts fragwürdig; alles zeigt sich fraglos, selbst das elendste Elend; auch die Gesichter derer hier, die im Staub oder Schlamm kauern, liegen, sich krümmen, zittern, sich dahinschleppen, leiden *nur so*, rein, fraglos; ist also vielleicht mein, unser Fragen etwas wie ein ungehöriges, unsinniges Übersichhinauswachsen? Hinausgewachsensein? durch die Religion, »unsere«?

Schwelle in der Zeit: jene Statuen im Altreich von Ägypten, an denen zwischen den Oberarmen und dem Rumpf erstmals Zwischenräume, wie zum Durchlassen der Lüfte, freigelassen werden; erinnere dich dazu, im Lauf deines persönlichen Lebens, an den Augenblick und den Ort des Freiheitsgefühls: unter den Achseln

Der alte Kellner im ägyptischen Lokal brachte den Gästen ein Bündel von Zahnstochern, umwickelt mit einem Gummiring: tausend solcher Bilder an einem Tag hier, und ich werde sie alle vergessen?

»Nofretete«, das heißt, übersetzt: »Die Schönheit ist angekommen« (ist da)

Die ägyptische Kunst kennt, im Gegensatz zur romanischen, in der Gleichzeitigkeit keine Varianten? ist fast pure, wie identische Wiederholung, Wiederholung um Wiederholung? (Die Kunst des ägypt. Altreichs)

Der Traum als *der* Zusatz, die Öffnung, auch zum Schrecklichen, das immer da ist, verborgen-manifest, aber auch als der Liebesbeweis: der Traum beweist mir, daß ich, immer noch, im Stande der Liebe bin, im Stande der Liebe als einer Art der Gnade. Und so war auch der Traum dieser Nacht: laufend, bergab, *fuhr* ich zugleich im Gefährt der Liebe, und hielt, was ich liebte, umfangen, so nah am Herzen wie im Wachen höchstens manchmal für einen Ruck, und als wir beide, das Geliebte und ich, unten am Fluß bei einem Holzhaus ankamen, nach der gefährlichen Schußfahrt, erschien, dort tatsächlich unser beider Ziel: dort würden wir für immer gewesen sein – »wir werden dort angekommen sein«: immer wieder das Futurum exactum als die andere, die Dauerzeit (6. Jan. 1988)

Vieles erscheint erst einmal als gräßlich; doch sowie ich mich daranmache, es aufzuschreiben, verschwindet das Gräßliche – es ist nicht einmal der Rede *wert*

Ein Kind, das bedächtig und sorgfältig durch die tiefste Stelle der Pfütze geht, wie um sich die Schuhe zu reinigen (Heluan, weit draußen in der Wüste)

Im Ausland: endlich auch *weniger* abgelenkt; mehr hingelenkt zur Selbstkritik

Ein treffendes anderes Wort für »eilen« oder »hetzen« wäre: »teufeln«: die Reisegruppen teufeln mit ihren Führern durch die Museen und durch die Welt (7. Jan. 1988)

Die islamischen Engel: die (Auf)»Schreiberengel«, die der Beter nach beiden Seiten grüßt, für seine guten und seine bösen Taten; und auf den Steinsitzen über den Grabstelen hocken die beiden FRAGE-ENGEL, welche gleich nach der Bestattung die Bekenntnisformeln abhören

Nachdem er, verirrt, den Weg nach langem wiedergefunden hatte – und doch, dachte er, noch zu früh – , sagte er zu sich selber: »Keine Sorge, Freund, du wirst dich schon wieder verirren!« Und dann dachte er: »Seltsam, so eine Riesenstadt, und ohne einen Fluß« – und hatte den Nil ganz vergessen

»In jenen Statuen, die aus einer untergegangenen Zeit der Herrlichkeit des Menschengeschlechts übrig geblieben sind, leuchtet allein so ein tiefer Geist, so ein seltsames Verständnis der Steinwelt hervor, und überzieht den sinnvollen Betrachter mit einer Steinrinde, die nach innen zu wachsen scheint. Das Erhabene wirkt versteinernd ....« (*Die Lehrlinge zu Sais*, der Geologe Novalis)

Die *mich* quälende Sorge macht mich immerhin verständnisfähig für andere (8. Jan. 1988)

»Du steckst immer so untypisch weg!« (Vorwurf eines Deutschen im Flughafen von Kairo zu seiner Begleiterin, als er im Gepäck etwas nicht findet); und vorher ein ebenso junger Franzose, zu seinem Begleiter, nach einem Rundgang durch die Duty Free-Shops: »C'est déjà tout, ça? C'est pas beaucoup«

Wenn ich mich doch nur einmal nicht bloß »stichweise« freuen könnte, sondern »unbändig«, stundenlang, »freudestrahlend«, Freude ausstrahlend (im Flugzeug Kairo → Paris)

Ein paar Dinge der Tage in Ägypten: am Ankunftsabend der Mann mit dem dunkeln runden Gesicht und den blauen Augen, der, mir das Visum ausstellend, zugleich das Geld wechselte; der Weg dann über Stock und Stein (ja) durch die Finsternis der Wüste zum »Taxi«, das dann wirklich eines war; das wilde Lachen des Fahrers über das Wort »Semiramis« (er sprach es ohne Vokale aus); die Pferdekutschen tiefnachts am Nil; der Dunst des nächsten Morgens über dem Strom, wie in einem Hochsommer; das erste, zweite, dritte Verirren, trotz Stadtplan; die ständigen, ermüdenden Blicke der Passanten, das »ägyptische Auge«; die Luftwurzeln der Sykomoren am Nil, beim Darunterdurchgehen wohltuend den Scheitel streifend-kratzend; das tägliche Im-Kreis-Gehen und mit den Tagen immer weiträumigere, auch willig-einverstanden geschehenlassende Verirren; die leeren Straßenbahnen, und im Gegensatz dazu die dichtgestaffelten Köpfe an den aufgeschobenen Fenstern der Busse; die Tropfen vom Januarregen im gar dicken Stadtstraßenstaub, wie einst auf den ländlichen Feldwegen der beginnende warme Sommerregen; die Beheimatung wieder durch die Allgegenwart der Spatzen; die springenden Tiere auf den Schutt- und Elendshügeln der Riesenstadt, die ich zuerst für Hunde hielt, die aber Ziegen waren, Ziegen mit vorn gefesselten Beinen; die vielen vielen Schüler allüberall, die Mädchen mit den Ringelsocken; die Blechbehälter, noch fern selbst von einer Hütten- oder selbst Verschlagsform, als »Wohnungen«, deren Bewohner kreuz und quer stapfend auf den Abfallbergen nicht suchend oder stöbernd, sondern bloß so zum Zeitvertreiben; alle die Menschen, im Staub halb sitzend, halb liegend, viele auch abseits, und auch noch abseits vom Abseits, völlig allein, Schmerz im Gesicht, ohne Forderung; keinerlei »Sehenswürdigkeit«; Angst an einem Morgen auf der Nilbrücke, Sog des Stroms von tief unten (wie tags zuvor im Flugzeug die Vorstellung, es sei kein schützendes Fenster zwischen mir und der Tiefe); immer wieder die Blumen- und vor allem Nutzgärten am Nil als Halt; auf dem Freiheitsplatz, bei den Regentropfen im Staub, endlich die Stunde mit nichts als heilsamem Anschauen, auch bloß des ständigen Auf- und Abspringens von den Bussen, Springen mehr aus Spiel als aus Not oder Bedrängnis oder Eile, Gelenkigkeit, besondere, der Ägypter, und in der Dämmerung dann auf dem Platz das wilde Geschrill der sich sammelnden Spatzen in den spärlichen Bäumen, Warten auf die Stimme des Muezzin, kam nicht, kam nicht ...

Manchmal, im Glücksfall, stehen alle Tore zur Heimat offen (unten auf der Erde jetzt die Vogesen mit dem Grand Ballon)

Mein einziges Talent ist seit jeher die Sehnsucht gewesen; zum Beispiel habe ich nie schreiben *können*, als Können; *etc.* (Place de Clichy, Paris)

Einen Diener, einen Diener-Engel würde ich brauchen, der mir die Sorge abnimmt; einen Engel des Ent-Sorgens

Form, Menschenlicht

Eins der Gesichter dieses Jahrhunderts: das ernste, gesammelte, betroffene, mitfühlende Gesicht des François Truffaut, wie er in seinem Film »L' enfant sauvage« dem Findelkind, in der Rolle des sich kümmernden Arztes, der Sprachlehrer ist (ich jetzt in der Nähe seines Grabs am Friedhof vom Montmartre)

So weit ist es schon mit mir, daß ich das Piepsen eines Vogels mit dem einer elektronischen Armbanduhr verwechsle? (9. Jan. 1988)

Der kleinste Anschein von Schönheit (Schemen einer jungen Frau in einem verwachsenen Garten), und schon verdreht sich mein Kopf nach ihr

Was schaffen die Wiederholungen? Das Sichaufrechterhalten, damit Platz (Raum) für die Seele ist (wird) (auf dem Weg zur Fontaine Sainte-Marie, Wald von Meudon)

Die Dauer ist eine momentanweise Himmelfahrt, der Freude und der Trauer (Fontaine Ste.-M.)

Es (»es«) fängt bei mir nicht mit den Dingen an, sondern mit einer Bewegung: Geht eine Bewegung (eines Zweigs, einer Wolke) auf mich über, bezieht sie, mit der Zeit, auch die Dinge im Kreis mit ein, *deren* Bewegungen, oder deren Stillstände, deren Farben und deren Formen; *beobachten* die Dinge, das kann ich nicht – sie gehen nur mittels, anhand, an der Hand einer Bewegung, die mich belebt oder anweht oder anmutet (herrliche deutsche Sprache immer wieder) auf mich über und/oder in mich ein (am Etang de Villebon)

Mein »Ich«: benannt, geschrieben, ist immer das (mögliche) Du; hat es zu sein (Etang d'Ursine)

Gibt es das?: »Vor Freude zitternd?« Vielleicht eher: »In Vorfreude zitternd«? (Sehr dunkler Sonntag an der Place de Clichy, das umgestürzte Auto auf dem Platz; 10. Jan. 1988)

Ihr Verräter der Ersten Bilder! – Und was waren deine (meine) Ersten Bilder? – Die brennende Gartenhütte tiefnachts in Berlin-Pankow, 1947; die Regentropfen im Feldwegstaub, pockennarbenförmig in der warmen Sommerstaubglätte, an der Hand des Großvaters, 1950, bei Stara Vas – und du, hast du deine Ersten Bilder verraten? (»Der Bildverlust«)

»Und«: die dicken schwarzen geraden Zedernäste und die Bleileisten der Glasfenster (Chartres)

Gedanken (Gedenken) an Nicolas Born: Er ist nach seinem Tod zu einer meiner Instanzen geworden. Nicht alle Toten, selbst die nächsten nicht, werden zu solch einer Instanz (Gedanke in Chartres, nach dem Antlitz des von seinem Sohn Tobias mit der Fischgalle [oder -leber?] wieder sehend gemachten Vaters am Nordportal; wenig innigere Geschichten als die in die gewaltigen Ereignisse eingebetteten des Alten Testaments, die Geschichte von Tobias und dem Engel, das Buch Ruth – einfach nur die »ewig« sorgenschwer auf den lange abwesenden Sohn wartenden Eltern des Tobias)

Wie ein Liebespaar entsteht: Beide müssen, zusammen, etwas meistern

Dauer: bewahrtes Leben; statt »Ich habe den Glauben bewahrt«, sag du: »Ich habe das Leben bewahrt« (Blick von der Straße durch mein einstiges Wohnhaus in den Garten dahinter, Himmel hinter den Scheiben, in Cl., und dazu wieder die zum Verreisen anstachelnwollende Überschrift im Reiseblatt der Hauptstadt: »Clamart vergessen!« (dessen Grau, dessen Seitenstraßen) (11. Jan. 1988)

In der Kathedrale von Saint-Denis: Der sich aus dem Schuhwerk schälende Moses – es ist in der Tat ein Schuh-Werk, das ihn umgibt bis an die Knie – vor dem Gott im brennenden Dornbusch, einem Feuerkreis zu seinen Häupten, im Glasfenster hier; und der zweifache, zwei*malige* Stern von Bethlehem: zuerst vom Engel gezeigt dem einen, erwachten König, neben den zwei schlafenden, und dann den drei aufgebrochenen Reiterkönigen »vorleuchtend« (wie die Rose Mörikes) – Stern und Glasfenster gehören zusammen, passen zusammen, und dann, und vorher, und »vorher dann« die aus seinem winzigen Körbchen sich der Königstochter entgegenstreckenden Hände des Kleinkindes Moses am Nilufer, vom Kind fast nichts sonst zu sehen als die Hände

Ein anderes »Tausend Jahre sind wie ein Tag«: Jemand ist lange, lange von seinem Ort ferngeblieben und kehrt gealtert dorthin zurück. Die Dageblieben aber sind jung wie am ersten Tag (Porte d'Auteuil, Abend)

»Je crois, le Bois de Boulogne ne te dit plus rien«, sagte heute im Bois de Meudon, im Wald von Meudon, die alte Frau zu ihrem sehr alten Mann (und dazu die wie Matratzen aufgeplatzten Schilfkolben durchstrahlt, glorienscheinhaft, vom Sonnenlicht, ebenso wie die hauchdünnen, von den Stämmen abstehenden weißen Birkenhäute)

Die einzige, vertikale, Fensterreihe, in einer sehr schmalen, hohen Hausfront, von unten nach oben als der Baum Jesse, in den Glasfenstern von Chartres und dann St. Denis, vorvorgestern und vorgestern; der blaue Baum, mit Jesse als seiner Wurzel, schlafend-träumend von seinem Nachkommen, oben im Baumwipfel, als dem Erlöser – und Jesse schläft in dem Haus dort unsichtbar hinter dem offenen kleinen schwarzen Kellerfenster, vor dem ein paar Pflanzentöpfe stehen, darüber sind zwei Fenster offen wie Küchenfenster, Frauen schütteln jetzt da Tücher aus, und auf dem Dachsims, auf den Ziegeln, ganz oben, leuchtet die Morgensonne (12. Jan. 1988, Montmartre)

Beim Gehen in der Sonne wurde ich eine Kugel der Ruhe (an der Bahnlinie Clamart, Waldrebenbäusche lichtdurchstrahlt wie vor Wochen auf dem Hochplateau vor Bitola/Mazedonien/Jugoslawien, und wieder meine Lust, das *Wehen* zu *pflücken*), und schon der Schäferhund, der ansetzte, gegen diese Ruhekugel anzurennen, aber von weitem davon abprallte, innehielt, dann nicht einmal bellte: heute, im Gegensatz zu gestern, bewege ich mich im Land meines (des) Ideals – habe ich Zeit, die Stimme aus dem Dornbusch spricht von überallher, aus den Spatzenlauten, aus den Luftfurchen

Vielleicht ist es eine gute Einrichtung, daß das Glück nie so recht »aktuell« wird (sich aktualisiert), nicht so recht »da ist« – damit das Fragen weitergeht (an der Fontaine Ste.-M., wieder)

Wintersonne wird auf Katzenfell einfach Sonne, nichts als Sonne, ohne »Winter«

Wie hatte ich vor ≈ zehn Jahren, als ich hier durch die Wälder ging: die Begabung zur mühelosen Gegenwart. Und jetzt? – muß ich mich zur Gegenwart in der Regel erst aufrufen (»Der Bildverlust«)

Der Apostel Johannes: »der schöne Schwache« (Nôtre-Dame, 13. Jan. 1988)

Der erste Schläfer, vor Jesse: Adam, aus dessen Rippe Gott die Eva hebt

»Und«: Erschrecken und Hilfsbereitschaft (die Hilfsbereitschaft, im nachhinein, des Erschrockenen; nach dem Schrecken ging es nicht um ihn – entgrenzt vom Schrecken, Gegenbewegung zum Zusammenzucken; also ...)

Paris: die Dinge, die Straßen, das Wasser strömend im Rinnstein, die Bäume, die Züge, die Schienen gleißend in der Morgensonne, die eisernen kleinen Park- und Squareklapptüren, sind »richtig da«, frisch im Morgenglanz – in Österreich wie in Deutschland sind diese Dinge alle da und nicht da, was eine Qual oder zumindest etwas Quälendes sein kann: ich muß mir dort die Dinge erst zurecht-, herbeidenken (das hat aber Hofmannsthal schon vor den Weltkriegen empfunden und erkannt, in den »Briefen des Zurückgekehrten«, es ist also nicht erklärbar mit dem Faschismus, mit dem Nationalismus, dem deutsch-österreichischen Un-Selbst, Nicht-Dasein; womit aber dann?); und so verharre ich jetzt in der Frühsonne auf dem Pont Cardinet, über den Gleissträngen, hinausführend aus der Gare Saint-Lazare, vor dem Square des Batignolles, mit dem verhüllten Karussell, Kind, das im Park den Vater ruft, Wehmut, Abwandlung der Blues-Phrase »I want to go home« zu »I don't want to go home«; in Deutschland und Österreich die Vorstellung, als seien sogar die Bäume und die Vögel Gefangene, oder angekränkelt – hier dagegen erlebe ich sie, und mich, in Freiheit, hier und jetzt, am Square des Batignolles, hoch über dem belebenden Getöse unten im Gleiscanyon, und atme das Blau des Himmels über mir ein, für die »Heimkehr«

Hast du mit einem Kind gelebt, bist du reich an Wallfahrtsorten – oder überhaupt an Orten (wieder im Friedhof von Montmartre)

Der tote N. B.: er trägt bei zu dem Gefühl der Dankbarkeit, noch zu leben

Und nun ein Wirtshaus namens »Split« in einem märkischen Dorf; neben mir am Tisch ein gurgelnd sprechenwollender Stummer, nicht aufgebend (15. Jan. 1988, nach der Schiffahrt über den Wannsee nach Kladow; Berlin)

Gestern, bei der Ankunft in B., eine Bildsekunde lang meine Kindheit da-dort: der See, wo die Familie einmal, ein einziges Mal, war, »der märkische Sand« am gar flachen Ufer, und die Wellen, die ich, das Kind – wurde es mir so erzählt? –, für das Meer hielt, für die Nordsee, und wie ich all die Jahre danach überzeugt war, als Kind am Meeresstrand gewesen zu sein

Gestern in der Dämmerung bei der Rückfahrt von Kladow über den Wannsee war der See dicht auf dicht und weithin bedeckt von Möwen, fast undurchdringlich, wie Packeis, und dann nach Mitternacht in B. vor dem wandbreiten Fenster der fallende Schnee

ΧΑΙΡΕ ΚΑΙ ΠΙΕΙ ΕΥ: Freue dich und trink schön (Aufschrift auf einer Trinkschale im Antikenmuseum) (16. Jan. 1988)

Gestern noch: im Museum der in seinen Mantel gehüllte Schäfer aus Dodona, zweitausendfünfhundert Jahre alt (17. Jan.)

Atlantis der Freude, taucht nur ruckweise auf, und versinkt gleich wieder

Blutjunge Menschen in D. mit dem Charme von Klosettfrauen: »Steht doch vorn groß dran!«; »Ich glaube nicht, daß Ihnen zusteht, das zu äußern«; »verstehen keinen Spaß«; (junge Mutter zu ihren Kindern:) »Hiergeblieben!« – »Beide hierher!« – »Stehengeblieben!« – »Von der Tür weg!«

Im falsch marmorierten Hauseingang meiner einstigen »Wohnadresse«: immer noch jetzt das Nachgefühl des starken elektrischen Schlags, den ich da erhielt, im Jahr 1969, mit dem Kinderwagen im Außenlift, dessen Eisenboden regennaß war (siehe »Pilgerorte«)

»Gott schreibt gerade auch auf krummen Zeilen«? Sag es umgekehrt

Verb für die Schönheit: »nötigt (zum Bleiben)«

Wie mir doch während der Zeit im eigenen Land, in S., so vieles nahgekommen ist, und immer wieder nahkommt – wie mir aber nichts dort im Lauf der Jahre ans Herz gewachsen ist: Gleichnis für die ganze Welt? – wo mir doch einiges ans Herz wuchs

Die Arbeit des Daseins, die Arbeit, da zu sein

Hofmannsthal, heimatlos, hat sein Heil in der Freundschaft gesucht; dazu viel später jetzt Bruchstücke aus der Rede eines, der seine Stammheimat aufgegeben hat: »Wo ist meine Heimat? Was ist meine Heimat? Ich habe es mit meiner Geburtsheimat versucht ... Es geht nicht ... Geht es nicht mit *mir*? ... Geht es nicht mit dem bestimmten *Volk*? ... Meine Heimat zieht mir die Mundwinkel nach unten ... Ich werde heimkehren nicht *aus* dem Krieg, sondern *in* den Krieg ... Ich möchte das Land aufreißen, ihm alle bösen Oberflächen herunterreißen, bis die Plakatschichten, allesamt unleserlich geworden, von den Litfaßsäulen flattern ... Wie hat aus einem Land mit solch scheußlichem Lachen, Un-Lachen, die Musik Mozarts, Haydns und Schuberts entstehen können? ... Aber vielleicht wurde in dem Land, in den Ländern, vor zweihundert Jahren ganz anders gelacht? ...«

»Ganz weg« (im Anschauen): Ich dachte an mich beim Anschauen des wundersamen Paars Vater-Kind auf dem Wörtherseeschiff; »ganz weg« war ich

»Und«: Liebe und Gelassenheit (der *gelassen* Liebende – nur so ist Lieben?)

Die Kinder, die alles sehen, was sehenswert ist, auf der Erde und im Himmel

Nicht verstummen im Schmerz! Immer wieder aber das Schweigen erzeugen, formen – zum Vorschein bringen

Lyrische, die nächste, die unmittelbar(st)e Welt

Definition(smöglichkeit) des Hasses, frei nach Spinoza: Der Haß ist der Wahnsinn des Neids, der in Wahnsinn umgeschlagene und mit jedem Moment neu umschlagende Neid

Sich erfüllende Liebe: »Ich habe etwas für dich gefunden!«

Die Bilder: fordern mich auf, in Frage zu kommen (26. Jan. 1988, Bremen, Kunsthalle)

»Berühre mich nicht, denn ich bin unterwegs hinauf zu meinem Vater« (so ungefähr lautet der vollständige Satz, den der gerade von den Toten Auferstandene an Magdalena richtet (die, etwa an der Domtür jetzt in Bremen, ohnedies die Hände über der Brust gekreuzt hält)

Zorn / Wut: der Zorn ist eine Fähigkeit / die Wut ist eine Unfähigkeit; so wie der Haß eine Unfähigkeit ist (27. Jan., Oldenburg)

Die seltenen Tage, da jenes dabei doch so quälende Gefühl des Befristetseins ausbleibt, erlebe ich zugleich als Tage des Versäumnisses

Das so häßliche Verb »maßregeln«: ist aber am Platz beim Schreiben – Schreiben ist (auch) sich selber *maßregeln*: sich selber Maß und Regeln geben

Gehen im Mondlicht, des zunehmenden Mondes, am Jadebusen jetzt von Wilhelmshaven, so wie vor einem Monat (Mond) auf der Straße abwärts von Akrokorinth: die lieblichen Wiederholungen

»Die heiligen Schleier, in welchen das göttliche Licht uns leuchtet, sind für uns Gestalten und Bilder zu unserer Erleuchtung« (der Theologe Hugo de St. Vincent zur Zeit Sugers von Saint-Denis); im Mittelalter das symbolische Denken als »Verwandtschaft zwischen Theologie und Kunst« (»Der Bildverlust«)

Im Endbahnhof am Meer lautet die Abfahrtsdurchsage statt »Der Zug fährt ab«: »Der Zug fährt *aus*« (Wilhelmshaven, 28. Jan. 1988)

Erstmals gelang es mir heute nacht im Traum, ein Gedicht zu zitieren, so daß der Zuhörer am Ende aufhorchte: »Auf dem Rücken der summenden Webstühle erreichen wir den großen Widerspruch: / das Erscheinen des einzelnen in der Menge«, Nicolas Born (»Und«: Gedicht und Utopie; »Und«: Gedicht und Erzählung? – schön wär's, recht wär's)

Meine Sehnsucht ist von einer Art, daß ich damit allem aus dem Weg gehen sollte außer dem Schreiben, dem Schriftlichen

Die Wurzel Jesse in der Michaeliskirche von Hildesheim: unten der Schlafende-Träumende (die Wurzel), oben der Thronende (die Krone), dazwischen die Könige und die Frau (die Äste)

Das Hauptbild für den »Bildverlust«? Die Wurzel Jesse; Jesses Traum-Baum, wann hast du dich verloren aus dem Bild?

Gestern im Dom von Hildesheim das Habhaftwerden (Dinghaftwerden) des Wortes »zuführen«:

Gott führt dem Adam die Eva zu. Sind das also die Wunder? Die Hände des Gottes auf den Schultern der dem Mann zuzuführenden Gattin? (29. Jan. 1988)

Gleich werden die kostbarsten aller Perlen um die Ecke gerollt kommen: die Augen eines Kindes (nach Fulda)

Ob es vielleicht doch noch einen Stolz der Bauarbeiter gibt auf das von ihnen Erbaute, Erschuftete, Aufgestellte, so wie einst etwa den Stolz der schwindelfreien Irokesen auf »ihre« Wolkenkratzer in Manhattan? Gedanke in Frankfurt am Main, beim Anblick der Aluminiumhochhäuser: »Diese Platte dort oben, Kind, habe *ich* angeschweißt!«?

»Sinne und Leidenschaften reden und verstehen nichts als Bilder. In Bildern besteht der ganze Schatz menschlicher Erkenntnis und Glückseligkeit« (Hamann; »Der Bildverlust«)

Gestern (»das war gestern«): Der Spaziergänger, die Haare weißgesprenkelt von Graupeln

»Fußgänger! Grünlicht anfordern!« (Ludwigstraße, München, 1. Febr. 1988)

Das Denkmal für die Tänzerin Lucille Grahn auf dem Adalbertfriedhof, und davor das junge Mädchen, das fröhlich Balletthaltungen nachstellt, und dazu das Fest Mariä Lichtmeß, und die windgerüttelten Zweige (2. Febr. 1988)

Was sagt (mir) die Kunst? Du sollst das Lieben nicht versäumen. Du hast das Lieben versäumt. Für immer?

Das schönste Warten: das auf die Verwandlung (5. Febr., M.)

Jedes Aufgeschriebene müßte aus einem Ruck, oder einem Zusammenzucken, oder einem Auffahren kommen, oder davon begleitet werden (»das magische Auge«) (Brüssel, 8. Febr. 1988)

Das Wort »Verblendung«: Verblendung (stärker als »Illusion«), die zum Glück gehört; Verblendung als Lebensstoff

»Und«: die Schneebeeren in den grauen Hecken und die weißen Flecken in der angeschwärzten Mauer der Kathedrale (B.)

Das Schreiben hat ein Abenteuer zu sein, oder es ist nicht – und es ist mir doch noch fast jedesmal gelungen, mich in solch ein Abenteuer zu verwickeln? verwickeln zu lassen?

Die gotischen Städte (Brüssel) nehmen mich nicht auf, ich muß sie aushalten, und sie machen mir ein schlechtes Gewissen

Im Schnittmusterhimmel von Matisse wirbeln die Herbstblätter vor zehn Jahren mit und stürzt, mit der Schnitt-Schwalbe, das gestrige Flugzeug ab

Die Stufen eines großen Werks: Unbändigkeit – Entschiedenheit – Ins-Bild-Setzen – Übergänglichkeit (siehe Goethe) – Zartheit – Ruhe (nach der Matisse-Betrachtung im Kunstmuseum Br.)

Die Romanik ist mir mehr als Mittelalter, anders als die Gotik, die ich als »königliche Propaganda« erlebe; Romanik, meine Dorfheimat

Seltsam? Der beim letzten Abendmahl in der Armbeuge des Herrn geruht hat, / Johannes, / hat dann die Apokalypse geschrieben, / die Offenbarung? / Ja, aber seltsam ist was? / Daß er in Jesu Armen trostlos war, / oder daß die Apokalypse die Offenbarung war, / oder umgekehrt? / oder wieder umgekehrt?

Ein Bild der Schwermut: die am Teich im Wasser festgefrorenen Fässer auf dem Gemälde Breughels von der Volkszählung (10. Febr., Gent)

Die Kreuztragung des Hieronymus Bosch: Keinerlei Ausblick im Gedränge auf dem Hinrichtungsweg in gleichwelche Landschaft, und in dem Schweißtuch der Abdruck des Gesichts des Leidenden, der in der Wirklichkeit die Augen schon zuhat wie für immer, mit offenen Augen – als habe er sie, im Schutze des Schweißtuches, noch einmal öffnen können?

In Brügge (11. Febr.): der die Offenbarung *beidhändig* aufzeichnende Apostel Johannes bei Hans Memling, den Kopf dabei freudig und kindlich staunend erhoben

Belgien: die Regenrinnen an den langlangen Fensterscheiben

Memlings bitter weinender Johannes bei der Kreuzabnahme: Ja, warum, warum hat man Ihn gekreuzigt, Ihn uns?

In der Romanik scheinen (wir) alle gleich alt; in der Gotik werden (wir) »Jung und Alt«

Ruhe oder Beruhigung: Ich habe ein Problem; ich habe etwas zu bedenken (am windgeriffelten Kanal in Brügge – wo ich im Moment einer Windstille fragte: »Wo bleibt die Schrift auf dem Wasser?«); »Ich gebe dir etwas zu bedenken«: Kunst

Noch ein »Und«: die durch den Anflug des Engels der Verkündigung aufgeblätterte, aufstehende eine Seite im von der Jungfrau Maria gerade gelesenen Buch auf dem Gemälde von Hans Memling gestern, und (dann) am Abend im Café die durch den Luftzug der Vorbeigehenden wegstiebenden Funken von der Kerze auf dem Tisch (12. Februar)

Memlings staunend-ergriffen geöffnete Münder: fast auf jedem seiner Bilder kannst du wenigstens eines solcher Münder gewiß sein, oft auch nur eines einzigen – alle anderen Münder sind geschlossen, fern vom Staunen; immer wieder auch bei Memling das fromme *Kind*, »ganz weg«, »ganz da«, unverwundbar gerade in seiner Preisgegebenheit

Unterscheide: »Übermüdung« und »Müdigkeit«

Niemand da: / Sprich mit den Gegenständen der Langsamkeit / Sprich mit dem Licht der Gegenstände der Langsamkeit / Sprich mit den Gegenständen im Licht der Langsamkeit

An den Werken finde und erkenne, was du in Kindheit und Jugend warst; was du warst, ohne daß du wußtest, was du warst (Memling)

Sei geschmückt allein durch dein Dasein, Mann! (bei all den andersgeschmückten Frauen)

Und: die glänzenden kleinen Kiesel vor der rauchenden Ferne am Meeresufer in Ostende jetzt, bei tiefer Sonne, und die aus solchem Rauchlicht geschmierten Figuren James Ensors

Schauspieler haben die Möglichkeit, weniger zu lügen, weil sie an sich immer wieder erfahren können, wie Lügen geht?

Ruhe, meine Gemahlin, und ich, dein ruhiger Gemahl (13. Febr. 1988, Ostende)

Auch ungeschickt und lächerlich spiele ich Welt, und das ist wahrscheinlich meine Stärke?

Die tote Mutter James Ensors ist fast in Licht und Luft übergegangen, und einmal hat das »fast« seine Richtigkeit

Jan van Goyen, »Meister der kleinen Anwesen« (dachte ich gerade beim Anblick eines solchen lehmfarbenen Dings in der flandrischen Ebene auf der Zugfahrt)

Schönheit, ermahne mich, und *vergegenwärtige* mich; und (dachte ich gerade im Bahnhof von Antwerpen) zur Erscheinung von Schönheit genügt schon eine »Haltung« – die Haltung *macht* das Schöne

»Aus dem Staunen nicht herauskommen«, ein mögliches Lebensmotto

Denken ist für mich: ein altes Wort neudenken (sonst kenne ich kein Denken)

»Ausdrückliche Freundlichkeit verträgst du nicht, Feindseligkeit noch weniger, was also erträgst du?« – »Zeichen – Zeichen um Zeichen«

Verb für das Verlangen: »überrascht« (mein, dein überraschendes Verlangen)

Verb für das »Jetzt«: »es umrundet« (selbst die Figuren der nächtlich geparkten Autos)

In Amsterdam gestern der Anblick eines Rollfuhrwagens, auf dessen Plane JAN DE WITT stand (Name des vom Pöbel zu Spinozas Zeiten gemordeten Staatsmanns), wobei mir Spinozas Plan zu einer riesigen Protestaufschrift gegen die Meuchelei in den Sinn kam, Aufschrift, angebracht in der Nacht, und bestehend nur aus zwei Wörtern,

ULTIMI BARBARORUM, Äußerste Barbaren, und dazu, unwillkürlich: »Spinoza kannst du *alles* fragen!«

Das Fahrrädergewirr und -durcheinander auf den sonst sonntäglich leeren Gehsteigen am Kanal erinnert als Bild an etwas, an was? Daß es erinnert, unbestimmbar, genügt zum Bild (»Der Bildverlust«)

Beim Blick aus dem Fenster auf die windüberrieselte Gracht: Könnte ich, allein und fern, wie ich hier bin, jemandem treu sein – das Bild des Grachtenwassers würde sich verstärken und weiten –, aber wem kann ich treu sein? (Und dazu gestern nacht die Entsetzensschreie, oder was ich dafür hielt, die Todesschreie, die Todesangstschreie an den Kanälen von Amsterdam – ein Heulen und Zähneknirschen weithin, wie wenn eine Vielzahl im Traum um Hilfe rufen wollte, aber es käme nur das sprachlose Kreischen und Wimmern da heraus)

Ich habe ein schönes Buch »ausgelesen«, und es kommt mir jetzt leichter vor (Philippe Jaccottet, »Später dann nahm der Abgrund die Gestalt des Schmerzes an«)

Der Dichter Philippe Jaccottet und sein Thema, oder fruchtbares Problem (»zu umschiffendes Vorgebirge«): die Arbeit des Schreibens und Umschreibens als ein Gleichnis für die Arbeit des Lebens und Überlebens

Nach dem tatsächlichen und tatkräftigen Lesen (nur dieses laß gelten als »lesen«): die Fensterlädenzeilen jenseits des Kanals »sprechen mich an« – sprechen zu mir

»So gelang es mir, während mehrerer Wochen, dem äußeren Licht keinen Widerstand mehr entgegenzusetzen; ich empfand das Glück einer Neugeburt. Aber ich war nicht weise genug, sie geheimzuhalten ...« (J. mit 36, und ich im selben Alter die »konkave Welt« erlebend, die mich einladende, mir Platz lassende, gegen die »konvexe«, mich ver- und abdrängende vorher – und auch ich habe meine »Neugeburt« nicht geheimgehalten?)

Das Schönheitsmittel, Augenbademittel: das Lesen; aber was für ein Lesen? (siehe oben)

Vorstellung, Rembrandt vor dem anderen »bœuf écorché«, dem ausgeweideten Rind, dem von Soutine gemalten, stehen zu sehen, vor seinem, R.'s Sujet, dreihundert Jahre später – und dann R. vor den Abstraktionen Mondrians

»Es ist Zeit, mit den Farben und Formen, mit den Bildern, aufzubrechen ins Nichts!« (dachte ich gerade, wieder in Zandvoort, wie vor zwanzig Jahren, in Gedanken an Max Beckmann und das umbrische Braun von Mark Rothko)

Gestern abend in Zandvoort: der Verkäufer in seinem fahrbaren Laden am Meeresufer, beleuchtet, hoch über den Kunden; dann geschaukelt – Feierabend – von der Zugmaschine, die den Laden an sich koppelte, ein heftiges und langes Geschaukel im Sand, auf der Stelle; dann Zuklappen des Wagens,

Licht aus, Abfahrt in den Feierabend, und nur noch die kleinen Kugeln aus getrocknetem Tang rollten dann am Nordseeufer entlang in die Leere

Einer fährt ins Ausland, um dort täglich das Kreuzworträtsel von »Bild« zu lösen

Ein Mann sagte zu seiner Frau: »Du vibrierst ständig von etwas ganz anderem als dem, was jetzt ist. Wovon vibrierst du so unziemlich?«

Auf dem Weg zum Flughafen Schiphol, vor dem Abflug nach Japan, schon der erste »Japaner«: ein Fischer im Graulicht am verwilderten leeren Grasufer eines windbewegten Kanals (16. Febr. 1988)

»Wenn mir nicht ein Lastwagen mit drei Pferden Sehnsucht nach den Weinbergen machte und nach sonst nichts, wüßte ich keinen Trost« (Ilse Aichinger lesend, über Grönland; die Wolken über der schon dämmernden Erde in der Form von Ackerfurchen, das gefrorene Meer polardüster)

Im Flughafenbus hinein nach Tokyo, von oben gesehen – so hoher Bus – die Mutter lenkend auf der Autobahn, den Blick auf das großäugig schauende Kind in der Pappschachtel auf dem Nebensitz (es ist schon der 17. Februar, und hier jetzt ist es Abend, Mittag in Europa); und vorher die säugende andere Mutter im Flughafenkorridor; und vorher oben aus dem Flugzeug gleich nach den Ozeanwellen die Reisfelder, über diesen die Rauchsäulen Hiroshiges, vom Wind verweht; und die »ALIENS«-Schilder (gestern bei der Paßkontrolle) seien »unpopulär«, lese ich jetzt am 18. Februar in der »Japan Times«, und wie der Einreisebeamte gestern zwischendurch die Augen genauso müde zusammenkniff wie ich, der Eingereiste

Tokyo – jedenfalls heute –: bei allen Hochhäusern vor den ummauerten Gärten mit den kleinen lichten breitausladenden Bäumen jenes Kindheitsgefühl von dem Heimats-Ortsteil mit Namen »Hinter den Gärten«; und andererseits jenes Gefühl gestern? vorgestern? im Flugzeug über der fast finsteren Polarregion vom Universum als einem Schafott: dieses würde auf uns im Flugzeug herniedersausen und uns sämtlich in den ewigen Schnee verstreuen, unauffindbar, und zum Grauen trug am stärksten bei, daß meine Aufzeichnungen, die zwei kleinen Bücher links und rechts in meinen Jackentaschen, unversehrt weit weggeschleudert lägen und bald irgendwo verschwunden wären unter dem sogenannten und wirklichen ewigen Eis; und danach aber der Tanz der Mäander der Alaskaflüsse bei wiedererscheinender Sonne, der Mount McKinley schwimmend über einem Nebelstreif, und schließlich die gewaltigen hellen Flugbegleitschleifen in der dunklen Zentralalaskaebene des, meines, Yukon River, indianische Ornamente; und am Boden in Anchorage dann das Zartgefühl der Zartgefühle: die Erinnerung »Erinnerung« – angesichts des zugefrorenen Cook-Inlet (Fjord) und der dunkelklaren Alaska Range und der kleinen Flugzeugboote, Amphibien, auf den gefrorenen Seen, und angesichts der spärlichen Frühmorgenautos auf den spärlichen Alaska-Highways, und der zeilenförmigen Wohnblocks in den niedrigen Spruce-Kiefern-Wäldern, und überhaupt angesichts des so klargrauen Winter-Alaska-Lichts, Erdlichts; und im Augenblick jetzt dazu der Schall der ersten japanischen Spatzen vor dem Fenster

»Schnee ist ein Wort. Es gibt nicht viele Wörter ...« (Ilse Aichinger). Und jetzt auf zum Schneien in Japan!

Zeitbewußtseins*verlust* = Zeitgewinn? (Ginza, Abend)

Die Übergänge, Erd-Schwellen gestern, vorgestern?: wie aus den gefrorenen Vielecken des Treibeises in der Beringsee, von denen der Eisnebel aufstieg, aufgelöste Stücke Eises wurden und aus diesen dann die eisfreie offene See, das Japanische Meer

In Tokyo: bei allen Dingen, selbst bei den Zahnstochern, die, meine? Scheu, eine vorbedachte Zierde in Unordnung zu bringen

»You cannot get lost in Japan«, lese ich gerade im Reiseführer und denke: Schade

Schneefall in Tokyo, Nacht, Shimbasha, Flocken auf Wimpern, Ohren und Lippen, dazu die Frau, die da draußen im Schneien Holzscheite in Röhren schob und kartoffelähnliche Früchte buk – Ofen auf dem Anhänger eines Kleinlasters –, sich tief verbeugend vor denen, die ihre Ware ablehnten, das Strahlen im Gesicht beibehaltend, und die Schatten des Geästes sich abzeichnend hinten auf den im Schneewind flatternden Standarten oder Fahnenbahnen am nächsten Verkaufsstand, und keiner, der heute mit mir sprach, mich ansprach (siehe oben), außer den Straßenbäumen, den Vögeln drin, den Menschengesichtern, -haaren, und vielem, vielem andern, und zuletzt dem nächtlichen Flockenwirbel, der nur zu rasch vorbei war

Der Wachhabende, der gestern nacht auf und ab ging vor der Amerikanischen Botschaft in Tokyo, hatte weiße Handschuhe an, und sein Schatten folgte ihm einerseits und war ihm andererseits voraus, auf und ab hüpfend als sein Hund, und dazu glitzerte sein Sprechfunkgerät, vor allem im Moment des Wendens, mit Fußtritten wie in Nichts, Auf-die-Uhr-Schauen, kurzem Schattenboxen gegen die Wendemauer; dann die Ablöse mit fliegender Übergabe des Sprechfunkgeräts wie eines Staffelholzes, rascher Abgang, leere Mauerfront (19. Febr. 1988)

Was würde mein Obstbauer und Obstbaumveredler Gregor Kobal oder G. S. sagen zum Baumscheren jetzt im Kaiserlichen Garten von Tokyo, an den kleinwüchsigen Kiefern da, an denen die doppelten Holzleitern lehnen, ächzend unter der Last der Säger und Astschnipsler, der winterfahle fingernagelhohe Rasen unter den Kiefern zunehmend dunkelglänzend von Nadelbüscheln wie der Boden eines Friseursalons, dazu von ferne, aus der gedrängten Stadt, etwas wie Rindviehgebrüll, Stimme aus einem Lautsprecher? Und was würde er sagen zu dem Strahlen und Zittern der schütter gewordenen Nadeln im Baum, gelichtete kreisförmige Büschel, mit noch und noch Zwischenräumen? – Das Baumscheren hat auch etwas von einem Schafscheren, wobei die Scherer Schere und Säge, mit krummem Griff, hinten im Gürtel tragen, in Extrabehältern, wie wiederum ehemals die ländlichen Kornschnitter die Wetzsteine; und nach dem Scheren werden die noch im Baum hängenden Nadelpaare aus den Ästen geschüttelt wie von Apfelpflückern

Ein Rabe flog vorbei und schrie, im weitaufgerissenen Schnabel das Blau des Himmels (Tokyo, Mittag)

Die Kiefern, beschnitten samt Zweigen und Ästen, gleichen beim Umblicken aus der Ferne jetzt Aloen, so stummelkurz sind die Äste

Am zweiten Tag in Japan war ich schon nicht mehr so achtsam wie am ersten Tag, und sorgte mich mehr, und staunte weniger, bemerkte weniger, und machte mehr falsch

Die Schöne fehlt mir, gestern vorm Buchgeschäft, im Pelzmantel, der ich beinahe die Hand auf die Schultern gelegt hätte, die Vornehme; sie in ganz Tokyo suchen?

In Japan fällt es nicht schwer, aufrecht zu sitzen (Za-zen)

Morgen werde ich erstmals hier Gesellschaft bekommen – Zettel im Zimmer: »Man will be cleaning outside window of your room between 10 a. m. and 4 p. m.«

Und: Ozu und Spinoza

Was ist das Mystische? Ich und der Baum? Der Baum und ich? Der Baum *wo* ich?

Ein ganz anderes »Und«: Wilhelm Busch und Bertolt Brecht

Eine der schönsten Gesten, als Liebeserklärung: die Berührung des andern am Handgelenk (Nō) (20. Febr. 1988)

Und eben ließ sich wirklich der Fensterputzer von oben herab mit einem Seil, verschwand nach unten und erschien dann von dort, zuerst nur mit dem Kopf, der sich am Fensterrahmen entlangbewegte, und dann als Ganzer, samt den Beinen, stehend auf der beweglichen Putzbühne

Die stillste Komödie: die der Passantenzüge in der Sonne (der Ginza), und dazu mein Gedanke, sogar Hölderlin müsse überwunden werden, wie Kafka, an Goethe dagegen sei nichts zu überwinden, er sei »nur da«, rein da – und dazu jetzt die Losverkäuferin in ihrer Hütte, aufrecht, mit den Augen einer Wahrsagerin, und inmitten der Passanten der Gehsteigkehrer, einen weiten gewundenen Weg schlurfend zum Aufkehren eines einzigen Sandkorns

Courbets Große Woge: die Woge als Gestalt, als die Verkörperung, Gestaltwerdung des Konkaven, mit glatteinwärts gewölbten grünschwarzen Wogenwänden, im Augenblick des Überschlags, oder einen Augenblick davor (»das war 1870«)

»Warum hast du weiße Haare?« – »Und warum hast du keine weißen Haare?«

Statt Antigones »... mitzulieben bin ich da«: mitzu*sein* bin ich da

»Die Bilder der fließenden Welt« im Alltag, etwa gestern in Shibaya das wie militärische Responsieren der Jugendgruppe am Brunnen vor dem Bahnhof, gefolgt vom Untertauchen eines Burschen, halb mit Gewalt, in das kalte Wasser, während an den Hausfassaden riesenhaft die Reklamefilme liefen, und während auf den Stufen zum Bahnhof die Gestürzten / Schlafenden / Hauslosen lagen, und während die Passanten, ohne Umwege, stracks über diese drüberstiegen etc., etc.

Buddhistische Heilige: mit ihren wulstigen Stirnen zornig wirkend, und mit ihren großen Nasenlöchern affenähnlich – erfreuliche Heilige

Die Nō-Masken gestern im Museum: »die Frau in mittleren Jahren«: Hohlwangenmaske; »der Geist in Gestalt eines alten Mannes«: Maske mit weggedrifteter Haut unter den Augen; »Junger Mann, der von einem unvergleichlichen Wohlleben träumt und dann erkennt, daß sein Leben selber solch ein Sekundentraum ist«: Maske des Staunens; »der Dämon, der einen zum Schweigen bringen soll«: Maske mit in der Mitte fest geschlossenem Mund, Mund*ränder* leicht offen; »der tragische Krieger«: je drei Falten um den tief herabgezogenen Mund, weit aufgerissene Augen; »der blinde Priester«: Totenmaske, friedliche (21. Februar 1988)

Beispiel für eine Tautologie: »fester Entschluß«

Gefangener zu sein eines Parks: das war gestern, für Augenblicke, bei blühenden Pflaumenbäumen, meine Vorstellung, im Shinjuku-Park

Am meisten nehme ich auf, wenn ich nicht eigens schaue, hinschaue; am meisten? am zeichenhaftesten? – zeichenhaft

»Dir entsprechen?« – »Im-dir-Entsprechen dich übersteigen.«

Die Belehrung setzt ein: das Licht schwindet, die Weite schrumpft (so war es seit je); im Vorgefühl, jemand werde mich belehren, empöre ich mich

Gestern die lila Blüten auf dem Friedhof immer wieder in den Augenwinkeln als Rauchwolken, und die Matratzenstapel bei den Gräbern, um die herum mit ihren Sakeflaschen die Friedhofstreicher saßen; und neben einem der Gräber die Frauenhandtasche, aufgerissen, mit Zahnstocher und Bleistift (oder Wimpernstift?) daneben; und die vielen Aschenhaufen im Kies; und dann die rauchende Feuerstelle mitten im Friedhof, mit einem einzelnen brennenden, duftenden Holzscheit, ohne Menschen; und der eine Läufer, auf der Stelle tretend neben einem Buchsbaum; und zuletzt der Glanz der düsteren Abendsonne auf einer gerundeten Grabsäule (23. Febr. 1988)

»Die Trauer ... ist wie die Liebe in das meiste einwechselbar und trägt die Welt in sich. Sie ist eine gute Münze« (I. Aichinger)

»Nachdenklich sterben«, das kam mir in den Sinn angesichts des chinesischen Winterfischers allein weit draußen auf dem See, im dreizehnten Jahrhundert gezeichnet von Ma Yüan unter der Sung-Dynastie – Boot, Angel, Mann, Wasser, nichts sonst

»Und«: das Mädchen auf der abendlichen Ginza innen in dem vollgestopften Lederwarenladen, wo sie, gleichfarbig mit dem Leder, sich kaum merklich bewegt, nur das Gesicht deutlich zwischen den Sachen herausragend, und der Buddha heute vormittag, kambodschanisches Steinrelief, auf seinem Elefanten mit dem Lotussitz durch den Dschungel reitend, in dem Blätterdickicht kaum zu unterscheiden

Was ist »Gestalt«? Gestalt, das ist zum Beispiel Rauch hinter Bäumen, das sind zum Beispiel Bäume, von Wind bewegt, hinter Bäumen, die windstill sind (24. Febr. 1988)

Das Geduldsspiel: die Gesellschaft (der Menschen)

Warum haben die Künste, zumindest »vorderhand«, verspielt? Haben sie verspielt?

Der Staunende sieht, was anders ist; der aufhört, zu staunen, sieht nur noch, was gleich ist; nein, er *sieht* nicht einmal das Gleiche, er hört überhaupt auf zu sehen; registriert nur noch; oder so: wer nicht mehr staunt, der hat die Zwischenräume, oder Durchlässe, verloren

Geheimnis des epischen Schreibens? Sich die Begeisterung gut einteilen

»Wir haben allen Schmerz ermessen, den der Henker erwecken könnte in jedem Atom unseres Körpers: und dann, bangen Herzens, haben wir uns aufgemacht und uns gestellt« (René Char, vor 5 Tagen)

Meine Art Schatz, das sind die Ermangelungen, die ausgebliebenen Ereignisse der Kindheit – das Ausgebliebene, all das, was nicht eingetreten ist – das sind meine Erlebnisse

»Trial by error«, das ist die richtige Lebensweise – sofern du Zeit hast

Die Haikus und die Schriftkünste, sind sie zwischen, neben, über der Bilderwut oder -flut einerseits und dem Bilderekel und -sturm andererseits nicht das »übersteigende Dritte?«

Im Frieden kannst du dich als Widerständler nur lächerlich machen? Und warum nicht? (Kyoto, 25. Febr.)

Bis jetzt ist mir kein Japaner, keine Japanerin mit einem »langen Blick« begegnet, aber die kurzen Blicke, immer wieder, waren oft lange

Schöne, edle, allen überlegene, himmelhoch überlegene Sklavin Phantasie! (Kyoto, 26. Febr. 1988)

»Und«: Das Geräusch von trippelnden Tauben im Kies und das Geräusch eines beginnenden Regens

Was bewirkt die Sehnsucht? Die *anderen* Einteilungen; die *anderen* Einheiten; die andere Zeit

Die bloße Anrufung des Buddha genügt angeblich, um gerettet zu sein: »Amida!« – Aber was für eine Anrufung war das, gestern im Tempel! Es kommt auf die Art des Anrufens an? (Gestern im Nishi-ōtani Hanbyo-Tempel in Kyoto) (27. Febr.)

Gestern noch: der stille »japanische« Weg in den Hügeln hinter dem Tempelbezirk, mit dem wachtelartigen Vogel scharrend und mit mir mitlaufend von Gebüsch zu Gebüsch; die bogenschießenden Mädchen dann im Schulhof – wie sie die Bogen nach dem Schuß jeweils sinken ließen, als senkten die Bogen sich ganz von selbst; die Astlöcher in den Bodenbrettern der Galerien außen an den Tempeln, durch diese Löcher unten der Steinuntergrund zu sehen, leuchtend, die Lochdurchblicke wie magische Augen; Steinböden mit Kiefernnadeln, und einmal ein Betonboden mit einem Fußeindruck – Buddhas Fuß im Stein des Kiyomizudero-Tempels, in seinen Zeheneindrücken Muscheln, Fische; die frischgewaschenen, nach Wasser riechenden Böden dann am frühen Abend in den Vorräumen der Stadthäuser, vor allem der Gasthäuser und Ryokâns; in den Tempelgärten tagelang die Paare, auf den Knien und Fersen, vor dem Altar; einmal so eine sehr junge Frau und ein sehr alter Mann, dahinter der psalmodierende Priester, dazu Gong und Trommeln als Skandierungen, eine Gedächtnismesse für Gattin und Mutter? (Szene aus einem Ozu-Film); der unerhörte, noch nie gehörte Chor der Staunenden, der angesichts der Riesenglocke in welchem Tempelbezirk? *unisono erstaunt Aufraunenden*, einer Gruppe gleichermaßen gichtgekrümmter Pilger – von denen einer sich für einen Moment im Staunen so stark aufrichtete, daß er nach hinten zu kippen schien; mein Klopfen gegen die Bambusschäfte im großen Bambuswald, allein, der letzte Mensch, bei Wind und grauer Kälte; Frieden dann in der späten Nacht im Speiselokal am Fluß Kano, wieder der einzige, bei fast schon abgeschaltetem Licht, beim Lesen von Inoues Bildfälschergeschichte; zuletzt noch in der Hotelbar der Anblick hinter den Scheiben des beleuchteten Felsgartens, mit den Rillen im Kies, welche Wellen vorstellten, und dem nachtwindbewegten Gesträuch auf den Steinblöcken; und endlich die Träume, wo alle andern Personen stärker ins Licht traten und bezeichnender waren als ich, der bloße Untermieter und Schüler

Wenn ich eine Vertreibung aus dem Paradies kenne (oder erfahren habe), dann die aus dem Phantasieren, der Phantasie; und diese Vertreibung geschieht jeden Tag; und es ist überhaupt die Ausnahme, der Glücksfall, im Phantasie-Paradies zu sein?

Warum genügt es mir nicht, wenn die Ahnung zum (kurzkurzen) Inbild, auch Hörbild wird? Ich will so oft mehr, eine Art Vollständigkeit, oder Anthologie, die sich aus dem Inbild entwickeln soll, oder ein Panorama – und Ahnung und Inbild verschwinden, oder werden zumindest schwach und umrißlos (an einem der vielen Bäche von Kyoto, der aus den japanischen Bergen kommt und zugleich rauscht in meinen heimischen Gräben)

Lange Blicke? Kurze Blicke? Wie auch immer scheinen die Japaner – bei aller Hast – langsame Schauer zu sein

Woran bist du zu erkennen? Daran, daß du stetig vorbereitet bist auf das Erscheinen der Schönheit

Unterscheide auch zwischen Sehnsucht und Entbehrung: die Sehnsucht war öfter

Das *wunderbare Gleiche* allüberall: die auf den Bordsteinen balancierenden Kinder – die Kinder mit dem Hüpfschritt – die Hände von Schülern, mehreren, unter einem Regenschirm, übereinander am Schirmgriff wie an der Haltestange der Metro

»Und«: der Gedankenauslöscher Wasserfall und der Gedankenauslöscher Maultrommel (28. Febr. 1988)

Buddhas Tod, wieder und wieder: auch der Schmetterling trauert, mit halbaufgefalteten, oder halbgeschlossenen Flügeln, es trauert um ihn die Schildkröte, die Schlange, die Eule: sie wissen endlich, auch die Tiere, in der Trauer, wie ihnen geschieht; der Tausendfüßler kann trauern und kommt herbei zum Trauern, ebenso wie der Fuchs, der Hahn, und »natürlich« der Hase (er hat's schon immer gewußt), trompetenhaft trauernd der Elefant, außer sich vor Trauer die beiden Tiger, völlig in sich zusammengefallen die Rinder, kindlich trauernd der Bär, gefaßt und monumental der Hirsch, mit weggewendetem Kopf der Reiher, den Schauplatz in Trauer zugleich verlassend die Schildkröte, mit trauernd gekreuzten Vorderbeinen (-läufen) der Afghane, und sogar das farbenprangende Pfauenpaar kann mittrauern, blind vor Schmerz die Gesichter himmelwärts gereckt – wo aber bleiben die trauernden Fische? Steht denn nicht bei Bashō: »Sogar der Fische Augen sind naß von Tränen« (bei Buddhas Abschied)?

Vor der Leere ausruhen: Vor dem nach langem Umherirren zu Fuß durch ganz Kyoto endlich gefundenen Ryoanji-Tempelgarten mit nichts als den Felsblöcken im frischgerechten Kies in der Rolle des Japanischen Meeres

Den höchsten Grad von Selbstlosigkeit habe ich erreicht mit jenem Augenblick nach langem Anstieg auf einen Felsenhügel und nichts als dem Gedanken: »Ich bin da« (– ohne Rufzeichen)

Während die Japaner (die Pilger-Japaner) vor den Kunstwerken und/oder den heiligen Werken in einen in der Regel gemeinsamen Ausruf (siehe »unisono«) des Erstaunens ausbrechen können, so wie etwa gestern vor den Nirwana-Darstellungen oder vor der Schneelandschaft mit den beiden Einsiedlerhütten links und rechts vom Hügel, eine nah der andern in Besuchsdistanz, gibt es vor dem leeren Fels-Kies-Garten des Ryoanji hier, obwohl er umlagert ist von Besuchern, solche Staunensausrufe, solches Staunensraunen nicht. Vielleicht stammt so ein Ort, so ein Ding von jemandem, und ist auch für jemanden geschaffen, welcher über das Staunen schon hinaus ist? (Wenn die Wolkenschatten über den leeren Garten ziehen, dunkeln die Kieselzwischenräume, werden ganz schwarz, und die unbestimmten, die überpersönlichen Erinnerungen setzen ein.) Und während die Japaner sonst vor Bildern, Statuen, Kalligraphien sich oft etwas aufschreiben, notiert hier vor der leeren Fläche keiner sich was – dafür wird sie in einem fort photographiert ...

Nichts als die Augen und die Ohren, was mich über mich hinausheben kann (und der Traum, und die Erinnerung, und ...)

Im Halbschlaf wachsen dem Buddha Arme um Arme, und tausend Hände halten dann Pfeil, Bogen, Zimbel, Blume, und eine der Hände zeigt zum Himmel, während eine andere dem Halbschlafenden als Traumstütze dient, und eine Hand hält einen Totenkopf auf einer Stange, und zwei der Hände halten eine die andere, und eine hält ein Glöckchen, eine eine Axt, eine dritte einen Pinsel, und in mehreren der Handteller wiederholt sich, gehalten von zwei Fingern, der Miniatur-Buddha auf seinem Lotusthron, als Thronbaldachin ein konkaves Lotusblatt – so schön ist einst geträumt worden

Verb zur Sorge: »verheert«

Es ist »in der Tat« so, daß ich in meinen Träumen kaum mehr vorkomme, und in manchen gar nicht mehr; ich sehe sie bloß, von außen, von tief innen (29. Febr. 1988, Kyoto)

Humor kommt aus entschlossener Nachsicht?

Aus dem blühenden Pflaumenbaum fiel das Gedicht von selber heraus, in Gestalt von Myriaden Fünfblattblüten

Jenes dauernd gehörte »Sō de-s(u)ka – Ist das so!«, das mir am häufigsten bisher begegnete japanische Wort, als der Ausdruck des Staunens

Die Weltmacht des Schweigens: Weltmacht ohne Eroberung, rein durch Übergang, oder »Übergänglichkeit« (frei nach Goethe)

Ein Blick traf mich, dem ich ansah, daß er von einem kam, der innerlich schwieg; und er brachte auch mich im Innern zum Schweigen. »Und was sah der Blick?« – »Nichts«

Unter der Brücke des Flusses Kano in Kyoto gehen gebrechlich und einsam die Helden aus den Filmen des Yasuhiro Ozu, und oben auf der Brücke die Helden des modernen Japan, oder Hongkong, oder Taiwan, und mein Entschluß: »Ich werde unter der Brücke gehen«

Verb für die Sehnsucht: sie »regt sich«, und sie ist das ganze Leben (an der Kano-Brücke, wo dem Bettler, Hut im Gesicht, Schale in der Hand, der Flußwind in den Bettelgewandärmel fährt)

Japan (»altes«): Liebe ohne den Berührungswahn?

Und jetzt in Nara: auch hier der Mond; er hat mich in Japan noch keinen Abend im Stich gelassen

Ruhe, Zeit-Mulde (Nacht, Nara)

Der Witze-Teufel – der Humor-Engel

Immer noch ein »Spalt« Jugend, so wie »Apfelspalt«

Ebenso wie die »fruchtbaren Irrtümer« gibt es die fruchtbaren Verirrungen (Nara, 1. März 1988)

»Mot-to yuk ku-ri!« = Langsamer!; und dazu der Sprachführer: »Learn this phrase. It may be more important for you, than ›Good morning‹ or ›Thank you‹«

Viele Japaner auf den Straßen, die mit sich selber reden; sie scheinen dabei aber, ihren Fingergesten nach, in der Regel kopfzurechnen

Verb für das Rauschen des Bambuswaldes: es »kommt von weit her« (und es »untertönt« alles)

Würden »meine Leute«, Großvater, Großmutter, Mutter, Brüder, Schwester, hierherkommen, vor einen Bambushain nur, entführe auch ihnen das staunende Oooh!

Zum ersten Mal hier in Japan habe ich, hinter dem Großen Buddha von Nara, einen Hund knurren hören. Aber das angeknurrte Reh, das Tempelreh, wenn es auch flieht, flieht nur für einen einzigen Schritt; es ist mehr ein Flucht-Reflex als eine Flucht; nein, kein Reflex, ein Spiel (mit dem Flüchten)

An den Orten des gemeinsamen Staunens wird zugleich vor Taschendieben gewarnt

Japanische Sprecher: als hockten die Sprecher ständig in den Startlöchern

Gestern vor dem Großen Buddha von Nara: für die japanischen Schulkinder war ich Europäer auffälliger, oder bestaunenswerter, als dieser (2. März)

Die sehr hohen Türschwellen in Japan; und noch höher die Tempelschwellen; selbst die Einheimischen stolpern über ihre eigenen Schwellen

Gerade zogen die Heimatorte mir durch den Sinn, und alle zusammen hießen Ostern. Und es war ein Zug, ein Ziehen samt Obstgarten, Felsen, Feldwegen, Kuhweidenbach

Ein Moment der Panik darüber, daß ich in diesem fremden Land keine Angst habe, so gar keine Angst

Verb für das Nadelgrün und das Flechtengrau einer großen Kiefer: es »würdigt« (die Gesichter darunter im Widerschein)

Phantasierend, kann ich auch eingreifen; nur phantasierend wäre ich der Mann der Tat; im Bild, im Bilderzug der Phantasie sein, das heißt: *einspringen* (können)

Die ganze hohe schwarze fünfstöckige Pagode, Holzpagode, zirpt von den kaum sichtbaren Spatzen in den Rillen und Ritzen oben, nur hier und da auf den verwitterungsgrauen Dächern ein aufschwirrendes Grau: die »Pagodenspatzen«

Der Tod Buddhas hier in Nara: die Trauer des Schakals, und die weise Trauer des Affen, und die stolze kleine Trauer des Hasen, und die Monstertrauer der

Pythonschlange, und die zornige Trauer des Hahns, und die hilflose Trauer des Ebers mit seinen nicht (und nicht) zu verbergenden Hauern, und die Trauer des hier endlich einmal unschönen Pfaus, und wieder die schwarze Trauer des Tausendfüßlers, und wieder die unförmige Trauer des Büffels, und wieder die vom Ereignis (des Sterbens) abgewandte, atemanhaltende Trauer des Schimmels, und der Elefant jeweils als der wildesttraurigste, auf dem Rücken liegend seinen Schmerz trompetend

Nunc stans: Jedwedes steht wunderbar in Frage

Die sich regenden Sonnenflecken auf dem Felsblock verwandelten diesen in ein schlafendes Reh (Nara, Nachmittag)

Gesund ist jener Alleinige, der sich dann und wann seinen Teil denkt

Gerade fahren fünf (5) verschiedenfarbige Züge zugleich in verschiedene Richtungen oder nebeneinander vom Zentralbahnhof Tokyo ab, und ganz hinten im Gleisfeld die nasenförmigen Shinkansen-Lokomotiven, gesehen aus dem Fenster im Bahnhofshotel, »wie ich es mir gleich bei der ersten Ankunft hier wünschte«; und gestern nacht auf dem Weg hierher die U-Bahnen und die Straßen voll mit Betrunkenen, von denen einige, im Zurückdenken viele, in Anzug und Krawatte, an den Metroflurwänden entlang zu Boden rutschten und dort sitzen oder liegen bleiben, und dann, spätnachts vom Fenster zu den Gleisen aus gesehen, an dem ich saß wie auf einer Südstaatenveranda, die in den Zugwaggons, für die es hier die Endstation für den Tag war, Eingeschlafenen, die von Bahnleuten dann herausgezerrt wurden, zum Teil auch mit langen Stangen, Haken an deren Enden, womit die Nachtbummler ins Freie gehievt wurden; und zuletzt die Stunden in Betrachtung von nichts als der leeren Gleissteppe des Tokyoter Hauptbahnhofs

Ich habe auf der Straße noch keinen Japaner erlebt, der freiwillig einen Bogen oder Umweg machte; alle bisher schnitten den Weg ab, auch den Entgegenkommenden

In der Kunst ist Ehrgeiz fruchtlos; es fruchtet allein die Sehnsucht: die Sehnsucht, es dem als groß Erlebten, auf die eigene Weise, gleichzutun (dazu mußt du freilich richtig leben; aber wie?)

Habe ich hier schon einen Trauernden gesehen? Vielleicht jenes Vater-Tochter-Paar im Tempel von Kyoto? Aber war das nicht eher die Feierlichkeit dort? Und mein Zutun?

Im Moment erst, da mir etwas Gutes getan wird, merke ich, wie allein, ja verlassen ich all die Zeit vorher gewesen bin; die Phantasie zeigt mir vordringlich, was mir fehlt

Und Spinoza sagte zu Parzival: »In dir sträubt sich alles gegen das Fragen und das Gefragtwerden. Du bist mir der rechte Schüler für die Kunst des Fragens.«

Die Japaner – in Gesellschaft – können wohl, vor allem gesellschaftlich staunen, aber – allein – lassen sie sich nicht und niemals überraschen, etwa beim Anstarren des andern, Fremden (ich jetzt auf dem Weg in den Norden, in Morioka, und der Orion über Morioka, und zum ersten Mal in diesem Winter die Schneeschlieren tanzend zwischen den fahrenden Autos, unter dem Vollmond)

»Der Bildverlust« soll mein Übergang ins rein Epische werden; keine lyrische Epik mehr (entsprechend auch meinen japanischen Träumen)

»Und«: Nichtweiterwissen und Fröhlichkeit (»Fröhlich wußte er nicht weiter«; siehe »fruchtbares Verirren«)

Nach dem Nähen/Stopfen eines Kleidungsstücks am Morgen: in der Tat die Empfindung des »Hineinsteigens« in dieses (4. März)

Wäre nicht manchmal ein gedämpfter Gong, wäre nicht der Schütterwald auf den völlig unbesiedelten Hügeln mit ihren vielen kahlen Kleinkegeln, und wäre nicht der Fischer mit dem gelben Halstuch, und wären nicht die zum Fluß vorspringenden Einsiedlerhütten – wo befände ich mich?

Der Dankeschor der japanischen Wirtsfrauen erinnert mich an den Begrüßungschor der Kinder »bei uns«, die verkleidet, als die Weisen aus dem Morgenland, an die Krippe treten

Japans Gestein: ohne Konglomerat? Gab es also hier keine Eiszeit(en)?

Schwankende Riesenschneeflocken, im Sinken, Wegfliegen, Aufsteigen, Sinken, Wirbeln aufschimmernd von der Sonne, von dieser durchschienen; schwebende Fenster in den Lüften, Transennen; dahinter die Welt

Der weich siedende Bambuswald von Morioka, ein ungeheuer weiches Sieden wie in einem großen Bottich, von tief unten herauf, sich stetig noch steigernd, himmelwärts dazwischen das leichte Klicken oder Raspeln der Schäfte und Stämme, ein Sieden und Wallen, das mir noch zwischen den Häusern jetzt nachgeht

Brücken allein aus Schnee, über den Bächen (im Zug bei Shimoda); und auch hier in Japan, wie allüberall?, die spitzdreieckigen Eisenbahnergärten, gebildet von den Schenkeln Schiene und Straße

Geliebt wird der Selbstvergessene (Aomori am Nordmeer, Abend, Völkerwanderung der Flocken über die Straße von Hokkaido)

Gestern war wohl der erste Tag in meinem Leben, daß ich keinen einzigen »Weißen« gesehen habe – und dann der noch immer volle Mond als ein von innen beleuchteter Globus, nach dem Schneetreiben, wie einst an einem Kinderbett, und dazu die große Fähre nach Hokkaido, deren letzter Fährtag das gestern war – ab heute gilt nur noch der unterseeische Tunnel –, mit ihrer leuchtenden offenen

Ladeluke, nach ihrem wie weltweiten Tuten hinausgleitend auf dem Weg zur Insel, bei geschlossener Luke, und gleich danach kamen wieder die Flocken geflogen, am wolkengestreiften Mondglobus vorbei (5. März 1988, Aomori)

Durch das Nichtsgelten in der Fremde sich bilden – und dazu wieder Goethes »Die höchste Kultur, die ein Mensch sich geben kann: daß niemand nach ihm fragt« (etwa so); und ich dann: Es gibt eine Art Daseinskampf, in dem man sich bildet – sich eine Kultur erkämpft, und einen Daseinskampf, in dem einem alle Kultur oder das Kindlichseinkönnen genommen werden (ich dachte ans Internat)

Eine Art Naturgesetz?: Kaum bin ich, nach langem mühsamem Weg, dort, wo es schön ist auch durch den Weg, taucht »die Dogge« auf (am Sandstrand weit außerhalb von Aomori, die Haare verflochten von Eiszapfen, zu Füßen eine leuchtfarbene Muschel, aus der, rein als Farbe, eine andere Venus aufsteigt)

Angesichts der Schönheit – der Muschel jetzt – bildet sich das Herz? formt es sich? nimmt das Herz Gestalt an

Die Stille *trinken*

Die Außenlifte an den Häusern in Japan: Alles Passantenhafte soll sichtbar geschehen; recht so

Um mit »dir« sein zu können, brauche ich in der Regel einen Dritten. Warum? (6. März)

Ins Freie, die Sorglosigkeit üben

»Diesen Fremden werde ich nie wiedersehen.« – »Bekümmert dich das?« – »Nein, es erstaunt mich. Es hat mich schon als Kind erstaunt, daß jemand, der vor mir im Bus gesessen hatte, ausstieg und daß ich ihn nie wiedersehen würde ...«

Die Parallel-Lifte außen an den Häusern gestern, der eine aufsteigend, der andere herabgleitend, manchmal kurz auf gleicher Höhe, die Türen dann unisono aufgehend – diese beiden Lichtvierecke, außen an den dunklen Fassaden sich auf und ab bewegend, hatten dabei etwas von zwei hellen Spielkarten, die hin und wieder zusammenfielen, sich überdeckten, erotische Spielkarten

Aomori, der Fischereihafen, die Tanghaufen- und Gummistiefelstadt, überall Eisschollen gestapelt zu Ziegeln, fürs Fischkühlen; andererseits auch hier, wie allüberall, der verlorene einzelne Kinderhandschuh in der Gabelung eines kleinen Baums (und jetzt wieder südwärts, nach Sendai)

Einem Blinden wurde auf der Straße der Weg eingezeichnet in den Handteller (nach Aomori)

Von wem kann ich die Ruhe lernen? Nur von mir selber (im Zug)

Die Flocken wehend durch den Bahnhof haben eine ähnliche Form wie die Schriftzeichen für die Station

Bei der Ankunft in Sendai jetzt die Wiederholung jener Aufregung oder unbestimmten Unternehmungslust, die ich erlebt einst bei der Ankunft, als ganz Junger, in Nashville – Ähnlichkeit der Laufschriften hier wie dort? der Mischung von Groß und Klein, der sehr hohen und sehr niedrigen Bauten?

Je ferner du deinem Kind bist, desto mehr wird dein Kind »dein Kind«, auch als Anrede in Gedanken

Was »der Dichter« geworden scheint, im Leben oder Bewußtsein der Menschen: eine Art »Leibhaftiger«? ein unheimlicher Gast (Sendai, Nacht)

Verb für die Langsamkeit: »strahlt« (und »läßt strahlen«) (7. März 1988, Sendai)

Ich möchte endlich in Japan eine Horde Affen im Urwald sehen, oder auch bloß einen, auch bloß halb versteckt schaukelnd in einem Baumwipfel

Das fließende Wasser hier im Hotelgarten müßte eigentlich für mich am Morgen in der schönen Fremde das Richtige sein – aber warum kommt mir dabei vor allem das Geplätscher seinerzeit des kleinen Internatsspringbrunnens in den Sinn, Verkörperung der kältesten Fremde?

Hotel in Japan: jedem Geräusch entzogen, außer dem alles durchdringenden Piepsen der Ampelsignale, noch von den fernsten Straßen

Die kurze Zeit am Tag, da ich dasitzen darf (anderes Za-Zen), eingehüllt in die Wolke der Phantasie, von ihr getragen, gespannt so und weich der Körper in allen Gliedern, warm die Stirne; »Glocke« der Phantasie? »Gefährt ...«?

Schnee niedersinkend auf den rauchenden kochheißen Teer in Matsushima (Bashō im 17. Jahrhundert: »... Matsushima [=Insel] ist der schönste Ort in ganz Japan ...«): aus Weiß wird Schwarz, aus Weiß und Weiß wird Schwarz und Schwarz, Augen-Blick um Augen-Blick, und ein Bild kehrt zurück – Tiere, die, von uns Landkindern einst auf die heiße Herdplatte gelegt, auf der Stelle verschrumpelt waren

»Es schneit groß« in Matsushima, auch durch die Kleinheit und Zierlichkeit der Bäume und Häuser

Und jetzt liege ich auf der Insel, der Löß-Insel mit dem Tempelchen (oder dem Einsiedlerschrein), im Blick das Ostmeer, wo Rauch aufsteigt von einer anderen winzigen Insel, von dem Robinson dort; und die Bambusschäfte liegen kreuz und quer hier im Ufersand wie dahergeschleuderte Speere; liege und *ruhe* ich auf der wärmenden Kiefernadelspreu, die mich an die Wärme einst der Maisspreu »bei uns daheim« erinnert

Haiku: Jahreszeit *und* Ausruf (Jeden der Orte, wo ich bisher in Japan war, hätte ich doch wenigstens einmal so ausrufen können, »Morioka!«, »Aomori!« ...)

Großes Frauengesicht, das Jochbein leuchtend bei Sonnenuntergang unter einer wehenden Kiefer am Meer von Matsushima, und dazu das Sonnenuntergangsschneien

Fällt dir endlich auf, Idiot des Westens, daß es die Jakobsmuscheln sind, die dich auf dieser Reise begleiten, von der Muschel auf dem Weg in Rembrandts »Hundertguldenblatt« in Amsterdam bis zu den Muschelketten, die den Zugang zur Insel markierten, gestern in Matsushima? (zurück in Sendai, 8. März 1988)

Der jähzornige Großvater und ich: Ich, im Gegensatz zu ihm, habe keinen Widerstand mehr im Alltag, der mich jähzornig machen könnte, keinen Gegenstand, und bin deswegen momentweise bloß »unbeherrscht«?; oder anders: Ich habe keinen von den Gegebenheiten und Lebensnotwendigkeiten vorgeschriebenen Tageslauf mehr?

Mit dem Versuch, sich an den Traum zu erinnern, schwindet die Kraft des Traums

Beginn eines Liebesgesprächs: »Immer nur deine dummen Mutproben! Wo bleibt der Mut?«

Jener Moment am Tag, da die Phantasie nicht mehr mitspielt in den Gedanken und den Vorstellungen: ich bin aus der Kurve geworfen

Einmal in Japan möchte ich, bei einem Blick hinaus auf die Straße, erleben, daß niemand da läuft, daß alle nur gehen und stehen; das wäre wie das Einziehen einer alten Ordnung (siehe die Leute auf der Brücke, und die Leute unter der Brücke in Kyoto)

Wann immer ich etwas zu sehen bekommen *soll*, werde ich beklommen, leicht unfroh, gerate aus der Ruhe

Gebet um Befreiung von der Sorge: »Laß endlich den Ernstfall eintreten, damit ich die Sorge los bin und handeln kann!«

So ein Weinen wie das, im Chor, der dem Zug nachlaufenden Schulmädchen – die scheidende alte Lehrerin im Zug – habe ich noch nie erlebt; und dann auch im Zug dieses Weinen, einzeln; nicht kindlich, nicht ältlich, sondern? mächtig (Abfahrt von Sendai)

Das Buch, das Gedicht, die Kunst schafft dort, wo nichts ist, Durchlässigkeit (zurück in Tokyo, Asakusa)

Vielleicht hätten Österreich und Deutschland in der Tat eine Revolution gebraucht? Ja, sie steht aus. Anders wird sich nichts ändern. Was für eine Revolution? Eher eine grundlegende Empörung, Empörung von Grund auf. Und statt »Arbeiter und Bauern« sag: »Arbeiter und Keuschler«

»Die Schwermütigen werden zur Kur an die Datumsgrenze geschickt« (lautete die Losung des Traums dieser Nacht, Asakusa, 9. März 1988)

Gestern nacht die Gruppe der Sturzbetrunkenen, betend vor dem Gnadentempel von Asakusa, wie betend um Gnade für das Betrunkensein, eine Art Chor von Wankenden, Torkelnden und Beinahfallenden

Noch einmal zu »Die höchste Kultur ... daß niemand nach einem fragt«: Es fragt aber leider immer wieder jemand nach einem – nur nie fragt der Richtige, und nie in der richtigen Art oder Weise

Einer, mit der Maske oder dem Anschein des Bösen, zog unversehens ein sorgfältig verpacktes Geschenk hervor, wendete es noch und noch in der Hand, betrachtete es, unendlich zärtlich (in der Metro, Tokyo)

Was tut, schafft, erreicht, schöpft die Phantasie? Sie findet das Leben im Leben und zeigt (offenbart) es als Teil einer Folge

Mein Widersprecher, (er ist) mein Schutzengel

Was tut die Kunst? Sie erlöst vom Augenschein; sie ist der phantastische Augenblick; sie gibt ihn. »Ändere deinen Blick!« (Rede an mich selber, wie alles hier Aufgeschriebene, vor dem Meiji-Schrein)

Die Quelle gestern im Meiji-Garten, und der alte Mann davor, der mit seiner Enkelin, immer wieder auf die Uhr blickend, auf was wartete? und endlich in eine Thermosflasche das Quellwasser schöpfte, während das kleine Mädchen mit einem weißen Handtuch daneben stand, und dazu dann die ersten Krokusse des Jahres, die Hyazinthen, die Märzenbecher, die schon wieder abblühenden Haselsträucher (10. März)

Der Sorgenmacher in mir ist zwar kein böser Geist, aber ein schwacher, ein ängstlicher

Fragmentarisch leben – um nichtfragmentarisch phantasieren-schreiben zu können

Kinder, die Sonnensegel (dann und wann)

Ein schönes »Herabschauen«, das auf die Blumen, etwa jetzt die niedrigen Kameliensträucher

Palmenfächer, andere Lichtschranken (in Kamakura, Engaku-ji); Lichtschranken im Schattigen

Der Tempelgemüsegarten in Kamakura, so wie die Tempelküche in Matsushima, so wie die Tempeltoilette in Nara, so wie die Tempelkatzen in Kyoto, und so wie jetzt hier der Tempelhahn von Kamakura, vom Zaun flatternd, und dazu das Tempelgrab des Yasuhiro Ozu (»simili modo«)

Der Riesen-Daibatsu-Buddha von Kamakura (vor dem ich endlich stehe nach stundenlangem durch die Wälder Irren): Wie groß muß der Buddha gedacht-gemacht werden, damit sein »Ruhen im Nichts« faßbar wird – und selten war ich, der jetzt zu ihm Aufschauende, mehr von Unruhe zerfressen gewesen als während des Umherirrens vorher auf der Suche nach diesem Inbild der Ruhe

Die Magd- und Knechtgestalten, mit geknickten Knien, Bergbewohnerknien, die Körper, den Rumpf verbogen nach hinten und nach vorn, kaum mehr gehfähig, sind sie nicht die rechten Gestalten für die

Pilgerstätten, in Europa ebenso wie hier in Japan? Und wer noch? – Und wie etwa in aller Herren oder Diener Ländern den alten Mägden, Dienerinnen, Keuschlerinnen die Tasche von den Händen oder aus den Armbeugen hängt

Die Sonne nun auf der Riesenwange des Buddha von Kamakura, wie die letzte Sonne auf einer runden Bergkuppe; und der Buddha wiederholt mir jenes heimische »Es kann dir nichts g(e)scheh(e)n«

Die rätselhaften Schulmädchen auch hier, besonders hier, am brausenden Pazifik bei Sonnenuntergang, in einheitlich langen dunklen Mänteln, wie sie Tulpen ins Meer werfen, die Blumen hinaustreibend auf den Wellen, noch lange als Farbe und Abglanz im ungeheuren Wasser zu verfolgen, und die Mädchen, die zum Hinaustreiben der Blumen lebende Bilder formen und zuletzt tanzen, auf Mustern und Feldern, in den Sand gezogen

Verb zur Sorge: sie »hebt« mich – so wie es von einem, dem übel wird, heißt: »Es hebt ihn« (Kamakura, Abend)

Die Kunst (beharr auf dem Wort) kann nicht ideologisch sein, nie und nirgends; sie ist die Form des Kindlichen, und das Kindliche ist nicht ideologisierbar – wenn es das Kindliche ist

Einer der Gründe der (dummen) Sorge: ein Leben ohne Ernstfall (11. März 1988, Tokyo-Asakusa); fast amüsiert es mich inzwischen, zu beobachten, wie die

Sorge in mir sich aufbläht, anschwillt, *schwärt*; die SCHWÄRE Sorge

Die Luft, die für einen raschen Augenblick zum Fenster hereinstrich: Osterluft, das *ganze* Ostern

Über mich »persönlich« habe ich noch nie etwas sagen können

»Hinaus zu den Leuten, in den Wind, in die Sonne, die Luft, zu den Leuten draußen!« – »Aber wer sagt denn, daß die andern draußen sind? Vielleicht sind wir hier draußen, und alle die Leute dort sind drinnen?« – »Ach, unter dem blauen Himmel sein!« – »Aber so schau doch, hier im Zimmer über uns das Blau des Himmels, bis zum Boden herab.«

»Alle meine Feinde schlafen gerade und werden noch lange schlafen. Ich habe niemanden, der sich um mich kümmert.«

Licht auf der runden Wange Cézannes, so wie gestern die Sonne auf der Wange des Großen Buddha von Kamakura (im Bridgestone-Museum Tokyo), und daneben die Sainte-Victoire, all-blau mit dem Himmel, der hereinwirkt in die Landschaft und vorführt, was sich gehört, wie heute früh kurz im Asakusa-Kannon-Tempel: Hin zum Sainte-Victoire-Massiv! Warum bin ich nicht dort, wo links im Bild die Kiefer steht, gleich wie vor Tagen hier auf der Bühne im Nō-Spiel – Kunst, die Herzwäsche, das Kopfbad, das Augenbad. Ins Freie der Kunst! Schwimmen, ohne Extra-Tempi, im Blau der Kammlinie hin zum Blaufest! Vergehen vor

Sehnsucht? Ja, und zugleich davon stark werden, entschlossen werden: »Ich weiß so, was ich zu tun habe, was meine Sache ist, immer noch, Gott sei gedankt.«

Georges Rouault: Der Christus der Randbezirke im Leeren, zwischen einstöckigen Häusern, blaue Nacht mit Vollmond, mit Kindern, die Straße weiß vom Mond, und es ist tatsächlich kräftig die Inbrunst eines Glaubens zu spüren wie zu sehen: das war 1920

So oft in den Filmtiteln bei Ozu das Wort »monogatari«, Geschichte, Erzählung, »eine Geschichte von schwankenden Gräsern«; *mono* = Volk, Person; aber auch mono als Ding

Ein Atemzug ist es oft bloß von der Unruhe zur Ruhe – oder ein Atemanhalten (im Zug nach Yokohama); etwa jetzt vor den zwei Platanen von Yokohama, angesichts des Kreisens der Sporenkugeln am Pier, die Bäume voll mit diesen *anderen* Morgensternen (Gegenstücke der Waffe), mich, den Beobachter, der vor ihnen den Atem anhält, in Ruhe pendelnd

Jesses Baum wieder, samt Wurzel und Krone, hier in Yokohama in der chinesischen (sic) Schnitzschrift als Mittellinie eines Stuhls

Der alte Ezra Pound (so *The Japan Times*) habe Fragen nicht nur nicht beantwortet, sondern er habe sie gar nicht »gehört« (12. März 1988, Tokyo-Asakusa)

»Traumwandlerisch«, so habe ich gestern nacht aus der Chinatown von Yokohama zurückgefunden; die Metro dann, kurz vor Mitternacht, so voll, daß keine Hand mehr sich rühren konnte; bei den Anfahrtsrucken und den Beschleunigungen die Masse, wir, in eine einzige einheitliche Bewegung geratend, mit dem einen geschah jeweils das gleiche, haargleiche, wie mit allen anderen

Osterluft zwischen den Zehen und unter den Achseln: und erinnere dich dazu an die bloßen Füße des Auferstandenen in der Kirche des Hagios Nikolaos, Thessaloniki, die bloßen Füße, die zugleich sein Schuhzeug waren

Ruhe? das Zulassen der ziehenden Luft, am Hals, an den Schläfen, das ganz im Ziehen der Luft – auch bei Windstille zieht sie – Aufgehen

Der ist der Künstler, durch dessen Gemachtes die Weltluft weht – Satzhar(p)fen für die Weltluft, ohne besonderes Klingen

Als es gerade erstmals hier in Japan zu regnen begann, freute ich mich auf den Frühlingsregengeruch und ging mit offenen, nach oben gekehrten Handtellern für die ersten großen Tropfen – die freilich eine Zeitlang dann alle erst einmal an den Händen vorbeifielen

Japan: Es gibt nicht unsere »westlichen« – leichtfertigen – Blicke des Einverständnisses?

Die Männerwelt – die Frauensphäre; oder umgekehrt?

Die Waggons der Metro von Tokyo schaukeln im Stehen, unablässig, wie Boote am Pier

Die Zeit des Großvaters: daß zum Ausruhen die Beine irgendwo aufgelegt wurden, auf eine Bank, auf ein Bett, kam als Bequemlichkeit nicht in Frage. Wie saßen damals die Leute? Kein Sofa. Aber dafür die Feierabendbänke vor den Häusern und Keuschen – und unversehens spüre ich Heimweh. Ist es Heimweh? Es ist eine Heim*lust*. Heimatlust – immer noch

Die Gier der Asketen: besonders deutlich

Tauben und Raben: aus der Nähe zu groß für das Herz (beim Überqueren des Sumida-Flusses)

Seine Kindheit verging ohne Flußwind. Und jetzt holt er von Brücke zu Brücke den Flußwind nach

Betrachte mit dem Interesse des Naturforschers, des Physikers, des Physiologen das Entstehen und Wirken der Sorge

»Und«: Ruhe zieht ein in mich, und ich sitze wieder mit der Mutter auf einer Bank an einem Bildstock in einer weiten klaren milden Landschaft Südkärntens unter der Sonne

Das mannigfaltige Sich-Aussetzen (meine Art Reisen) strukturiert die Phantasie

Neben einem Haufen rauchender Asche liegt ein Bambusbesen (Nikko, Tempelhof)

Drillingszypressen, daneben eine leuchtende Steinlaterne, daneben ein verrußter Schneehügel

Hocken (die Hocke) ist zuträglicher für die Ruhe als das Sitzen?

Kommt endlich die Zeit, die Epoche, da das Schweigen unterhaltsamer sein wird als jedes Reden?

Ist es nicht in der Tat so, wie man früher einmal gesagt hat: die Phantasie »webt«?

Gestern, unterwegs nach Nikko, die schmalen, jeweils auch gar kurzen Feldwege hoch auf den Böschungen der Reisfelder, und auf der Rückfahrt dann wieder an den Böschungen die zarten Kurven-Schnörkel der Pflug-Ackerwenden in der Nacht, und hinter dem Tempelbezirk vorher die Stille samt (ja) Bachwasser und himmelhohen Zypressen, von deren Zweigen der Boden knöchelhoch bedeckt war, und wo ich beschloß, mir die Stille »zu verordnen«, wenigstens einmal am Tag (14. März 1988, letzter Tag in Japan)

Die Ruhe als ein, als *das* Imstande-Sein, ohne besonderes Wozu (dachte ich gestern vor dem Märchenstein im Hintertempelbach von Nikko, beim sonoren Klingen des Wassers an der Rundung und dem Oberton dazu, hörbar nur, wenn ich den Atem anhielt); im Stande der Ruhe – im höchsten Stand; und die animalische Ruhe als Gegensatz zur seelischen-geistigen Ruhe? Nein, die geistige Ruhe war zugleich eine animalische

Die japanischen Gasthäuser: das so deutliche Sich-Niederlassen da

In Japan ziehen sich die Schmutzflecken auf dem Boden zusammen, bis sie verschwinden (Narita-Flughafen)

Die-im-Schmerz sind Träger; sichtlich tragen sie etwas (und nicht nur »an« etwas) (im Flugzeug nach Anchorage, Nacht)

Die Seele des Menschen, *der* Lichtbrecher; und ist die Seele schwach oder geschwächt, wird das Licht zur Tsunami-Licht-Sturmflut

Sonores Anchorage: fast nur Güterzüge, deren Signale mein Gehen bedächtig machen

Epos-Vorstellung: ein Vater, reisend zu den Orten seines Kindes (sehr lange Dämmerung jetzt in Alaska, und wieder die Eisschollen, bei Ebbe aus dem Cook Inlet ins Offene treibend, und die nützlichen Autoscheinwerfer – indem sie die Schneeflocken zeigen, und auf dem Nachtflug von Tokyo erschienen die Sterne zeitweise unten, und jetzt aus der Jukebox: »A Blues Man never travels a road without a pistol«, und was war doch die Essenz des Blues? – »Good man feeling bad«)

»Um sechs Uhr früh hatte Darden sich geduscht, und sein Kopf und das untere rechte Bein wurden rasiert, um den Fluß der Elektrizität zu erleichtern ..., und er wurde für tot erklärt um 7 Uhr 12 am Morgen, nachdem 2000 Volt 2 Minuten lang durch seinen Körper geströmt waren. Zweimal puffte rosa Rauch weg von seinem rechten Bein, dort, wo eine der Elektroden befestigt war« (die Hinrichtung Willie Dardens) (15. März 1988, Anchorage)

Gestern abend der lautlos auf den Schienen am Ufer des Cook Inlet vorbeirollende Güterzug, Waggons mit SOUTHERN PACIFIC, dann ungefähr genauso viele mit SANTA FE, zuletzt UNION PACIFIC, meilenlang, und ganz am Ende die kleine Schublok mit Plattform und Ausguck, wo der Lokfahrer saß

Gehen, Ruhestapeln – nur kracht mein Stapel gar zu leicht zusammen (Meisenpfeifen durch den kalten weiten Luftraum des Hohen Nordens)

»People Mover«, so heißen die fast immer leeren mehlweißen Busse in Anchorage, unter deren Reifen rhythmisch das Eis kracht

Während des Winters lehnen die Ruder der Tlingit-Indianer im »Winterhaus«, an dem die Steine zur Beschwerung nicht auf dem Dach aufliegen, sondern an Schnüren davon herunterhängen, und die Häuser auf den Aleuten – auch weil von Lava bedroht? – sind oben durch die Dächer zu betreten, mit Fußstapfen im Dachbalken

Adjektiv für die Schneeflocken: »verläßlich« (4th Avenue, Anchorage, und dazu »Owner Of The Lonely Heart«)

Der weiße neue Schnee auf dem schwarzen Eisblock auf dem schwarzen Eisblock auf dem schwarzen Eisblock – am Bootshafen von Anchorage –, und Wellen um sich stauend und rauschend zieht jetzt die nächste Eisscholle ein, kreisend dann, in der Schwebe, im Stau zwischen der Flut und der Ebbe, eine Zeitlang völlig in Ruhe, an Ort und Stelle, und dann wieder abrauschend im sich verstärkenden Schneefall, und jetzt – einsetzende Ebbe – treiben die Schollen da im Cook Inlet langsam, langsam zurück ins Meer, während vollkommen rechteckige kleine Schneesterne mir auf die Hand und in das Notizbuch fallen – diese vollkommenen Momente, nur sie will ich, nur?, und dabei schimmern die hellen Eiszapfen an den granitdunklen Schollenblöcken, den gekippten, hochaufgestellten, gestrandeten, und es knistert der Schnee auf dem Winterwasser und, simili modo, auf dem Papier

Poesie? Wortgehäuse, ähnlich Bambuspfahlbauten, die der Seele Luft zufächeln (und ich immer noch am Cook Inlet, wo nun die beschneiten Eisschollen, inzwischen bei zunehmender Ebbe delphingleich reitend, gleitend, springend, schnell zurück in die Beringsee galoppieren; dazu nichts als das Klicken, die Stille, die Dämmerung, und die Raben, die Schöpfervögel bei den Indianern hier)

»NO FISHING FROM BRIDGE«: Eisenbahnbrücke über einem kleinen Meeresarm, mit nichts als Schienen und Einseitsgeländer, und dazu, wie der Name eines Chinesen: »NO PED XING«

Die Reihe der Eingeborenenfrauen an der Bartheke, alle gleich klein, breit, schwarz, alle eine Bierdose derselben Marke vor sich, und eine, die dem Fremden die Hand auf die Schulter legt und sagt: »I'll never let my people down«, und draußen auf dem vereisten Gehsteig wird der an Händen und Beinen Gefesselte ins Polizeiauto geschubst, und weiter weg in der Nacht die erhängte Taube, erhängt von sich selber?, an einem Draht von der Brücke baumelnd

Schau, bis dir Nüstern wachsen (Anchorage, 16. März)

Abschiedsblick auf Alaska: die Eiszapfen, schaukelnd in den Gebüschen, als Pansflöten, und dazu das im Eiswind schaukelnde Straßenschild JEWEL LAKE

Gestern in Anchorage: am Bahnhof, von dem im Winter nur einmal wöchentlich ein Zug nach Fairbanks geht, der in die Briefkastenklappe gewehte Staub, dort längst zu Schlamm geworden, und darunter in der gefrorenen Erde die ersten Sprossen des Huflattich, und daneben die Weidenkätzchen, tatsächlich nach Katze riechend (und jetzt im Flugzeug über Fairbanks)

Der letzte Fluß polwärts, seine mühseligen Mäander, und dann schon die Gletschersperren, und dann die letzten Bahnen des noch durchsichtigen Eises, und dann das Polweiß allein, und dann die Dämmergrenze – nein, es ist keine »Dämmerung«, eher ein verstärktes Strahlen und Sich-Strukturieren des

Eismeeres ohne Sonne, und auf dem Eis Schneewächten zusammengeschoben wie zu Feldmauern, dazwischen die Eisgevierte, -parzellen, -äcker (Abschied von Alaska)

Manchmal die Vorstellung, die Kindheit sei in der Vorzeit vor sich gegangen, nicht in der grauen, sondern der farbigen, *auch* grauen (»Der Bildverlust«) (17. März 1988, London)

In der Morgendämmerung Gehen in London-Hounslow: bedrohlich beginnt hier der Tag, mit einem Riesenflugzeug jede Minute über dem Vorort, tieffliegend, fahl, und unten auf der Erde die Turban-Inder und die Aktenkoffer-Inder, und dann doch wieder verläßlich der Gruß eines Unbekannten; und die Leute unterwegs zur Underground sind viel zu schnell für meine Anchorage-Augen

Vergewisserungsblick in einer neuen Stadt, in einem neuen Land: nach dem, einem Kind auf dem Weg zur Schule (Lissabon, 18. März 1988)

Was für ein Schatz doch im nachhinein die Leere, die Ereignislosigkeit der Kindheit geworden ist – oder das seinerzeit schon war?

In einzelnen der Teelöffelblätter des Buchsbaums ist noch der Tau gesammelt, überall sonst ist er schon weggetrocknet (früher Morgen, Lissabon)

Such das Jungsein, indem du nichts Bestimmtes mehr sehen willst (am Schiffsanlegeplatz des Tejo)

Die Steingräber in der Kathedrale: der eine zieht im Grab sein Schwert, die andere, sein Pendant, liest ein Buch

Tief unten aus der Stadt die Schreie der Losverkäufer und oben auf dem Kastell das Trillern der Spatzen und die gütigen grauen Gesichter der Olivenbäume

Zur Erfrischung umherirren – bis das Irren aufhört zu erfrischen

Dialogfragment zwischen Mann und Frau, Frau und Mann: »Du kannst dich nicht hingeben. Warum nicht?« – »Aus Todesangst.«

Was ist das Ereignis der Erinnerung (ja, sie »ereignet sich«)? – Sie sagt mir, daß es gut war (»es«)

Der Künstler ist wohl der geborene ewig Blamierte; es sei. Amen

Die einzig mir vorstellbare Art von Missionarischwerden oder Missionieren: »Schau! Hör!« (Der durchscheinende Schmetterling vor dem Himmel; und dann die Schmetterlinge und das Meer: Ein weißer fliegt hinaus, ein roter kommt zurück, und umgekehrt; und die Spatzen am Meer als Fliegende Fische)

Auffällig, wie viele Portugiesen, junge, den Kopf in die Hände gestützt haben (am Morgen auf der Fähre über den Tejo, am Abend in den Bussen)

Um von der Sorge zu lassen, würde eine Religion gebraucht; mit der Vernunft und/oder Kritik ist gegen sie nichts auszurichten

Der Turm von Belem, wie er im Wasser steht, in Erwartung, immer noch, der rückkehrenden Seefahrer: ah, einmal ein herzliches Bauwerk, in der Helligkeit und vor allem in den dabei doch monumentalen Ausmaßen; einmal erscheinen Erker, Altane, Zinnen, Wachtürme, Ausgucke, alle zusammen, als etwas Begrüßendes; »der Heimkehrbau«

Im Finstern des Vormorgens jetzt das Schrillen der ersten Spatzen: den Atem anhalten, um ihnen mitten im Autolärm in mir Raum zu schaffen; und so höre ich dann die vielstimmigen Kehllaute als die Kiesel, die wir einst über den zugefrorenen Teich da und dort warfen, Faustvoll um Faustvoll, und zugleich entsteht in mir Raum für die unhörbaren, anbrausenden Meerwellen, rührt wieder der Schmetterling den Staub vor der Karsthöhle auf, welche als Geräteschuppen dient und vor welcher ein Pferd still steht

»Von Klippe zu Klippe geworfen«, ja; aber wenn ich gerecht oder dankbar bin (ich mich dazu »ermanne«), gibt es auch die nicht wenigen schönen Zeit-Spannen, und diese tanzen den »Tanz der schönen Zeitspannen«, einen Tanz, dessen Figuren Kreissegmente beschreiben, mit einem unsichtbaren Zirkel in den Raum gezogen (20. März 1988, L.)

»... daß niemand nach einem fragt« : Wie aber sich diese »höchste Kultur« geben, jetzt und jetzt? Etwa, indem du wieder im Dunkeln die Spatzen belauschst, heute am Sonntag kaum übertönt durch die Autos, wieder jene Vielzahl von kleinen runden Steinen, die über die von ihnen tönende Eisfläche schlittern. – Aber fragt denn wirklich gar niemand nach dir? Ist so ein Lauschen zum Beispiel nicht das Verwirklichen, oder ein Antworten auf ein lebenslanges Gefragtsein und -werden? Merk dir das

Ich kann mich nicht an die Brandung (von Cascais) von gestern erinnern, wohl aber an die Brandung *und* mich, die Brandung in meinem Ohr

Meine Sache – mein Drittes, das Dritte – darf nicht genannt werden, will nicht genannt werden; es wird gelebt-praktiziert

Die Kunst eines jeden Volkes, so ähnlich, vergleichbar, sie auch sein mag der der anderen Völker, hat doch jeweils eine Eigenheit in der Form, welche dem Betrachter sofort einen, *den* Ruck gibt

Islamische Kunst: wie die verpönten Bilder in Teppichen und an Schüsselwänden verborgen sind – rebusartig –, so scheint es jedenfalls? (»Der Bildverlust«, Gulbenkian-Museum, Lissabon): und noch einmal »islamische Kunst«: eine inbrünstige Entfaltung der begeistert geschauten Welt im farbigen Muster; alles wird »Blume und Buch« – dagegen die Kühle und der Abstand der Chinesen: deren Werke ziehen den Betrachter langsam hinein ins Konkave, während die islamischen Farbformen, konvex, *im Augenblick* ausgreifen

Als Kind: Ich habe nicht gewußt, was ich wußte; und muß es jetzt noch, immer wieder, neu erfahren

Ins Theater zu gehen, ist ein Aufbrechen; aber auch ins Kino zu gehen, ist ein Aufbrechen (geworden)

Unterscheide zwischen »achtlos« und »sorglos«; wie achtlos bin ich doch immer wieder

Zunehmender Mond, schmalst, gute Nachricht (in den Klippen von Cascais)

Die Zuneigung zu etwas Verlorenem und, nach langem Suchen, Wiedergefundenem

Wenn du bedenkst, wieviel Herrlichkeiten du erlebt hast, nicht nur unterwegs – zum Beispiel auf dem salzgebleichten Holzhocker in der ehemaligen Saline gesessen zu sein und das Auffallen der Regentropfen im Wasser betrachtet und gehört zu haben – , möchtest du einfach nur singen, Sänger sein

Damals, an manchen Sonntagvormittagen im Frühling, in der Sonne, nach dem Meßgang, müßig, feierlich gestimmt, heiter, war ich alle, *waren wir alle* – und das wiederholt sich jetzt im Gedächtnis in L. – der Wellgiebel der Heimatkirche versetzt an den Atlantik in Portugal

Mein Durchschossenwerden manchmal von Augenblicksepen: Wie eine junge Frau, gerade noch Schulfreundin des jungen Schuhputzers da im Zentrum, zufällig aus der gemeinsamen Vorstadt vorbeikäme und sich wunderte: »Gerade noch haben wir gemeinsam das Große Einmaleins gelernt, und schon sitzt mein Schulbanknachbar da und putzt fremde Schuhe!«, oder beim Anblick des Taxifahrers, an der Fährstation in der Reihe sein Taxi schiebend: wie er eines Tages stürbe und wie seine Todesanzeige aussähe – in einem Augenblick ein ganzes Leben durch mich funkend –, aber es sind eben bloß Sekunden-Epen, erweiterbar in der Phantasie höchstens zu einem Absatz – und der mir aber als Epos schon genügt: »Mehr möchte ich nicht von euch, weder lesen noch wissen.«

Blendet dich die Aufregung, so setz die Dankbarkeit ein, und so wird Ruhe (»Restaurante Pessoa«)

Verb für die Heiterkeit: »überwältigt« (»von überwältigender Heiterkeit«, so stelle ich mir den alten Goethe vor, hin und wieder)

Musik: ein (1) Ton, das ist schon Teilnahme, und danach sollte die Verhaltenheit, oder das Schweigen, »raumgreifen« (siehe Anton Webern); die Literatur ist anders, das Wort, der Satz, sie sind anders, sie müssen (sollen) sich entfalten, entfaltet werden, und allmählich dann teilnehmen am Entfalteten, mit diesem mitschwingen. Deswegen ist die Konkrete Poesie in der Literatur etwas so Unmögliches, Unwirkliches, wie alles »Avantgardistische«, auch der Surrealismus, auch der Dadaismus?

Zwei Arten von Liebeswerben: »Komm, teile mit mir die Vollkommenheit!« / »Komm, teile mit mir die Verlassenheit!«

Freude vor Sonnenuntergang, das heißt: Heute hast du noch einige Mühsal zu gewärtigen (»Orakel«)

Seltsam: daß der Reisende viel mehr als der Seßhafte teilnimmt am Alltag und Festtag der andern

Die Empfind*sam*keit war einmal Mode, und wird es immer wieder sein; die Empfind*lich*keit, diese Ursprünglichkeit, aber wird nie in Mode kommen, und so bleibt sie das Kriterium (im Zug nach Coimbra)

Haß und Zorn: Zorn ist manchmal »angebracht«, Haß nie

Es ist schon so, daß die erste Wärme des Tages in mir erst aufsteigt, sowie ich etwas aufschreibe, und sei es auch nur das Datum des Tages (21. März 1988, Coimbra)

Der kleine Zug, in den wir Reisenden gestern vom Schnellzug Lissabon–Porto umsteigen mußten, um nach Coimbra zu kommen: Es war wie ein Umsteigen für ein Märchenland, und so war dann auch die Fahrt, eine Zugfahrt wie ohne Zugführer, und so auch dann die Ankunft im kleinen edlen Bahnhof hier, der Fluß Mondego, die Obusse, das hohe alte schmale Hotel, der zunehmende Mond, die verfallene romanische Kirche: als habe man die täglichen Spiegel durchbrochen, oder einfach durchschritten und sei im Spiegelland, hinterm Spiegel, angelangt

Regen, starker, jetzt auf das Kopfsteinpflaster in der Stille, abseits, Regen im Strahl: Wiederkehr, mitsamt dem Geruch, des Regens im kalten Klosterkreuzgang der Heimatkirche – und ich sah förmlich vor mir jetzt die sicher noch dort liegenden großen, oft bis in den späten April nicht wegschmelzenden Schneehaufen

Schönes Gehen: mit einem Bild gehen; schönstes Gehen: mit deinem Bild gehen

In der Kathedrale (Sé) von Coimbra: der gütige Adler, der dem Johannes hilft beim Aufschreiben des Evangeliums, mit seiner Schwinge das Schreibpult berührend und mithörend bei geneigtem Kopf; und zu Füßen des Markus simili modo der Löwe, der dem Schreiber das Buch stützt, und dann dem Matthäus dessen Sinnbild, ein Mensch – ein sehr junger –, simili modo das Tintenfaß hinhaltend

Wiederkehr des Alaskahimmels jetzt mit seinen weitgeschweiften haarfeinen Wolken im Marmortischmuster eines Cafés von Coimbra

Der junge Trauernde kniend vor dem Altar, mit dem Schimmer der Trauer an den Nasenflügeln, der Schein der nicht und nicht fließenden Tränen so durch die Haut brechend (vorhin in der alten Kathedrale)

Empfindliche Ruhe – das wäre es; Ruhe, aber empfindliche

Wenn du Zeit hast, mußt du das Zeithaben auch spielen? Nein, das Spielen kommt dann von selbst

Die Kellnerinnen in Portugal haben oft etwas von erschöpften Fabriksmädchen, auch durch die blauen Kittel?

Die sanften edlen jungen Gesichter derer, die noch *unterwegs* sind, noch nicht gelandet

Tonangebendes Schweigen: nimm es als Stimmgabel für dein Reden (schön wär's)

Die Gemächlichkeit fördern (Portugal : Japan)

Halt dir auch so ein Tier wie gestern die Evangelisten des Altarwerks der Sé von Coimbra, und sei es ein unsichtbares, als deinen Aufschreibhelfer, der dir das Werkzeug hält, der dir Gesellschaft leistet und der mit dir gemeinsam hinauflauscht und sich vertieft ins Offene (22. März 1988, Coimbra)

In dem Mini-Portugal gestern jenseits des Flusses Montego las ich auf einem der Miniaturhäuser dort die Aufschrift, die Undankbarkeit sei die häßlichste aller großen Sünden (oder so ähnlich)

»Mein Begehren«, sagte sie, »ist so groß und beständig, daß kein leibhaftiger Mann mir auch nur nahkommen kann« (so könnte die Teresa de Ávila gesprochen haben?)

Der Traum von einem Ort, ihn aufzusuchen auch, zu ihm aufzubrechen, ist ein Wahrtraum: auch wenn der Ort auf den ersten Blick oder danach enttäuschen wird, kommt dann doch der jeden Traum übersteigende, verläßliche Moment des »Jetzt bin ich da!« oder: »Jetzt bin ich dort gewesen!«

Vielleicht war der oder die von uns Buben oder Mädchen, der oder die damals dem Allerheiligsten in der Heimatkirche die Zunge herausstreckte und mit dem oder der der schreiende Pfarrer dann in der Religionsstunde alle Kinder auf Erden verfluchte – vielleicht war das ich? Jedenfalls ist mir das Bild des die Zunge Herausstreckenden so oft durch den Kopf gegangen, daß in der Erinnerung nun ich es bin, der dessen Rolle spielt (»Der Bildverlust«)

Die romanischen Engel stehen so da, als könnten sie nicht wirklich fliegen, oder nur zu allen heiligen Zeiten – dann aber! (Und ich dachte: »wie wir«)

Gestern im Museum von Coimbra hat fast jedes Statuengesicht mich an einen Bekannten erinnert – aber eher lästig; unerfreulich (Gotik?)

»Und«: Da regen sich die jungen Blätter in der Ferne, und da bin auch ich (schön wär's)

Ein Gesicht, belebt von Ruhe

Ein besonders häufiges portugiesisches Motiv: der auferstandene Gekreuzigte erscheint seiner todtraurigen Mutter

Könnte man nicht paradox sagen: Je weniger er erlebt hat an *Ereignissen*, desto mehr und kräftiger und weitausholender hat er zu erzählen? – Und so ist es auch (Coimbra, Mittag, vor der Alten Sé)

Entwirf eine Frage, oder überhaupt das Fragen, als Märchen, so *blumig*, sich entfaltend noch und noch, mit tausend Blütenblättern

Die romanischen Gestalten – denke ich an die der klassischen Griechen, auch der Ägypter, oder auch an die gotischen Gestalten, die der Renaissance, des Barock usw. – kennen keine falsche Bewegung, nichts als das ewige innige beseelte Zögern, Verhalten, Verzögertsein (vor dem Bahnhof Coimbra, Abschied)

Nachdem er eine Zeitlang durchgehalten hatte, den Fröhlichen zu spielen, wurde er es wirklich (Porto, 23. März 1988)

»SONORO FILME« (Porto): Porto erlebe ich, seit gestern abend, nicht »wie im Traum«, sondern eher wie eine jener Städte, von denen ich früher einmal geträumt habe, als eine jener verschachtelten, grauen, überraschenden Städte, die immer schon, ohne mich, da gewesen waren, und wo, für einen kurzen Traum, auch ich schon einmal war, die Stadt »Stadt« (für mich, den Dorfgeborenen); und in einer solchen Stadt beruhigen, oder erden, alle die, welche spürbar Zeit haben, wie zum Beispiel jetzt die Angler am Rio Douro. Jene Déjà-vus, die gerade dadurch entstehen, daß es von einem Ort *keine* Bilder im voraus gab – und ich möchte, wenn überhaupt noch reisen, so nur irgendwohin, wovon es kein *Bild gibt* (vom Mond etwa gibt es Bilder, oder Illustrationen) (so »Der Bildverlust«)

Eigenartig, wie viele Portugiesen in den Gaststätten und in den Autos vor dem Meer sitzen und *lernen*, studieren (schön wär's)

Die »Rallye«-Straßenbahn hier: so scheinen die kurzen Dinger auf den Straßen dahinzukurven, -hüpfen, zu beschleunigen, »aufzudrehen«

Eine Dramen-Person (= pessoa), die immer wieder im Tagebuch nachsieht, was wann war, und es zitiert; bis ihr einer das untersagt: »Weg mit den Notizen – erinnere dich!«

Das Kunstwerk, die sanfte Lebensohrfeige (»Backpfeife« hin zum Leben) (es muß ja nicht immer »die Axt für das gefrorene Meer in uns« sein)

Hunde können so schön spielen wie sonst »niemand«; ein so natürliches Auf und Ab, ein anderes Ballett, wobei schimärenhaft schnell die Figuren und Formen wechseln – siehe gerade die beiden schwarzen Hunde vor dem schwarzen Felsen im gischtweißen Ozean, wie sie, einer sachtest die Pfoten auf dem Kopf des rücklings liegenden andern, gleich wieder weitertun und so von Klippe zu Klippe tänzeln

Nach dem Schlaf am Meer erscheinen im Brandungsrauchlicht jetzt überall die einzelnen Leute farbig, leuchtend im Rauchlicht, und dazu das Düsendonnern des Atlantik; »als Gregor Samsa nach langem beflügeltem Schlaf im Meersand erwachte, sah er sich von Kopf bis Fuß behaftet mit farbigen Steinchen und kleinen Muscheln, und setzte so seinen Weg fort« (Spätnachmittag, Porto); und vorher, im Einschlafen, war jener beseligende Öffnungs-, Erweiterungs-, Ichabfalls-, Erlösungsmoment des »Wo bin ich?« gekommen, eine Art Levitation im Innersten, dem dann der Reinigungs- und Verjüngungsschlaf folgte – Tag des Sich-Wunderns durch Schlaf-ohne-Bett ...

Ein Portugiese, lesend vor dem Atlantik ein wissenschaftliches Buch: dieses eingehüllt in ein erotisches Zeitungsbild – außen der Frauenmund, innen die Physikformeln

Gehen ist (soll, kann sein): Ich gehe wissen

Barmänner, so schön bedacht auf Ordnung in ihrem Bereich wie Schiffsleute, Matrosen

In »Radio Porto« singt Van Morrison »Cyprus Avenue« – Van Morrison ist also doch noch da, und ich bin auch da (24. März 1988); und dazu die Möwe vor dem Fenster, im Nebel, wappenklar

Der Neugeborenheitszustand gestern nachmittag nach dem Schlafen am offenen Meer (Foz de Porto): Ich erwachte, schwieg und war. Ich schwieg und war. »Und«: Schweigen und Sein; und dazu gehört: *Auf dem Boden schlafen*, im Freien? (Finde den Urmenschen in dir zurück)

Schreiben, aufschreiben: Wirklich denken, wirklichdenken; was mir nur so durch den Kopf geht, denke ich nicht wirklich

»Und«: das Grau des Granit und das Weißrot der davor erblühenden Magnolien

Ein Blues des Fragens: aus *wildem* Fragen

Völlig Geschöpf der Sonne bin ich nur, wenn ich trunken bin (»betrunken« wäre nicht richtig)

Grüne Murmeln schießen dahin auf der Frühlingserde und verlängern sich im Stillstand jetzt zu grünen Eidechsen

Die Lehrerin im Zug vorhin (nach Lonşado), beim Schulheftekorrigieren mit den Ellbogen um sich stoßend und dem Nebenmann den Platz verdrängend; aber jetzt in Lonşado der erste Kuckuck, fast wie aus einer Uhr rufend, so klar, und dann der sehr große Zitronenfalter, und dann die Bienenkästen im Eukalyptuswald

Das Taufgefühl, ein Haarwurzelgefühl: das so seltene Hingebungsgefühl, auch nur an den Wind – wer es hat, der fühlt Österlichkeit. Aber gibt es den, den *beständig* österlichen Menschen? Der hätte auch die Kraft, sofort zu sehen, was an einem scheinbar verkommenen und wie für immer verlorenen Ort – etwa an dem schwarzverdreckten Fluß von Lonşado – in Ordnung ist, und Ordnung stiftet?

Die romanischen Werke hier am Atlantik, jenseits des seinerzeitigen Zielorts Santiago de Compostela: ein bloßes Auslaufen der Formen? Nur noch ein Spielen damit? Nur? (25. März)

Auch ein Portugal: das heftige Stricken und Häkeln in den Zugabteilen, die Woll- und Zwirnfäden um den Hals gelegt; auch das Wedeln in den Cafés mit den Büscheln der Lotterielose vor dem Gesicht des möglichen Kunden

Fang nicht an mit einer Arbeit, ehe du nicht den *Ansatz* der Heiterkeit gefunden hast – den du nicht suchen kannst, nur geduldig erwarten

Wie beim Tod Buddhas in Japan die trauernden Tiere, so hier die bei der Geburt Jesu sich freuenden: der Esel reckt über dem Neugeborenen den Kopf und brüllt zum Himmel – die sich sichtlich freuenden und einander staunend, über dem Kind, sich *an*freuenden Tiere, strahlend der Esel wie der Ochs

Wie in jedem Heiligtum ich auch hier wieder die Wurzel Jesse suche, hier in der Franziskanerkirche von Porto – und, sie findend, der Ausruf: »Ah, da schläft er!« Die Wurzeln sind hier, Variante, aber nicht *in* dem Schlafenden, sondern verbreiten sich *auf* ihm, auf seinem Schoß, und alle seine königlichen Nachkommen, von Ast zu Ast dann, bis auf den David mit der Harfe und den Christkönig ganz oben, der etwas wie einen Laubstock hält, tragen ein Szepter, ein jedes wie ein Staffelholz quer durch Raum und Zeit (Porto)

Und es kommt doch immer wieder wenigstens einmal am Tag der Moment, da ich denke, wie schön ich es habe (wieder an der seltsam abschüssigen Mündung des großen rio Douro, bei Porto)

Wann war es, daß ich mich wirklich ganz geordnet, durchlichtet, errichtet sah? – Damals im Frühjahr 1980, als ich die Vor-Sokratiker wiederlas – ein Lesen, von dem ich gute Augen bekam, in jedem Sinn (und wieder an der Brandung in Foz)

Sei nicht von vornherein eine Welt, Männer-, Frauenwelt, im Schreiben; die besonderen Welten (s. »die Frauenwelten« z. B., selbst der V. Woolf, der M.-L. Fleisser) bemächtigen sich der Welt im Schreiben. Sei also von vornherein was? Nicht nichts, sondern ein (1) Nichts, Mann!

Die einzig ausgeformten Gesichter sind mir die der Handwerker, der Keuschler (nicht der Bauern), der paar Künstler; was hatte Hölderlin gegen die Handwerker?

Die Momente zwischen Ebbe und Flut: das Konvulsivische der Wellen, ein Zögern, ein Überborden, ein einander meerwärts wie landwärts Zuschütten, Vernichten, und all diese Vorgänge unrhythmisch, ein wie gesetzloses Durcheinander, ein Geschaukel ohne Schwung

In der Eile mache ich zwei Ding-Schritte auf einmal, ohne Übergang – und fühle kein Ding von beiden, und keinen Schritt von beiden

Im Himmelblau die blauen schweren Büschel der Glyzinienblüten, als das materialisierte Blau des Äthers (Viana do Castelo, 26. März); und das Verb für die Bewegung dieser Blütenbüschel: sie »torkeln«

Gestern eine Verbindung des portugiesischen Strickens mit dem portugiesischen Aufsmeerschauen: die Frau, die neben ihrem still aufs Meer schauenden Mann still strickend im am Ufer stehenden Auto saß (Foz, Porto)

Und noch einmal Portugal: das Volk, Frauen, Fischer, Kinder sich bewegend unter einer Landschaft trocknender Wäsche, wieder wie in jener Kindheitslandschaft »hinter den Gärten«; wehendes-Tücher-Land, das, wie der Auftrittssteg im Nō-Spiel, in die Weltbühne hineinragt

Die Familie meines Großvaters: die Herumrätsler – weniger staunend als herumrätselnd (so sah ich sie gerade, während hier in Viana do Castelo wieder eine Frau mit Stange und Wäschebündel auf der Schulter zum Trockenplatz geht)

Als müßte alle Anthropologie (= Poesie) ausgehen vom Scheitel des Kindes, vom Scheitel-Wirbel, einem unbekannten, zu erforschenden chinesischen Schriftzeichen

Und noch einmal Portugal: die so deutlich zerschlagenen Ellbogen an den Statuen des toten Christus

Hat der *Staat* in Österreich, stärker als woanders, in den siebzig Jahren nach dem 1., dem Großen Krieg das *Land* entstellt, das innere und das äußere Gesicht des Landes?

Wer oder was hat dir dein Dummdenken beigebracht? Die Konkurrenz, schon von Kindesbeinen an; zurück zu den Kindesbeinen (das schöne Turnen der leeren Wäsche weithin an den Leinen, ohne Turnerkörper; Abschied von Viana)

Ein vollkommener Mensch wäre (wäre), dessen Sehnsucht nach Fülle gestillt würde, sowie er des jeweiligen Fragments davon, hier und jetzt, innewird

Du Denker: *erfüllt* dich dein Gedanke? Tut er das nicht ...

Das reine Zuschauspiel, ohne Meinung: das war Shakespeare

Noch einmal zu Ö.: Der Staat, im Eifer, Staat zu sein, ist böse zu seinem Volk, wie kaum sonst wo?

Gestern ist in Ö. mein Stiefvater gestorben, und heute morgen in Vigo, Galizien, gehen mir einige seiner Sprüche aus der Kindheit durch den Sinn, etwa – wenn meine Mutter ihm Vorwürfe machte –: »Es geht den Menschen wie den Leuten«, oder seine zum Schlag gegen mich erhobene Hand (er schlug mich aber nie), und dazu sein Schreien, geradezu ein Aufbrüllen, sowie mir der Ausruf »Mensch!« entfuhr: jeder Fluch, jedes Schimpfwort war erlaubt, nur nicht jenes »Mensch!«, oder »Ach Mensch!« (27. März 1988, Vigo)

Was man »Realität« und dann »Realismus« nennt, das entspricht nicht meinem lebendigen Bild (von der Wirklichkeit und vom Wirklichen)

Hört mir auf mit all den »Gebildeten«. Gebildet ist nur, wer beseelt ist von dem, was er weiß oder erfahren hat; und welchem beseelten Wisser bist du je begegnet? (Einigen wenigen, immerhin)

Kunst: Sorgfalt im Zeichengeben (am Atlantik, Vigo)

Fülle des Daseins? Rippen des Daseins, Delta-Arme des Da-Seins (schärf deine Augen am grauen Granit Galiziens, am glimmerglitzernden Grau Galiziens)

Wie schön, wie edel wurde gerade die junge Frau im Zug (von Vigo über Pontevedra nach Santiago de Compostela), nachdem sie aufgehört hatte, die Illustrierte zu lesen und nur noch hinaus in die Sonntagsdämmerung schaute; vorher, im Blättern, waren alle ihre Nachteile »in die Augen springend«

Und da, jetzt, an der Kathedrale von Santiago (28. März 1988), in der Säule, an deren Grund unten schläft Jesse schon wieder, ein großes weißes Traumgesicht, und über ihm im Baum musiziert wieder sein Nachfahre König David, und ganz oben an der Säule, in der Krone, thront der Gottvater mit seinem Kind im Schoß, die Riesengeisttaube darüber im ewigen Sturzflug, und all die Astzwischenräume in Jesses Schlafbaum leuchten hell wie die Haut zwischen gespreizten Fingern, während der Träumende unten in der Wurzel, die ihm unterm Bart hervorwächst, aus Hals oder Brust, die Hand ans Ohr hält, welches den Traum *hört*

Es ist unmöglich, ein »erfahrener Reisender« zu werden; mißtraue denen, die das vorgeben

Vorstellung, einem Verdurstenden in der Wüste würde ein Löwe begegnen, und das Maul aufreißen – und aus diesem Maul würde dann Wasser sprudeln

Ein Europa: das Glimmerglitzern an den Figuren der drei Könige bei der Heimatkirche, und das Glitzern an den Figuren hier in Santiago de Compostela

Lernen, zum Lernen gebracht werden kann ich nur durch »Aufschnappen«, eines Worts, eines Satzfragments; dann suche und sehe ich selber, allein, auf eigene Faust weiter

Die Propheten des Alten Testaments zeigen ihre Heiligen Schriften hier vor mit den Mienen erfolgreicher Taschenspieler; einer, der seinen Text mit der Hand unten aus den Gewandfalten zaubert; und daneben, den Adam erschaffend, legt Gott diesem die Hand aufs Herz, das dadurch erst zu schlagen anfängt

Was waren das noch für Zeiten, als man ein Buch mit ins Grab nahm

Alle die Pilgermuscheln eingeritzt in die *Ober*schwellen und in die Fensterstürze hier – eine solche Muschel *unten* in einer Schwelle zu entdecken, wie schön wäre das

Zeichen eines Erlebnisses, das seinen Namen verdient: Indem es sich ereignet, setzt in dir das Schweigen ein, und das Gerede in dir, auch dasjenige, welches das geläufige für sogenannte »Erlebnisse« ist, vor allem dieses, hört mit einem (sanften) Schlag auf, und in der sich ausbreitenden Stille *wirst du erlebt haben*, zum Beispiel jetzt das Glitzergrau des Granits von Galizien im Sprühregen: Schneisen der Stille und des Lichts und »des schweigenden Lebens der regelmäßigen Formen in der Stille« (frei nach Ludwig Hohl)

Die Alten der Apokalypse: diese »Propheten« prophezeien nicht mehr, schreiben auch, anders als die Evangelisten, keine Frohbotschaften mehr (mit) – sie musizieren und singen nur noch, im obersten und letzten der runden Torbögen (und dazu lief in meinem Rücken eine Frau zum Briefkasten, als würde der vor ihrer Nase abfahren)

Beim Hochamt jetzt, wieder in der Kathedrale, während der Kommunion das Erscheinen des Volks: als stilles Drängen (und eine kleine zerzauste Alte geht nun noch ein zweites Mal kommunizieren)

Was könntest du von den romanischen Figuren vor allem lernen? Hingegebenheit

Vor dem »Portal der Glorie«: Da sind alle die zusammen, zu denen man eigentlich gehören sollte! Warum aber gehört man nicht zu ihnen? Schau doch, wie der Prophet Daniel da lacht, und der Prophet Jesaja ebenso, *del mismo modo*, und ebenso der vielsagende Jeremias, und dazu das Schauen des

Moses, das sagt: »Zu spät!?« – und alle die Propheten, wie sie dabei jung sind, und auch die Evangelisten sind jung, und auch die singenden alten Musikanten der Apokalypse sind durch die Reihe jung, und eigentlich stimmen sich alle, vom Kreisbogen unten bis zum letzten Kreis oben, erst *ein: Es wird erst!* Gehört man also doch zu ihnen?

Die Fragen zu einem Geschehen, wie spät kommen sie oft nach diesem, oft Jahrzehnte danach – zum Beispiel jetzt, in Santiago, in Erinnerung an mein häufiges Laufen seinerzeit in den Wald, zum Belauschen des Fichtenrauschens, die Frage: »War denn damals ums Großvaterhaus herum so wenig Rauschen, daß du hinauf mußtest in den Bergwald zum Hören, weg vom Dorf?«

Eine alte Frau schlief. Der alte Mann neben ihr betrachtete sie. Sie schlug die Augen auf und sagte: »Na, Kind?« Er fuhr zusammen

Entlocke jedem sein Heimatlob – und vor allem dir selber (La Coruña, Abend, Regen, Wind; vorher, die Fischer im Zug, mit Angeln, dazu die Frauen mit den Eierkörben)

Alles von Weisheit Geprägte wirst du immer wieder lesen können (siehe Tschechow); ich dachte dagegen, wie die Schlauheit, wenn sie das Schreiben lenkt – prägen kann sie nichts –, alles Sonstige am Schreibenden aufzehrt; es bleibt von ihm nichts mehr übrig als die verkörperte, vollkommene Schlauheit (s. Th. B.); die Weisheit dagegen bleibt so frei, überdies, wenn auch nur im Notfall, schlau zu werden (die Schlauheit macht Wind, und der Schlaue schreibt in diesem Wind – der kein Wind für einen Leser ist)

Am »Ende der Welt«, mit Ortsbezeichnungen wie »Finisterre« usw., wird viel gespielt, siehe die sich häufenden Spielhallen am Nordende der japanischen Hauptinsel, in Aomori, und so auch hier jetzt, vor allem, in La Coruña

»Sein ganzes Leben war Angst und Sorge. Da klopfte es, und vor der Tür stand der Abgesandte des Henkers. Jetzt war alles gut« (La C., 30. März 1988)

Versteh niemanden, so kommst du unbehelligt durchs Leben

Im Sturmregen jetzt am *Torre de Hercules* am äußersten Ende von Europa: die Gemüsegärten, die Äcker, die Feldhütten, die Spatzen, der Spitzwegerich, die Krautstiele, windschief: die Ereignisse des Finisterre, und jetzt, nach der Riesenwoge auf den schwarzen schrundigen Felsen da, das Strömen und Wegfließen der weißen Katarakte und Momentwasserfälle vom Anfang und vom Ende der Welt (auch als wir in Österreich noch ans Meer grenzten, kannten wir kein Finisterre? Oder doch: die Punta von Piran?) – und jetzt auch die Kinderstimmen am Ende der Welt. Und wo ist der Dichter in Finisterre? Da ist er, unscheinbar, zwischen einer Fußballmannschaft, fast nicht zu sehen; und dazu die Hundehütte über der Land's End-Gischt, und jetzt auch der die Brandung durchkrähende Hahn – und für eine liebe Zeitlang stillt das Meer von Finisterre jetzt alles Gerede der Welt

Eine Art Gedicht: Der Ruf eines Mädchens, hinter einem anderen her, an einer abendlichen Busstation: »¡Alicia!« (Lugo, Regen)

Es muß eine Freude gewesen sein, zu machen, auszuholen, Kurven zu ziehen, in der Formenzeit der Romanik, eine Freude fast bis hin zum Schmerz

Auch ein Apostel: der Kellner, der dem Gast die Suppe einschöpft

Als er seiner ganzen Kläglichkeit gewahr wurde, gewann er die Achtung für sich zurück

Obwohl mein Stiefvater die letzten zwanzig Jahre seines nicht sehr langen Lebens nicht mehr gearbeitet hat, obwohl er im Winter oft nur getrunken hat, obwohl er sich auch schon vorher immer wieder vor der Arbeit gedrückt hat: Warum kommt mir jetzt aber vor, der Spruch »Sein Leben war Arbeit« treffe trotz allem auf ihn zu? (am Rand von Lugo, immer noch Galizien, 31. März 1988)

Galicia: die Ställe wie Absiden hinten an die Häuser gebaut; oft sogar doppelte Absiden, eine nach der anderen

Name eines Neugeborenen gestern nacht im Traum: »Triangel«

Wie gestern am Finisterre von La Coruña ein alles durchdringendes Geräusch in dem Brandungstosen, stärker noch als das Hahnkrähen, das Klingen des Regens auf und in eine durchlöcherte Blechbüchse im Felsgras war, das helle Klingen außen – und das dunkle Trommeln, fast Dröhnen innen, wo der Regen durch die Löcher fiel

Der Jünger Johannes in dem freihängenden, wie eine Traube im Leeren schwebenden Steinkapitell der Kathedrale von Lugo, einen Bogen beschreibend in den Armen des ihn tröstenden Herrn beim Letzten Abendmahl, vor Kummer und zugleich Geborgenheit; die Hände Christi auf seinen beiden Schultern, und der schmerzerfüllte Tröster über ihm – und heute ist auch tatsächlich Gründonnerstag

Das Poetische wird (von den Gemeinten) nicht mehr gewollt, und so, mit notgedrungen »unfairen Mitteln«, abgeschmettert. Aber wir – ja, wir – werden darauf bestehen: auf dem Poetischen, als der Schneise zum Göttlichen

Wie es manchmal so wunderkurz durch mich schwirrt, es, das Licht der Täler, Dörfer, Feldwege (der Heimat, ja) – und dazu eine andere »größte Sünde« (mit Kafkas »Ungeduld«): Das Sich-nicht-begnügen-Können mit dem Augenblick (immer noch Lugo, Galicia)

Noch einmal zur Abendmahlsdarstellung in der romanischen Steintraube hier: Der Getröstete (Johannes) ist ganz in den Tröstenden übergegangen, hat diesen, umgekehrt, sich einverleibt, und sich diesem einverleibt – und das wäre das *andere* Abendmahl, die *andere* Kommunion – und so wirkt sie ja auch, aus dem Abstand gesehen, die gesamte Traube aus Granitfigürchen der Apostel und des Herrn (und der Christus beugt sich im Trösten wie von sehr weit her über den zu Tröstenden, weiter als bloß so über den Abendmahlstisch, wie fast schon entrückt in den Tod, aus dem Sterben heraus, aus seiner Sterbenswolke heraus beugt er sich vor und tröstet)

Eher kommt aus dem Hören das Sehen als umgekehrt? (vor dem Busbahnhof von Lugo)

»Und«: Die Steinchen in den Sohlenrillen meiner Schuhe und die Weintrauben in den Schnäbeln der romanischen Tauben

Ein anderer Schutzengel: die Illusion (Augenschutzengel, Raumengel) (Sag statt »Schutzengel« ruhig »Gnade«)

Was heißt »Änderung der epischen Schreibweisen!«? Die einzige Änderung der Schreibweisen, die es in der Geschichte der epischen Formen gegeben hat, ist jene von der Epik in gebundener Metrik (Homer, Vergil) zu der Epik der freieren Metrik

Schauspieler sollten ihre Gelenkigkeit immer nur für Augenblicke aufblitzen lassen?

»Cambia tu forma de vivir«: Plakat an der Kirche, der fast tausend Jahre alten, über Ponferrada, nicht mehr Galizien – León –, und dazu ertönt das Spatzengeschwirr in den Brombeerhecken und das Rauschen der alten Ölbäume mit den leprösen Stämmen – du brauchst keinen Dornbusch, und wenn, dann braucht der nicht extra zu brennen

Warum heißt es »Eine Frage brennt mir auf den Nägeln?« Hat dir je eine Frage auf den Nägeln gebrannt? (Ponferrada, Castilla y León, 1. April 1988, Karfreitag)

Der alte wehe Mann von Ponferrada gestern, der sich von der alten Frau und mir Fremdem die Hosenträger straff ziehen ließ, an der weggerutschten Hose, darunter eine Art Windelhose: seine flehentlichen dankbaren Augen: »Das merken und nicht vergessen«; und das geschah vor der Kirche aus Beton, an welche links und rechts ebensolche Wohnhäuser angebaut sind – der Kirchenraum von innen aber frei und schön, die Stelle des Heiligen Grabs – commune dolor – mit Blumen wie ausgeleuchtet, sonst Leere wie eben nur in Betonbauten, dazu die still Knienden vor dem Grab – eine Bergwerkskirche

Das Gefühl für den leidenden Christus wappnet mich mit Zorn gegen die Vernünftler

Die Wimper im jahrhundertealten Buch

Das Tag-Erlebnis, das Erlebnis »Tag« ist nie ein *Gipfel*erlebnis. Vielmehr ist es ein *Sohlen*erlebnis (s. Bergwerk – Ponferrada, die Bergwerkstadt): ich habe mich zum Tag durchgeschürft; ich habe jene Sohle erreicht, auf welcher der Tag in Ruhe der Tag ist (und das merk dir wieder, auch wenn du tagwärts bergauf gehen zu sollen meinst)

Wie begeistert mir heute, vor Santo Tomás in Ponferrada, die kleinen Mädchen alle ihre Namen genannt haben, Elena, Mercedes, Asunción – und wie zögernd kam ich zuvor mit dem meinen – und die Kinder waren über diesen auch entsetzt ...

Karfreitag, drei Uhr am Nachmittag: sich bücken zu dem frischen Gelb, dem Ganz-Gelb des Löwenzahn im hohen Gras, mit viel kürzeren Stengeln hier als »bei uns« – und dazu der Gedanke: Wer versteht heute so ein Sichbücken? Aber im Mittelalter hätte man es verstanden, daß ein Fremder sich so hinhockt, zur Betrachtung des Nichts-und-wieder-Nichts. – Allesgelb ist dieser Löwenzahn – sogar sein bitterer Geruch ist gelb; noch inständiger als etwa die Rose ist er, mit seinen hundertfältigen Blütenblättern, den zarten, oben zwiegespaltenen Stempeln, den gelbgelben, das Bild der Endlosigkeit –

Abschied von Ponferrada: das Weiß der Kirschblüten sich bauschend über dem Schwarz der Kohlenhaufen (Bahnhof)

Wieder und wieder: Leere der Kindheit, dein Startloch – deine unzähligen Startlöcher

Es ist ein Zusammenhang zwischen der Neugier und der Unempfänglichkeit?

Gegen alle die erwachsenen Meisterwerke vorher und nachher: die kindlichen Meisterwerke der Romanik (warum hat Goethe sie nur übersehen, ja mißachtet, nicht nur damals vor San Zeno in Verona?) (León, Abend)

Schöner Gedanke, daß Pfingsten, die Herabkunft des Geistes, in der Nacht war, als der »Zweite Atem«, der zweite Aufschwung. War Pfingsten in der Nacht?

Und warum hat man »bei uns« die nackten Steine der Romanik nicht ausgehalten, sie verputzt, sie gefärbelt? (León, Kastilien, 2. April 1988, Karsamstag)

»Deine (die) ursprüngliche Leere, mein Freund, kannst du dir nur erhalten mithilfe der Kunst« – und in diesem Satz ist die Schwachstelle »mithilfe der Kunst« – also? – mithilfe deines Dichhinbegebens und Dicheinlassens auf was? – auf die dich durchdringenden Formen

Spatz auf dem Zebrastreifen, wie dunkel erscheinen deine Füße vor dem hellen Untergrund

Vielleicht wirken viele Spanier oft so abwesend – in sich gekehrt – melancholisch, weil ihnen, sinnlicher als unsereinem, bewußt ist, daß sie, daß wir töten müssen? (León, Alt-Kastilien)

»Du sagst, daß du staunst. Aber du spielst nur das Staunen. In Wahrheit verstehst du nicht, und willst nicht verstehen. Aus dir wird nie etwas.«

Mancher romanische Gekreuzigte mit den geradegestreckten Armen in der Haltung des »So ist es« (Astorga bei León)

Gestern der Vollmondaufgang am Bahnhof von Astorga, und das Schild ASTORGA als das einzige andere Licht im Dunkeln; und dazu das »Hostal NORTE« vor dem Bahnhof im Leeren, klein, verlassen, lichtlos, einladend, dazu der im Schalterraum über den Heizkörper Gesunkene, allein da im Düster, so im Halb-Stehen, Halb-Hingesunkensein schlafend, dazu der kalte Nachtwind, kaltweiß der Mond, und dann die Frau, die mit einem Sack voll mit frischem Gebäck – Astorga »berühmt für sein Brot« – auf einem Moped an den wartenden Zug gefahren kam, in die Abteile schrie, rasch eins der Brote verkaufte, und dann mit dem Moped, Sack und Kind hinten, weg wie ins tiefste Landesinnere fuhr (3. April 1988, León, Regen, dunkel)

Wie dachte ich gestern, auf das Rundportal von San Isidor in León zugehend, dahin abbiegend?: »Meine Heimat!«

Spatzen in der Trauerweide, von der Weide das Wort »Trauer« wegschilpend – und heute ist Ostersonntag, auf den ich mich seit Wochen gefreut habe

Fado (Zurückdenken an Portugal): das schöne, klanglos jähe Aufhören, Enden des Gesangs

Noch einmal: Der gewaltige Moment des Gründonnerstags vor dem »heiligen Klüngel«, der Figurentraube des Abendmahlskapitels von Lugo, und im Rücken das niedrige, granitene Bischofspalais, mit dem zahnlückigen Flötenspieler dort auf den Aufgangsstufen, einen leichten hellen Wandersack neben sich, blasend in eine helle kleine Andenflöte, mit welcher er dann überging in ein vielfältiges Rufen, ein Rufen, das mit der Zeit von weit weg, in der Stille des spanischen Stadtnachmittags hinter den Häusern irgendwo, von jemand Unsichtbarem dort, beantwortet wurde, oder umgekehrt auch hier auf dem zentralen Platz jeweils eine Antwort war auf den fernen Klang – worauf der hinter mir Sitzende, für die Dauer des anderen Klangs, jeweils mit zwei Stricknadeln in ein blaues Wollband ein paar Knoten dazustrickte – nichts sonst im Umkreis als das helle Vorosterlicht, die Stille des Nachmittags, die Wärme des Frühlings, und darin dieses Rufen, hier, dort, in Abständen, jetzt mit der nahen, jetzt mit der fernen Flöte, und dazu das allmähliche Länger- und Längerwerden des blauen Wollbands, als eine Art Skandierung zwischendurch. Der Spieler in meinem Rücken war ein junger großer Mann mit Bart, eine Strickkappe auf dem Haar, und er stand dann auf und ging mit dem kleinen Bündel langsam vom Platz, weiter zum nächsten Platz – ich war ihm gefolgt –, und setzte sich dort zu seinem ebenfalls zahnlückigen Gefährten auf eine Bank, sodaß nun beide nebeneinander mit den weißen Flöten ihre Tonfolgen und Tonsätze hören ließen, worauf dann noch eine junge Frau, ebenfalls mit einem hellen Bündel, ohne Flöte, zu den beiden trat

Suche ich etwas wie mein Heil in den romanischen Szenerien? Nein, ich suche in ihnen meine Phantasie, die Struktur meiner Phantasie, meine zuinnerste Lebensfolge, meine Sachverhalte (vor dem Engel in San Isidoro, León, der dem Himmelfahrtsversuchenden, der ihm schon startbereit auf den

Knien steht, noch zusätzlich, wie zum Anschub, unter die Achsel greift – dem Himmelsschieberengel sind vor Anstrengung die Backen sehr dick, Riesenbacken, wobei der Aufsteigende sich festhält an den aufgerichteten Flügeln seines Anschiebers, und sich zugleich davon abstößt?)

In den Patriarchen, Propheten und Aposteln hat die Gotik die überpersönliche Ruhe der Romanik bewahrt? (Vor den Glasfenstern der Kathedrale) Ja, aber sie runzeln schon »individuell« die Stirn, verkneifen schon persönlich den Mund, machen einen Hüftknick, gebärden sich. An ihnen nimm dir *kein* Beispiel. Doch andererseits freuen sich die gotisch geformten Evangelisten immer noch *de mismo modo* über das, was sie da aufschreiben, und einer schmunzelt gar (wie Zbigniew Herbert) – samt dem schmunzelnden Christus in ihrer Mitte eine vergnügte, unbesiegbare Gesellschaft

Der Monatsbogen von San Isidoro: Im Oktober schaut das Schwein noch zu, wie der Mensch die Herbstäpfel vom Baum schüttelt; und im November brüllt es in Todesangst, weil der Mann hinter ihm zum Schlachthieb ausholt; und im Dezember kommt der Mensch an die Reihe? Nein, da ißt und trinkt er göttlich, Brot und Wein, und wärmt sich die Füße am Feuer

So geht es mir mit den romanischen Gestalten: Zuerst denke ich vor ihnen, erfreut und/oder ermüdet: »Ah, wieder der, die, das da!« Und dann, in der Betrachtung, erscheint die Variante – die aufgeblasenen Wangen des Engels in der Mühe des Himmelwärtshievens –, und – *sursum cor,* und in diesem Singular *cor* schwingt mit der Plural *corda*

Wollen? Können? Das Wollen als Können

Im Zug León–Oviedo gestern, zwischen den hohen Bergen der Büffetwagen, wo nach all den Allerweltsschläfern, Fingerhautschabern, Kaugummikauern in den Abteilen sich unversehens jene »Spanische Herberge« auftat, in welcher, kaum hatte ich sie betreten, *hier* Frauen lauthals Karten spielten, der Schaffner *dort* am »Stammtisch« mit seinen Reisefreunden etwas Geheimnisvolles feierte, wieder in einer *anderen* Ecke eine Gruppe Jugendlicher gebannt auf die sich einnebelnde Urgebirgslandschaft schaute, während an der Theke an der Fensterreihe gegenüber nur Alte saßen und zur Radio-Musik trommelten, und im düsteren Hintergrund des Gefährts die Ohrgehänge schwarzgekleideter Mädchen gleißten, und in der Schanknische zwei Brüder, Zwillinge, einer von ihnen einäugig, erschöpft, freundlich und traurig ihr Amt ausübten, während aus dem Nebel dann der Schnee wehte, aus den Seitenschluchten der Picos de Europa

Eine heutige Reise-Figur: der Fragenarr; siehe der junge Amerikaner gestern im Zug, der jeden mit Fragen anging, um so sein Spanisch zu praktizieren: »¿Donde ...?«, wie, simili modo, jener junge Japaner in Sendai, der auf mich zuging mit: »May I ask you several questions?«, usw. (4. April 1988, Oviedo, wüster Regen)

Gestern noch: der Fußweg aus León hinaus, am Nachmittag, in die kahle Meseta, diese durchraschelt und durchflogen von Papierfetzen und Plastiksäcken, und so hügelan, wo ein Mann mir entgegenkam, in Begleitung eines im Herabsteigen grasrupfenden Lamms, mit stark gekraustem weißem Fell, das im Wind zitterte, und dann bergauf die Quelle, eingefaßt in ein Rohr, aber überall durchsickernd, gesäumt von Kresse (die ich aß), und auf der Kuppe des kahlen Steppenhügels ein einzelner junger Motocrossfahrer, und auf dem Rückweg der Steinblock im Gras, gesäumt mit Vorzeitmuscheln – Hinhockmöglichkeit, die ich nicht benutzte

Seltsam auch auf dieser Reise: gegenüber »den« Spaniern und Portugiesen und Griechen bin ich noch keinmal zornig geworden, gegen »die« Jugoslawen, Ägypter, und vor allem »die« Japaner, aber wohl

Zur »Sorge«: Meine Hauptsorge ist, daß es, obwohl noch viel Zeit ist, auf einmal »zu spät« sei

»Hoheitsvoll«, das ist der Ausdruck der Apostel in der Cámora Santa von Oviedo – aller – bis vielleicht auf den einen, der, mit dunkler Nase, schräg hinaufoder wegschaut, auf dem (Un-)Wesen mit Vogelkörper, Bocksfüßen und Schlangenmenschenkopf stehend: aber auch er, wenn er den Kopf wieder geradeaus gewendet haben wird, wird, in seinem Blicken, ebenso hoheitsvoll sein wie die andern – schon jetzt, vorher, wahrt sein Handteller, an die rechte Seite der Brust gelegt, den Hoheitsabstand, während er weghört und wegschaut, und gebietet Ruhe

Solche Ohren, wie die an der Statue des San Salvador von Oviedo, müßte man haben, die, was der Mund gerade sagt, zugleich selber staunend vernehmen, mit Linien, das Gesprochene noch bekräftigend durch einen Schimmer an den Ohrmuschelbögen, einen Hörschimmer, der die Bögen zum Glänzen bringt

Sich *ermannen* zum Jetzt (s. o.); nur: in der Natur gibt es, ereignet sich ständig ein Jetzt – in den gemachten Räumen, dazu bei künstlichem Licht, höchstens in deinem Innern, durch dein Innehalten (Oviedo, Regenströme)

Zu den Zetteln, die manchmal in gekauften Kleidungsstücken sind: »Bei Reklamation sich wenden an ..., Mitarbeiter Nr. ...«: manchmal mein Bedürfnis, dieser Nummer einen Gruß zu schicken für die Hose, die nach so vielen Zerreißproben immer noch ganz ist, für den Rock, der nach so vielem Durchnäßtsein immer noch seine Fasson hat

Romanik: das Abenteuer der Varianten in der Wiederholung (»Der Bildverlust«)

Eine andere Weltreise möchte ich in Gesellschaft von Keuschlern, von Maurern und Zimmerleuten machen

Sagenhafte Busfahrten, ungeduldig machende Zugfahrten? Du bist ungerecht? Und doch wird in den Bussen im Lauf der Fahrt viel weniger auf die Uhren geschaut als in den Zügen (Santander, Abend, Regen); Reinigung der Augen und der Seele durch das Fahren in Überlandbussen (gestern nachmittag, Asturien, 5. April 1988)

Wäre ich Jurist geworden (geblieben), hätte ich mehr Gelegenheit gefunden, mich zu ernüchtern? – Aber ist nicht auch das Schreiben eine Arbeit der Ernüchterung, ein Akt des Sich-Ernüchterns? (am Meer, Santander, Spatz, dunkel vor Regennässe)

Die Tiere von Altamira: ein Paradiesbild in einer Höhle – Cézanne hätte davor gejubelt –, und jetzt kommt eins der Altamiratiere kurz ans Meer gelaufen, zum Luftschöpfen

Es ist schon so: Wenn die Sprache kommt (wenn), dann muß ich achten, oberhalb des Wellenkamms zu bleiben

Ein Lyriker beim Prosaschreiben: Gefahr der Bemächtigungsprosa (Bilbao, Abend, Regen, Regen)

Die Fratzen der romanischen Kapitele: verkörpern sie nicht das Gerede in mir, die Fetzen von Blödheit? Daran will ich mich jedenfalls ab jetzt halten, wenn ich sie betrachte. Und umgekehrt kann ich mein Gerede an diesen steinernen Grimassen und Verzerrungen sozusagen von außen betrachten und es loswerden im Anschauen dieser Visagen? (Bilbao, 6. April 1988, Regen im Lichtschacht des Hotels)

Die Jünger von Emmaus, die in der Nische des Dorfgasthauses unversehens, im Moment, da Er das Brot bricht, den Auferstandenen vor sich haben: Spanisch sind es keine »Jünger«, vielmehr »Pilger«,

»peregrinos« (auf dem sanft-sehnsüchtigen Bild von Pedro Orrente de Jumilla, im 17. Jahrhundert). Neben dem Tisch der drei schlafen Hund und Katze, und der Raum ist offen, mit farbigem Abendhimmel hinter schwarzen Bäumen. Die ernst-ironische Kellnerin, die Schüssel auftragend, mit einem Blick zurück über die Schulter – dem des mystischen Lamms – auf einen alten Mann in einem Sessel, neben ihm ein Mörser, und auf der Holzbank die wunderbar langstielige Weinflasche – überhaupt wieder und wieder (siehe Zurbarán) die edlen spanischen Gefäße, der helle Krug auf dem Boden, das Weinglas, getönt, auf dem hellen Tischtuch – diese Bilder karg-vornehmen Lebens kennst du doch alle seit langem, aus der Kindheit

Dem Hieronymus in der Wüste, von José Ribera, begegnet mitten in seinem Schreiben die aus den Himmeln stoßende Trompete, und er wird erfüllt von heiligem Schrecken. Wird er auf seiner Rolle weiterschreiben, und was? (Das gewaltige Museum von Bilbao)

Die Empfindlichen, wenn es ihnen (uns, mir) nicht gelingt, sich offenzuhalten und, auch dank der Empfindlichkeit, zu erweitern, sind im Altern in Gefahr, böse zu werden?

Bei El Greco sind die Augen oft tränenfeucht. Sie sind nicht nur »feucht«, sondern es ist ein Glast von Tränen

Jenes Bild, das in dir aufwallt als das Muster der gesollten und der möglichen Welt, immer wieder –

wie etwa heute vor den Bildern im Museum von Bilbao –: du kannst es nicht in dir oder bei dir behalten, abrufbar zur Betrachtung – du kannst es nur, immer wieder, übertragen ins Arbeiten, ins Formen, Strukturieren, Rhythmisieren – und alle deine Arbeiten zusammen sollen eine Prozession jenes Einen Bildes gewesen sein

Ich glaube, daß die Menschen scheu geschaffen sind, geschaffen zur Scheu, und davon werde ich nie abgehen. Aber heutzutage –

Das schöne baskische Wort für »Freiheit«: ASKATASUNA

In Gesellschaft dein Prinzip, kein starres: »Am Nachmittag deiner Wege gehen«

Die vielen Blinden am Vormittag in Bilbao, und jetzt in San Sebastian/Donostia die sehr vielen Liebespaare, einige der Mädchen weinend; und in der sturmbewegten Concha-Bucht hier der von der Flut gewälzte tote Hund, und das Zurückdenken (Gedenken) an den dunklen fahlen Dunst von Bilbao mit dem reißenden Fluß Nervion inmitten der hohen finsteren verschachtelten Hafenstadthäuser – und dabei die Schönheit, wie immer

Ob ich auf dieser Reise doch noch einmal die erste Zikade hören werde, so wie in Causado/Portugal, im Eukalyptuswald, den ersten Kuckuck, und nicht bloß die leeren Zikadenhülsen liegen sehe, wie im Ryoanshi-Tempelgarten von Kyoto unter den Pinien dort? (7. April 1988, San Sebastian)

Die Erleuchtung durch einen *begeisterten* Ratschlag – nur solch ein Ratschlag ist auch brauchbar; erinnere dich, daß fast alle Ratschläge, die dir gegeben wurden, begeisterungslos und besserwisserisch, wie sie waren, dich nur noch lustloser gemacht haben

Mich allmählich meinem Heimatland nähernd, kommt mir von diesem mehr und mehr das Ungute entgegen, wie etwa gerade der Gedanke an die Kinder von Nationalsozialisten, nach Indien gegangen und von dort mit dem Größenwahn ihrer verfluchten Eltern zurückgekehrt, den Wahn bloß verkleidet in verlogene Sanftmut, zu Mustern der Lieblosigkeit ausgeräuchert, ausgetrieben auch alle *guten* Dämonen (derer sie vor Indien doch vielleicht hier und da teilhaftig waren)

Statt »Begehren«, »Sehnsucht«, »Bild«, »Inbild« sag vielleicht manchmal nur: »eine Möglichkeit«, »ein in-Frage-Kommen«

Und wieder das Spiel, wie ein Liebesspiel, zwischen Meer- und Flußwellen, an der Mündung des rio Urumea, ein Zusammen-Aufwallen an Ort und Stelle, unverrückt

Spanien (jetzt daran zurückdenkend in Bayonne): die offenen Stromzählerkästen außen an den Häusern, vor allem in den ärmlichen Orten (Ponferrada), die Meßscheiben sich drehend hinter Glas, nachts dann das schnellere Rotieren (8. April 1988)

Die »nicht singen können«, singen sie nicht oft mit mehr Gefühl, zartem, und ermöglichen das zarte Gefühl?

»Bayonne! Bayonne!« klang mir gestern aus dem Bahnhofslautsprecher geradezu lieblich, und dazu dann das Hochwasserrauschen im breiten Stadtfluß Adour – ein Rauschen, das sich hell und einfach anhörte wie eben A-Dur

Die schönste, die leichteste, die freieste Weise der VERKÖRPERUNG: die Form – die Form als das essenzhafte Verkörpern

Ach, daß in der Nachosterwoche das Frischegefühl, unvergleichlich, des Auferstanden-Seins so wenig anhält

»Komm, setz dich, die Bilder anschauen«, sagte die Mutter zum Kind

Freund Abendlicht

Was mir für den »Bildverlust« vorschwebt: Prosa des vollkommen Faktischen – dieses Faktische aber soll, ebenso vollkommen, gereinigt und gelichtet sein durch »das Vorwaltende des oberen Leitenden« (wie Goethe einst das Wirken des Geistes umschrieb) – dieses soll in den faktischen Sätzen nach-, mit-, vorzittern

Schöpferisch ist wohl (auch), das Erlebte in Ruhe zu lassen und so auszubreiten (Toulouse, Nacht)

Hätten die Geographen die Erde doch nur *subjektiv* dargestellt! – so gäbe es für jedes nachfolgende Subjekt selbst an den pittoresken »Plätzen« noch Entdeckungen

Die ruhigen Gesichter der Tagediebe: also müssen sie im Recht sein

»C'est joli, quand-même?«, häufiges flüchtiges Franzosenwort im Vorbeigehen an den (großen) Werken

Wie müssen sich damals die Maurer gefreut haben beim Säulen- und Pfeilermauern auf die Figuren später in den Kapitellen obenauf. Vielleicht blieben ihnen die jeweiligen Darstellungen bis zuletzt ein Geheimnis? Und so bauten sie neugierig und erwartungsvoll ihre Säulen in die Höhe? (Saint-Sernin, Toulouse, 12. Jhdt.)

Und wieder die gotischen Formen nach den romanischen: »aus der Fassung«

Immer wieder fühle ich mich so schön oder so häßlich wie der, der (oder die) mir gerade entgegenkommt (am Canal du Midi)

»Rückhalt«, schönes Wort; die Erinnerung als Rückhalt

Wenn die romanischen Gestalten überhaupt einander berühren, machen sie sozusagen Kafka-Gesten, bloße Fast-Berührungen am Handgelenk, am Ellbogen, am Knie – Heilgesten, gar vorsichtige, scheue (siehe Kafkas »Betrachten Sie mich als Ihren Traum«)

Enthusiasmie und Skepsis und Enthusiasmus: das war Goethe (im Gegensatz zu Hölderlin, der fast nur Enthusiasmus, in höchster Form, war)

»Ich lebe dir«: dieser schöne Dativ darf nicht aussterben

Unterscheide auch: die Anverwandler und die Verwandler; die ersten sind die »Begabten«, und die zweiten? Es (etwas) muß durch sie hindurchgegangen sein, in dem Sinn des »Das geht mir durch und durch«

Das Vornehme an Spanien: die Unauffälligkeit (das merke ich im nachhinein am gespreizten Frankreich, Frankreich freilich nur der Städter)

Der geistige Mensch (dieser Ausdruck ohne Ironie gebraucht) begeht vielleicht von allen Menschen die meisten Irrtümer in der Geschichte – weil die Geschichte immer wieder vortäuscht, jetzt, und jetzt, sei »die Stunde des Geistes gekommen«, und der geistige Mensch, Kindskopf und Idiot, fällt darauf herein (ich dachte etwa an Weinheber, und vor allem an Hölderlin) – dagegen die Kleingeister, die sich kaum je irren (können), Wasserwaagen, nur ohne Wasser, und vor allem ohne Luftblase in der Waage, die wahrhaft mißt (ich dachte etwa an Karl Kraus)

Ein Blitz im Fenster des verlassenen Kleinstadtbahnhofs: der Nachtexpreß (Carcassonne, Nacht)

Meisterwerk? Alles daran wäre gleichmäßig, eins und offen (Carcassonne, 10. April 1988)

Die Wurzel Jesse auch hier: das strenge Gesicht des König Salomo oben im Astbogen, und er biegt dazu einen Zweig weg, um zu sehen und um von mir gesehen zu werden

Wie sagte die Chorleiterin gestern von ihrem Chor? »Warum sie so gut singen? Weil sie am Anfang so schlecht gesungen haben«

Was du, und du, schreibst, ist nichts wert, denn du wendest dich dabei an deine Gruppe, statt ans Unbestimmte und an dich selber

In Österreich erkenne ich einen Menschen, die Menschen, daran, daß (ob) die Judenvernichtung die entscheidende Geschichte oder »Nachricht« seines, ihres Lebens war; wenn nicht –

Und jetzt, in Sète, endlich die erste Zikade: im Bahnhofsgarten zwischen den Schmetterlingen, den Platanen- und Palmenstümpfen, dem Rhododendron und den frischblättrigen Feigenbäumen das große harte Schnarren

Ein Kind zeigte im Dahingehen aller Welt voll Begeisterung sein Abbild auf den gerade ausgespuckten Automatenphotos (11. April 1988, Nîmes – siehe Šibenik im Dezember)

Die Spatzen, wo sind sie heute? Und da sind sie auch schon. Und da waren sie auch schon (und jetzt in Arles, am Rhône-Fluß)

Von Angesicht zu Angesicht, so mußt du schauen, auch auf den gesichtslosesten Stein

Eine schöne Riesin stand am Meer, hoch über dem Getümmel. Plötzlich der Entschluß, sie zu umarmen. Ich legte die Arme um sie und wurde gleich groß wie sie. Sie rückte mir langsam auf den Leib, bis wir miteinanderstanden. Als wir zu Boden sanken, wurden wir klein wie die andern ringsherum (Arles, 12. April 1988)

Gestern, am Grab René Chars, in L'Isle-sur-la-Sorgue: Als sei das Grab des (dieses) Dichters die Luft, der Wind, das zitternde Gras (und nicht die Steingeometrie unter anderen Steingeometrien dort auf dem Friedhof); und dann noch gestern: der Durchschlupf, nirgends auf der Welt sonst je so gesehen, unter den Gleisen in L'Isle-sur-la-S., mit der Erinnerung an die Kindheitsgeschichte René Chars: wie die Amme ihn, wenn der Zug kam, als Säugling, Kleinkind, da unter die Schienen gehalten habe, und das Donnern und Tosen dann, das sei seine »Wiege« gewesen. Und es war auch gestern ein gewaltiges Getöse, als ich gebückt in dem Erddurchschlupf unter den Gleisen stand und ein Güterzug über mir fuhr und die breiten Ritzen und Zwischenräume zwischen den Schwellen verdunkelte – geradezu schwach fühlte ich mich danach von dem Tumult über meinem Schädel, benommen, wie krank – jedenfalls nicht gewiegt. – Und das Fußbad dann in der Sorgue, bei den alten, sich schwerfällig drehenden Holzriesenrädern im Fluß, an denen die Moosfetzen flappten – immer wieder die Räder für eine Zeitlang zum Stehen kommend, bis alles vielleicht sie bremsende Wasser abgetropft war, und sich dann sehr langsam wieder in Bewegung setzend, mit schmalen, hundert um hundert von Wasserfällen von den Rädern herab, und mit was für einem melodischen Klang; und zuletzt in der Nachtstille am Bahnhof weithin das Fröscheknarren – die Menschheit ist noch da, erfüllt von Abschied, die Menschheit sich zeigend in den Abschieden –

Verb für die Sehnsucht: »zweigt ab«. – Zweigt ab die Sehnsucht, wird Raum

Unsere jetzige Verlorenheit (: Romanik) hat keine Form. Also sind wir verdammt? Hat sie keine Form? Sind wir verdammt?

Eine der innigsten Erscheinungen ist das Dahinziehen, Treiben und Kreisen der Blätter, Halme, Sporen, Vogelfedern, Grasspitzen in den länglichen, oft bootsförmigen Feldweglacken – eine Umschreibung der Stille

Relativ-, Temporal- und Lokalsätze, das sollen deine Hauptnebensätze bleiben

Meine unauslöschliche Sehnsucht nach Revolte und Revolution – nur welcher? was für einer? (14. April 1988, Aix-en-Provence)

»Sattel der Gegenwart«: Sonne, Wind und Stille helfen mir in diesen Sattel hinein, und mit dem Gehen tue ich das Meine dazu

Es ist schon wahr: nur Gehör sein; der wahre Mensch als DAS GEHÖR; und wahr ist auch, daß das Gehör ein Gefühl ist, ein durch und durch gesundes, das Gefühl, gesund oder – warum nicht? – heil zu sein, im Mitgehenkönnen mit den im Wind von einem Baum gewehten Kirschblüten, deren sachtes Auftreffen auf der Ackererde zu vernehmen – wie kann, wer die Stille nicht erfahren hat und sich auch nicht nach ihr sehnt, je ein Buch schreiben? (Die Sainte-Victoire im Blau)

Wie anders die nächtliche Landstille als die nächtliche Stadtstille, sie ist eine wirkliche, wirksame Stille, ein Sausen des Winds – auch wenn gar keiner weht – am Trommelfell (15. April 1988, Beaureceuil bei Aix)

Nur der entschiedene, bewußte Ego-Zentriker kann sein Ich – den »Pfahl«, an den er, laut Doderer, »gefesselt« ist – loswerden? Nur *er* kann tatkräftig durchlässig werden, ein anderes, erweitertes Zentrum werden? als Mitte, an der Stelle seines Ichs, der luftige Weltenbaum?

Bemerkenswert, daß es kein allgemein-französisches Wort gibt für »schweigen« – aber vielleicht findet sich in den Provinzialsprachen so ein Verb? Bretonisch? Langue d'Oc? Und vielleicht gibt es nur auf deutsch dieses herrliche Wort als Zeitwort? Nein, auch im Altgriechischen jenes *sigân*, ein TÄTIGKEITSWORT

Begabt sein möchte ich mit schweren Augenlidern, für immer

Schweigend wirken; Künstler des Schweigens; wie das schaffen? Wie sie schaffen, die Tonart, die Ton-Leitern (himmel- wie erdwärts) des Schweigens?

Statt »mögen« sag »(mir) lieb sein«: »Die Spatzen sind mir lieb«

Meine Schuhe glänzen jetzt noch vom Geputztwerden damals im Hafen von Split; wenn ich mit dem Tuch drüberfahre, erscheint der Glanz von damals, viereinhalb Monate danach, am Fuß der Montagne Sainte-Victoire

Mein vereintes Europa: das der Feldwege und der Ackermauern (St. Antonin-sur-Bayon, die Sainte-Victoire einmal im Regendunst)

Du kannst (darfst) niemanden belehren oder auffordern, still zu sein, zu schweigen; du kannst höchstens dem einen und dem andern ein ansteckendes Beispiel geben – wie aber? indem du dich in einer deutlichen, einleuchtenden Stille bewegst

Achtung: Was du im Furor von dir gibst, wirst du auf diese Weise nicht los, sondern es rotiert danach nur noch wüster in dir und wird dich, jedenfalls für eine Zeit, nur noch mehr quälen als zuvor das Nicht-Ausgesprochene

Wie muß ich froh sein, bei Bewußtsein zu sein und im Angesicht einer halbwegs friedlichen Erde

Und jetzt, in Nizza (17. April 1988), die »rue de Bilbao«, wie vorher in León der Sportsalon »Judo Kyoto«, und vorher in Tokyo an der Ginza der Laden namens »Brügge«, etc.: Wie doch alle die Orte, an denen ich in den letzten Monaten war, an dem jeweils anderen Ort als Namen wiederkehrten

Dem, der außerhalb der Gesellschaft lebt, leistet vieles Gesellschaft, und manchmal auch das Anschauen der Gesellschaft

Warum wird nicht einmal ein Idiot Präsident? Ein Mongoloider? Er hätte, das weiß ich, etwas zu sagen, und wir hätten an seinem Gesagten etwas zu entziffern – würden allesamt davon zarter werden, daß wir jemanden verstehen lernen müßten

Der Staat in Österreich, den ich von Anfang an wahrnahm, das waren einzig die Parteien (die einander, »Rentenklau«, »Kohlenklau«, gleich schon für uns Kinderaugen zu Monstren verzerrten); und je mehr ich mich jetzt der Heimat nähere, desto mehr verstumme ich (Schweigen ist etwas anderes); und doch: Bin ich nicht bis jetzt dem Staat im großen und ganzen entkommen?

»Unauffällig sein!« dachte er und fiel vor aller Augen in den Straßengraben (24. April 1988, Wien)

»Unterwegs habe ich nie ein Tier getötet«, dachte er. »Kaum zuhause, fange ich schon wieder mit dem Zerquetschen der Asseln an« (28. April, Salzburg)

Das Problem »Deutschland« ist befruchtend; das Problem »Österreich« dagegen nicht – nicht mehr – war es nicht einmal mehr bei Hofmannsthal? (3. Mai 1988)

»Sicher bin ich mir nur der Heiligkeit der Neigungen des Herzens und der Wahrheit der Imagination. Was die Imagination als Schönheit ergreift, das muß Wahrheit sein, ob es zuvor existiert hat oder nicht« (John Keats); und weiter: »Ich (konnte) noch nie erfassen, wie man durch folgerndes Denken etwas als Wahrheit fassen kann«; und weiter: »Oh, alles für ein Leben der Empfindungen statt der Gedanken!«

An den Zügen Lebender erkenne, wie deine Toten waren. Und an den Zügen unbekannter Vorgänger erkenne, wie du bist

Mai: Mit den geteilten Schwalbenschwänzen bekommt der Himmel wieder seine Fülle

»... wenn ein Spatz an mein Fenster kommt, dann schlüpfe ich in seine Existenz und picke im Kies herum ... und wenn die Blätter [des Buches] raunen, zieht's rund um die Erde einen Gürtel« (weiterhin John Keats)

Aus sämtlichen Adern und Verästelungen des Vulkans jagte, floß und schoß die feurige Lava. Dann erlosch der Vulkan, und die Verästelungen und Adern zeigten sich ausgefüllt von lebendigen Menschen, einer stehend auf den Schultern des andern

Würde es nach dem Hörbaren gehen, erschiene die Erde immer wieder als das Vogelreich, und in der Folge auch dem Auge: Nichts sonst auf der Welt als zum Beispiel jetzt die Meisen, sich robbend von Baumgrün zu Baumgrün

»Die Wiese«, nach Francis Ponge, »ist eine friedliche Begeisterung, zugunsten einer heutigen Wahrheit, die grün ist« (»Ich bin dir grün«)

»Namenlose« Sehnsucht: das Beiwort stimmt

Die Drossel tauchte mit offenen Augen den Kopf in das Wasser, der dann runden trockenen Auges wieder auftauchte

Wir wurden an die Wand der Saals gestellt und sollten gleich erschossen werden. Mein Nachbar bewegte betend die Lippen, und so versuchte ich es auch, lächelnd wie er, mit dem Vaterunser. Dann kam mir die Idee, täte ich es auf »Slawisch«, könnte das meine Rettung sein. Aber ich kam über den ersten Anruf nicht mehr hinaus

Das Fallen, Stürzen, Pfeilen der Kastanienblüten – das Schweben und Flattern der Apfelblüten

Die (meine) erste Forderung an die Poesie bleibt die Dringlichkeit

Schrille Heimat, sonore Fremde

»Das allgemeine Schön-Tun der Naturtöne miteinander, das geht durch die penible Nachbildung verloren; erhalten bleibt es durch die Neuschöpfung einer Farbskala, die dazu parallel läuft...« (Van Gogh wie Cézanne)

»Meinen Vater, meine Mutter habe ich immer wieder verleugnet, aber die Große Frage, deren Kind ich auch bin, werde ich nie verleugnen!« – So hätte das Kind Jesus im Tempel reden können?

Gestern erschaute ich: Die Folterer überall, seit Beginn der Zeiten, erkennen an dem jeweils Gepeinigten, mitten im Peinigen, das Antlitz (des) Gottes – und lassen, nach dem ersten Erschaudern, eben *nicht* ab, sondern verstärken und beschleunigen noch die Tortur: (der) Gott muß getötet werden, er muß weg!

Van Gogh mußte den Pinsel oft mit aller Gewalt festhalten, damit ihn der Wind nicht wegriß

Offenheit ist nicht alles, Empfänglichkeit aber wohl (du mußt dazu nicht offen sein)

Eine ganze, mir unbekannte Bauernfamilie war in meiner Kammer versammelt. Ich herrschte sie an, was sie hier wollten. »Zuhause ist es zu heiß«, sagte der alte Bauer. Da verstand ich alles, und sie durften bleiben

Poesie: das Gegenteil von jeder Eigenmächtigkeit

»Und«: Liebe und Hilflosigkeit (je mehr der Liebende tun will für das Geliebte, desto stärker wird die Erkenntnis seiner Hilflosigkeit?)

Die Wildnis – auch ein wilder Garten – ordnet mich, während die geordnete, die Rasen-Natur, mich entzaubert, an*ödet*

In Gedanken an das Großvaterhaus gestern konnte ich mich an keinen Schlüssel dort erinnern

Läge dir an mir, würdest du mich anders fragen

Das (mein) Lesen beginnt – zählt – hebt an erst, sowie die Sätze, die Wörter, aufhören, Wörter und Sätze zu sein, auch aufhören, überhaupt Rhythmen und Bewegungen und Anklänge zu sein, und übergehen ins umfassende, stehende Bild

Ruhe und Reizbarkeit: die Ruhe erfährt, kennt, strahlt aus nur der Reizbare?

Wenn etwa junge Frauen in Weltherrscherinnenhaltung durch die Städte ziehen, so lasse ich mir das gefallen – nicht aber bei Männern (unsereinem stehen nur Ruhe und Selbstironie und Abwesenheit zu)

An dem Anblick der Ferne kam ich zu mir

Immer wieder: Mein Heiliges Land ist (war) dort, wo ich in der Phantasie leb(t)e; wo meine Phantasie auflebt(e)

Eine mögliche Definition von Gnade: der befreiende (erlösende) Gedanke

Der Anblick des Schönen (der Aufblick) ist immer ein Anblick *für*. »Schau, wie schön!« Und er umarmte den, die andere

Vielwissen bringt die Versuchung, sich gehen zu lassen? Vor allem im Reden?

Eine Regel (mit Ausnahmen): In der Gesellschaft bin ich gegen mich, allein bin ich für mich, und für Gesellschaften (Gradisca am Isonzo, Pfingstsonntag, 22. Mai 1988, die älteren Damen hier in Italien selbst am Sonntag mit Plastiktüten unterwegs; aus den Augenwinkeln die blinkenden Speichen eines Fahrrads als durch die Luft tanzende Seifenblasen)

Aufbrechen – gehen – Pfingsten feiern

Kunst: das unbedingte Tun, aber auf Umwegen

Dasein, Freude, Daseinsfreude, das heißt: Ich habe Raum in mir (und in diesem schweben jetzt die Weidensamen auf über dem Hochwasser des Isonzo); und im Raum und im Licht wirkt der »Zusatz« der Vorfahren, zu vollständiger Gegenwartsblüte

»Wie froh kannst du sein, daß Frieden ist! Nur: *wem* froh sein?« (Das sonntägliche Stimmen-Konzert einer unsichtbaren Menschenmenge bei einem Fest in einer Karstmulde, mit den Kinderrufen und dann Trompeten)

Zum Märchenhaften flüchten? Nein, zum Märchenhaften sich weiten; ebenso ist das Märchenhafte keine Verflüchtigung der Realität, vielmehr –

Nach drei Tagen nur in Gesellschaft fühlte er sich
»unter seiner Bräune« leichenblaß

Meine Bücher wünsche ich mir nicht in eine übliche
Bibliothek, sondern in eine Bibliothek des Lichts,
im Freien (wieder in San Michele del Carso/Vrh,
und wieder die Schwalben wie zu Pfingsten vor
Jahren hier)

Geist und Nichts: das einander Nächste – aus dem
Nichts schwingt sich das Geistige – aus dem stoff-
lichen Nichts gewinnt sich der unverwüstlichste
aller Stoffe, der Stoff in der Form des Geistes – und
darauf bestehe – dem nähere dich – mehr und mehr
(San Michele/Vrh, in dem kleinen Robinienhain zu
Mittag, Blütenlippen weiß auf dem weißen Tischtuch, im Rücken die von Robinientraubenbüscheln
gesäumte Doline, Bienensummen, die Bäume von
dem Summen buchstäblich zum Himmel dröhnend,
Blütenstürzen und -pfeilen, Mittag der Vögel, sonst
allgemeine Verstummtheit – »so feiern wir Pfingsten,
das Fest des Geistes, nicht wahr, ihr Vögel und ihr
Schmetterlinge, ihr meine lieben Pfingstfreunde!?«)

Auf steigen nun aus der Doline drei tanzende
Schmetterlinge, Orpheus, Eurydike und wer noch?

Der letztmögliche Mythos: der Mythos der Gegenwart – des Jetzt! und –; wenn dann aber Krieg sein
wird? (in Betrachtung zweier reglos die weißen
Bäuche offenbarender, sich paarender Eidechsen)

Mag hier im Karst auch alles so bleiben, wie es ist:
Ist aber die Karststille nicht mehr da, ist nichts mehr

da (am See von Doberdob; im Nahblick zur Erde die Urwelt, die Käfer als Saurier)

Jesus nach der Vertreibung der Wechsler aus dem Tempel: Einem Menschen, nach solch einer Machtausübung, so sehr er auch im Recht gewesen sein mag, geht es doch elend schlecht (ich denke etwa an mich)? Also muß Jesus, dem es offenbar danach nicht so ging, doch (ein) Gott gewesen sein?

In der Stille die Kunst des Fragens neu erlernen; die Blüte des Fragens; eine Epoche, in der das Fragen in Blüte steht, darauf wollen wir aus sein (Gradisca di Isonzo, 23. Mai 1988, Pfingstmontag)

Vier Katzen saßen, vollkommen geometrisch, zu Füßen einer Kiste und obenauf wie deren Beschläge, oder wie die gesträubten Knospen oder Augen der Kiste (wie Baumknospen »Augen« heißen) (das war gestern)

Die alte italienische Frau, die, als Einheimische, alle Fremden für gleichaltrig mit sich selbst hielt; mir zum Beispiel Enkel und sogar Urenkel zutraute, mich fragte, wie ich den Krieg erlebt hätte, usw. (auf dem großen Platz von Gradisca)

Wo gibt es Stille in den Filmen? Ist (bedeutet) sie dort nicht eher etwas Unheimliches? – Außer bei Ozu –

Eine Epopöe müßte es auch geben über die mannigfaltigen Rinden der jeweiligen Baumarten, wie hier jetzt in Monfalcone die Rinden der Lindenallee, mit senkrechten Rissen, jeweils gebrochenen, im Gegensatz etwa zu den durchlaufenden, tief eingegrabenen, schluchtartigen Schründen in den Robinien gestern usw. – und dazu die Blätter, kurzförmig, herzgleich zitternd, aus den Ritzen der Lindenrinde wachsend

Manche Italiener schwingen im Gehen ihre Zahnstocher wie Spazierstöckchen

Die Stille hat mich verdorben – für die Gesellschaft? Oder? Wer ist verdorben? Gedanke beim Gehen an der Autostrada im Karst – Und doch bestehe ich auf jenem Übergang ins Menschenwürdige (ja), sowie die Stille – jetzt nach dem Verebben der Autobahn, hinter den Felsen – mit ihrem Rauschen und Sausen allmählich »vordringlich« wird und endlich »gilt«, samt den flappenden Rindenhäuten, den naturpapierenen, an den Birken – *Letter*geräusch der Stille, Holzlettern der Jahrtausende, mein Setzkasten

Der Kuckuck rief fern durch den Karst, wie in die hohlen Hände blasend: der Indianerkuckuck – nur den zweiten Ton seines Rufs krähte er, fast wie ein Hahn

»Erzähl mir von der Stille! Sprich: Kamst du aus ihr als Prophet zurück?« – »Zurück? Zu wem? Hätte ich doch jemanden, zu dem ich zurückkommen könnte!«

Es ist schon so: *Du hast dich in die Höhle zu begeben, um den Text zu finden* – auch beim Entziffern unterm freien Himmel (wie damals in deinen Anfängen; einen Sommer lang, auf der Insel Krk, 1964, und wie in deinen Anfängen jetzt)

Italien: das Tragen der Kellner, zeremoniell, des Wechselgelds zwischen Daumen und Zeigefinger, beide leicht erhoben und vom Träger weggestreckt, kreuz und quer zwischen den Stühlen, hin zum Kaffeetisch mit dem Kunden (24. Mai, Monfalcone)

Oft, wenn ich denke: »Vollkommen wolkenlos!«, erblicke ich im Moment danach die erste Wolke

Immer wieder das Schimärische der Eidechsen: eine Wurzel auf dem Weg flitzt vor mir weg (wieder im Karst von Doberdob)

Ein Beiwort, das es nicht gibt, für die Ährenblüten des Wegerich, die kleinwinzigen, weißen, zerbrechlichen: »zartsam«; und dazu die regengrünen Blätter des Wegerich auf dem sonnbestrahlten Weg: ein »Gruneln« (s. Goethe); ein Grünleuchten – der Blick in Platons Höhle

Und wieder, aus der Natur zugeflogen, so ein Wort: »Stillheit«: vor einer der beinah weihergroßen Karstregenlachen im Weg, darüber die Libellen und die flugsurrenden Goldkäfer; vor dem Aufknistern der einander berührenden Flügel zweier Libellen im Flug, geradezu ein Prasseln; und dann aus der Meerferne die Mittagssirenen der Schiffswerft von Monfalcone und näher die Glocken von Doberdob, mit Lauten wie die slowenische Sprache im Karst; »hoher Mittag«, die Schmetterlinge für den Aufwind vom Erdboden sorgend; und jetzt fangen auch die Amseln einander zuzurufen an, geben einander Zeichen, daß inmitten der Kalkwüstenei hier eine Wassertränke zu finden ist, und eine Schlange rauscht weg im Gras, wie immer allein, »was machen die Schlangen so allein?« (»Stillheit«)

Meine Stärke? Schwäche?: Ich kann das (erstrebte) Sagenhafte nur aus mir allein heraus schöpfen – nicht aus den Sagen, gleich welchen (ich dachte an Peer Gynt); ich kann es mir nicht *ersitzen* (durch »Seßhaftigkeit«)

Am See von Doberdob, wieder (und wieder): in den Zwischenzeiten der Windstille die Pappelsamen, die flauschweich zusammengeballten, niedersinkend auf das Wasser, und dann, im Wind, wirbeln die trocken gebliebenen Samenteilchen wieder hinauf, und hinaus, und zwischen ihnen, gegenläufig, das Auf und Nieder der Schmetterlinge

Vorgestern: die sich reglos paarenden Eidechsen, wie tot, nur leicht atmend, wie zwei Nixen mit den spitzen Schwänzen; gestern: die als Knäuel dahinrollenden zwei Käfer; heute: die riesenlange grauschwarze Schlange mit einem langen, gar dünnen Schwanz, allein, vor mir Bergaufgehenden wegstiebend und hinauf in die einzelnstehende Kiefer geschossen, dort dann auf der Stelle zur Reglosigkeit erstarrt, gläsern erhobenen dunklen Kopfes, schimmernd das eine, mir zugekehrte Auge, der spitze lange Schwanz dabei fast die Erde berührend, der Leib so dunkelschwarzgrau wie die Rinde der Kiefer, auch von ähnlicher Dicke wie deren Äste; und später oben auf dem Plateau die andere, tote

Schlange, eingerollt, mitten auf der Straße, Äskulap, und noch später, zwischen weißem Geröll, die dritte, auch tot, halb aufgefressen von dem Fuchs, der erst geflüchtet war und mich dann aus dem Abstand still maß; Dreischlangentag

Farbenlehre: Über dem Blondhaar der Radfahrerin erscheint auch der frischbegrünte Hügel im Hintergrund als blond (Monfalcone, 25. Mai 1988), und blond auch, im andern Hintergrund, der grüne Müllwagen, mit dem grüngekleideten Männerpaar hinten auf den Tritten, blond auch die windbewegte Linde, unter der sie gerade durchfahren

Noch einmal die so verschiedenartigen Rinden der Baumarten, Johannisbrot, Zeder, Kastanie, Platane, Eukalyptus, als andere Säulen der Schöpfung (Ronchi dei Legionari – von hier zogen die Hunderttausende in den 1. Weltkrieg, aus dem sie nicht wiederkehrten)

Und immer noch, wie damals vielleicht mit siebzehn, möchte ich die Seiten eines zu schreibenden Buches füllen mit nichts als Wind und zwischen die Seiten treibenden Schneeflocken (26. Mai, Monfalcone)

Die Redensart: »Das ist so lange her, daß es schon nicht mehr wahr ist« – von einigem kann ich dagegen sagen, es sei schon so lange her, daß es inzwischen wahr geworden ist

»Und«: Übergang und Aufleben (außen das Gewitter mit Wolkenbruch, und innen in den erhellten

Häusern die Kinder mit den Farbstiften, und unten das Nachklingen des Donners im Fahrrädermetall)

Meine Scheu vor der Vollkommenheit, oder bloß Treffsicherheit, des denkerischen Ausdrucks – nicht aber der des je poetischen: dieser ist immer ein Sach-Verhalt, Ding *und* ich, Ding *wie* ich, Ding *als* ich; und ihn, anders als den Denkausdruck, suche ich nicht, er fliegt mir, media in vita, zu; das Poetische, nichts als das Poetische ist meine Sache – »quid amabo nisi quod rerum poeticarum est?« Zu nichts hätte ich bekehrt werden können als zur Poesie – aber da war ich ja schon?

Die schöne Undeutlichkeit der Kindheit, mit den einzelnen umso klareren Ding- und Mensch-Umrissen: sie ist vorbei

»Ich freue mich so auf den Sommer, weil da mein Geburtstag ist und weil ich mich im Gras wälzen kann«, sagte das Kind (27. Mai 1988, Brazzano di Cormòns)

Von manchen alten Leuten kann man die Langsamkeit lernen

Ein Selbstbedränger, der bin ich oft im Schreiben; einer, der, obwohl er doch Zeit um Zeit hat, sich selbst in Bedrängnis und in Zeitnot bringt

Gelänge mir eine beständige Todesverachtung, würde ich endlich freiheraus leben können

Gestern der Weg vom Bahnhof Cormòns im Fastvollmond am Friedhof mit den hohen Zypressen vorbei, die Tore zu den Gräbern weit offen, und dann an der Landstraße die schon reifen Maulbeeren, im mondbeschienenen Sand wie Hasenkot, und ich stellte mir einen Friedhof vor, wo auf allen Grabsteinen geschrieben stünde, wie der und die jeweils gestorben war: »... erstickte an seinem Erbrochenen«, etc.

Der dichterische Mensch – ich dachte gerade an Philippe Jaccottet –: für ihn ist, im Wortsinn, das Böse undenkbar (so wie für den Philosophen Spinoza der Tod undenkbar – kein Denkgegenstand – ist)

Sowie der Kuckuck anfängt zu rufen, habe ich ein Ohr für ihn – aber eben immer nur ein (1) Ohr (Gehen im Collio)

»Warum bin ich solch ein unheimischer Mensch?« dachte der Wanderer. »Und warum fehlt mir in der Fremde doch das heiße Herz?«

Eins meiner Lebensprobleme ist (geworden), daß ich mein Schicksal mit dem meines Schreibens verknüpfe, dachte ich gestern, unterwegs an den Flüssen Judrio und Isonzo. Und heute: Wäre es nicht Zeit, das zu lassen? (29. Mai 1988, Brazzano)

Jenes »Ich habe mich leicht erhalten« des Ph. Jaccottet: erhält es seine Pfeilspitze nicht erst durch den verschwiegenen Voraus-Satz: »Ich habe mich schwer gemacht?«

Die paar gelungenen Blicke zum Himmel, wenn mit dem Blick zugleich der ganze Mensch zum Himmel geht, oder auch nur (nur?) in die Baumkrone, etwa in die Dorfkastanie hier, wo von den weißen Blütenkerzen bloß noch die kahlen Stengel übriggeblieben sind, unten an den Stengeln aber bereits die Büschel der winzigen runden Früchte grünen

Schwelle im Jahr: erstes Kirschkernausspucken (30. Mai, Brazzano)

Gemeinsamkeit zwischen Portugal und Italien: Geruch von Eukalyptus und von Brot

»In Gesellschaft einer Eidechse«, das war gestern einmal möglich; sie und ich leisteten einander still und aufmerksam Gesellschaft, mithilfe der Sonne

Ein riesenhafter alter Mann führte einen kleinen Jungen am Rand der Landstraße hinaus in die Felder, zum grünen Dreieck oder Zwickel dort, die Hand des Alten auf der Schulter des Jungen; sie gingen sehr langsam, Schritt für Schritt, einen Fuß vor den andern setzend, und ich sah dort Abraham und Isaak gehen, auf dem Weg zum Opfer. Als ich aber näher kam, war der alte Mann blind, ohne Augen, mit einer dunklen Brille, und mithilfe der Hand auf der Schulter des Kindes ließ er sich führen, und immer wieder hob er so im Gehen lächelnd den Kopf zum Himmel (das war heute vor Massa im Friaul, zwischen den akazienrauschenden Collio-Hügeln)

Die Hahnenschreie am Morgen: als würden immerzu Jahreszahlen ausgerufen (Brazzano, 31. Mai)

Katzen können nicht begreifen, wenn sie nicht gemocht werden, Hunde wohl?

Der »gesetzmäßige Mensch«: indem er gesetzmäßig ist, lebt, tut, wirkt er, ohne Absicht, auch gesetz*gebend*: der ideale Gesetzgeber

»Ich höre jene Schreie der Asche unter dieser Furche / und drücke mir den Anzug an die zu lebendige Brust« (Biagio Marin, der Dichter von hier, Friaul)

Manche Lehrer lassen die Schüler den Merkstoff so oft wiederholen, damit sich die Schüler den nicht merken können?

Eigenart der Sonne hinter dem Maulbeerlaub, dem so dichten: sie dringt durch nur an einer Stelle, da aber scharf

»Der Tag hellt sich mir sofort auf mit dem Ansichtigwerden eines Idioten oder eines Linkshänders.« – »Ja, aber was hat der Idiot oder der Linkshänder davon?«

Tatsache ist, daß die meisten den Raum beständig haben, oder zu haben scheinen, und ich? beständig episodisch

Die Bienen in der blühenden Linde (vor der Kirche in Brazzano) höre ich als das andere, das frenetische, begeisterte Volk, das hinter den sieben Hügeln. Es ist ein gewaltiges, zustimmendes Summen und auch Sausen, das mir Ohren macht. Und die Linde wird von dem eigenen Duft und dem großen Summen in ihrem Laub in die Höhe getragen, wieder und wieder, und trotz des Windanrauschens und -brausens durchdringt das Summen alle andern Geräusche, und im Abstand geben die geschlitzten Fächer einer Palme, mit ihrem gelegentlichen Schnattern, zitternd die Antwort

Der autistische Halbwüchsige von Cormòns: jeden Nachmittag verbringt er auf dem Bahnhofsquai dort, speicheltropfend, lachend, brüllend, sich den Schädel gegen die Knie schlagend, auf dem Bahnsteig dahinhoppelnd, neben sich seinen Vater, der beruhigend auf ihn einspricht, und wartet auf die Züge, denen er dann, wenn sie – in der Mehrzahl – durchrasen, vor allem den dunkel polternden, klirrenden Güterzügen, wie mit Känguruharmen nachgeht, dann ins Leere schreit, worauf ihm der Vater die Hand auf die Schulter legt und in Kindersprache sagt, es werde bald, gleich, wieder ein Zug kommen (1. Juni 1988)

Einer der sich wiederholenden Anblicke in sämtlichen größeren Städten der Erde: die Verwirrten und Schwachsinnigen, wie sie dastehen, taglang, an den Zeitungskiosken, grinsend, plappernd, als Schatten des Zeitungsverkäufers, neben ihm in der Ecke (Triest, 2. Juni 1988, Fronleichnam)

Der geheime, durch keinerlei System zugängliche Freudenquell in der Brust, wenn er sich, endlich, auftut, ist in den ersten Momenten etwas wunderbar Kühles und wird erst mit der Zeit – so er nicht gleich wieder versiegt, warm (ist das Tatsache oder Gebet?)

Eben verstand ich »voll« den Kindersatz: »Gerade war ein Schmetterling ganz neben mir«: dessen Weiß, als ich auf der leeren Sonnenstraße nach Muggia Vecchia bergauf ging, war für einen Augenblick »ganz neben mir«

In den (ach) so seltenen Momenten, da ich von der Innenwelt der Außenwelt denke: »Das muß ein *Gesetz* sein!« (»innen ist außen, und außen ist innen«), da schaut mich aus der Landschaft, den Häusern wie den Feldern, ein Gott an, im Sinn des: »Siehst du?« – und einen Moment später ist er schon wieder »un-da« (Blick von Muggia Vecchia hinüber zum Val Rosandra)

Glück des Poetischen, poetischen Augenblicks: das Lebensproblem zeigt sich mir als Gestalt

Seltsam, wie die Einheimischen, nach dem Weg gefragt, heutzutage schon die kleinsten Strecken »sehr weit« finden, »unmöglich zu Fuß« (3. Juni)

Selbstironie als Freispruch – als *der* Freispruch

Das an den ägyptischen Paarstatuen gesehene Nebeneinander von gebräuntem Mann und sehr weißhäutiger Frau wiederholte sich mir gerade im Nach-Einander des sonnenverbrannten Vaters auf dem Fahrrad, der hinter sich im Korb sein winziges gar bleiches Kind kutschierte (»Dreitausend Jahre sind wie ein Tag«)

Jenes Gedachte gilt (ist »gesetzmäßig«), das dir den Kopf himmelwärts hebt, oder auch bloß in Augenhöhe, in die Höhe selbst unsichtbarer Augen, gerade solcher

Es ist schon so: mit der (allerseltensten) Empfindung des Glücks steht in mir mein Kind auf, welches auch immer

»Die Dichter kommen immer begeistert zurück aus der Fremde.« Wer hat das gesagt? Egal (Triest, 5. Juni 1988)

Geräusch der Schwalbenflügel: ein pergamentenes Knacken

Kennst du ein schönes Flimmern? Ja, das der Geranienblüten, vor allem der roten, manchmal (zurück in Brazzano, 8. Juni)

So leicht sind die Maulbeeren, daß sie vom Wind, auch von einem schwachen, weit weggeweht werden von ihrem Baum (ein paar Tage Abwesenheit, und der Schotter rund um den Riesenbaum ist bedeckt von einer Schicht der rosa Beeren)

Ah, die Momente, wenn der Stoff sich auflöst (gliedert, luftig wird) in Form: was lernst du aus dem Arbeiten? Daß jeder Tag Arbeit ist, daß keine Form im voraus da ist, daß jeder Tag neue Gestaltung verlangt

Sowie du merkst, daß du, was du als Arbeit vorhast, schon gemacht hast, soll dich das für die Arbeit nicht entmutigen, vielmehr dich anspornen zum Variieren, oder überhaupt erst dem Vorwurf, den richtigen Platz zu finden, in der Wiederholung

Meine Art Kämpfenkönnen ist (wäre) das Wartenkönnen, das Bild im Herzen und Kopf, bis die Linie, die Form sich ergibt (»sich ergibt«)

»Warum gehst du so bedachtsam?« – »Um mir gut zu sein« (Denkbare Regie-Anweisung für ein Theaterstück: »Er wird langsam und freut sich«, und umgekehrt)

Ein Gedicht ohne Worte: Ein Ober, der einem kleinen Kind ausweicht. – Und wie die kleinen Kinder den ganzen Raum beanspruchen, natürlich (11. Juni, Cormòns)

Wieder seltsam: daß alle Vergnügungen der Kindheit – Eisessen, Spiele ... – entschwunden sind bis auf das Dasitzen, Schauen, Horchen (12. Juni 1988, Brazzano)

Juni, Schlangenzeit im Friaul: ihr ruhiges Daliegen und Sichzeigen nicht nur im Gras an den Wegrändern, sondern auch mitten auf den Wegen, und wenn sie flüchten, so in der Regel, statt in irgendwelche Erdlöcher, eher hinauf, in die Büsche und Bäume, auf deren Ästen sie dann liegen, leguanhaft, und, siehe oben, spielerisch die schwarzen Schlangenschwänze hängen lassen, wie lockend, daran zu zupfen – und an den schwarzgrün leuchtenden Leibern immer wieder die Pappelsamen vorbeitreibend als bewegliche Sternbilder, während die kleinteiligeren, dichter fliegenden Weidensamenflocken ein, zwei Wochen zuvor eher an eine bewegliche Milchstraße erinnerten, in deren Hintergrund die und jene Schlange im Wegstaub so ruhig wie eine Katze in der Sonne liegend: »Hier ist mein Platz!«

Am Abend die Schwalben über dem Dorfplatz: »So viel Jagd!«

Ein möglicher Leitspruch für meine Art Tun (Arbeiten): Sich gelassen vortasten; gib dir dabei immer wieder – das ist zu machen – den Ruck des Zeithabens (13. Juni)

Gestern, in Spessa/Friuli, der Klage-Ausbruch eines Elternpaars über ihre eisgierigen Kinder: »Und jetzt kommen auch noch bald die Ferien!«

Statt des widrigen »fleißig« sag: »bei der Sache« (ich bin bei der Sache)

Wieder einmal wußte ich: das Geliebte ist mein Herz. Und das Herz blutete. Dieses Bluten jedoch hatte wiederum auch etwas von jenem Strömen von Euphrat und Tigris aus dem Paradiese (siehe Wolfram von Eschenbach) (14. Juni)

Sie sagte: »Ich war als Kind eine gute Fragerin. Sooft mein Vater niedergeschlagen war, kam er zu mir und hieß mich: Frag mich etwas. Ich fragte, und er lebte auf.«

Er sagte: »Würde ich dich jetzt um die Hüfte nehmen, bliebe das Gefühl davon in meiner Hand für immer«

Die winzigen Blütenblättchen, weiß, oben an den hohen Spitzwegerich-Ähren – eher müßten sie »Plättchen« heißen, und so flittern und flappen sie auch, selbst in der Fastwindstille

Gerade wenn jemand nach (um) etwas gefragt wird, das er gar nicht wissen kann – gerade dann kommt zuzeiten von dem derart Gefragten eine majestätische, zwingend-spielende Antwort, so wie manchmal auch bei einer Frage an einen Schlafwandler von diesem aus dem Stand eine Antwort kommen kann, eine sternenklare?

»Woran denkst du, wenn du aus einer gefährlichen Lage dich endlich gerettet hast?« – »An das abwesende Geliebte: Wie steht es gerade mit ihm?«

»Wo hast du deine Langsamkeit gelernt?« – »In der Gefahr.«

Nichts gibt mir so die Augen für die Schönheit wie meine Art Arbeiten – Augen für das Leuchten der Robinien, auch bloß nur das Dahängen der Blattfächer, deren Wehen, deren Auffahren, sanft, himmelwärts

Die Zeitungen sind, haben von vornherein eine Aktualität; das Buch, auch bloß ein Satz, ein Absatz, eine Seite, dagegen ist etwas zu Aktualisierendes – zu Erarbeitendes (16. Juni 1988, immer noch Brazzano)

Belebt von Müdigkeit – oder: In der Müdigkeit kann ich mein Leben zeigen

Eine Art Wunschbild (nach Wochen in einem Dorf): Ankommen in der Sonntagabendstille einer Stadt

Was, im Arbeiten, manchmal weiterhilft: Galgenhumor. Aber wie lernt man den?

Seltsam, wieder: daß bei mir zuerst der lyrische Aufschwung angesichts des Ding-*Raums*, der Ding-*Umgebung* sich ereignet, und daß ich danach erst, oder überhaupt erst bei meinem zweiten Kommen in diesen Raum das Ding dort, die Sache, wahrnehme

Denk an die Schauspieler von heute: Was wollen sie gern spielen oder sein? Jedenfalls keine neuen Rollen mehr? Oder doch? Fehlen nicht doch noch Rollen im Großen Repertoire? (17. Juni 1988, Brazzano/Cormòns)

Wäre doch Adam auf Gottes Frage: »Wo bist du, Adam?« still geblieben, hätte sich hinter einen Baum geflüchtet, so wären wir immer noch, unvertrieben, im Paradies?

Auch eine Art Schwelle: vor den Türen der unbewohnten Häuser die Eidechsen

So wie ich gestern nachmittag in Brazzano das Donnern ohne Ende hörte, so heute, unter der kleinen Akazie auf dem Hügel von Ruttàrs sitzend und hinab auf die nach dem letzten Hügelausläufer in Licht übergehende Judrio- und Isonzo-Ebene blickend, ohne Ende vom Dorf Brazzano die Totenglocke, die manchmal jäh – nicht aussetzt, sondern lauter wird, so plötzlich, wie auch das Akazienlaub vor meinen Augen da sich »plötzlich« regt, obwohl es die ganze Zeit schon geregt hat, und so wie das Anwesen unten im Tal, das alleinstehende, dort an der Abzweigung, obwohl es all die Zeit schon da stand, »plötzlich«, »auf einmal«, so steht –

Die Frau, die hoch über uns in der Schlinge hing, eine Greisin, wurde von einem Mann losgeknüpft, und, zum Leben erwacht, wurde sie immer jünger und schöner, das weiße Haar braun, die Haut glatt, die Augen glänzten, und ich war nah dran, sie zur Frau zu nehmen – es fehlte freilich der Ruck, mit dem auch ich selber mich zu ändern hätte

Im Arbeiten, im Schreiben darfst du nicht magnetisieren – nur Umweg um Umweg um deine Sache, dein schönes Problem, machen, und höchstens, bei Gelegenheit, einen Magnetpfeil loslassen

Wenn die Geräusche am Ort – und selbst die Dörfer, vielleicht mehr noch als die Städte, sind inzwischen Lärmorte geworden – dich beim Tun behindern und das Entscheidende, das Gefühl, verlieren lassen: nicht nach dem verlorenen Gefühl suchen (so begibst du dich in Gefahr, mitverloren zu gehen), sondern sich das Bild hervorrufen, das *Bild* des Gefühls – das Bild kann nicht verlorengehen, durch kein Getöse

»Hast du je geweint?« – »Nie. Aber ich war schon oft den Tränen nah. Eigentlich bin ich ständig, und seit jeher, den Tränen nah.«

Im Glück verschlossen, im Unglück offen: trifft das auch auf mich zu?

»Dein eines Auge ist streng, das andere gütig.« – »Und mein drittes Auge?« – »Das Auge des Verlorenen.«

Die fast mit jedem Tag jetzt erneuerten Regenlachen auf den Feldwegen hier im Collio: in ihnen schwimmen oder dümpeln die jeweils abgelösten Trockenschlammschichten als gekrümmte Fetzen über dem Lachengrund

»Immer noch bin ich so kindisch, zu glauben, daß ich aufschaue und es plötzlich sehe, für immer.« – »Was?« – »Es.«

»Und«: Die Musik des knackenden Weizenfeldes und die darüber hinwegstreichenden Schwalben

Je mehr das Ohr sich öffnet für die kleinen, die geheimen Geräusche, desto sonorer werden diese

Das anrührendste aller Lebenszeichen: die Scheu

»Warum vertiefst du dich immer wieder in die Landkarte?« – »Um mich zu erholen.«

»Wir sind zum Untergang verurteilt.« – »Ja, aber zu was für einem? Es soll doch auch schöne Untergänge geben.«

Einer mit dem Ehrgeiz, auf eine Weise allein zu sein, daß die andern beschämt sind für die Weise, in der sie miteinander sind

So arbeiten (schreiben), daß du danach hintreten und sagen könntest: »Ich habe etwas für euch« – und wie weit bin ich davon entfernt, und wie nah komme ich dem immer wieder (20. Juni 1988)

Nie möchte ich zur hochmütigen Gesellschaft der Wissenden gehören, immer zur kindlichen der Ahnenden. »Ich will gar nicht wissen, worum es geht, aber ich will eine Ahnung haben, das ist alles«

Wann war das, daß ich über die Stoppeln eines schon abgeernteten Getreidefelds ging, und aus den hohlen Halmstoppeln unten spritzte mir beim Drauftreten der Regen der Vornacht bis hinauf in das Gesicht? – Gestern

»Gelassenheit«, das ist kein *Nicht*, sondern ein *Stoff*; oder wenn ein Nicht, so ist solch ein Nichts der größte aller Stoffe? (Aquileia, Abend)

»Und«: Begeisterung und Wortgenauigkeit (schaffen Wahrheit)

Der schmale zunehmende Mond über dem Busplatz von Grado – das Schwalbenschrillen in der Dämmerung – das eine beleuchtete Fenster in der dunklen Häuserreihe als der Fahrkartenschalter – und im Bus dann die lila Lagune: das war gestern abend (22. Juni 1988, Aquileia)

»So fallen können wie Kinder, auf den Hintern!« – »Ich glaube, ich bin seit jeher immer auf den Kopf gefallen.«

Die Soldaten im Bus gestern, »auf Ausgang«; einer eine Gitarre zupfend, ein anderer einen Rosenkranz befingernd; die schon überdeckten, verschnittenen Scheitel der jungen Burschen, und meine stumme Tirade dazu, »gegen die Friseure«; und dann, nachts, wieder die Soldaten, auf der Rückfahrt von Grado in die Kaserne nach Cervignano, wie nach einem verlorenen Fußballspiel alle stumm, in mächtiger Traurigkeit (23. Juni 1988, Aquileia)

Die Wiese mit den römischen Ausgrabungen gegenüber meinem Schreibhotel in Aquileia ist mit ihrem leuchtenden hohen blumenlosen Grün, nur Lindengesträuch wie verweht zwischen den Halmen, die Lindenblätter von einem noch lichteren Grün als das Gras, wirklich einmal eine Wiese, die Wiese »Wiese«

Nach der Arbeit: die Lindenblüten duften »mir«

Etwas zeigt seine Form, heißt: Es verlangsamt sich, majestätisch (ja)

Es gibt doch einen Anteil des Himmels an der Erde; es ist vielleicht kein Anteilnehmen, aber es ist ein Anteil

Besitzer eines Niemandlands sein (werden), eines *terrain vague*, so verwildert-vage wie möglich, frei und leer, und dieses freie leere Verwilderte – pflegen! kultivieren (siehe die riesigen verlassenen Schuppen in den Ebene-Feldern hinter Aquileia mit den Gras-Sand-Plätzen davor, nichts da als rinnendes Wasser, in lange Steintröge, und darüber die Schwalben, in

Abständen vorbeischrillend wie Pulke einer Radrennfahrt; Entwurf des Paradieses als terrain vague)

Drei Farben: Blauer Plastikball unter rosa Rosenbaum, an den oben anschließt das Grün einer Robinie

Verb für die Freude: »überrascht«

Linden, die Sonnenuntergangsbäume; Lichtvorhänge zum Sonnenuntergang hin; »Ah, das sind einmal Vorhänge!«

So träumen, daß mit dem Erwachen die Welt als Frage dasteht (25. Juni 1988, Gemona)

Das Erzählen als das Große Staunen; und ganz natürlich, daß es so übergeht ins Singen – daß es einst »Gesang« war (Die Odyssee –); wenn die Erzählung in mir aufgeht, gibt es, kenn ich kein schöneres Leben

»Ich bin ein Narr, ich muß überall dabei sein« (Ferdinand Raimund in Gemona, Friaul)

»Schnelle Zeit!« – »Nur wir lahmen!« – »Gottlob.«

»Du riechst nach Schweiß!« – »Wonach, willst du, soll ich riechen?« – »Nach nichts als Schweiß, nach Wegschweiß. Wenn schon Schweiß, dann nur Weg- oder Werkschweiß!«

Ich denke mir – ich denke dir

Das Verschollengehen der Großen Frage wie das Ausbleiben eines Kindes (Gemona, 27. Juni 1988)

Die gebeugte alte Frau auf der Straße gehend als wandelnder Atlas; dadurch, daß sie zur Fortbewegung so viele zuckende Einzelbewegungen nötig hat, macht sie den Eindruck, schnell unterwegs zu sein, geradezu hurtig, und kommt dabei kaum von der Stelle

Noch einmal »Durchlässigkeit«: der Welt durchlässig standhalten; die Durchlässigkeit als *das* Standhalten

Das Ausgesetztwerden ins Internat, damals 1954, war wie ein Skalpiertwerden

Frage: »Was ist das für eine Geschichte, das Leben?« – Antwort: »Es ist der 27. Juni 1988«

Die größte der Fragen war doch seit jeher jenes »Ich?« Und jetzt?

Das Wespennest am steinernen Gekreuzigten außen am Dom von Gemona, und eine Wespe schlüpft gerade in das graupapierene Nest; und dazu der sehr feine Widerhall der Züge unten in der Ebene an den Bergwänden, und die in den Erdbebenruinen und den unfertigen Neubauten aufgehängte Wäsche

Ich sah Dantes Statue (in Gemona wie in allen kleineren und größeren Städten Italiens), sah sie von hinten und fühlte mich schmerzhaft unterlegen, weil in dem, was ich tue, so wenig Einheit, Selbstverständlichkeit, Form (Vor-Form) ist, und stellte mir vor, mein »Spiel vom Fragen« in Terzinen zu schreiben, und rief mir dagegen ins Gedächtnis, wie ich es tatsächlich schreibe, suchend, stotternd, immer wieder auf der Stelle tretend, einmal dünn, einmal loslegend, und dachte, zu meiner eigenen Überraschung: »Recht so!«

Wie feiere ich Geburtstag, Heimkehr, Hochzeit, alles in einem? Im Raumsehen

Noch einmal zu Zorn und Wut: der Zorn faßt ins Auge, die Wut nicht (Venzone; die beim Erdbeben? angebrannte Statue im dachlosen Dom, die Kirchturmspitze vom Erdbeben weggeschleudert im Gebüsch)

»Riesenfreude«, ein treffender Ausdruck: Es gibt den Riesen der Freude – dem man den Riesen von außen nicht ansieht

Die Anmut, *das* Zeichen des Künstlerischen

Alle Komik der Welt zusammenphantasieren – bloß nicht deine eigene (Gemona del Friuli, 1. Juli 1988)

Ist »Inspiration« nicht auch, wenn dir aufgeht, was fehlt, oder was falsch ist?

Wer sagte das: »Mann und Frau sind einander fremder als Mann (oder Frau) und Spatz – sie können sich vielleicht nur über den Dritten, den Spatzen, zeitweise näherkommen«?

Das Untergegangene sei »durch keine Weise mehr zurückzugewinnen als durch Lesen« (Tschechow); und weiter: »Arbeiten und lesen, lesen!«

Nur in der Sehnsucht bin ich groß, in nichts sonst; und für wen gilt etwas anderes?

Ein Kind zum andern: »Und was kannst *du*?« Das andere Kind: »Ich kann gar nichts.« (*Begeistert*:) »Ich kann überhaupt nichts!«

Ein anderer Kurzdialog: »Wo leben Sie?« – »Auf der Flucht.«

Das Wiederholen, soll es Frucht tragen, hat Mühe(n) zu machen; muß sozusagen (nein, ohne »sozusagen«) eine Pilgerreise sein

Und wer sagte das?: »Besser sich verirren als erstarren in Richtungslosigkeit«; und wer das?: »Im Arbeiten kann ich besser ich selber sein. Ich mache dann besser, was ich bin, *und* mache, was ich bin«

Wenn schon eine Lehre, dann eine »unvergeßliche«; alle anderen Lehren habe ich doch tatsächlich vergessen?

Und immer noch: Meine einzige, meine gewaltige Sehnsucht, bei den Großen zu sein, kleiner, kleiner Angehöriger der Großen. – Aber die Großen sind doch tot? – Ja ...

Was man nicht (glaubhaft) *aussprechen* kann: »Ich bin (war) verzweifelt« – wohl aber: »Ich bin (war)

der Verzweiflung nahe.« – Eine verzweifelte *Frage* aber, die gibt es

Goethes Nachträge zur Farbenlehre: »Als wenn wir sämmtlich aus der Region des Blinzens und Meinens schon lange in die Regionen des Schauens und Erkennens übergegangen wären« (das war einer am Anfang des 19. Jahrhunderts – und jetzt? eher umgekehrt?)

Bei »Größen« wie Brecht, Th. Mann, auch Musil, ist von vorneherein ein falscher Ton drin. Und wenn ich mir eins gewiß bin: bei mir nicht. Ein Mangel?

Das Schöne, auch wenn es dich nicht merkt, gibt dir den Blick zurück – mehr: »die verfeinerte Wiederholung deines Blickes im Geist« (siehe John Keats)

»Ah, endlich eine Gegend ohne Hunde.« – »Wart ab.«

Diese Frau da: »So selbstgewiß wie reizlos.« – Und jene dort: »Ihr fehlt etwas, und dadurch wirkt sie schön.«

Die großen Städte haben weder Bauch noch Schoß mehr?

Und wer sagte das?: »Ich wunderte mich schon die längste Zeit, daß mir so übel und so schwindlig war, und daß mir alle Leute so stockhäßlich und so feindselig erschienen – bis ich merkte: es war die Einsamkeit«

Und wer das?: »Zeitverlust beginnt mit erster Eile am Tag« (Paris, Alma Marceau, 9. Juli 1988)

Und wer das?: »Heutzutage, angesichts so viel häßlich bunter Menschheit, braucht man, um die zu lieben, schon die Liebe eines Gottes – die Liebe eines Menschen schafft es nicht mehr«

»Und«: Das Geräusch eines beginnenden Regens und das Geräusch eines laufenden Kinds

»Und«: Freude und Plötzlichkeit (»Auf einmal freute er sich«)

Schreiben (meines, immer wieder): Durchlässigmachen *im Geschehen* – ohne Aktion(en); und: gerade fürs Leichtwerden muß ich mich *hineinknien*; ja: im Schreiben herausfinden, was wirklich ist, über dich hinaus

Der Blick des Alternden: keineswegs trüb, sondern überscharf. Es fehlt ihm, leider, jene Jugendtrübe, welche einst die Zwischenräume so farbig machte? (12. Juli, P.)

Seltsam (oder auch nicht): Wie man französisch das Gerade-noch-Entkommensein das »schöne« nennt, *echappée belle*

Mein Heimatland: das der fragenden Phantasie; und: verlangsamt, bleibe ich länger in meiner Heimat

Lesen: das große Innehalten und dann Innewerden (nur das ist Lesen?)

Du mußt souveräner werden im Machen, im Arbeiten – souveräne Setzungen vornehmen: *Du* bist es, der macht, und du machst etwas, das in die Welt gehört. – Und woran erkennst du, daß das, was du machst, Arbeit ist, *so* eine Arbeit? – Daran, daß mir dabei nie langweilig, wohl aber angst wird. (14. Juli, P.)

»Du hast doch immer so gut warten können. Hast mir mit deinem Warten ein Beispiel gegeben. Und jetzt?« – »Jetzt bin ich alt.«

»Auf wie schwachen Beinen wir stehen!« – »Ja, wie die Spatzen.«

Wenn ich mir einen Heimweg vorstelle, dann einen nach Westen; denn daher kommt in der Regel der Wind

Herzbewegende Langsamkeit! Aber das muß ich mir immer wieder neu einbläuen (laß dir einen Langsamschrittmacher einbauen)

Worum geht es dir im Tun? Die Stille zu skandieren und ein durchlässiges, sie spürbar machendes Gehäuse für sie zu schaffen. Und das ist dir wieder, und wieder, mißlungen? (im Wald von Jony-en-Josas, 15. Juli 1988). – Und dann: Wie ist es schön, im Machen zu leben. Aber ist das nicht mehr Erinnerung als Gegenwart? (Versailles, Abend)

»Ich habe heute nacht so schön geträumt.« – »Wahrscheinlich warst du dem Tode nahe.«

Lesen: der bewegende Mittelgrund

Eine Erholung vom Fragen: gibt es nicht. Aber eine Erholung durch Fragen?

»Gehst du denn niemals aus dir heraus?« – »Doch: in der Ruhe!«

Das Buch: jenes »Trübe«, durch das, mittels *dessen*, *kraft dessen*, man, nach Goethe, die Farbe sieht

Die Aufgabe der Aufgaben: die Zeit

Wenn du dich richtig bewegst, an den richtigen Orten, in der richtigen Zeit, im richtigen Licht, wird die Welt, immer noch, zum Märchen (22. Juli 1988, Weg durch die Vororte, im Segment um P. herum)

Im Traum sah ich ein Datum von früher und empfand süße Dankbarkeit, wofür? für die Zeit selber, die Zeit »als solche«; dafür, daß ich damals da sein durfte, etwas machen durfte, und jetzt noch da bin – Dankbarkeit als das Vollgefühl

»Funktion der Dichtung im modernen Leben?« – »Nimmt am wenigsten Platz weg.« (T. S. Eliot) (: Malerei, Plastik, Musik – welch letztere inzwischen, allüberall, den Raum wegnimmt)

Naturschönes und Kunstschönes: das Naturschöne erscheint mir in der Regel »allzu« schön; durch diese Schönheit verschwindet das Wohlgefallen; es, das Naturschöne, macht mich, mit der Zeit, unruhig. Das Kunstschöne dagegen (be)stärkt das Wohlgefallen und beruhigt mich, und zugleich regt es mich (schön) auf; es schafft, in der Fremdheit des Naturschönen, den Durchlaß

In der Offenbarung des Johannes auf Patmos gibt es fast keine Fragen mehr, und wenn, dann fast nur noch rhetorische, wie etwa: »Wer sollte Dich nicht fürchten, Herr, und Deinen Namen preisen?« – Dann aber, zwei Absätze oder Bilder später, doch noch eine, die letzte Frage der Heiligen Schrift: »Und der Engel sprach zu mir: Warum verwunderst du dich?« Danach nur noch Befehle, wie etwa: »Schreibe!«

»Wie bin ich müde! Wie kann ein Mensch allein so müde sein?! Wie kann ein einziger Mensch so müde sein?!«

Das Lesen: es *gibt* kein Bild, es *weckt* das Bild, deins

»Ideal!« – »Unheimlich!«

»Ein Dichter – so stelle ich mir ihn vor – verkörpert das Märchenhafte im Menschen.« – »Aber es gibt doch keine Dichter mehr.« – »Und warum nicht?« – »Das ist allgemein bekannt.«

»Ah, ein bekanntes Gesicht.« – »Aber du freust dich so gar nicht?« – »Angesichts eines bekannten Gesichts verliere ich auf der Stelle jedes Herzensgefühl.«

»Gibt es schöne Wunden?« – »Nein, es gibt keine schönen Wunden. Aber es gibt die Schönheit der Verwundeten.«

Verlorengeglaubtes und Wiedergefundenes: stiftet die besondere Treue

Als er ansetzte, ihr von seiner Freude zu erzählen, unterbrach sie ihn und sagte: »Ich verstehe dich ja, ich verstehe dich ja«; als er ihr von seiner Verlassenheit zu erzählen versuchte, unterbrach sie ihn und sagte: »Ich verstehe dich ja, ich verstehe dich ja«

Merk dir: Gerechtsein ist nichts Dramatisches, oder Künstlerisches – wohl aber Gerecht-Werden

»On ne pleure pas dans la forêt!«, Mutter zum schreienden Kind, im Forêt des Fausses Reposes, Versailles, 27. Juli

Bei deiner Rückkehr nach einem langen Unterwegssein werden alle zu dir sagen: »Wie hast du dich verändert!«, und auf der Stelle wirst du wieder sein wie eh und je

Jenes »Mißgeschick und (daraus folgend) Entdeckung« gilt nicht nur für die Wissenschaft

Gibt es noch Hörbares? Zu Erlauschendes? Im Erlauschen Aufbauendes? Manche Arbeitsgeräusche? Ich dachte gerade an das grelle Gehämmer in der Kunstschmiedgasse in Kairo, den Rauch, den *festlichen* Lärm; Lärm und Lauschen? Ja, wenn der Lärm festlich ist (29. Juli)

»Je länger ich allein bin, desto schuldiger fühle ich mich. Niemand mehr schaut mich an. Naja, immerhin gibt es noch ein Kind, das nichts tut als einfach schauen und warten, daß jemand zurückschaut.«

Wer mit einer, seiner Frage umgeht, wird unwillkürlich gegrüßt, von noch und noch Unbekannten

Seltsam, daß mir gerade bei manchem, das sich nicht erfüllt hat, warm ums Herz wird (1. Aug. 1988)

Die Bilder als Barken; die Bilderbarke, sie ist es, die über Wasser und an der Luft hält (mich)

Und wer sagte das?: »Es ist mir schon öfter etwas nur deswegen gelungen, weil ich es versuchte in dem Bewußtsein, es habe ohnedies keinen Sinn«

Und wer sagte das?: »Einem Fremden kommen in der Fremde alle die großen Räume noch größer vor und alle die kleinen noch kleiner«

Ist das Galgenhumor?: Verwahrlosung im Innern bei Fortfahren nach außen, als ob nichts wäre

In diesen Wochen des Tuns sind auf dem Boden des Balkons vor dem Hotelzimmer die Bleistiftspiralen in einer Ecke zusammengeweht und gehäuft, Gelb und Grau, Vogelmist dazwischen (5. August 1988, Avenue de la Bourdonnais, Paris)

Wieder seltsam: Kaum bin ich mit einer langen Arbeit fertig, fängt, im nachhinein, der Rücken an zu schmerzen – vorher nicht für einen (1) Augenblick

Die einzigen Befehle, denen zu gehorchen außer Frage steht: die Befehle der Phantasie

Bedenk immer wieder, daß dein Geschichtserlebnis das des Völkermordes an den Juden ist (beim Anblick der Kniekehlen an den spargeldünnen Beinen eines Kindes in Clermont-Ferrand, 7. Aug. 1988, Abend)

»Je vois toujours des cimetières« (ein Kind im Zug durch die Cevennen)

Ich träumte nachtlang (so schien es mir jedenfalls) von dem Kind Hölderlin; ich wollte es retten, vor dem Wahnsinn der Welt, für eine andere Welt, durch nichts als durch Umarmthalten, Auf-es-Einreden und ein *Bild*

»Il faut connaître ces silences de Haute-Provence« (Jean Giono, *Notes sur l'Affaire Dominici*); »die Pflanzen selber, ohne Wind, sind sonor« (derselbe)

Mittag in der Provence: ein Stück Papier flattert, und ein abgefallenes Rindenstück von einer Platane schlittert, und der eine Mittagsfalter schaukelt vorbei

Die alte Bäurin saß da und reichte sich selber, mit beiden Händen, das Essen, es in weitausholenden Bewegungen sich links und rechts zum Mund führend, wie eine Feldherrin

Nach so langer Zeit in einer Metropole ist mein Kopf auf dem Weg in die Stille noch so sehr im

Nachhall des Lärms, daß ich nicht spüre, daß ich die längste Zeit schon in der Stille bin

Kopfstütze Schönheit

Wäre die Buntheit nicht, angefangen bei den Tankstellen und den Supermärkten, wieviel wirklicher wäre alles

Ein Vogel saß im Staub, und von links und rechts bellte ihn ein Hund an

Dante in seiner »Vita Nova«: In Reimen dichtet er, wenn es um Liebe geht; ebenso auch verwendet er Wortspiele nur dann: »Beatrice beata«, selige Beseligerin

»Golfspielen kann man nicht lernen«, sagte der Golfchampion – da trifft es sich mit dem Schreiben?

Schöne Vorläufigkeit, mein Lebensprinzip, hast du mich für das künftige Leben verlassen?

»Und oft geschah es, daß ein bestimmter Gedanke so viel Schmerz in sich trug, daß ich ihn vergaß und gleichfalls, wo ich mich befand« (Vita Nova)

Das Rätselhafte als eine Art Ankunft

»Der Schmerz bricht auf in meiner Brust.« – »Was für eine Erfrischung.«

Auf manches, was ich nicht kann, bilde ich mir etwas ein (auf manches Nichtkönnen)

Mein Vorbild, mein Ansporn sind die, von denen man nichts weiß

Mit dem Karst (August 1978) hat mein Neues Leben angefangen – nur daß ich es, über das Schreiben, Gehen, Schauen hinaus, nicht verwirklichen kann (2. Sept. 1988)

Der weiteste aller Träume: der zur reinen Frage geweitete – ganz Frage: das BILD

Verb für den Ernst: zwingt (ein schönes Zwingen)

Wie stellte ich mir einst, in der Unfreiheit, etwa des Internats, das Erwachsenenleben vor? – Als ein Forschen. – Und habe ich das geschafft?

Mein Kind hat mir die Sprache erhalten

Bei manchem Blick – durch manchen Blick – wiederholt sich die Erschaffung des Gegenstands: wird dieser augenblicks wieder

Oft genügt ein (1) Wort, das mich zum Sinnen bringt, und die Welt scheint davon wider

Gedanke und bildliche Prägung – nur so

»Ich bin solch ein unfertiger Mensch«, sagte die ältere Frau gestern. Und der Mann neben ihr: »Wir haben alles gelernt, nur die Ruhe nicht.«

Der fruchtbare Gegensatz zwischen zwei Dingen, der eins wie das andere erst hervorbringt: die

Schwärze der Holunderkügelchen und die Helle der daran hängenden Regentropfen

»Nebendraußen« (Hermann Lenz): die Position des Chronisten (aber die Historiker?)

Und wieder Jesenice, Slowenien: ein Ruck in die Wirklichkeit, samt den Gestalten der Frauen, der Berge, des frischen Bleistifts in der Sonne (5. Sept. 1988)

Hat es in meiner Kindheit Abfall gegeben? Jedenfalls habe ich kein Bild davon

Wie »unverhältnismäßig« ist der Anblick der Menschen, mit ihren Kleidern, Gesichtern, Haltungen, vor dem Hintergrund der Natur geworden; und das war gewiß in der Kindheit einmal anders (am See von Bled)

Ein paar Dinge von gestern: das Aus-dem-Laub-Treten, Werden und Dasein der Äpfel als erfrischende Wiederholung; das Schwimmen in der wunderbar kalten Sava Bohinjska, Wocheiner Save, in die ab und zu ein Erlenblatt fiel, Schwimmen mitten unter den wie durchscheinenden Forellenschwärmen, und danach ein Dank an das Wasser, dafür, daß es das Gerede in mir hatte verstummen lassen, dafür, daß das Märchen aus mir hervorgebrochen war; das ruckhafte Näherkommen der Welt im Schwimmen, besonders im Flußschwimmen?; dann im Weitergehen das allseitige Brausen der Bäche, hervorschießend aus dem weißen Karst, die vielen Quellen am Fuß des Triglav-Massivs gleich zu Bächen werdend, die kleinen Bachstelzen wippend an den Furten; in der Dämmerung wieder der »Wiesendom« (so groß die Kirche im Wiesenland) von Bohinjska Bistrica, dann die Wartenden am guten alten Bahnhof der Wochein, dazu der allgegenwärtige Schnittholzgeruch; dann die wie für immer geschlossene Gostilna Črna Prst, nur die Trittstufe noch außen am Küchenfenster für die Gartenbedienung, aus dem beleuchteten Fenster im ersten Stock, wo ich einst zum ersten Mal hier in Jugoslawien übernachtet hatte, Kindergeschrei – ein Säugling, den ich später im Traum tröstete und dem ich Socken über die nackten Füße zog; die Rückfahrt nach Bled in der tiefen Nacht; der lange Weg vom Bahnhof von Bled zum Hotel, lange im völligen Finstern, auch der Seeweg an der ehemaligen Tito-Villa vorbei im Finstern (6. September 1988)

Das Reale einer Gegend zeigt sich gerade durch ihren Märchenflor?

Am Morgen vor dem Aufbruch schaute er in seine Gehschuhe hinein wie in einen Kontinent. Und er roch daran im voraus den Thymian von dort, den Truthahnmist von dort

Das Grüßen: vorausgehend das Aufnehmen der Gestalt des anderen im Raum – und dann die Augen des Gegrüßten als pars pro toto: wenn das Grüßen glückt (das kleine Drama des Grüßens, zu erproben an Unbekannten; nur auf dem Land sind die Unbekannten grüßbar?)

Der Augenblick gestern, als ich inmitten des Soča (oder Isonzo)-Tals auf dem hellen Geröllwall ankam, in den winzige Weiden gepflanzt waren, und von dieser Kuppe aus unversehens den in der Sonne strahlenden, plötzlich hörbaren, weithin rauschenden, weithin strömenden Isonzo (oder *die* Soča) vor mir hatte, den menschen- und dingleeren Fluß, die Kieselufer und die Uferbüsche, als das einzige unter dem hohen herbstlichen Himmel, war das wie die Ankunft, die lang entbehrte, die endliche Ankunft in diesem Jahr *in der Zeit* – vor dem glitzernden Wasser des Flusses kam ich an in der Zeit, so wie vor zehn Jahren in Dutovlje im Karst zu Mariä Himmelfahrt, angesichts der ersten reifen Holunderbeeren, der fröhlichen Karstfrauen nach der Himmelfahrtsmesse, der im Wirtshaus nebenan erzählenden Partisanen-Veteranen und danach angesichts des sonnigen leeren Warteraums mit nichts als dem feingemaserten Tisch draußen am Bahnhof weit weg in der Karstwildnis (der Sonnenfleck auf dem Tisch als ein Stück Brot) – ja, es gab, es gibt noch jene Welt, von der man, nach Hölderlin, »heilig« sagen kann, und es gibt die heilige Zeit (9. Sept. 1988)

Wie erwerbe ich Galgenhumor? – Durch eine Häufung, rhythmische, von Mißgeschicken im Lauf eines Tags. – Aber wie erwirbt man Galgenhumor für ein ganzes Leben?

Das edle Essen erkennst du daran, daß es beherzt; oder: etwas in deiner Brust schließt sich dank der Speise, und nimmt Herzform an (seltenst)

Und wer sagte das?: »Ohne Frau fehlt mir das Gefühl der Freiheit, etwa die nach einer Liebesnacht – Freiheit, die ich doch ihr, der Frau, verdankte, in deren Gefangenschaft ich nachtlang gewesen war«

Ich kann meinem Kind nur von ihm selbst erzählen, wie es einmal war – von nichts sonst

Die Phantasie gibt nicht Sinn-, sondern Sinnesbilder, aber die wirken dann als Sinnbilder

Das Geliebte, sowie es deine Sorge spürt, erkaltet

Was mir bis jetzt doch gelungen ist: keine Spur einer Weltsicht zu haben

Gestern, am Sonntagnachmittag, die alte Frau an der Endstation des Busses, mit Plastiktasche, in der Pause des Fahrers einsteigend, sich mit diesem unterhaltend und im Moment des Abfahrens wieder aussteigend: und meine Vorstellung, sie sei die Mutter des Fahrers, die da gekommen sei, um den Sonntag wenigstens kurz mit ihrem Sohn zu verbringen

»Wandere zum höchsten Ziel! Wer dieses Ziel des Wanderns erreicht, der weiß nicht mehr, wohin es geht« (Liä Dsi)

Der erste Hauch auf den reifenden Pflaumen, mit Wischspuren wie von vorbeigestreiften Vogelflügeln

»Der Lohengrin enthält eine feierliche In-Acht-Erklärung des Forschens und Fragens« (Friedrich Nietzsche)

Beginnt mein Denken nicht jeweils erst dort, wo es um das Schreiben, ein Problem des Schreibens geht?

Behutsamkeit, und du lebst auf (»Und«: Behutsamkeit und Aufleben)

Stellt sich die Freude auf eine Sache ein, sehe ich diese als schöne Notwendigkeit

Schuhe, in denen ich mich nicht am Platz fühle, sowie ich schnell gehe

»Darum, wer sich im Schauen übt, mag erst einen Heuwagen ansehen« (Liä Dsi)

»Diese drei«: die Freude der Ruhe der Dankbarkeit: »diese drei« empfand ich gestern als die *Vollständigkeit*, Spinozas »plenitudo«, in einem Traum, der allein daraus bestand, daß ich »Zeit hatte«, Zeit, an einem geliebten Ort zu bleiben und dort mich zu bewegen

Und wer sagte das?: »Welche Jahreszeit ist das jetzt? Nach meiner Apfellust zu schließen, ist es Herbst. Aber gerade war es doch erst Frühling?«

Eine Art Unabhängigkeitserklärung, persönliche: Ich frage nicht mehr nach dem Weg

Jenes FLEHENTLICHE, das in einem Werk dann und wann durchbricht, als das tiefste Prägezeichen der Kunst: Warum fehlt es bei Goethe völlig? Fehlt es?

Die zwei Schnecken gestern, an einem Gallertfaden hängend, miteinander, Faden von einer der beiden erzeugt, und beide zusammen daran in einer Nische des Felsens baumelnd, sich an dem Faden drehend in der langsamen Vereinigung, dabei Schaumblasen von ihnen wegquellend, das selbsterzeugte Seil, an dem sie hingen und sich drehten, sich stetig verlängernd und zugleich aber verdickend, ein feuchtes Glänzen der zwei Leiber, an denen die Fühler immer wieder aus und ein fuhren, während ihr Trapezseil, oben am Felssporn befestigt, sich mitsamt den mehr und mehr ineinander übergehenden, ununterscheidbar werdenden gelbbraunen Leibern drehte und drehte, kreiste und kreiste – bis endlich das Reißen und ein weiches Plumpsen des Körperpaars erdwärts geschah – oben am Felsen das gerissene Tau, klebrig, gallertig, feucht, zitternd – unten die weiter vereinigten Schneckenleiber

»Und der Ewige sprach [zu Abraham]: Zurückkommen werde ich zu dir wie die lebendige Zeit« (Genesis)

Daß du das Auf-der-Welt-Sein in möglichst weite Schwingung gebracht hast: daran wirst du gemessen werden

»Gasthof Heimathaus«, las er und dachte: »Warum gibt es keinen ›Gasthof Heimatlos‹?«

So wie die Träumer im ältesten Ägypten die Traumkraft hatten, ihre Jenseitsschiffe zu bauen und vom Stapel zu lassen tief unter der Erdoberfläche – erinnere dich an die Barken, vergraben im Wüstensand –, so wünschte ich auch unsereinem jetzt eine derartige Traumkraft neu zuzuwachsen – um *was* zu erreichen? – *was* zu errichten? – was wo wohin wem darzubringen?

Sag statt »Realität ist ...«: Realität *hat* ...

Daseinsgefühl, wenn im Innern einfach nur ein Ortsname aufgerufen wird, tonlos: »Ponferrada!«

Wer sein eigenes Kind vergißt, was wird der nicht vergessen?

Paradoxe Vorstellung bei dem Gedanken an die Vorfahren: sie sähen mich als den, der all die Jahre als einziger der Sippe zuhause geblieben sei, als einziger nicht umhergetrieben, immer mit derselben Sache beschäftigt: »Da schau her, da sitzt er ja immer noch ...«

So wie ich früher auf Einmaligkeit aus war, so jetzt auf Fortsetzung

»Er ordnete sein Wesen durch Gottesdienste, Wissenschaften und ausgewählte Lebensformen« (der Biograph Iamblichos zu Pythagoras); und zum jungen P.: »... ruhig und ohne sich umzuwenden, setzte er seine Schritte«

Spüre ich meine Schwäche nicht, fühle ich mich entseelt

Die Kunst als das verbindliche Rätsel, das Gesetzesrätsel

Ganz der, der ich bin, bin ich, zum Beispiel, wenn ich »der von der Viehweide im Regen am Bach unter der großen Esche bin, beim Kartoffelfeuer« – und obwohl ich damals beim Küheweiden sicher nicht gelesen habe, ist mir jetzt, ich hätte dagesessen im Herbstregen unter dem noch belaubten Baum am Feuer und am Wasser mit einem Buch

Die Kunst des Schweigens soll Pythagoras gelehrt haben als ἐχεμύθεια, Wortverhalten, Ansichhalten

»Der Bildverlust« als Erzählschwung der Begeisterung für die Orte der Erde – ich sinnierte über Bitola in Mazedonien, den verlassensten Ort bisher im Unterwegssein, und an das beginnende Schneien dort, und die sich am Feuerkessel im Freien Wärmenden, Alte, Kinder – wie es doch im nachhinein jetzt überall hoch hergeht, auch in Bitola, gerade in Bitola

Der Blätterschwarm jetzt am Morgen im Sturm vorbeifliegend am aufgeschlagenen Buch, und die Freude – worauf? auf die Erlebnisse des Morgens, beim Lesen, wie auf ein Pflücken, bei dem die Frucht an ihrer Stelle bleibt

Das Wort »Freundschaft«, φιλία, fasse, so Pythagoras, alle Dinge zusammen (»Der Bildverlust«); und so besorgte er seinen Schülern und Freunden einen vom Rütteln (ταραχή) des Tages befreiten und von prophetischen Träumen erfüllten Schlaf

Ein schöner Lobspruch wäre: »Er hat frei gelassen« (Er hat mit dem, was er tat, frei gelassen)

Pythagoras hatte bei seinen Schülern keinen Namen, hieß nur: »jener Mann«. Anstelle der heiligen Schau durch Opfer lehrte er das Vorausdenken, mithilfe von Zahlen – das hielt er für reiner und göttlicher und den himmlischen Zahlen der Götter mehr entsprechend. Und: »Kein Lesen ohne Licht!« Und: »Götterbilder im Haus unverrückbar aufstellen!«

Im Fluchtpunkt des Atems: das Bild

Die Freude auf ein Buch (siehe oben): diese reinste der Freuden, verläßlichste der Freuden, eine Freude, die sich nicht in der Vorfreude erschöpft – ich erlebe sie noch immer

Der griechische Geist, auch bloß aus dem und jenem Wort kommend, entspricht mir am ehesten (etwa das eine (1) Wort für das Verfehlen des rechten Augenblicks, *akairia*)

»Wie die Zeit verschwunden ist!« sagte gestern die alte Frau zu der andern am Flußufer

Sehnsucht ist keine Sucht; sie selbst ist die Erfüllung

»Warum gehst du so viel?« – »Um meinen Stil zu finden. Um meinen Stil zu ändern.«

Es ist kein Unterschied zwischen einer falschen und einer richtigen Sorge – die Sorge an sich ist falsch

Abbiegen verlangsamt, Verlangsamen ändert die Einstellung

Beim Wiedersehen von »The Little Shop Around The Corner« von Ernst Lubitsch: eine Geschichte, die zeigt, wie schön Handel sein kann

Gedanken an das nun schon lange verwaiste Felsfenster und die Zeit meiner Seßhaftigkeit dort: als hätte ich, mit ihm, durch das Weggehen vom Ort und vom Haus, doch ein Wesen im Stich gelassen, ein bestimmtes, besonderes Licht, eine bestimmte Ferne

Etwas gar Seltenes: ein Schauspieler als Wahrspieler (ich dachte an James Stewart gestern im »Shop ...«): halt diese Kostbarkeiten hoch

Raben im Wind, gesträubtes Federkleid, fellglänzend, wie Baumbeeren

Aus den »Vogelgesprächen« des Persers Attar im zwölften Jahrhundert: »Bachstelze, kleiner Moses auf dem Berg Sinai«, und dann: »Ein einziges Atom der Liebe ist allem sonst zwischen den Horizonten vorzuziehen«

Habe (auch) ich meine Bildkraft, Bildkräfte verloren, wie etwa die Synästhesien – das zugleich da und dort Sein, da wie dort Hören und Sehen –, die »Ich!«-Schau(der) – die Blicke von oben auf mich selber als Geschöpf und Erdenwurm und (Aus-)Geburt –, die Einfühlungen, die jähen, mich anders erschauern lassenden, in den je anderen, womit ich momentweise er, sie, der, die andere, das Gegenüber werde, verkörpere, verstehe, begreife, unbegreiflich, undsoweiter – habe (auch) ich meine Bildkräfte verloren, fürs Leben? (17. Dezember 1988)

Woran wird dein Schreiben, dein Tun meßbar sein? An dem Maß seiner Unbedingtheit, Dringlichkeit, *Vor*dringlichkeit

Verb für den Gruß: »schafft Wirklichkeit« (das gelungene Grüßen)

Stille: der Tag zählt (Wegluft in der Mund- und der Augenhöhle); und dazu die *wiederholte* Stille: die Phänomene der Stille haben sich zu wiederholen, damit die Stille »sich darstellt« (zum Beispiel gerade als Wind im winterlichen Buchengebüsch, als Klirren der Äste); und die Schwierigkeit: die Stille dann in sich zu bewahren, für eine wenn auch noch so kleine Dauer – statt »eine Zeitlang« oder »ein Augenblick« setz immer wieder »eine kleine Dauer«

Der Moment, da die ewige Besorgtheit, für eine kleine Dauer, aussetzt: Moment des Dichters

Und wer sagte das?: »Allein in der Geschlechterliebe kann einer dem andern in die Augen schauen. Dagegen der ausweichende Blick der sogenannten Nächstenliebenden!«

Wie oft mißbrauche ich meine sporadisch vollkommene Geistesgegenwart und lasse mich ablenken zur Information, zu den Neuigkeiten, usw.

»Hilf mir zu lieben.« – »Dann führ mich heim.« – »Wo ist das?«

Meine zunehmend epischen Nächte mit Tausenden von Helden (ich »nur« der Zeuge oder Zuschauer), jeder mit einem Versäumnis fürs ganze Leben, alle bestimmt von Lug und Trug, dazu verschollene Kinder und Greise, verlorenes Gepäck, Sprachendurcheinander, Rückkehr der in viele Länder Deportierten in die Heimatstadt, Liebesschwüre, kaltfremde Heimwege im Morgengrauen, viele still begehrende Paare, dabei gewaltige himmelschreiende flehentliche Verlassenheit aller (mich eingeschlossen), Völkerwanderungen, immer auf *Steilhängen* (Form-Element für den »Bildverlust«)

Schwerer Sturm, die Bäume als Bauchtänzerinnen (Taunus, 19. Dez. 1988)

Schon immer hat mir gerade das, was nicht ist, Mut gemacht (das, was fehlt)

Langsame Heimkehr, mein Leitstern: seitdem weiß ich, wie es weiterzugehen hat – fast zu sehr? (im Taunus, 20. Dez. 1988, wo ich mich an mein Ansässigsein hier vor siebzehn Jahren erinnere, und die aussichtslose Heiterkeit, oder heitere Aussichtslosigkeit – ohne Leitstern, *auch* ein Leitstern?)

Das Schreiben, Machen als eine sich in deinem Innern bildende Skulptur, Atemskulptur, welche die Hand nur nachzuziehen braucht

Wieder der epische Traum mit den tausend Menschen im Lauf der Nacht, am Ende mündend in ein Theaterstück in einem der Räume des vielräumigen Traumhauses, *mein* Stück, das nun beginnen sollte, wozu ich in dem Haus herumging und die lärmenden vielen zum Schweigen zu bringen versuchte: »Mein Stück wird gleich anfangen, unten, zu ebener Erde, mein *Volksstück*, Ruhe im Haus!« (London, 22. Dez. 1988)

Gestern abend die Ankunft in England wie in einem Wunschland, dazu die märchenhaft blassen Gesichter der Grenzfräulein, die Pickel mit zinkweißer Crème überdeckt, dazu auch passend der Rucksack über meiner Schulter, dann das unbemannt wirkende Schienen-Bus-Fahrzeug, das mich zum Zug am Rand des Flughafens brachte, dort der schon wie für mich allein bereitstehende »Express«, der bei meinem Einsteigen sofort losfuhr, ohne Halt ins Zentrum, an vielen mit Wartenden bevölkerten hellen Stationen vorbei, und oben dann das wie für mich bestellte Märchentaxi, dann das »Royal Theatre«, der »Sloane Square«, »alles da«, dann der junge Inder an der Rezeption mit der Mädchenstimme, daneben im Foyer der eine, einzelne Alte, zeitunglesend, dann das hohe Bett, mitten im Zimmer ..., und zur gleichen Zeit der Flugzeugabsturz von Lockerbie in Schottland, dreihundert Tote, mein Flugzeug aus Frankfurt, weitergeflogen nach der Zwischenlandung hier in London, es war das Gate 43 gewesen, und jetzt an den Frühstückstischen sitzen gedämpft wir Überlebenden

Wie schön und begehrenswert ist die Namenlosigkeit, und habe ich mit dieser Sehnsucht – meine erste Geschichte »Der Namenlose«, mit sechzehn – denn nicht angefangen?

Die Kraft der islamischen Ornamente: der bloße Widerschein, die bloße Ahnung der Bilder (Victoria & Albert Museum)

Der Friedhof von Cockfosters gestern, mit den Blumensträußen, hier und dort auf den Grabplatten, als Reste, verstreute, von einem Kinderfest oder von einem Jahrmarkt, und an den neuen Gräbern der Rasen, vorher da ausgeschnitten in der Form eines Sargs – ein bißchen größer –, frisch eingelegt, zugeschnitten wie ein Teppich, die Erde ein dicker fetter Lehm, von Wasser »quillend« und schwitzend, dazu das Eichensausen und das Glänzen der Zwischenräume, die beide zusammen Stille ergaben – Stille als den »eigentlichen Tag« (23. Dez. 1988)

In diesem Advent ist mir immerhin dann und wann der Weihnachtsgruß von Herzen gekommen – kehrt mir also, mit dem Bedürfnis nach Stille und dunkler Klarheit, auch das Gefühl für dieses Fest zurück? (»Drum stimmt die Liebe mit mir ein: / Der Winter soll mein Frühling sein«, Johann-Christian Günther)

Wieder vor den Bildern Cézannes (jetzt im Courtauld Institute), und wieder – etwa vor den großen Bäumen im Jas de Bouffon, vor dem verdichteten Farbregen da, die Vorstellung des »Tauet, Himmel, den Gerechten, Wolken, regnet ihn herab ...«, aber so, als geschehe dieses Tauen schon jetzt, im Augenblick des Bildes, ein gleichmäßiges, rhythmisches, schräges Tauen von Farbenlicht, in den Bäumen, aus ihnen heraus, an den Bäumen vorbei, und diese Bilder, wie auch die »Farm in der Normandie«, die

»Blumen mit den Birnen«, sie sagen: »Hab keine Angst (vor der leeren Natur)!« – nur daß bei den frühen Bildern C.'s das Farbenlicht taut sozusagen bloß von einer Seite her, schneisenhaft, während es auf den späten von allen Seiten taut: das ist Cézanne – der dann auf seinen letzten Bildern, nach 1900, jenes Tauen nur noch andeutet oder bezeichnet mit wenigen senkrechten Schichtungen, dazwischen ein paar Strichkurven, bei fast leergelassener Leinwand – merk dir das für den »Bildverlust«, und auch das Auskommen ganz ohne Dämonie, obwohl er, Cézanne, die Person, gewiß ein einziger Dämon war, diesen aber bezwungen und befreit hat in die puren Farben und Formen

Wieder auf dem Friedhof von Cockfosters: das »Fell asleep« auf dem Grab eines 29jährigen, auf anderen das häufigere »passed away« oder »passed over«; eine Grabeinfassung gefüllt mit nichts als weißen Muscheln, die auch im Umkreis verstreut sind, wie helle Bierkapseln, und ich davor im Wind- und Stillefahrzeug

Die Erinnerung bringt die (Dinge der) Gegenwart näher (Verb für die Erinnerung)

Wie mir die Erzählhaltung, selber des Erzählens wert!, für den »Bildverlust« immer klarer wird (sich in mir skulpturiert): »der Chronist im Zwiespalt« – er will rein Chronist sein? Oder doch auch noch Mitspieler? – Und das durch die ganze Geschichte (24. Dez. 1988, L.)

Über das Ein-Satz-Gedicht bin ich in der Regel nicht hinausgekommen (anders als Goethe, und anders als etwa Rilke – der aber manchmal nur so tut, als käme er darüber hinaus, und so das Gedicht verdirbt); immerhin

Unvorstellbar, daß während der unermeßlichen Zeiträume ohne Menschen das Branden des Meeres von niemandem gehört worden sein soll (jetzt in Brighton, beim Rollen, Tosen, Röhren der großen Kiesel am Ufer)

Seltsam: daß ich mich nie empörte oder mich wehrte, nicht einmal widersprach, sooft mir ein Unrecht geschah – geschah mir dagegen recht, lehnte ich mich dann und wann aber wohl auf

Wie schön der Großvater da, vor dem schreienden Enkel, den Finger an die Lippen legt (alter Chinese in Brighton)

Wie die Stille feiern? (Denn sie will gefeiert werden)

Die Selbstlaute der Brandung, das A und I des Anbrausens, das O, das E, das U dann des Wegflutens; das Notizenbuch hier dafür offengehalten! – damit diese Brandung da hineinwehe, an diesem Heiligen Abend jetzt, für immer, samt den Mitlauten, Konsonanten, den frenetischen, der rollenden, knirschenden Kiesel, K, R, S, N, M (Brighton, die untergehende Sonne auf der leeren, sehr langen Bank in der Promenadenhütte)

Augen auf, du bist allein: im Bahnhof von Brighton die saalartige unterirdische Toilette, traumgroß, traumleer, dazu der Mosaikboden, und draußen der Vollmond; Augen auf: die vielen Rothaarigen im letzten Zug zurück nach London, und zuvor, Augen auf: die, wir, paar Alleinigen in der letzten Kinovorstellung, am Nachmittag des Weihnachtsabends in B., Frauen fast nur, und nach dem Film die Kassen des Kinos schon mit den Hüllen drüber

Dem Betrunkenen des Heiligen Abends erschien ein Zahn zwischen den Lippen, wie bereit zum Ausgespucktwerden (das könnte Raymond Chandlers Philip Marlowe gesehen haben)

Die beider-, die gegenseitige Müdigkeit: als sei man da endlich einmal in der Wahrheit angelangt

In London sind, nicht nur heute, viel mehr Einzelne, auch Frauen, unterwegs als sonstwo?

Wie hieß es gerade im Traum?: »Stille, das Näherkommen der Farbe des Nachbarn« (25. Dez. 1988)

Gestern: immer noch die gleich vom Bahnsteig ins (winzige) Coupé zu betretenden englischen Züge; die in so einem Abteil, im Zug am Abend vom Meer, auf der kurzen Strecke da einschlafenden Mädchen; zuvor die einzelne alte Frau auf der sehr langen – lang wie für eine ganze Sippe – Bank in der Strandpromenadenhütte, blicklos fürs Meer, in der bronzenen letzten Sonne; in der Station von South Kensington dann nach der Rückfahrt liegend in seiner Blutlache der Mann, dem ein Stationsangestellter mit Papier die Stirn abtupfte, ihm gereicht von einem anderen Dastehenden – das Brüllen dann des Verletzten, langgezogen, mir durch die leere Station und die leere Straße, Old Brompton, nachgehend, ein un-menschliches Heulen, bei dem ich mich fragte, ob es aus hilfloser Wut geschehe oder doch aus Verlassenheit, so gar nichts Kindliches war in der Stimme, und dann die Frau, mit ihren vielen Plastiksäcken ins Dunkel hinter einen Bushalt gekauert, abgewendet von allem und jedem, trotzdem so flehend, stumm, wie nicht einmal mehr atmend, dann das junge Mädchen mit den kühl sehnsüchtigen Augen, in dem Pub auf und ab gehend als die Pub-Königin, auch die älteren Frauen tanzten, dem Beat nach, mit ihm hatten sie ja zu tanzen angefangen, damals; im Hotel-Fernseher dann wieder John Fords »The Searchers«, und wieder Woody Strode, wie er, der Schwarze, sich bedankte für das Benützendürfen des rocking chair, und wieder das stumme Fensterlädenschließen vor dem tödlichen Indianerüberfall, davor noch das Auffliegen eines Vogelschwarms aus der Steppe mit den darin sich anschleichenden Töterichen, das Spiegeln an dem preisgegebenen einsamen Haus, das Aufschreien des jungen Mädchens im Haus, das Weglaufen des Kindes samt Puppe in die Steppe, vorher gehoben durchs Hinterfenster, der es zum Innehalten bringende kleine Haushund, der Schatten, der auf das Kind fiel, Indianerschatten – und jetzt, am Weihnachtsmorgen, ich endlich wieder in einem WIMPY, bei Kaffee aus einem Wimpypappbecher, und die Erinnerung an den Mann in Mylai, genau vor einem Jahr, am peloponnesischen Meer, Mann, der an seinem Essen fast erstickt wäre – gerade hörte ich wieder sein Angstjapsen, das ganze große Lokal ausfüllend

Natürlich ist das Zeichen des Halbmonds als religiöses Symbol anheimelnder, auch anfeuernder als das Kreuz, und das erscheint angemessener, angemessener rätselhaft als das eindeutige †, und doch ...

Die Freundlichkeit eines einzelnen Menschen, wie die jetzt des Inders in Cambridge – und sein ganzes Land entsteht mit ihm, bis hin zu den Abhängen des Himalaya, und dazu das dunkelhäutige Kind vor der dunklen Vertäfelung, Menschen-Augen vor Holz-Augen (indisches Restaurant, C., Abend)

Nirgends so viele Kotzlachen wie in England?

Was tut die Ruhe? Sie hält zusammen – und schön, wenn sie der Fall wäre über den Augenblick hinaus, über eine kleine Dauer hinaus

Jemand wie Ludwig Wittgenstein verkörpert (mir) das Höchste am Österreichertum wie auch am Menschtum; und natürlich gibt es Ö.er, wie er einer war, immer noch; aber wo? und was tun sie?

Und der Nachtwind bedeutet ihm: »Ich bin doch da, ich bin um dich, öffne dich« (26. Dez. 1988, Cambridge)

Gestern nachmittag: die vollkommene Leere von Cambridge am Christtag, und dabei überall die Schilder »No vacancies«; und später dann doch hinter den Erkerfenstern, in einem trüben unfestlichen

Schein, ein paar Familien beim Weihnachtsessen, und später auf der Eisenbahnbrücke zwei (2) Stöckelschuhmädchen, deren Stöckeln knallend und hallend durch die Stadt hin ein Echo gebend, und dann schon in der Nacht, eine andere Familie, im Chor singend am Fluß Cam entlang und dann ebenso über eine hohe Holzbrücke gehend, vorher schöne kleine Dauermomente des Ganz-außen-Seins in der Leere neben dem geschlossenen Bahnhof ohne Züge, des Außenseins als Daseins, und jetzt am Morgen, im Erwachen, mein Gedanke: dauerhaft – auf der Höhe – wäre ich, wüßte ich, *wem dienen*. Wem aber? Der Leere? Und wieder einmal kam dann jene Frage, nach der es nicht weitergeht: Was soll ich tun?

»We're closed on Christmas Eve; no lonely hearts please« (Schild an einem Restaurant)

Die bewegte Schrift der Baumkronen, eine Schreibschrift, die, ohne daß ich Entzifferung brauche, erzählt, eine Notenschrift, die, ohne Instrumente, in mir beim Zuschauen ertönt

Schon von jenen Tagen an, da du von dem Großelternhaus wegliefst zu dem bestimmten Baum, zu nichts als zum Baum- und Windhören, hättest du, hätten die andern? eigentlich wissen müssen, daß du zu nichts sonst mehr je zu gebrauchen sein würdest (gehend jetzt am Cam, der kahle Riesenbaum als Instrument)

Es gibt keine Dummheit, außer die Ahnungslosigkeit?

Gestern war kein Moment von Müdigkeit, außer vielleicht in den Beinen nach dem langen Gehen auf dem harten Cam-Uferpfad, mehr eine »Beschwerlichkeit« – und als habe diesem Tag so etwas gefehlt (27. Dez. 1988)

Schwäne in der Landschaft, seltsame Füllsel. War einmal gedacht worden, mit ihnen sei das Landschaftsbild vollständig? Vollständigkeitslaster, Leerlaßtugend?

Auch in Cambridge heißt die Gegend jenseits des Flusses, hinter den Häusern, den Mauern, BACKS, entsprechend jenem »hinter den Gärten« bei »uns daheim«

Unsere Heiligen sind für die Fernostler wohl in der Tat »seltsam«?

Sei nicht so arg besorgt ums Verirren; das Verirren gehört zu dir

Sie küßte ihn, der las; er las beflügelt weiter (Blick durch ein Erkerfenster, Abbey Road)

Skulptur eines Mannes »mit Wind an den Schläfen«: denk sie dir aus, ziehe sie nach (am Cam der Angler mit dem Riesensonnenschirm im Winter)

In den Büchern sollst du deinen allerseltensten Schauder wiederfinden; nur: bring solche Gebote an dich selber in die Erzählform, in die Mitvergangenheit

Was dir damals, im Leben mit deinem Kind, die Zweige der Bäume bewegt und das Wasser (etwa des Etang de Villebon) gerillt hat, das war die Liebe, die Fürsorge; und jetzt?

Das Geräusch von Cambridge: das Knattern und Flattern der zurückweichenden Ruderblätter nach dem Taktschlag der Ruderer, Knattern, Flattern und Schlackern hart auf dem Wasser des Cam

Statt »an Leib und Seele« sag: »von Grund auf«

Ist denn so etwas möglich?: sich niederzuhocken und mit dem Kopf im Bodennebel zu verschwinden? Es ist möglich – ich praktizierte es gerade auf einer von den Sohlen bis gerade hinauf zu den Knien nebelweißen, wie rauhreifbeweißten Wiese am Cam in Cambridge

Am Felsfenster, seßhaft: War ich dort nicht entrückter als hier am Hotelfenster, wo ich, anders als dort, wo ich nur den Fels und die Spitzen der Bäume vor mir hatte, immer wieder Leute am Uferweg gehen, laufen, radfahren sehe – und die Dinge dort waren näher, nicht nur der Teeblätterberg, sondern auch die tatsächlichen Berge in der Ferne, die Flugpiste, zu erahnen weit weg, durch das Astwerk, das weiße Kirchlein von Gois am Horizont; je entrückter (ich), desto näher (die Dinge)? (28. Dez. 1988)

»Gesunder Appetit«? Der gesündeste Appetit, den ich kenne, ist der nach Orten, allein schon beim Lesen von Namen auf der Landkarte, »Lincoln«, »Durham«

Lesen: Ich lese, und draußen auf der Bank am anderen Ufer des Cam ruht in der Morgensonne eine alte Frau; die Wirkung des Lesens: ich sehe, was ist; die Frau »ruht«

Ich glaube mich ständig neu zu entdecken, und wenn ich dann aber mein Früheres anschaue, merke ich, das Neue ist höchstens eine Spielart des Alten gewesen (höchstens?)

In der Kathedrale von Ely gestern wieder: »Das Schöne – das verbaute, weggebaute Romanische, dessen Reste – sieht man so schlecht« (29. Dez. 1988, C.)

Wo ist heute, im Nebel, die Baumschrift? Sie ist da, schwächer als sonst, aber da, und im Hin- und Aufschauen zunehmend ebenso stark wie sonst, das Innere »gesundschreibend«

In den kleinen romanischen Tympana oberhalb der Portale, wo der Christus in der Mandorla mit seiner segnend-gebietend erhobenen Hand und dem aufgeschlagenen Buch in der anderen Hand so viel Platz einnimmt, bleibt wenig Platz für die beiden Engel zu seinen Seiten, dieser wenige Platz aber macht die Haltungen der Engel – die Köpfe eng gewendet über die Schultern, diese fast so schmal wie der Kopf, die Beine angezogen – oft besonders anmutig oder gar liebreich (siehe gestern das Prior's Gate in Ely) (»Der Bildverlust«)

Vor dem Trinity College schwarze Blätter hingeweht und haftend im nassen, kürzestmöglichen

Rasen: Wittgensteins Ort, nach »seinem« Woolworth und »seinem« Kino, die beide wohl noch dieselben Bauten sind?: Zu denken, was zu denken ist (und auszusprechen), das hat er mich gelehrt. Aber wo ist in dem weiten Hof des College ein, *der* Denkbaum? Dazu mußte Wittgenstein ans Ufer des Flusses gehen

Den richtigen (realen) Bau spüre ich sofort am Ruck in den Schultern – der Bau geht über auf mich (Round Church von Cambridge); und was erwartest du wiederzufinden an den romanischen Bauten? – nichts als »unsere« Feldhütte

Das Gestirn der Träume (ja): wie nah es kommt seit je in diesen langen Rauhnächten, leuchtend, unter der von ihm durchscheinend gewordenen Erdoberfläche (30. Dezember 1988, Hallworth bei Durham, Morgenwind an der Stirn des einzigen Gasts im Hotel)

Romanik: so viel Zwischenraum war nie (auch nur im Muster der eisenbeschlagenen Türen, wie jetzt hier in Durham)

Meinen Höhepunkt habe ich erreicht, als ich ganz Hörer war, damals vor zehn Jahren im Wald von Meudon und Chaville – und diesen Höhepunkt jedenfalls habe ich überschritten?

»Pretty Flamingo«, in der Jukebox im Pub von Durham; ein Lied, wie alle Lieder seinerzeit, das sich wie *buch*stabiert anhört; und jetzt die Geläufigkeit?

Auch wenn du nur über die »Müdigkeit« sinnierst: immer zugleich vom neuen, Neuen Leben, *nur!* (Hallwarth, 31. Dez. 1988)

Der Star da im Morgenbaum, wie in der Kehle knatternd, wie *morsend*, auf dem Zweig gegenüber dem Zweig, auf dem er gerade noch gesessen hat, und dieser Zweig, noch schaukelnd von seinem Weghüpfen, leistet ihm nun Gesellschaft – als sei es dieser Zweig, dem der Vogel Morsezeichen gibt

Die gekreuzten Beine am Grabmal des Liegenden im Friedhof von Hallworth: Zeichen des Kreuzfahrers das Schwert auf dem Körper, das Schild darüber reichend bis zum Kinn, und unter seinem Kreuzfahrerrock, der Kopf herausschauend, sein Hund; die Füße des Ritters mit einem Drachen unter sich, das Visier des Ritters zugezogen – und dann im Freien, auf den Weiden hinter dem Dorf, Bach mit Steinbrücke, lautlos fließendes Wasser, das Zirpen von Spatzen, der ferne Stadtlärm von Durham als Ton – etwas schreiben, was dieser Stille, Freiheit, Unbändigkeit, Lichthaltigkeit entspricht, immer wieder: »vita nova«; Entschwundenes, meine Zukunft

Die Geschichte Jesu als eine dramatische Entdeckungsgeschichte: die Entdeckung des Göttlichen in sich – die wiederum zum Menschendrama an sich führt

Wieder die »Sorge«: Sie funkt dazwischen? Nein, sie erstickt den Funken

»Während der ganzen letzten Stunden (des Vaters) war ich keinen einzigen Augenblick traurig, sondern voller Freude« (Wittgenstein an B. Russell)

Frisch umgepflügte Äcker unmittelbar ans Meer reichend, dann ein Stück Strand mit einem einzelnen Läufer, der durch ein verfallenes Haus durchläuft (im Zug an der Nordsee entlang; Schottland)

»Sorry, couples only tonight« (Edinburgh, Silvesterabend)

Der Charlotte Square von Edinburgh gestern nacht: das weiße Laternenlicht, an den Häusern am Platz die gewölbten, fürs neue Jahr glänzend geputzten unteren Fenster, ohne Vorhänge alle, die viereckigen Fenster in den Reihen darüber, in keinem einzigen der Fenster des großen Platzes ein Licht, der Blick in die leeren Handelsräume im Lampenschein von außen, davor die sich im Nachtwind bewegenden Zweige, als ob sie erst mit dem längeren Hinschauen in Bewegung gerieten, ein Paar im Auto, der Mann wie fast immer der Unsichtbare, nur das Gesicht der Frau klar herausgeleuchtet wie für einen Film, sie sich dann im Punktlicht schminkend, kämmend, schmückend, und um Mitternacht auf den Straßen, wie ebenso im Fernsehen hier im Hotelzimmer, die Tanzenden – daß die Menschen doch allzeit tanzten, auch die Häßlichen zeigen sich tanzend »schön und gut« (1. Januar 1989)

Wittgenstein zu Schubert: »das Gewöhnliche sinnerfüllt« – »Die Kenntnis des Wesens der Logik wird deshalb zur Kenntnis des Wesens der Musik führen«

Ein Wort mit falschem Plural: »Freude« – es gibt keine »Freuden«, nur »die Freude«

Gestern? Der Weg auf den Klippen, ehemaligen Klippen? entrückt vom Meer?, durch die Wunderstadt Edinburgh zum Firth of Forth, vorbei an den nie mehr als zweieinhalb Stockwerke hohen »ernsten« Granitbauten, neben dem Klippenweg der vereinzelt schon blühende Ginster, gelbe Winzlippen, die Treppe aus Baumstrünken dann hinab zum Firth-Meeresarm, dort das besänftigte Meergeräusch, in der Hocke da wie in Kairo die Ägypter – ein Jahr ist's her –, lange Dämmerung, Menschenleere, geschlossen alle Geschäfte, auf dem Rückweg vom Firth unversehens der starke warme Händedruck eines Unbekannten in Lederjacke: »How was your day? Happy New Year!«, durch die ganze Stadt der hohe glänzende Buchsbaum mir (»mir«) grünend und mich frisch an die Silvesterabende und die Vorabende zu Dreikönig erinnernd, wenn der Großvater in einer Pfanne das getrocknete Buchsholz anbrannte, den Rauch davon in seinen Hut ziehen ließ und diesen immer neu mit Buchsrauch gefüllten Hut auf die Köpfe der ganzen Familie setzte, auf einen Kopf nach dem andern, gegen die Kopfschmerzen im neuen Jahr; sonst freilich baumarme Stadt, Klippen und Grünfelder, die Spuren der da Gehenden als wolkengleiche Schlieren im Gras

Wittgenstein über den Krieg: »Er hat mir das Leben gerettet. Ich weiß nicht, was ohne ihn aus mir geworden wäre.«

Einsamkeit geht von jemandem aus? Das heißt, Reinheit

Ein Liebesantrag: »Laß uns gemeinsam lesen!«

Das Grün von Edinburgh: unten, am *Grund*; ein Grundgrün so wie das Firmament darüber, durch das Grün unten, ein Grundblau

Seele, der Antworttraum (unterwegs nach Portobello, zu Fuß; ein Kind am Fenster da gehalten von der Großmutter, das Kind mit deutlichem Gesicht, die alte Frau mit undeutlichem)

Immer wieder erlebe ich es: das Wort, wenn es die Entsprechung ist, als den Mittelgrund (im Raum)

Er dachte, dem Johannes dem Täufer nach: Μετανοεῖτε, denkt um, und senkte für sich den Kopf, so tief es ging, näher zum Asphalt, zu den hellen Steinchen im Asphalt

W. über die Stimmen der Offiziere im Krieg: »Was für gemeine Stimmen. Die ganze Schlechtigkeit der Welt ... kreischt aus ihnen heraus«

»Und«: Das richtige Wort (die Entsprechung) und das Schimmern der Konturen der Dinge als Wesen (3. Jan. 1989)

»Orgie« (siehe Epiktet) bedeutet »Schwellen«, ein (stilles) Schwellen der Seele, sie so gesundenlassend und der Ruhe zurückgebend: eine solche (stille) Orgie braucht jeder Tag

Der einzige philosophische »Fach«-Ausdruck, den ich mir erlaubt habe zu gebrauchen, ist »das Ich«, aber das tat ich instinktiv, unwillkürlich, aus Erfahrung, staunend, unterscheidend, rein beschreibend

Gehe ich in mich – gelingt mir das –, dann gehe ich ebenso, simili modo, in dich

Noch scharrt unten im Gras die Amsel, die vor Abend oben im Baum singen wird

Die Zone des Schweigens, des Schreibverbots, die das Schreiben vom Reden unterscheidet, sollte in jedem Buch, jetzt mehr denn je, spürbar sein; wie ist es aber bei dem? und bei dem? und bei dir? (4. Jan. 1989)

Nach und durch Wittgenstein: Das meiste, was so geredet wird, beantworte mit einem: »Das kann man nicht sagen!« (Er lehrt mich eine Weise der Freiheit)

Begegne ich einmal, gleichwie, einem tiefen, gütigen »Landsmann« – gleich bin ich den Tränen nah (Ein Zeitgenosse zu W.: »Von ihm könnte man sagen, er hatte viele Züge eines Propheten, aber Züge eines Jüngers hatte er absolut nicht. Er war manchmal schnippisch, aber nie überheblich«)

Beglückend ist: atemsparend

Die sieben Sakramente des Nicolas Poussin in der Gemäldegalerie von Edinburgh: das gewaltige Rot der Taufe, der glühende Anfang, die Taufschale über dem Täufling als kleines Boot – Poussin und Giotto: auf die Erzählung ist Verlaß; dann die Firmung, immer noch glührot, aber inzwischen in der Dunkelheit der Katakomben, mit dem Schatten des salbenden Daumens auf des Firmlings leuchtender Stirn; dann das Sakrament der Ehe – Josef und Maria, mit Blütenkranz im Haar –; vollkommene feierliche Stille, dazu die abgekehrte zweite Frau hinter der Säule am Bildrand und der Mann am anderen Rand, im Halbdunkel, als ihr Zukünftiger?, Erinnerung an erhabene Kindheitsmomente in der Kirche zuhause; dann die Kommunion, Abendmahlsszene im *Mittelgrund*, Judas, der das Mahl geradezu stolz verläßt, unterwegs zum Verrat, Zeigen Jesu auf das eigene Herz: »Das ist mein Blut«, die unten verhängten Fenster im Pessah-Saal des Gründonnerstag, davor die Kerzenleuchter, die Apostel als Strahlenkörper, die zu Christus hinstrahlen, das Brot – »das ist mein Leib« – ist schon gebrochen; dann die Letzte Ölung: das Kind, die Arme ausstreckend nach dem Gesicht des Sterbenden, ihn auch berührend, am Kinn, an der Wange, das Öl dem Sterbenden in den Handteller getupft – und alle die Sakramente wie in der Dämmerung oder Dunkelheit, nur bei dem der Ehe leuchtet, draußen, hinter dem Hof ein Teil der Umfriedungsmauer in der Sonne, oder ist die Mauer eine Wolke? oder ein Kreidefels? oder doch wieder der ewige Vorabendhimmel Poussins? – Mein Gelöbnis der Treue zu der Konstellation dieser Bilder: Poussin hat »es« gesehen und, siehe das Abendmahl im Mittelgrund, den Abstand bewahrt, und es kann nicht schwer sein, jenem Leben, wie es der Maler phantasiert – entwirft, zu folgen, auf Dauer (wie auch Giotto, wie auch Cézanne), siehe dazu auch die Stelle auf dem Bild von dem Taufsakrament, die Stelle, wo die Taube des Heiligen Geistes verharrt, halb noch Teil des Berges hinten, halb Himmelserscheinung; episches Gleichgewicht und epische Gerechtigkeit (»Der Bildverlust«)

Cézanne ist der Maler, der im Anschauen wie auch im Realisieren des Gegenstands nicht der Bildidee oder der Leinwand folgt, sondern sich fortwährend ermannt, je länger er sich in sein Gegenüber vertieft, dieser Vertiefung zu folgen; daher das Prozeßhafte, das Dramatische seiner Bilder, die versuchen, sich der Ruhe zu nähern, der Vermählung des Ich mit den Dingen (siehe »Die Großen Bäume« hier in Edinburgh), die näher-und-näher *werden* dem Gegenstand – so anders als die Impressionisten, die ihr Bild, ihren Bild-Eindruck bloß ausführen; und da vergleichbar mit van Gogh, der aber eher das Ding *sich* annähert, während Cézanne malend sich *dem Ding* annähert – und das Letztere »gehört sich« ja auch; und ist auch gesünder

Nach dem Vertiefen in die Gemälde Poussins auf der Stelle das Bedürfnis, ein neues Leben – ein Gemeinschaftsleben – anzufangen, Briefe zu schreiben, jemanden zu treffen, sich zu *gesellen*

»Den Sinn des Lebens, d. i. den Sinn der Welt, können wir Gott nennen. Und das Gleichnis von Gott als einem Vater daran knüpfen« (W. im Krieg 1916, und ich im Zug nach Dundee und Aberdeen)

»Als er in dem Ort ankam, waren die Möwen schon still. Als er ihn verließ, schwiegen sie immer noch« (Aberdeen, 5. Januar 1989)

Geduld als Selbstverständlichkeit – selbstverständliche Geduld: das wäre eine, *die* Errungenschaft (gestern, beim langen Warten am Bahnhof von Aberdeen auf einen Bus, war ich nahe daran – »wurde« ich nahe daran, mit der Zeit, mit dem Warten)

1916 schenkte Wittgenstein dem Staat 1 Mio Kronen für einen 30-cm-Mörser

Aberdeen in der Morgendämmerung: die Oberdeckbusse mit der Aufschrift »Offshore Drilling«, mit dem Signum der Bohrinsel in der Nordsee, und für einen Augenblick war ich im Schauen wieder ganz der eine Passagier oben in dem Bus, der mit den zuckenden Ellbogen

Was in Aberdeen wie Villen aussieht, mit Giebeln, Mansardenfenstern, Vortreppen, weiträumigen Vorgärten, sind Bürohäuser, Banken, Hotels, Geschäfte – und die Leute gehen in diese Villen hinein zur Arbeit

Ich sah gerade Wittgenstein beim Bleistiftspitzen im Krieg – und plötzlich brach der Bleistift ab (mit W. als »Helden« erwacht mein längst versunkenes Interesse für Geschichte, auch des Krieges: W. als »der für die Feindbeobachtung verantwortliche Offizier«)

Das Meer ist nicht von vornherein ein Stilleraum; ich muß mich erst auf ihn einstimmen (an der Nordsee in Aberdeen, und wieder ein Friedhof: der Dünenfriedhof – solche Orte für den »Bildverlust«)

Früh am Tag: noch ist Zeit für das Langsamwerden; später am Tag hast du diese Möglichkeit(*sform*) versäumt

Das Gesicht einer Frau anschauend: »Sie liebt!« (im Zug nach Inverness, draußen die aufeinanderfolgenden Granitsteinbrüche, neben einem die sich wälzenden Shetlandponies, Schafe zusammengedrängt in wieder einer Hausruine, Gedanke an Hitchcocks »Neununddreißig Stufen«, Vorstellung einer mongolischen Landschaft, dann die weiten, frisch umgepflügten Äcker bis zum Horizont auf einmal voll mit Schweinen, auf den Wiesen daneben die Schafe, umflogen und umtrippelt von Raben, und in den mäandernden Hochlandbächen das schwarze Winterwasser, dazu ein einzelnes Rebhuhn, wie richtungslos)

Schottland: viele kleine Kinder (oft auch Zwillinge) und viele kleine Feuer (Innen/Außen)

Gestern früh in Aberdeen der erste Reif und die ersten Eislachen auf dieser Reise (6. Jan. 1989, Inverness)

Mit keiner Farbe kann ich so umgehen, als sei sie die meine (von keiner Farbe kann ich behaupten ...)

»Was ich hasse an Taganrog, das sind die geschlossenen Läden« (Tschechow, Briefe)

Einen Wald erleben in Schottland! Zu dem heute hin!

Das Vogelgezeter in der Dunkelheit, und diese wird Vorfrühlingsdunkelheit – wie gestern abend das Tausendgeschrei der seltsam großen Spatzen, »house martins«, mitten in Inverness, dort überall, am Busbahnhof, und dann von fast sämtlichen Häusern der Church Street; die Vögel da in dichten Reihen, eine Reihe über der andern, dunkle Gestalten mit hellen Bäuchen, und die Erinnerung an den Sadat-Platz in Kairo vor genau einem Jahr, dort die Spatzen ebenso schreiend, in den Bäumen

Versuch über die Müdigkeit: Die Entbehrung jenes Menschen, »der nie müde wurde« – der nicht müde sein konnte, dem es nicht gelang, müde zu werden, und der auszog, um das Müdesein zu erlernen

Verb für die Augen der Kinder: »kommen entgegen« (verläßlich überall auf der Welt, fast)

Epiktet: Wenn der Lehrer will, daß du die Rolle eines Privaten (= ἰδιώτης, Idioten) spielst, »so erinnere dich [sic!], auch den gut zu spielen« (und dann das griechische Wort für »krächzen«: κοράξειν, v. korax, Rabe – »*raben*«; der Rabe »rabt«)

»Unbesiegt wirst du sein, sofern du zu keinem Kampf aufbrichst, in dem du nicht siegen kannst« (und was für ein leichtes Griechisch schrieb Epiktet)

Der Fisch im alten Roten Sandstein, Fisch da erhalten samt Häuten, und da seit vierhundert Millionen Jahren: als sähe er, mit mir als Beschauer, heute sich selber (Museum Inverness)

Schottland: zu Füßen der einsamen Kirchtürme rollen am Morgen im Wind die von den Eulen nachts ausgewürgten Gewölle der getöteten Kleintiere

Sich die Stille »vornehmen« (Vorsatz Stille), ihr entsprechend atmen – die Stille realisieren – stofflich machen die Stille dir selber (in der brusthohen Steppe am Firth von Inverness, die Schneeberge fern hinterm andern Ufer wie die der Alaska Range, Tangfeuer, im Meeresarm Tanghaufen?, nein, Seehunde, sich tummelnd im Kreis, vielköpfig auf einmal das Wasser)

Und jetzt »im Wald«: so licht dieser schottische Kiefernwald, daß alle Wege Grasmittelstreifen haben, und der Schaum da im Gras? Tollwutschaum?

Alles, was du je geträumt hast, jedenfalls von Landschaften, das *gibt* es, wie etwa Seen oben auf Berggipfeln, Wasserfälle entspringend auf Hügelkuppen, usw.

»Der Spurlose«: einer, der keine Spur hat, auf keiner Spur ist – und gerade so gerät er allmählich auf eine Spur (»Der Bildverlust«)

Gestern: Auch bei Poussins Sakrament der Buße – die Magdalena nachts, ihre Tränen tropfend auf die

Füße – ein allgemeines Staunen rundum über das trauernde Büßen, wie zuvor bei der Firmung: Poussin entwirft eine Gesellschaft der (7) Sakramente

»Und«: Ruhe und Entfernung: erst in der Ruhe *ermesse* ich die Entfernungen (die Abstände und Zwischenräume)

Nichts, was so das Leben staut wie das Lesen; Lies! Staukraftwerk Lesen

Der Moment am Caledonian Canal gestern, als »alles beisammen« erschien: die von Jungen belebte Werkstätte, das sich drehende Wasser in der Kanalschleusenkammer, samt den Ölschlieren in Regenbogenfarben, die über den Schleusensteg, den eisernen, tapsende alte Frau, die Seehundköpfe unten im Mittelgrund wie ewig kreisend, »alles beisammen« (7. Januar 1989, Inverness)

Ich weiß immer noch nicht, was ein Gedanke ist, aber das Bild, das kenne ich: »im Bild«, bin ich daheim, im Bild bin ich daheim, »im Bild sein«, heißt für mich: dasein, mitsein, *mitdenken* (ich wiederhole mich? recht so)

Der Cairn gestern auf der Schafweide weit außerhalb von Inverness, die Granitblöcke des vorzeitlichen Steinmals überzogen mit Flechten – die Stirn daran, und der Herzschlag verbunden mit den Blöcken – die Eiche inmitten des Cairn-Steinkreises aufwachsend – und für einen Moment richteten die Kelten wieder den einen Riesenstein, außerhalb des Kreises, auf aus der Waagrechten, ich spürte an mir das gemeinsame Sichanstemmen der Schultern und Schädel – und nachher die vielen vielen meerwärts aufeinander folgenden Weiden, nichts als Schafe und Wildhasen, zwischen den Weiden die (fast) unüberwindbaren Bachschluchten (ich könnte jetzt in einer dort liegen, gestürzt), die wie Mäntel wehenden Felle der Schafe beim Wegrennen – und dann war ich in Durnoch der einzige, der aus dem Bus stieg, bei Wind und Regen, und meine seligen Vorfahren suchten mich wieder einmal auf dem Erdkreis, fanden mich endlich im nordschottischen Nest hier und verwunderten sich: »Wo ist er denn jetzt wieder?« (8. Januar 1989, Durnoch)

Gestern nacht im lautlos gewordenen Durnoch die Sterne so klar wie seit »undenklichen« Zeiten nicht mehr, der Sirius mit Hof wie ein Mond, und die feinen, lieben Pleiaden vis-à-vis, wobei ich einmal diesen, einmal jenen Stern, mit jedem Blick einen anderen, aus dem Siebengestirn hervortreten sah

»Will players please refrain from holding drinks or cigarettes over the pool table« (Pub, D.)

Noch einmal die Sterne gestern: Sie schienen durch das große Fenster des kleinen Hotels buchstäblich in den Schlaf und in die Träume hinein, und *bestimmten* diese auch, in ihrem Schlepptau schöne Leiber, schöne Leibhaftigkeit der von dem Sternenhimmel durchschossenen und durchwirkten Menschen; zugleich ein Nachtsturm, in dem das kleine Haus hin und her zu schwanken schien, an den Wänden und an der abgeschrägten Zimmerdecke ständig ein Geräusch wie ein Köcheln, und jetzt am Morgen bekommen die Möwen, in der Dämmerung schwarz im Himmel, allmählich ihre Morgenfarbe

Das Achte Sakrament (das Poussin nicht gemalt hat): das Sakrament – die Gesellschaft mit den Toten (Durnoch, am offenen Nordmeer, in Gesellschaft der Leere, und in meinen Trittspuren im Sand schäumen die auslaufenden Wellen, sonst lautlos, hörbar auf)

Gestern, auf der Rückfahrt von Durnoch nach Inverness, im Passieren des Hochlands die Berghänge, kleine Kiefern und Lärchen in ansteigenden Reihen, weinstockähnlich, und die Hänge rhythmisiert von den vorzeitlichen Gletscherschmelzlinien, kein einziges Bauwerk, bis auf die Bohrtürme weit draußen im Cromarty Firth wie Tempel über den Wassern der Nordsee, und dazu, immer wieder, das »Neue-Welt-Gefühl« (9. Jan. 1989, Inv.)

Wittgenstein: »Bedürfnis nach Wärme und Abneigung gegen Berührung«

Epiktets Lehre der Gelassenheit: Alle die Mißgeschicke, vor allem die des Alltags, das Zerbrechen eines Trinkbechers z. B.: »Das gehört zum Geschehen«, *τον ginomenon estin* – und so faß es auch auf, laß es geschehen sein

Die besonderen Viehsteige von Schottland: die nervösen, »zappeligen«, jähen, unregelmäßigen Schafsteige auf den Moorhügeln (: die Tritte »unserer« Kühe) (im Zug Inverness–Kyle of Lochalsh)

Das Hochmoor da, die Leere, das Gras, die Flußmäander: Wessen Auge hat das gesehen, vor hunderttausend Jahren? Ungesehen war das alles? Und wie lange bist nun *du* hier schon ungesehen? (Gerade war die Wasserscheide zwischen der Nordsee und dem Atlantik – die Bäche schäumen jetzt alle atlantikwärts)

Gestern am Strand von Durnoch das eine Tangbüschel, fest und tief vergraben im Sand, ein Blatt aber, lose, ragte an die Luft und folgte dem ständig wechselnden Wind, dabei den Boden streifend und in den Sand Kreise ziehend mit der Blattspitze; im Drehwind fast geschlossene Kreise; das Blatt als der Zeiger einer Winduhr

Unterwegssein, Gegenwartslehre; Gegenwartsammeln

»Mr. Tambourine Man« jetzt in der Jukebox, Kyle: Auch dieses Lied hat, wie »Pretty Flamingo«, etwas von jenem Buchstabieren, bevor die Songs geläufig wurden

Vor den glänzenden nassen dunklen runden Felsen am schottischen Atlantik: die Buddhas aus Japan kehren zurück, und vor den Neonröhren, eher blaßstumpfen, vertikal von der Bardecke herabhängend: die Neonröhren des Cafés Neos Kosmos, Neue Welt, von Larissa in Griechenland kehren zurück

Das Inselpostamt gestern in Kyleakin auf der Insel Skye, die schöne Umständlichkeit der Postfrau, die einmal, anders als sonst, »nur« mit Post zu tun hatte, neben ihr die schon sortierten Briefbündel, mit Gummiringen zusammengehalten, auf einem Zuoberst-Brief besonders farbige Sondermarken (10. Jan. 1989)

So stellte ich mir gerade das Ende oder Ziel der Welt vor: eine vollkommene Stille, in der nur noch die Schriftzeichen dastehen – in der die Schriftzeichen dastehen vor aller Augen, und von allen gemeinsam, im lauten oder stillen Chor, gelesen werden (wieder auf der Fähre nach Kyleakin)

Eine gewisse Freude kommt täglich auf mit dem Entschluß, »sich auszusetzen«; etwas zu bestehen (Blick auf das leere Vorgebirge der Insel Skye, obenauf frischer Schnee)

Im Licht deines Blicks: stehen zum Beispiel die Schuhe da, glänzen die Beschläge der Kommode, leuchtet weiß die Tasse darauf, fällt schräg der Regen über dem Fjord, schäumt das Wasser hinter dem Fährschiff, im Licht deines Blicks

Sooft etwas, ein Ding, ein Mensch, ein Sachverhalt, sich mir zeigt, in mir wird (entsteht), dann fängt es, ohne mein Zutun, wie von selbst in mir zu erzählen an; und erzählt wird wem? Ich weiß es nicht

Der Regen hier in Schottland, auch wenn er stark fällt, fällt äußerst leise

Es gibt keine Besserung, nur Verwandlung, oder: Besserung höchstens als Verwandlung dessen, was in dir (*mit* dir) ist

Sei nicht aus auf Gefühl, sondern auf Beschreiblichkeit; diese wird begleitet sein von Gefühl

Zum Schülerbus von Portree/Skye zurück nach Kyleakin: die aus den Insel-Hochebenen abstürzenden Wasserfälle, flankiert von den in den Steilhängen herabsprudelnden dunklen Moorbächen, an den Hängen oben der Schnee zerronnen wie Schminke – Mittelalterbilderlandschaft, wo die Wasserfälle ja auch oft aus dem Nichts oder wie von unten kommen, als verkehrte Welt; und im Bus die stillen Schüler, nach fünfzig Kilometer Schulfahrt durch die Moorwelt, selbst der Friedhof von Portree moorig; Ort aus Basalt, auch die Grabsteine im federnden Moorboden aus erstarrter Lava

Mein tiefster Gedanke – mein weitestes Bild gestern war: In der Kindheit bin ich nie, nie von einem Fremden gesehen worden, und? bin daher unerkannt geblieben (wie wir alle); die Autorität eines *Fremden* war das, was mir fehlte; unter den Augen eines Fremden gewesen zu sein (Morgensturm in Kyle of Lochalsh, 11. Januar 1989, die dahinwehenden, -springenden Pfützen, die eine in die andere springend, diese in die nächste, und so fort, die leer hin und her verkehrende Fähre, dann Einstellen des Fährverkehrs, durch die Hotelfensterritzen an der Fährstation das Wasser quellend, in Form von Bläschen und Blasen, und die Vorstellung, ich läge jetzt drüben auf der Insel Skye im Heidekraut, im Schlamm oben dort auf dem Moorhügel, wo ich gestern, bei meinem vergeblichen Versuch, durch die Wildnis hinauf zur Kuppe zu gelangen, ausgerutscht wäre und mir das Bein gebrochen hätte – und was tun wohl die Moorvögel, die gestern vor mir kreuz und quer Rutschendem aufflogen, im Augenblick dort drüben im Regenfegen? Sie warten tief unter dem Heidekraut, Tropfen auf den Schnäbeln)

»Und« (wieder): Kyle of Lochalsh und Mitsushima in Japan – hier wie dort die kleinen Felsinseln mit den einzelnen Kiefern, und die Rhododendronbüsche in Schottland? *japan*grün

Du mußt durchdrungen sein von der Welt, von jeder ihrer noch so nebensächlichen Bewegungen (dem vom Sturm auf die Fährrampe geworfenen Tang, dort mit der Zeit zum Wall gestaut), um ein Epiker zu sein (»Der Bildverlust«)

Regentropfen, wie den Sturm überlistend fallen sie, treffen sie, endlich, hier eine, dort eine, in die Lachen, nachdem sie eine Zeitlang, am Fallen gehindert, in der Luft umhergetrieben worden sind – ein kleines Loch im Sturmbrausen nutzen sie aus und fallen aus geringer Höhe, Ellbogenhöhe, Handhöhe, ins Pfützenwasser, treffen da auf wie aus einem tropfenden Wasserhahn

Als ich gestern nacht die Hände aus dem Fenster hielt, trafen mich harte Hagelschläge; ich ließ es geschehen

»Bist du mir da?« – »Ich bin noch nicht müde genug.« – »Liebst du mich?« – »Ich bin noch nicht müde genug.«

Das tägliche Drama, sich abspielend im Innern des Ich, als gegliederten Ablauf entwerfen; das Drama zwischen Innen und Außen, Stille und Lärm, Ich und Du – »das Drama des Tages« (und wieder am Firth of Inverness, und wieder die Seehunde, die Köpfe hebend aus dem Meeresarm, paarweise, sich tummelnde dunkle Schwimmer – so viele Luft- und Lichthausbausteine sammle ich unterwegs – will aber das Haus erbaut werden? und will es einen Plan?)

Noch einmal Poussins Letztes Abendmahl: mehr Nacht kann rings um Menschen nicht sein

»Ben«, Berg, »Ard«, Vorgebirge, »Sgurr«, Gipfel (die keltischen Namen in Schottland)

Die Jukebox unter dem Elchgeweih (Abend in Pitlochry, »... though the pain is so big, you feel nothing at all«, John Lennon, *Working Class Hero*)

»Geschichten aus dem Leben meiner Freunde«, Titel eines ungeschriebenen Romans von Tschechow; ≈ »Der Bildverlust«

Wie wohnlich wird selbst solch ein Schlaf-Wasch-Zimmerschlauch, mit sehr hohem Plafond, samt Bettdecke »100% Acryl«, durch die Schriftzeichen, innen wie außen, wie vollkommen eingerichtet auch, besser als durch gleichwelches Bild an der Wand, oder: die Schrift, auch bloß meine eigene, in dem Notizbuch, als das richtige Bild, der passende Zimmer- und Raumschmuck (12. Jan. 1989, Pitlochry; erstmals hier im schottischen Landesinnern, fern vom Meer, an der Bahnlinie Inverness–Glasgow)

Eine Art Tagesanfang: im Zittern eines welken Buchenstrauchs

Was ist »Schneeluft«? Gibt es ein meteorologisch-physikalisches Lehrbuch, das eine Formel ihrer Zusammensetzung gibt? (beim Aufstieg auf den Ben y Vrackie, höchster Berg Schottlands?)

Ein großes Rauschen empfing mich gerade bei der Ankunft auf dem Gipfelplateau des Ben y Vrackie, Rauschen wie vom Berggeist selber, und es kommt von einem kleinen Bach unter dem Heidekraut; und dazu mein Ausruf: »Jetzt wird es schneien!« – Und schon geschah ein helles Daherfliegen über die blaugrüne Heide, »flieg ins offene Buch, Schnee! Bring es zum Knistern!« Und es knisterte. – Und wie nun das Schneewehen die Farben aufscheinen läßt, auch an mir, dem einzigen Lebewesen weit und breit – Sphäre des Schneiens, Spektrum des Schnees. Vom Westen die Regenwolken anreisend, von Osten die Schneewolken, deren feine, rhythmische Schwaden im Gegensatz zu den formloseren, regellosen Regenwolken, und in der Mitte des Geschehens beide Wolkenzüge ineinander übergehend zu einem gewaltigen leuchtenden Dunst, die von mir auf der Erde auftreffenden Flocken mit schon verklumpten Kristallen, deren Kristallform aber noch zu erkennen ist, Schneefall auch wieder auf den heißen Fingernagelbetten, diese kühlend; während jetzt auch die Regenschwaden von Westen hier sich verwandeln in Schneevorhänge, und die Schneevorhänge, von Osten wie von Westen dahertreibend, werden zuletzt zu einem einzigen, sich vor meinen Augen zuziehenden Schneeflockenvorhang

Ich dachte gerade, Tschechow sei schon deswegen ein großer Mensch, weil er ein- oder zweimal von sich sagen oder schreiben konnte: »Ich bin einsam« (und ich am Abend in Stirling, der Orion sichtbar trotz Nieselregen)

»Du mußt deine Idee der Götter freimachen von dem, was nicht unsere Sache ist (nicht in unserer Macht steht)« (Epiktet; und habe ich mir nicht einmal vorgestellt, Gott stehe »in meiner Macht«?) (Stirling, 13. Jan. 1989)

Das Beiwort, das am meisten auf Tschechow zutrifft: »gerecht« (eine mächtige ruhige Gerechtigkeit)

Wie überall auf der Welt auch hier, auf der Burg von Stirling, die Kanonen auf die Brücke(n) im Tal unten zielend – am Gegenhang aber die grasüberwachsenen Stapfen hinauf zu einer Weide mit Schafen – und das kriegsmüde Herz macht ein paar Freudensprünge diese Naturtreppe hinauf

»Rainy day woman« in der Jukebox der Bahnhofsbar von Stirling, und draußen dort: Windy day woman

Eine Dramenfigur, die mir gestern in den Sinn kam: der GEIST, eines einst nahgewesenen Verstorbenen – und jetzt lese ich bei Tschechow – in Glasgow inzwischen –, es fehle ihnen allen »ein Ziel, wie der Geist von Hamlets Vater« (14. Januar 1989)

Geheimnis der Sprache, Geheimnis der Seele

Frage an eine Frau: »Sind Sie eine Frau?« (Wird nicht auch ein Mann gefragt?: »Sind Sie ein Mann?«, »Bist du …?«)

»Ich glaube, meine Leute zuhause atmen auf, wenn ich ausgehe« (Tschechow, 1893)

Gestern nacht, gesehen vom Station Hotel Glasgow: der Sortierraum der Hauptpost gegenüber, das wie nachtlange Einfächern der Briefe, immer neue Postkästen, -koffer, -säcke zum Sortieren wurden angeliefert, rhythmische ruhige klare Bewegungen der zumeist älteren, durchweg kahlen Männer in langen grauen Kitteln, nach Mitternacht, an den Fächern stehend wie auf einer fast endlosen Linie, und mein schlechtes Gewissen, an jemanden einen Brief zu schicken, angesichts dieser späten Arbeit der alten Männer da

Epiktet: Reden nur, »wenn der Augenblick es erfordert«, und vor allem nicht über Menschen reden! weder »psegon« (tadelnd) noch »epainon« (lobend) noch »synkrinon«! (unterscheidend, vergleichend)

Die Einsamkeit muß mir selbstverständlicher werden, hat mir auch nicht als etwas bloß Vorläufiges oder Vorübergehendes im Sinn zu sein, sondern –

Gestern das Hotel in Stirling: Im Lift die Etagenzahlen auch in Blindenschrift, und auf dem Schuhputzautomaten im Flur auch deutsche Anleitungen: »Erstes Glänzen / Letztes Glänzen« (und jetzt hier im Bahnhofshotel von Glasgow die Hagelkörner hüpfend auf dem Fensterbrett, der Hagel als das einzige »Stück« Natur, so weit das Auge reicht)

Das Bild in mir – es ist immer ein Landschaftsbild –, und der Frieden (»und«)

»Entschlossenheit«: kenne ich nur vom Arbeiten, meinem, sonst aber –

Bei Giorgione, »Christus und die Ehebrecherin«, ist das Staunen ganz in der Landschaft, in der weiten Blaurauchlandschaft, Staunen über das Mensch-Sein, das Ich- und Du-Sein – und mein Heimweh nach diesen Farben und auch nach Giorgiones »Danebenstehenden«, »Über-die-Schulter-in-diese-Farbe-Schauenden« (bei Giotto gibt es solche noch nicht)

Wenigstens von den Bettlern habe ich auf dieser Reise immer wieder gehört: »God bless you«

Die Todesanzeigen im »Glasgow Herald«: sehr häufig: »Suddenly ... suddenly ... suddenly« (viele *plötzliche* Tode in Schottland?)

Die Jukebox von Glasgow: »I'm not like everybody else«, The Kinks (meine Hymne vor 25 Jahren)

»Erlebnis« heißen kann für mich nur ein entwerfendes, eines, das dir zeigt, wie es weitergeht – wie es weitergehen *soll* (G., Wind, Regen, Nacht)

In Glasgow, wie im Louvre/Paris, und wie wo noch?, Rembrandts aufgeschlitzter, ausgeweideter Ochse, aufgehängt in der dämmrigen Scheune, der helle Leib im Düster ringsum, der Schädel des Geschlachteten neben dem Leib auf dem Tennboden, und wie schrieb dazu René Char? dieser Leib als »der andere Planet«? »die andere Sonne«? – Und dazu der Auferstandene von Grünewald in Colmar, glühender Leib, auffahrend in der Finsternis, den ich als einen »neuen Planeten« sah, einen gerade erst geborenen, für allezeit – (15. Jan. 1989)

»Große Schriftsteller sollten sich in der Politik ausschließlich engagieren, um sich selber gegen die Politik zu verteidigen« (Tschechow zu Zola/Dreyfus)

Zu hören *wagen* – in mancher Bangigkeit, wie jetzt im Sturm, Polok Park, Glasgow, wage ich nicht, zu hören – eine Art Gesundheit: Heilsamkeit des Hörenwagens – Bäumedonnern, -splittern, -krachen, -bersten und ich? – höre zu

Der junge Rembrandt, 1632: Er wußte noch nicht, was ihm geschehen würde: er weiß auch im Moment seines Selbstporträts nicht, wie ihm jetzt, 1632, geschieht (Burrell Collection)

Der flämische Engel aus dem 12. Jahrhundert, oder ist es der Evangelist Matthäus?, hält das heilige Buch mit seinen beiden Händen an seinen ausgestreckten

Flügel, wie in einer Lotsengeste, der andere Flügel ist angelegt und weist zu Boden, wie in einer Derwischgeste – und könnte ich nur endlich wieder einmal auch einen lebendigen Menschen so anschauen

Während der Bilderstürme der Reformation wurden selbst die illuminierten Initialen aus den alten Bibelbüchern geschnitten – gelöscht (»Der Bildverlust«)

Liebesszene: »Sie streckten sich aufeinander aus«

Der Weg gestern im Sturm zum Polok Park: lange wie durch verödete Mittwesternstraßen, Oklahoma City, Des Moines ...; der aufgewühlte Fluß Clyde, von der Brücke aus, schien zurückzufließen, und Meereswellen brachen sich da; erschöpftes Atemholen meinerseits dann hinter einem windgeschützten Hausvorsprung; der Regenbogen, der im Sturm stundenlang über der Stadtrandgegend stand und unten, wo er auftraf (?), eine Glorie um die Häuser und Bäume legte; das seltsame Grüßen der Schotten, den Kopf zur Seite verrenkend, als jucke sie etwas am Hals; dann der Parkwald um die Burrell Collection, mit dem wildwachsenden Rhododendron, der im Sturm allseits schlackerte, das Pfeifen in den Drähten, und im Gehen wurde mir von den Böden in einem fort ein Bein an das andere geschlagen, ständiges Aufpassen, ja nicht vor die jäh auftauchenden Sonntagsautos geschleudert zu werden; und dann der Imbiß (die Jause) außen vor dem Tankstellenkreisel-Laden, Kaffee im Becher, ein Riegel Schokolade, in der windgeschützten Nische zwischen Ladenbaracke und Tankstelle, inmitten der Abfälle da, an den Sims gelehnt; zurück in den Park – schlechtes Wort für die große wilde Ausdehnung –, wo Haufen von abgesplitterten Ästen auf den Wegen lagen, die Ruhe, die sich einstellte dann im Hügelaufgehen, mitten im fortwütenden Sturm, herrliches Hintenherumgehen um das verglaste Gebäude der noch geschlossenen Gemäldegalerie, so von hinten und von außen mit Blick durch die Glasfassade auf die Figuren, Europa, dann China, dann Ägypten, während zugleich in den Scheiben sich der wogende Wald spiegelte, Johan, der Buddha-Schüler, das Kamel dazu, alle diese Figuren von hinten, »wie es sich gehört«, dachte ich; und dann, schon in der Dämmerung, bei weniger Wind, der Rückweg, an einem gebrochenen Baum vorbei, der an der Bruchstelle noch frisch nach dem Kernholz roch, das beleuchtete Schiff dann abendlich auf dem River Clyde, die müden Gesichter in den Bussen, müde auch vom tagelangen Sturm, und zuvor der für einmal fast heitere Prophet Jeremias (17. Jan. 1989, Glasgow)

»Treue«? Diese Frage hat sich den meisten gar nie gestellt?

Ein Grund-Satz der Kunst: »Sei unbesorgt!« (»μή φύλασσε«, Epiktet)

Und weiter Epiktet: »Wenn du zu einem Mächtigen gehst, mach dich darauf gefaßt, daß er deiner gar nicht gewahr wird«; und: »Das Wesen des Idioten ist es, vor der Außenwelt durcheinanderzugeraten« (et ego …)

»Und«: Die romanischen Kirchenschiffe und die Maiandachten

Die schön kleine Kathedrale von Glasgow, dazu, sozusagen abschüssig, auf abschüssigem Felsgrund, nach Osten, wie bereit zum Stapellauf; auch schön dunkel und unauffällig unter den dunklen hohen Wohnhäusern

Mein einziges Begehren geht inzwischen auf Orte (und Werke)?

Das innere Tagen, das Da-im-Tag-Werden, kommt bei mir oft sehr spät (und heute dämmert es da fast schon wieder, auf dem Weg von Glasgow nach Manchester)

Vorstellung von einem Film nur über das Lesen, das Aufblicken vom Buch, die Verwandlungen ...

»Man kann alles erfinden, nur keine Psychologie« (Tolstoi zu Tschechow über Gorki)

An Lockerbie vorbei, Aufblick: »Aus diesem Himmel ist vor wie vielen Tagen...?« Weite, fast baumlose Hügel, dunkles Grün

Warum erscheint mir das Englische als eine Unsprache, die einzig durch das affektierte Aussprechen überhaupt eine Plastizität erhält? (Manchester, Abend)

Die Jukebox von M.: »She said she loves you / and you know that can't be bad ... (you should be glad)«

Frauen in der Religion, nach Tschechow: »Wie die Wolga getrübt durch Schlamm«

Ist der Mensch mehr für die Nacht gemacht? Oder anders: Soll er für den Tag allein, und für die Nacht in Gesellschaft sein? (Birmingham, Abend, und auch hier die Völkerschaften der dunklen Spatzen mit den hellen Bäuchen allerwärts auf den Simsen, wie in Inverness) (18. Januar 1989)

Gestern, in einer Straße von Manchester, war ich für Momente wieder unterwegs in Sassari, Sardinien, und am Abend in Birmingham dann hörte ich von einem Kellner: »Ich bin aus Sardinien, aus Sassari«

Und das Schwarz der dichtgedrängten Spatzen, *house martins*, auf den Haussimsen vom Vorabend wiederholt sich jetzt am Morgen an den Schuhreihen in der Auslage eines Schuhgeschäfts, gesehen »aus der Vogelperspektive«

»Sei nicht weise in deinen eigenen Augen« (Sprüche Salomos 3,7, und Salomo wendet sich jeweils an jemand Bestimmten, seinen Sohn) (Hotelbibel)

Gegen all deine Gedankenfluchten behilf dich mit der Betrachtung der Sprache, der Sprachatome und -moleküle, der Wörter und der Wort*fügungen*, etwa bei Epiktet das dia-zeugmenon (getrennt) und das sym-plegmenon (zusammengefügt) – solche Betrachtung gibt das Bild eines Lufthauses – eines luftigen und zugleich intakten Dachstuhls (New Street, Birmingham)

Ab Birmingham beginnt wieder eine Art Süden, ab B. bin ich wieder im Platanen-Kontinent, »es pendelt wieder zu meinen Häupten!«; Platanenheimat

Was ist Raum? – Platz um ...

Ein britisches Geräusch: der Regen, der in die Vertiefungen der Basements fällt; und eine britische Eigenart: das Dankesagen derer, die einem behilflich sind

Staub auf der Hotelbibel: zurück in London (an den anderen Orten war das anders) (19. Jan. 1989)

Schwer vorstellbar: eine Epopöe (Geschichte) der vielen Schlüssel an einem Schlüsselbund?

Bettlerin, die mich anging mit »Homeless!«; und der Angegangene?

Gestern in Birmingham fiel mir auf die bewillkommnende Staffelung der Bauten in England, ein lebendig rhythmisches Vorn-Hinten, eine Darüber-Darunter-Staffelung, die in Ö. so fehlt?

Die protestantischen Bilderstürmer: an die Stelle der Bilder haben sie ihre unzähligen Wappen gesetzt, selbst an die Kapitelle der Säulen, von denen die Skulpturen geschlagen wurden – Wappen in Aberdeen, Wappen in Glasgow ... (If I had a hammer ...) (20. Jan. 1989, London)

Ganz wirklich wird mein Gefühl nur, wenn es zurückgeht, weit, in die Kindheit, in meine, deine, unsere, Bruder, Schwester, Wege, Kuhweide, Winter, Sommer

Cézanne: »die fluidale Urheimat«; nimm dazu noch die Stilleben von Zurbarán und das Schwarz von Mark Rothko

Wie ist »plot« allein als Wort schon abstoßend

Wieder einmal starb ich für jemand andern, er durfte nicht sterben, und von mir kam ein leibhaftiges Einspringen, Vor-ihn-Hinspringen im Moment der Erschießung; und da ich nun tot war, durfte er nicht mehr hingerichtet werden, das war Gesetz (21. Januar 1989, L.)

Nicht in Frage kommt ein jedes Land, in dem die Todesstrafe gilt (und was ist mit »deinem« Jugoslawien?)

Weder unter- noch übertreiben, nur gerecht werden – der Richter der Müdigkeit – der müde gerechte Richter

»Und«: Anschauung und Gebet (das aus der Anschauung unwillkürlich aufsteigende Gebet) (Canterbury, Abend)

»Bald werde ich die Unsichtbarkeit geschafft haben!« dachte er, seit langem unterwegs – da trat jemand auf ihn zu und begann: »Ich beobachte Sie schon die längste Zeit«; und gleich kam noch einer, und noch einer (22. Jan. 1989, Canterbury, Fußgängerzone)

Neben dem ewigen Stöckeln, Kreischen, Kichern, Grölen, Salvenlachen fehlt nur eins in der Fußgängerzone hier in Canterbury (wie anders): das Hundekeifen – und da erschallt es gerade; hinaus in die Felder und Wiesen!

Im kahlen, weitverzweigten Vorknospenkirschbaum die Spatzen in Kirschrindenfarben, und dazwischen die eine große Drossel singend, die Sonne in den geöffneten Schnabel leuchtend, bis tief in die Gurgel

»Chuck Berry gelang es, im Rock 'n' Roll Worten Bedeutung zu geben« (Alan Price)

Der Hang im Älterwerden, (sich) zu mythologisieren, statt einfach, wie als Junger, weiter im Dann-und-Dann zu leben, in einer geraden Linie? (»Der Bildverlust«)

Die Bilderstürmer in der Kathedrale von Canterbury: von der Heiliggeist-Taube im Dreifaltigkeitsbild blieben nur noch ein, zwei Federn, und der Baum Jesses am romanischen Lettner – wenn es der Jesses war – wurde kurz und klein geschlagen

Und: Das Weiß der Kreideklippen und das Rot der Telefonzellen (Dover)

Die Musik der Sonntagabende hat einen lebendigleeren Raum um sich, einen Trauerraum (East Dock, Dover)

Das Einsetzen der Phantasie ist zugleich das Aussetzen des Nestelns, Klammerns, Suchens, Platzsuchens (Dover, Vollmondnacht; wieder)

Fähren-, Abfahrtsorte (wie D.): das Gefühl, im Herzen der Dinge zu sein (Gefühl? Eine Art Leicht-Sinn)

Manchmal wird »der Süden«, wie »der Westen«, usw., zum puren Raum, der sich vor einem erstreckt – zum »Großen Süden« (23. Jan. 1989, Dover)

Das Schreiben wird stichhaltiger, welthaltiger, sachhaltiger (objektiver) mit dem Zusatz des Raumbewußtseins – dieses jedenfalls (oder zumindest) wird mit dem Älterwerden immer stärker und klarer

»Er schüttelte den Kopf vor Glück. Gab es das? Das gab es« (so »Der Bildverlust«-Rhythmus)

Wind, der im Gras raucht; und dazu der im Wind fauchende kahle alleinige Holunderstrauch (Dover, Castle Hill)

Aus den Regeln des Dover Castle: »If the king unexpectedly arrives in the night ... the great gates shall not be opened to him (vielleicht ist er ja auf der Flucht?), but he shall go to the postern called The King's Gate«

Schön, so einen Satz einmal gesungen zu hören: »And the sun went down« (Fleetwood Mac, Jukebox Dover)

Gestern in Canterbury jener Betrachter der Säulen und Steine der Kathedrale, auf den die Kraft des einstigen Gestein-Werdens und jetzigen Stein-Seins so unmittelbar überzugehen schien – ich spürte förmlich, wie er sich ballte (siehe Novalis) – mir geschieht dergleichen nur vor Bäumen

Die drei Kreise, einer im andern, eingeritzt hier in einen Stein innen in der normannischen Kirche aus dem 11. Jahrhundert beim Dover Castle: ist das die Dreifaltigkeit? – ohne Bild – Vater, Sohn, Taube –, das im Bildersturm später Zerstörung herausgefordert hätte?

Mein Stigmagefühl wäre etwa das einer Spatzenform in den Handflächen

Beim verlassenen weißen Leuchtturm auf der Ostklippe von Dover, Wind in den niedrigen Büschen: Wenn ich ganz in dem Rauschen bin, möchte ich diesem ein Gelöbnis machen

Gestern der Hubschrauber an den Klippen, lange an einer Stelle verharrend über der Brandung, knapp über den Wellen, die Felsen und die Gischt inständig anleuchtend, und der schwarze Schlamm dann, nach dem Tag auf dem Kreidekliff, an meinen Sohlen (ein anderes »Und«) (24. Jan. 1989, Dover)

Die Wörter der griechischen Sprache zu betrachten, allein schon zu betrachten, bewirkt in mir eine Art von Exorzismus: aus sämtlichen Kindheits- und Jugendstätten werden so die bösen Geister verjagt, und mit den alten griechischen Wörtern rufe ich ihnen hinterher: »Diese Orte gehören nicht euch!« (Homoia ta erga kai symphona ... tois logois, Epiktet: Gleich und symphonisch – mitlautend – seien die Taten den Worten –)

Die Schweigegesellschaft, die schweigende Reisegesellschaft – schön wär's; gibt es überhaupt noch Reisegesellschaften? (= »Der Bildverlust«) (Auf der Fähre über den Ärmelkanal nach Calais)

Rodins »Bürger von Calais«: nur in Calais sie anschauen: wie schön klein, fast ohne Sockel, die Figuren da vor dem mächtigen Hôtel-de-Ville stehen, wie zitternd; *übersehbar*

Die leicht abschüssige, sehr leicht abschüssige Bahn, auf der die Märchen spielen: wie jetzt der Weg zum Portal der Kathedrale von Amiens in der Picardie – dann aber die umso breiteren Sicherheitsgesichter der Märchenengel überm Tor

Das Sichtbare, wie auch das »Hörbare« und »Träumbare«, ist immer noch unerforscht – und wieviel mehr Sichtbares es gibt, als du je gesehen haben wirst. Ah, Erforschung des Sichtbaren!

»Und«: die leicht abschüssige Bahn hinab zum Portal von Amiens heute, und vor neun Monaten die ebenso abschüssige Mündung des rio Douro bei Porto in den Atlantik (25. Jan. 1989, Amiens)

»En cas d'incendie: Ne criez pas ›Au Feu!‹« (Hotelzimmer in Amiens; und zum ersten Mal seit Kyle of

Lochalsh, Schottland, steht in dem Zimmer ein Tisch, an dem ein Schreiben möglich wäre)

»Es begann zu dämmern«, »Es fing an hell zu werden« – so der Rhythmus für den »Bildverlust« (Apostelgeschichte: »Als es anfing, hell zu werden«)

Die Jünger am Ölberg: sie schlafen »vor Traurigkeit«, wie manche traurigen Kinder (mir jedenfalls ging es so, und noch weit über die Kindheit hinaus) – und dann, in der Apostelgeschichte Lukas', die Entfernungsangabe des Ölbergs von Jerusalem: »einen Sabbatweg entfernt«

Gestern in Calais wieder die Helligkeit der Meeresbahnhöfe, oder der Bahnsteige dort (Erinnerung an Wilhelmshaven am Jadebusen) – Helligkeit auch die Schienen, die Weite, die Baumlosigkeit, heller da selbst der Asphalt

Das Unterwegssein, wenn du dabei bei einer Sache oder Arbeit bist, kann zum Durchforschen werden, der Sache wie auch deiner selbst

Wie die Schlafenden im Mittelalter immer dabei ihr Gewand festhalten: sich wegträumend daran festhalten (Amiens, Kathedrale)

Warum heißen Jesaia, Jeremias, Daniel und Ezekhiel die »Großen« Propheten? – die vier haben den Erlöser vorausgesagt, die zwölf »kleinen« nicht

»Was fehlt mir?« – »Du hast nie Angst um deine Mutter gehabt« (im Zug nach Rouen)

Tschechow wußte es: Die Frauen »teilen nicht die Freuden der Männer«, und allmählich geht mir auf, daß Anton Pawlowitsch ein noch weit größerer Frauenverächter war als mein »Spielverderber«

Reifhorizonte: die Horizonte gesäumt vom Reif (Rouen, 26. Jan. 1989)

»Wenn du dich nicht von selber zurechtrückst, bleibst du Idiot, sowohl als Lebender als auch als Sterbender, kai zon kai apothneskon; Epiktet)

Das Tympanon mit der Wurzel Jesse außen an der Kathedrale von Rouen: allen Köpfen der Könige bis hinauf zum Messias in der Baumkrone sind – wieder ein Bildersturm – die Köpfe abgeschlagen, nur dem Schläfer-Träumer unten im Wurzelwerk nicht: ihm war der Kopf nicht abzuhauen? (Dem König David wurde mit dem Schädel auch die Leier zertrümmert.) Schief wächst der Baum aus dem Schläfer, der den Kopf träumend in die Hand gestützt hält, und wird dann erst gerade

Wintersonne, tiefstehende, im Marktcafé: die Gäste mit durchscheinenden Ohren

In Rouen jetzt mein Geschichtsekel besonders stark werdend, vor dem Turm, in welchem der Jeanne d'Arc die Folterwerkzeuge »gezeigt«, dann vor dem Palais, in dem ihr der Prozeß gemacht wurde; dann auf dem Platz, wo sie verbrannt wurde, dann vor dem Haus, wo sie rehabilitiert wurde, dann vor der Kirche, die ihr zu Ehren erbaut wurde

Überall die gleiche Statisterie im kläglichen Welttheater: die einander von Auto zu Auto Anmaulenden, die Ins-Gebüsch-neben-der-Tankstelle-Pisser ... und du? (Caen, Nacht)

Jesse-Jesaia, der mächtige Schläfer: das war Rouen (27. Jan. 1989, Caen)

Hoch über dem Hohlweg traf ich auf den Hain mit den großen saftigen Winterheidelbeeren, die ich aß und aß; um ein Haar übersah ich unten im Hohlweg die beladene Mutter, der ich doch eigens entgegengegangen war, um ihr einen Teil ihrer Last abzunehmen

Die kräftigen, kräftigenden französischen Morgendämmerungen

Mit dem Wissen kann ich mich sättigen, und bin bald übersättigt, vor den Kopf gestoßen, stumpf; mit der Kunst kann ich mich nicht übersättigen, nie

Tintorettos Kreuzabnahme: die im Schmerz hintübergefallene Mutter, während die Henker und Wächter schon vom Toten abgekehrt sind und sich entfernen wie im Laufschritt, die Lanzen geschultert; Tintoretto und Max Beckmann – wäre das helle Blau des Muttergottesgewandes nicht und die blaue Matte, in die man den Leichnam des Sohnes legen wird – aber vergleichbar oder besser verwandt die Schatten(bahnen) in den Gesichtern, die Haltungen, die Dunkelheit der Dinge (die Zange des einen Vom-Kreuz-Abnehmers), der dunkle Kreuzesstamm selber, ungeheuer dick und massig, dazu die helle leere Ferne wie auf Beckmanns Exilbildern in Holland, dazu die Festumrissenheit, Skulpturiertheit der Gestalten, und eben die Dunkelbahnen (Caen, Calvados)

Du *kannst* kein Frauenverächter sein, denn es *gibt* die Frauen; du hast nur die Fremdheit unterschätzt? Tschechow: »Es ist besser, zu leiden, als sich damit zu trösten, daß Frauen Frauen und Männer Männer sind.«

In jeder Stadt unterwegs bisher zumindest ein (1) Spatzenbaum; in dem sich die Spatzen am Abend versammeln zum Schlafen, noch bis lang in die Nacht schreiend; der Baum bezeichnet durch Spatzenkotteppiche zu seinen Füßen, während um all die anderen Bäume nichts ist (Tours, 28. Jan. 1989)

Tschechow war »im Leben« insgeheim ein Empörer; und in seinem Schreiben offen ein Empörer

Eine Art Reifschatten, weiß, des Buchsbaums im Gras, das um den Schatten herum grün ist; der Reifschatten in der Kegelform des Buchsbaums

In Andrea Mantegnas Ölbergbild sind die Jünger eingeschlafen tatsächlich »vor Betrübnis«, zumindest der eine, im Sitzen Schlafende, Johannes, mit dem kummerverzerrten Mund, und dazu der eine, blitz- oder altersgespaltene Dornbaum, und über den Brückensteg der Hase weghoppelnd in der Dämmerung (schon bald Morgen?), »unser Ebenbild«, und die Bienen des Seelenschmerzes sirrend um die zwei Löcher, wie Löcher im Herzen, in den Holzstöcken, blutspritzerhafte Bienen, deren Stöcke auf einer Gesteinsrampe, und so viele zersplitterte Baumstrünke in der Todesschweißlandschaft, und hinten von den Häschern kommen immer noch neue nach, so viele für einen Mann!, und in der Ferne der Riesenhase, aufgerichtet, und, in Gedanken an Spinozas »Der vernünftige Mensch denkt das Leben ...«, jetzt weg vom Schwirren der Sterbensbienen, hinaus zu dem Beben und Schaukeln der schon wieder in der Vorfrühlingssonne sich sträubenden Haselkätzchen, Beben, Schaukeln, Zittern, *Winken*

In Wasser versunkene Panzer: daran läßt mich die Loire, samt Sandbänken, in Tours denken

Ein Lyriker, der das Edelste anspricht / weckt: selten (Pindar, Hölderlin, Char); ein Prosaist, der das Edelste in dir hebt: das Seltenste

Das Entwaffnende der romanischen Kirchen (vor Notre-Dame in Poitiers, 29. Januar 1989); und dem Jesse wächst hier der Baum aus dem Kopf? als Widderhornpaar dem Schläfer aus dem Kopf wachsend?

Langsamer reisen

Eine mindere Variante des »Die Stille zur Angst mißbrauchen« (Ilse Aichinger) wäre »Das Zeithaben zum Zeitungslesen mißbrauchen«

Der kahle Mandelbaum voll mit Mandeln, dicken, schrundigen, zum Teil noch gehüllt in die schwarzen Schalen, und daneben die Haselblüten als Lichtkorb, Vorfrühlingslampen, aus dem Winterschatten leuchtend –: überall in Poitiers statt der Uferwege die Fruchtgärten, leicht abschüssig, wie hinunter zum Nil (der hier Clain heißt)

Ein paar Heilige mußte der Bildersturm gar nicht erst enthaupten: sie, die Märtyrer, trugen ihren Kopf schon von vornherein vor sich her

Freudengrund genug wäre (ist) schon das Bewußtsein der Entkommenheit (é chappée belle); entkommen wem? dem Heimatland

Ich wäre so gern Tschechow begegnet, und dabei bin ich's doch; ich hätte so gern Poussin getroffen, und ...; ich hätte so gern Vergil ...; aber nicht so, wie ihr meint

Im Lesen von Tschechow, seines gerechten, gesetzhaften, studierbaren (ja) Erzählens schaue ich immer wieder auf und sehe gleichwelche Vorbeigehende als Russen gehen (Limoges)

Der Weltuntergang wird an einem Sonntagfrühabend stattfinden, in einer jähen Stille, wenn das Autorauschen verebbt, welches das einzige Geräusch weit und breit war (Limoges, Sonntagfrühabend)

Tschechows Frauenhaß, so offenbar, daß er übersehbar ist, macht es seinem Leser leicht, allein zu sterben? – Und sagt nicht, der Haß gehöre bei ihm zur Rollenprosa

Anton Pawlowitsch, warum nur bist du so tief eingegangen auf die Leute, hast sie nicht einfach vorbeigehen lassen, als Silhouetten und ferne Umrisse, wie die jetzt in der Nacht, beladen vom Bahnhof heimwärts ziehend?

Unter dem Vogelschlafbaum von Limoges gestern abend – bis mitten in die Nacht immer wieder ein heftiges Aufschwirren – stank es wie im stickigsten Hühnerhof, während überall sonst ein frischer Nachtwind wehte, und in Abständen fiel aus großer Höhe, mit einem weichen Geräusch auftreffend, der Vogelmist auf den Asphalt, und eine einzelne alte Frau bog besorgt davor ab, und ich dachte: »Bald werde auch ich so sein« (Limoges, 30. Jan. 1989)

Der junge Mann, gestern, im Café, dem heimlich von hinten der Haarschweif abgeschnitten wurde: sein Weinen dann an der Schulter eines andern, während er unentwegt nach dem fehlenden Haar griff, und die dumme Betretenheit der Abschneider, die den Verlust nicht und nicht begriffen (alles »wie zuhause«)

Ein altes Ehepaar, das unablässig miteinander Schach spielt (»Der Bildverlust«)

Die Leiter der Kreuzabnahme wieder – diesmal, in Limoges, aus Email, sechzehntes Jahrhundert –: überall lehnt sie noch

Sich die Landschaften, Lagen, Flüsse, Bergzüge, Ebenenhorizonte einädern (wozu bin ich sonst unterwegs?)

Der entseelte Yoga-Atem; ich verstehe diese Erlösung, aber ...

Die Jukebox von Limoges: Für John Lennon und Paul McCartney, nachdem sie sich aus der Kümmernis von Liverpool und Sonstwo herausgesungen hatten, wurde alles Lied, eine lange Zeitlang (»Eight days a week«)

»Gemessen an meiner Freude«: diese ist also ein Maß; »gemessen an ...« – woran noch?

»Rue Stuart Mill« im Industriegebiet von Limoges; so begleitet England mich durch den Kontinent

Das Ewig-Aktuelle, die ewig-aktuellen Typen Tschechows sind auch seine Schwäche; das Niederziehende an ihnen, das Deprimierende, Luftraubende

Ich, der Weihnachtsidiot (eher Adventsidiot): mein ewiges Erwarten (auf den Viehweiden außerhalb L.)

Die Einsamkeit würde mir erst *fühlbar*, käme sie zusammen mit Sehnsucht und Hoffnungslosigkeit; ohne die zwei weiß (spüre) ich gar nicht, daß ich einsam bin

»Angemessen müde«: auch die Müdigkeit gibt (ist) ein Maß; »gemessen an der Müdigkeit«

Jeden Tag fern der Dummheit der Heimat betrachte als Gewinn (31. Jan. 1989, Limoges, Limousin)

Viele scheinen in Erwartung, aber in feindseliger

Überrascht merkte er, daß er in der Stille angekommen war – merkte er *auf* (an der Vienne, wieder die Reifhorizonte, die weißen, wie seit Tagen; dann die Sonne, und von ihr erwärmt, kommt das starre Laub auf der Erde ins Rollen und rollt die Flußböschung hinunter, und es zittern die gewärmten Gräser, an denen der Reif abrinnt, und getrocknet richten die Halme sich auf) – wie habe ich die Stille vernachlässigt in den letzten Tagen hier unterwegs in Frankreich – aber wie ist es auch schwer, sie aufzustöbern – Rätsel Stille (und jetzt Ohren auf für die raschelnden Wirbel der Vienne)

»Flußpfadschuhe«: Es müßte für jede Weg-Art entsprechende Schuhe geben

Die Flußmaus, schwimmend – keine Bisamratte –, hell, lang, dann verschwindend in den Bau an der Böschung, Bau mit vielen Löchern, der Kopf mit schwarzem Auge nun aus einem ganz anderen Loch schauend, dann die Maus ins nächste Bauloch schießend, böschungaufwärts, und so aus und ein, von einem Loch zum andern, den Eindruck von vielen Mäusen gebend, einem ganzen Mäusevolk – und darunter am Flußgrund treiben die Schatten der Blätter von oben, von umso mehr Licht gesäumt dort in der Tiefe

Tschechows Frauenverachtung: (aber) feingegliedert

Limoges erlebe ich als die erste französische Stadt mit Oberleitungsbussen, weiße Stangen von den Bussen hinauf zu den Drähten, die Leitungen getätigt durch zwei Einlässe nicht oben auf dem

Dach wie bei den Obussen »daheim«, sondern in der Rück- oder Heckseite der Wagen, kleine, seltsam kurze Obusse, vor allem hoch auf der Flußbrücke, und an den Schwellen, Übergängen, Abzweigungen der Drähte kein Klicken wie in S.

Winterlicht: gestern am Dorfrand, oben auf dem Plateau, weit außerhalb der Stadt der Weidedrahtzaun schimmernd von der Schafwolle, und vorgestern in einer schmalen steilen Gasse in Poitiers das Licht der tiefstehenden Sonne so stark, daß die Entgegenkommenden nichts als Strahlenhaare waren, selbst die Silhouetten davon wie weggeblendet, bis auf das Haarstrahlen die Körper ganz unsichtbar, ein rotes Strahlen, und die eine Frau, die dann im Vorbeigehen wirklich vollrotes Haar hatte

Tschechows Blick hat viel Ähnlichkeit mit dem Keuschnigs in der »Stunde der wahren Empfindung« – nur verstellt er sich mehr (besser?)

Der erste Barfußtag heute (im Park beim Bahnhof von Limoges)

Ist nach Tschechow die *Rechtlichkeit* verschwunden aus der Literatur? – das Muttersöhnchen Proust, der aufgeblasene unreine Musil, der Schreibakteur Joyce – von Th. Mann zu schweigen – der Heiratsschwindler Kafka (der immerhin mit Sehnsucht nach Rechtlichkeit)

Ein Mensch, der nach jedem Hinschauen sich in einem anderen Blickwinkel zeigt, vogelhaft

»Ich fühlte mich unerträglich traurig und doch so gewaltig lebendig« (Anton Tschechow)

»Aber warum sind wir so müde? Das ist die Frage« (derselbe Anton Tschechow)

Daß du Künstler bist, zeigt sich daran, daß du nicht bloß begeisterbar bist, sondern die Begeisterung aushältst; und ist das der Fall? (im Zug Limoges–Souillac)

Waren die Kinder in meinen Träumen jemals böse, oder königlich (siehe die Wurzel Jesse)? Nein, sie waren beständig das Reine, das Hilflose, und in der Krone meines Traumbaums, in deren Wurzel ich lag, thronte nicht der Erlöser, sondern sie war *leer vom verschollenen Kind* (1. Februar 1989, Souillac)

Gestern nacht, beim Heimweg hinauf vom Ort zurück zum Hotel am Bahnhof, in der Betrachtung des sehr klargezeichneten – kein Mondlicht als Abschwächung – Orion kam es plötzlich zu einem Tumult in dem dunklen Haus, an dem ich gerade vorbeiging; eine Frau schrie, und schrie; endlich vernehmbare Worte dann: »Non, Orion, dehors!« Die Tür ging auf: »Non, Orion, là! Non dans la poubelle, Orion!« Ein Moment des heftigen Rumorens dann im Vorgarten, und: »Viens, Orion!« Und dann zeigte sich kurz ein riesiger Hundeumriß, wie er zurück in das Haus schoß. Türeschließen. Stille. Dunkelheit. Ich schaute wieder zum Sternbild des Orion hinauf. Wir lächelten einander zu

Der Schrifttanz der Jesaia-Säulenskulptur (Isaias) in der Kirche von Souillac – allmählich begreife ich, was »Arabesken« sind – auch sein Gewand, unter der Achsel, tanzt mit – und selbst die Windungen seiner Prophetenohren, Prophetenlauscher –, und die Bilderstürmer, sie haben dem Jesaia den Tanzfinger, mit dem er auf seine sehr lange Schriftrolle zeigt, weggeschlagen – aber geblieben ist der Umriß des Fingers in dem Steinbuch – und es ist, als habe der tanzende Prophet da seine Schriftrolle geradewegs aus seinem Tanzgewand gezaubert, aus dem Tanzumhang, der in die Weite weht

Stille: leuchtende, feingezeichnete Nähe

Der Habicht über den Causses, dem französischen Karst: kreischend fliegt er auf, mit seinen so wuchtigen Flügeln, die zugleich auch Schultern sind, im Auffliegen von der Kalkerde jammernd und drohend, ein Drohjammern, seine Gestalt dabei an ein Eichhorn erinnernd, ein geflügeltes; das flache, eben hinausquälende Schreien der Elster – der Habicht aber läßt seinen Schrei los, läßt ihn schallen, läßt ihn aufsteigen, in seinen Beuteraum; und oben auf dem Kalkplateau angelangt, dachte ich: »... aber im Winter muß es hart sein hier!« – dabei war es doch Winter, mit Reifsäumen auf den Terra-Rossa-Ackerkrumen; die Äcker der Causses serpentinenhaft, serpentinenweghaft sich hineinziehend zwischen die Wüstenfelsen, schipistenhaft auch, Slalompisten, fruchtbare

Die romanische Kunst hat die Statuen nie in den freien Raum gestellt? Nur die Fliegen, die Spinnen, die Vögel konnten die Köpfe auch von hinten sehen? (So im Gegensatz zu den griechischen und römischen Skulpturen?)

Als ob schon mit jenem einen Schritt hinter ein Weidegatter die Stille einsetzte, und stofflich werde – so wie vorgestern bei Limoges, gestern in den Causses, heute bei Cahors –: wie ausgesperrt durch das Gatter auf einmal der Lärm – die Vögel fliegen, die Wacholderbeeren blauen (Cahors, 2. Februar 1989, Mä. Lichtmeß, Chandeleur, Candelaria)

Der Streit zwischen Schrift und Bild, warum? Oder ging es vielleicht nicht um »Schrift«, sondern Feiern der Schrift – *mündlich*? *Mündlichkeit* gegen das Bild?

Ohne Ergriffenheit kann ich nicht lernen (das Grau-in-Grau der Figuren am Portal von Cahors, und daneben das Stufen-Grau der Platanenrinden: Dunkelgrau / Mittelgrau / Hellgrau / Beige: zeichne einmal eine Landkarte der Platanenrinden, und vergleich das Pendeln der Platanenkugeln mit deinem Herzschlag)

Die Momente, da alles recht und erfüllt ist: sofort das Gefühl – Bedürfnis – Gebot des Teilenwollens (-sollens) (Moissac am Tarn)

»Für zwei?« wurde er auf seiner Reise gefragt, sooft er sich nach einem Zimmer erkundigte. – »Nein, nein, allein!« antwortete er begeistert (3. Febr. 1989, Moissac)

Bedenk die Bilder, die entstanden sind nach den jeweiligen Bilderstürmen –, als Antwort darauf? Bedenk auch die Bilder, die nicht als Antwort gemeint waren, sondern »aus eigenem« kamen, unmittelbar, ohne Hintergedanken (»Der Bildverlust«)

Mit dem Lauf der Flüsse – auf der Karte – mitgehend, spüre ich sie in mir – und wo?: im Zwerchfell (der Lot, der viel mäandernde Fluß)

Vorstellung von Tschechows Vorwurf an eine Frau: »Du wirst so schnell und so bitter kalt wie eine Tasse Porzellan bei offenem Fenster im Winter!«

Das Köpfen der Unschuldigen Kinder – Bethlehemitischer Kindermord, romanisches Relief in Moissac –: die Bilderstürmer, Jahrhunderte später, haben dem Kinderköpfen nachgeholfen – haben es, im Abschlagen der Steinskulpturen, wiederholt

Die Romanik war keine Gegenbewegung, sondern ein tiefes, begeistertes, allgemeines, inbrünstiges Insichgehen; was für ein gemeinsamer Atem muß um 1100 durch ganz Europa gegangen sein, *ein* Atem, *ein* Bild

»Und«: Die seligen Alten der Apokalypse, und mein im Sterben tagelang über die Zimmerwand kratzender greiser Großvater

Die Wohltat der rein ornamentalen Kapitel zwischen all den erzählenden: Durchatmen, Pausen, Absätze im Lesen; Vorbilder auch für ein schriftliches Erzählen, heute (»Der Bildverlust«)

Manchmal so wie jetzt im grellen Licht des Nachmittags, fühle ich mich eingesperrt in die Bilder, verbannt durch sie aus der unscheinbaren Welt, und möchte die Bilder – in mir – zerschlagen; gibt es einen »Bilderzwang«, eine »Bilderkrankheit«, so wie einst der Tormann das mit den Wörtern erlebte?; Sehnsucht in diesen Stunden nach der Nacht, ohne Bilder, auch ohne Sternbilder

Die Flüsse Frankreichs alle nicht nur sehen, sondern auch hören, und riechen

»Dein seltsames Alleinspiel.« – »Ein anderes kann ich nicht.«

Im Traum konnte ich dem andern, als dem Wesen, endlich meine Liebe gestehen, psalmodierend, und das gerade hatte er, es, entbehrt (4. Februar 1989, Moissac)

Die Albigenser (Katharer) hatten nur ein einziges Sakrament, das der Tröstung, das Consolamentum, und zu den Tugenden, die sie vordringlich pflegten, gehörte »die Geduld«

Fing dein besonderes Augenmerk für Rampen – und den Raum unter ihnen – einst mit den Mühlenrampen an? (fragte ich mich gerade vor der Mühle von Moissac, am Ufer des Lot, vor den mehlbestaubten Fenstern)

Nicht nur »Versuch über ...«, sondern auch »V. *mit* der Müdigkeit« – das Wort »Versuch« wie in der Chemie verwenden

Die Dörflichkeit der Romanik (auf der Brücke über den Tarn in Montalban)

Denk mit den Kindern (immer wieder: Mitdenken, statt Denken, *als* Denken)

Die Lider der Trauer – die Lidlosigkeit der Schwermut

»Und«: Trauer und Geduld

Am Canal du Midi, die Häuschen an den Schleusen sich, von Montauban bis Toulouse, so regelmäßig wiederholend, daß ich vergaß, in einem Zug zu sein, und mich unversehens wunderte über die Gleise nebenan: »Schau doch, Gleise! Hier müssen Züge fahren!«

Das Werk der Vergessenheit; an dieses *Werk* gehen (»Der Bildverlust«)

Jede Heimkehr wäre für meinen Helden eine Niederlage: die Niederlage der Heimkehr (Toulouse, 5. Febr. 1989)

»Grüß mir die schöne Garonne«: und ich grüßte sie, samt Öl- und Dreckschlieren, in denen der Widerschein der Sonne verkleinert und verwischt wurde

Trauer: Endlich bin ich ohne Meinung

»Die Orgel brüllte, und hörte jäh zu brüllen auf« (so »Der Bildverlust«; T., St. Sernin)

Last auf den Schultern: mein Daheimgefühl unterwegs

»Peut-être vous me n'aimez pas d'amour« (M. Pagnol, Angèle)

»Ich habe immer mit Leuten gearbeitet, die nicht auf Erfolg aus waren« (John Cassavetes †; Narbonne, 6. Febr. 1989)

Narbonne in der Windnacht gestern bei der Ankunft: die vergitterten, verblendeten Fenster am »Hôtel de Police«, aus dem Ventilator dringend das Schreiweinen eines Mannes und die Schwaden eines Knoblauchgerichts; im Bahnhofsbuffet spätnachts die Tafel mit den Feiernden, daneben der eine junge Japaner, der lächelnd ein Sandwich aß, Sonntagabendsandwich vom geschrumpften Stapel, und Milchkaffee trank und dem betrunkenen Treiben zuschaute, wobei ich an den jungen Inoue dachte, wäre er nach Europa gereist, vor dem Schriftstellerwerden; und zuletzt, nach Mitternacht, die vielen einzelnen Bepackten vom Bahnhof durch die Windnacht gehend

Arabisches Gähnen, besonderes (der müde Araber im Zug Narbonne–Perpignan; und draußen ein gelber Ball im salzweißen Meerufersand)

Immer wieder mein Maß: der Mann einst auf der Landstraße am Sonntag in Oberösterreich, wie er mit weißem knatterndem Hemd und schwarzen flatternden Hosenbeinen unentwegt dahinging (1963)

Was mir, vielleicht, unterwegs, von S./Ö. fehlt: das Dröhnen der Glocken, oder der einen Glocke; die Zeit wird hier so trist bimmelnd angezeigt

Das Rauchlicht in der Platanenallee: das war gestern mein letzter Blick auf Narbonne

Ist nicht in den Figuren der Romanik das Gedächtnis all der Unsern, der Vorfahren, aufgehoben?

Versuch über die Müdigkeit: Ein Zug der müden Menschen, die du in deinem Leben wahrgenommen hast – der Heiligen der Müdigkeit (Cabestany bei Perpignan, 7. Febr. 1989); die Müdigkeit und das endliche Sich-sehen-Lassen; die entwaffnende Müdigkeit; »Zeig deine Müdigkeit!« so wie »Zeig deine Wunde!«; Müdigkeit, noch jenseits der Traurigkeit und der Trauer

Stille, Abrahams Schoß; das Menschenrecht auf Stille – allmählich könnte ich eine andere Menschenrechtskonvention aufstellen (und beim Aufschauen fiel mein Blick auf die »rue Benjamin Franklin«; Perpignan)

Eine Jukebox mit verrutschten Titelschildchen wie eine kaputte Jalousie (Perp.)

Wo hat in Frankreich der südliche Akzent eingesetzt? In Souillac – in Limoges hörte ich ihn noch nicht (wie die Dachziegelgrenzen)

»Nein«, sagte das Kind zum weinenden Vater, »nein, ich trage dich nicht.«

Das Neugeborene erklärte mir, auch der mit Schilfrohr bewachsene Erdfleck sei ein Haus; das Schilf, das sich im Wind bewegte, seien seine Wände (8. Febr. 1989, Perpignan)

Gott-selbst als der Bedürftige schlechthin, siehe auch Hölderlin: ... damit der Gott in mir nicht arm und verlassen bleibt (ungefähr)

Willenlos mit der Sonne gehen; entschlossen von der Sonne weggehen

Der Kreuzgang in Elne bei Perpignan: Gott zieht Eva nicht aus der Rippe, sondern aus dem Hintern Adams, während Adam, den Arm überm Bauch, nichtsahnend schläft – Gott schmunzelt –, und Eva wird gleich die Augen aufschlagen und unwillig sein, für immer; Romanik: die klassische Antike, (wieder?) kindlich geworden (bei der Erschaffung Adams zuvor richtet Gott diesen gerade auf, formt sein Gesicht mit dem Daumen drin, die Finger mächtig unterm Kinn; und nach dem Sündenfall treibt der Engel das Paar tatsächlich »east of Eden«, ostwärts aus dem Paradies)

Bist du durchdrungen von etwas, einer Form, etwas Schönem, rufst du die andern – auch wenn es gerade keine anderen gibt – herbei mit: »Kinder!«

»Beherzung!« dachte ich gestern beim Waten durch den Fluß Têt, besorgt nicht meinetwegen, sondern wegen des Notizbuchs in der Tasche (9. Febr. 1989, P.)

Der Nordafrikaner, mit seinen Kindern gehend auf dem schmalen Gehsteig, stieß leicht an den alten Einheimischen. Der Afrikaner entschuldigte sich. Der Einheimische schimpfte hinter ihm her. – »Ich habe mich entschuldigt«, sagte der andere, »ich war im Gespräch mit meinen Kindern.« – »Ich habe nichts gesagt, nichts gesagt«, sagte der Einheimische und schimpfte weiter. Er wußte gar nicht, daß er schimpfte (das war gestern in Perpignan, Quai Nobel)

Sich unkenntlich gehen! (Wahlspruch); viel mehr gehen! (anderer Wahlspruch)

Der Palast der »Könige von Mallorca«: die *Skulptur* einer Pforte, eingelassen in die Burgkapellenmauer, sich wandeinwärts Bogen um Bogen, Pfeiler um Pfeiler verjüngend, als »Pforteneingang« schließlich nur ein höchstens für einen Schmetterling oder eine Wespe passierbarer Schlitz

Auch gestern nachmittag, in Perpignan, dachte ich wieder, mit der Gehlast auf dem Rücken: »Endlich beladen!« (Ille-sur-Têt, landeinwärts, auf die Pyrenäen zu, 10. Febr. 1989)

Wanderung landeinwärts: die mehr und mehr großen, zuletzt riesigen Kieselsteine unten als Fundamente an den Häusern der Ortschaften flußauf – je schwerer sie sind, desto weniger weit flußab sind sie gerollt – die mächtigsten Steine an den Fundamenten der Dörfer nächst dem Flußursprung

Auch in Ille-sur-Têt die Spatzen nachts in dem einen Baum (im Vordergrund ein Ball in den Korbzweigen der Platane da): sie schwirren wie aus dem Schlaf, wie *im* Schlaf von Platane zu Platane, und dahinter, zuhinterst im gezackten Platanenlaub die Sterne, ein ständiges rhythmisches Flimmern, erzeugt durch das Pendeln und das Schwanken der vom Spatzenflug in Bewegung gesetzten Platanenkugeln; mitternachtlang das Rascheln und Schilpen der Spatzen, neugeborenenhaft, dazu das Geknatter der kleinen Schnäbel, ein Endlosgeknatter und -geschnäbel, und dazu – vorher – die erste Fledermaus des Jahres, flatternd in einem Vieleck – mit ihrem Flattern im Luftraum ein Vieleck zeichnend

All die verschiedenen Schriften, Schrift-Züge, mit denen in den Jukeboxen quer durch Europa die zu wählenden Platten bezeichnet sind, gestern in Ille ein paar der Platten, zwischen den anderen mit vorgedrucktem Titel, geradezu in Schmuckschrift, »handgemalt«, zärtlich – Jukebox, Weltbox (im Café Central von Ille-sur-Têt)

Müßigkeit, Müßig-Gehen: das Notwendige (unterwegs zur Abtei von Serrabone) – das Notwendige, um das Hiersein zu realisieren

Im Gehen auf der Landstraße: dunkle Trauerkleider an einer Wäscheleine in der Sonne; an einer Haustür eine blaue Riesendistel als der Wächter; im Dorfcafé (Bouleternère) die leere Leiste für die nichtvorhandene Neonröhre; der Otter vorher, weißbäuchig, gerade überfahren, von weitem noch zuckend und aufhüpfend vom Asphalt – und als ich vor ihm stand, schon reglos, aber noch warm, sehr warm, und am Horizont das schneeweiße Massiv des Canigou

»Ermüdungserscheinungen?« Endlich (Erscheinungen)

Vom Menschen ist nichts zu wissen (außer, daß er »immer für eine Überraschung gut« sein kann)

»Welchen Tanz kannst du?« – »Den Gehtanz.« (Wacholder mit *Stämmen*, baumhaft; blühendes Mimosengelb; Dunkel des Schiefers; Bienengesumm, februarfrisch, in den Mimosen)

Ich dachte, neben dem Bach gehend, an Fische – hatte die Idee »Fische« –, und schon waren sie da, zeigten sich, flitzten den Bergbach hinunter, kurvten, kehrten um, flitzten bachauf, undsoweiter

Das »Vergnügen des Pferdestriegelns« kam mir gerade in den Sinn, in mehrere Sinne, beim Gehen sonnenbergauf: braunglänzende Welt, wie die Pferde damals vor dem Großvaterstall

»Er lachte, und die Landschaft blitzte zurück« (so »Der Bildverlust«)

Epoche des »Bildverlusts«: Eine Zeit, in welcher die Freude dem sich Freuenden selber als eine Art Laster erschien

Gestern in Perpignan: die Oleandersporen, bronzen schimmernd in der Sonne; und dann in Elne, beim

Aussteigen aus dem Zug, der große leere Bahnhofsplatz mit dem einzelnen Ziegelwagen, und ein Vater holte damit seine Tochter ab, und nur ich und eine junge Frau gingen, unter all den Ausgestiegenen, allein unserer Wege, stolz unabgeholt; und jetzt auf den Höhen von Serrabona der Wind und der dunkle Pyrenäenschiefer, und zuvor beim Aufstieg durch den Wald die Korkeichen mit den geschälten Stämmen

Die Abtei von Serrabona(e): Wie sind solche enthusiastischen Formen entstanden, damals im elften und zwölften Jahrhundert, noch und noch, hier und dort, kreuz und quer, in den Tälern wie auf den entlegensten Bergen Europas, geschaffen von Myriaden Händen, Gelenken, Seelen, Geistern? Enthusiasmus: der Hirsch bekommt ein Löwengesicht

Die Evangelisten von Serrabone gestern: Sonst haben sie entweder Menschenköpfe mit Tierleibern, oder sind rein Adler, Stier, Löwe, Mensch-Engel: dort oben aber in der Schiefer-Einöde waren sie allein Tiere, freilich in der Haltung, aufrecht stehend auch Löwe und Stier, mit ihren Schriften in Klauen oder Pranken, ganz Menschen, besonders deutlich und nachgehend eben beim Lukas-Stier und beim Markus-Löwen (Prades, erstmals seit langem Wolken, 11. Febr. 1989)

»Regard de tendresse«, den Blick der Zärtlichkeit (oder Zartheit), den beschwor gestern der messelesende Priester oben in der Abbaye de Serrabone, skandiert von angemessenem Schweigen, Ins-Schweigen-Fallen, immer wieder – ein Schweigen und In-sich-Gehen, welches die Wörter »Blick« und »Zartheit« erst ermöglichten und hervorriefen, ja -riefen (und dazu das Einton-Gepieps der winzigen Bergvögel in den Bausteinnischen)

Gestern auf dem Weg in die Einöde von Serrabone: Ich habe mir das schwankende Herz geradegegangen, und werde das heute wieder tun, und morgen wieder

Der Efeu überall als der Raubritter in der Baumpflanzenlandschaft, oder als der stille Meuchler

Die ersten Regentropfen im Wegstaub: österlich – solch ein Geruch steigt auf aus dem Staub (unterwegs nach St. Michel-de-Cuxa)

Gelobt, wer aus dem Hundegebell Musik heraushört

Schwätzer, die Gegenwartsdiebe; tragen manche nicht eine Spur, einen Moment Schweigens in sich? Solche Leute einmal fragen: »Kennen Sie das Schweigen? Kennen Sie wenigstens das Wort?« Manchmal möchte ich mir einen Blitz vom Himmel wünschen, herab auf die Geschwätzexistenzen, wie sie tafeln, schwatzen, teilnahmslos strahlen, unbestraft sterben werden

Die Waldrebenblüten, silbrige Girlanden um Sträucher und Bäume, rahmen den Winter (Taurinya, Piedmont der Pyrenäen)

Dankbarkeit für das eine Auto ohne Schi auf dem Dach (Kolonne unterwegs zum Canigou)

Gestaltfragment: Ein Mensch, der auf jede Frage zunächst antwortet mit einem »Ich weiß nicht«, und dann doch jeweils genau und gewissenhaft Antwort gibt

Ideal einer Frau: die dem Mann die Räuberleiter macht

Überall hier in den kleinen Pyrenäenorten die Bars und Cafés »des Variétés«, »du Cinéma«, zu denen es längst kein Variété und kein Cinéma mehr gibt (Prades, Vernet, Villefranche) (12. Febr. 1989, Vernet)

Zur Welt durchdringen in der Form des »Das da! Das dort!« – Die bereiften hellen Knospen an den Apfelbäumen, daneben – dort – die verschrumpelten schwarzen Vorjahrsäpfel

Es bleibt, ist schon wahr: ohne Gewicht, Last, und zwar auf dem Rücken, fehlt dem Gehen, dem Gehenden etwas

Rast im Gehen: im Laub sitzend die Laubfarben annehmen (vor Saint-Martin du Canigou)

Die (Groß-)Bauern – es gab zuhause auch ein paar, wenige, solche – waren nie »schön müde«, »freundlich müde«?, die Kleinstbauern, die Keuschler (siehe der Großvater) aber wohl? (so sah ich es gerade vor der dunklen Schroffheit der Pyrenäen) – die milden

Müdigkeiten der Keuschler am, ja, Feierabend, an den freien Samstagnachmittagen, nach dem Kehren des Hofs, die Sonntagnach-mittage, die Sonnenstunde nach der Messe (und jetzt der Zaunkönig, piepsend, im Busch senkrecht von unten nach oben schwirrend-flirrend-stiebend-stupsend)

Auf nach Ur! – Beim Studieren der Landkarte: Es gibt im Pyrenäenhochland der Cerdagne einen Ort dieses Namens. Auf nach Ur in die Cerdagne (die ich mir wie den österreichischen Lungau vorstelle, natürlich edler, wie so manches Unbekannte)

Im Apfelgarten, unter den schwarzverschrumpelten Äpfeln, riecht es nach Räucherkammer, nach Räucherfleisch. Der Rauch aber kommt von einem Haus weit unterhalb, an einem Bach namens Cady. Vorbeistapfende Kinder nun im Obstgarten, mit dem Geräusch von schweren Reitern – und jetzt traben die Reiter hinab zum Bach

Welche biblische Geschichte spielt an einem Sonntagnachmittag? Eine solche täte not (»gottloser Sonntagnachmittag« – es sei denn, du liest)

Zu »Mond« gehört ein »Auch«: Es windet; es ist leer; niemand; und der Mond ist auch da

Vielen (Tatsachen-)Büchern ist anzumerken, daß den darin Vorkommenden von den Verfassern unverschämte Fragen gestellt werden

Ein Kreuzzug gegen den Lärm; wohin? Hinein in den Lärm

Die gar kleinwüchsigen Eltern mit den fröhlichen drei Kindern, die mir zu Mittag bergauf begegnet waren, jetzt gegen Sonntagabend bergab: Da spielt sich die Kindheit ab; es lebe solch eine Familie

Die Nahrung, nach welcher der Hund, auf dem Bauch liegend, vergeblich seine lange Zunge ausstreckt, ist eine Rose (hoch in den Pyrenäen, bei St. Martin du Canigou), und dazu die einander schon rufenden Käuzchen, und heute glaube ich, tatsächlich einmal das Auftreten des Abendsterns gesehen zu haben, vor der Abtei im Gebirge: sein Heraustreten aus dem noch blauen Himmel, von einem Blinzelmoment zum andern, ein Schnellen, dem noch ein Ruck oder Schritt folgte, mit dem der Stern dann endgültig sichtbar und da war und funkelte (erinnere dich an dein ständiges Warten unterwegs auf diesen Moment, bis jetzt immer vergeblich, am inständigsten im Dezember 1987 bei Archea Nemea)

Wittgenstein ist mir vor ein paar Tagen – nein, das war gestern, bergauf zum Canigou – begegnet, mit leichtem Rucksack und ernstem, entspannt-gesammeltem Profil (13. Februar 1989, Vernet, Pyrenäen)

Große Augen gestern beim nächtlichen Weg bergab vom Canigou-Vorgebirge durch das fast lautlose Dorf Casteil – nur einmal etwas wie ein jähes Losschimpfen hinter geschlossenen Läden –: der eine kahle Apfelbaum vor dem Sternenhimmel mit dem Großen Wagen: zwei Zweige bildeten weitausgebreitete Arme, und dazu ein einzelner verschrumpelter Apfel, mit einer Kuhle wie für Augen und Nasenlöcher, mit dem Kopf eines winzigen, den Sternenhimmel anbetenden Mykeners. In der Betrachtung trat ich immer wieder nach rechts und nach links, wechselte in einem fort den Standpunkt – aber der Apfel blieb klar jenes sich wiederholende archaische Idol (dazu aus einem Schornstein Rauchgeruch)

Gestern am Abend noch das herrliche Singen der Nonnen hoch oben aus der vorromanischen Kirche von St. Martin du Canigou, herausdringend in die käuzchenstille Dämmerung, die Singpausen wie Pausen in einem Meeresatmen, welches dann folgte als das Heranschwellen einer gar zarten Flut, wieder und wieder, und die Sehnsucht des Zuhörers draußen während der Pausen nach diesem Heranfluten – und es kam, und kam, und kam wieder, die Pause als Frage, und dann die brausende Antwort; und sogar das letzte Flöten der Amseln im Freien war dazwischen für einmal störend, ich wünschte, nein, wollte die Vögel verstummt, wagte selber nicht zu atmen, und die Schritte der Kirche näher, die ich tat, um besser zu hören, versuchte ich dann anzupassen jener Ebbe und Flut im Kircheninnern; und dann begann schon der Mond zu leuchten auf dem Vorgebirge, ich bekam einen Schatten, aus dem später, unten im Dorf Casteil, mit den Laternen dort, zwei wurden, jetzt Laternenlichtschatten, lang, jetzt Mondlichtschatten, kurz; und die Vorfahren wehten durch mich

Am Briefkasten von Casteil/Pyrenäen: »Dimanche et jours des fêtes: NÉANT«

Auf dem Tisch der Terrasse vor meinem Gasthofzimmer (ein Gasthof namens »Molière«) liegt ein Spielwürfel, ein (1) Auge nach oben, und ich stellte mir vor, über Nacht habe sich der Würfel von selber gewendet; dazu unten aus dem Graben des Bachs Cady leises Rauschen; österliche Luft – nichts als Vögel

Mein häufiger Reflex: mich zu verstecken, und zwar grundlos

Manchmal geradezu handgreiflich der Drang, die Toten zum Leben zu erwecken, wie jetzt hier in der Sonne, wo sich am Boden die Blätter sacht drehen; was aber dann mit den Auferweckten anfangen? – Und während ich mich das gerade fragte, stand, im Handumdrehen, nah vor mir ein Rotkehlchen, zuerst nichts als das leuchtende Kehlrot, dann die geplusterte Kugelform

Er vertiefte sich in die Landkarte. Als er aufschaute, standen einige Vögel um ihn herum, trippelten, pickten im Sand, äugelten, äugten (so »Der Bildverlust«)

»Ernst, Ernst! Nichts als Ernst!« (Gebet, bergauf, bergab)

Säugling, in seinem schräg aufgestellten Kinderwagen in der Haltung des Gekreuzigten

»Die Nationen entstehen aus dem Schwert und gehen zugrunde durch den Wein und die Musik« (ein Moslem aus Pakistan)

Was tut dein Blick? Er erhält deine Form (Villefranche-le-Conflent = der Zusammenfluß)

So lang andauernde Nachbilder wie Goethe, der noch Monate nach einem Anblick dessen Gestalt, bei geschlossenen Augen, nachflimmern sah, wirst du selbst im Alter nie haben?: die Pappeln im Hochland der Cerdagne jetzt, werden sie in zwei Jahrzehnten, drei, sich wiederholen, samt der Schneefläche hier, deren Saum sie bilden, auf fünfzehnhundert Metern Höhe über dem Meer, heute in Mont-Louis? (wo vor dem Fenster ein Mensch, statt zu gehen, hoppelt – so kalt ist es hier, am 14. Febr. 1989)

Als gestern nacht die zwei Mädchen begeistert gesichtsnah am Bildschirm der Video-Jukebox standen – obwohl der Wirt sie da wegscheuchen wollte –, da, nach der Durchquerung der vielen Gräben hin zur Moscheen-Kirche von Planès, dem Sich-Verirren noch und noch an den Schneehängen, dem Sich-Verfangen in den Dornen, dem Ausrutschen auf dem dicken Eis eines übergelaufenen Bachs, am brüllenden Hund vorbei in der Nacht – der mehr Angst hatte als ich –, da erst bekam der lange Tag seine Erfüllung, und mit den beiden enthusiastischen Mädchen kam auch der Weg, meiner, zu der weltfernen Moscheenkirche zu seinem Recht, rundete sich, »vielrund«, wie die orientalische Kirche selber

Durch Jacques Tatis »Les vacances de Monsieur Hulot« ist doch für immer ein nachsichtiger, auch teilnehmender Blick auf noch so verwirrte, durcheinanderdrängelnde Feriengäste entstanden, möglich, wiederholbar geworden? (siehe jetzt der Schiort Mont-Louis)

Es schneit, und im leichten Schneefall erscheint, bei diesiger Sonne, statt eines Regenbogens ein Schneebogen

Die abgeholzten Schneisen kreuz und quer in den Gebirgswaldhängen auch hier, und dazu mein innerer Dialog: »Aber die Leute brauchen Bewegung.« – »Nein, die Schönheit geht vor!«

Kommst du beim Gehen ins Hetzen, so kommt auch dein Inneres ins Hetzen, in jedem Sinn, und die Schifahrer werden dir zu »dunklen Würmern wimmelnd an den weißen Hängen«

Die Rasterschrift der Viehsteige – es gibt sie auch hier in der Cerdagne, nachgezogen und verdeutlicht durch den Schnee –, wäre das nicht etwas für einen, meinen, unseren Grabstein (endlich der Schneetag, der Schneienstag; und ein Spatz pickt vor mir auf dem Weg herum nach den da auftreffenden Flocken, eher Körnern)

»Eine betrunkene Frau und ein müder Mann, das ergibt doch ein gutes Paar!« – sagte das nicht Rita Hayworth zu Glenn Ford in »Gilda«? –; und erst ein müder Mann und eine müde Frau!

Der Hund, für einen Moment der Sturmstille, schüttelt sich den Sturm aus dem Fell, und als der Sturm wieder einsetzt, wirbelt ein Spatz auf dem Weg auf der Stelle wie ein Blatt (Estávar/ Cerdagne)

»Abkratzen«, das paßt gut auf den Großvater, der im Sterben damals tagelang mit den Fingern »bergab« über die Kammerwand gekratzt hat

»Die Schlangen der Schlaflosigkeit krümmten sich nachtlang zu seinen Füßen« (so »Der Bildverlust«; Llo/Cerdagne, 15. Februar, Sturmnacht)

Gestern: das erste Blitzen des Schnees frühmorgens beim Blick aus dem Fenster in Mont-Louis, weithin durch die großen Hochebenen; das leuchtende Gelb des welken Grases auf dem endlich stillen, autolosen Weg; Mütze ab, um den Schnee auf der Stirn zu spüren, einen kalten, festen, außenweltlichen Schneekopf zu bekommen, und auf diesem stillen Weg, das Gewicht des Tragsacks auf den Schultern, konnte ich, im Gehen, dann sagen: »Ich bin da!«; und dann die Waldschneise mit der Wildfutterkrippe, eine so gewaltige Losung daneben, daß ich an einen bösen Bären dachte; auf dem wieder lauten Weg nach Eyne dann die Verfluchung der Autos, und danach erst, mit den bis tief in die Gehörgänge fliegenden, kühlenden, belebenden Flocken, die Geduld, die Gelassenheit: »Für einige Zeit werde ich nun, mit Hilfe des Schnees, alles dulden können«; die häusergroßen Granitblöcke in der gelben Heide, wie schon vorgestern oberhalb der Moscheenkirche – ich habe mit ihr eine Schwelle erreicht zwischen Europa und … –, diese bedrohend; die Cerdagne als leicht geneigte, leicht gehöhlte Weltscheibenlandschaft; die Leere auf dem Kammweg nach Llo, das Abbiegen auf die nackterdigen Feldwege; an den Hängen dick- und kurzbeinige Pferde Gras rupfend aus dem Schnee, eins der Pferde mit einer »Kuh«-Glocke; die Flocken im Staub des Feldwegs, einige im Auftreffen zerstiebend, einige zwischen den Sandkörnern als Schneekörner liegenbleibend, vom Sand kaum zu unterscheiden, klein, rund, hell wie der Quarz-Glimmer-Sand, und im Schmelzen, anders als etwa Regentropfen, verzweigte, verrinnende Formen hinterlassend; der Milan, immer wieder herabstoßend auf die Weide, wobei ihm etwas Winziges, Dunkles von Mal zu Mal aus den Krallen fiel, endlich sein sehr langsames Wegschweben mit der arretierten Beute; dann der Moment des riesigen vielfältigen Netzes der leeren Viehsteige; das Aalgeschlängel des Wassers dann, schwärzlich unter dem durchscheinenden Eis des Rinnsals in einem Zwischental; die von den Pferden blankgerupften Weideflächen; das Dorf Llo endlich, schiefergrau auf halber Höhe in der Ferne (von mir aus hätte es noch weit ferner sein können): die Weidenbaumreihen an den Wegrändern, ein schier endloser Portikus; der Schieferhohlweg hinab zum Dorf, der streunende Hund mit Pflichtgebell im Sichwegschleichen (am Abend dann, im Dunklen, traf ich ihn wieder, und nun bellte er zur Begrüßung, weiches Anstreichen im Finstern); »ich habe wieder einen Ort«, dachte ich bei der Ankunft, und zählte dann im Weitergehen alle meine Orte auf; die lange Felsrippe, an der das Dorf emporsteigt, Wege und Häuser der Rippe angeglichen; das Rundportal der bald tausendjährigen Kirche im Zenit des Bogens mit einem breitrunden romanischen Kopf, mir zum Gruß schmunzelnd; der Bachfluß, Flußbach Sègre, und ich grüßte die einzelnen Unbekannten, als »neuer Einheimischer«; plötzlich dann, nach Saillagouse, der Sturm im Hochland; immer wieder in dem Sturm das Sich-Abwenden und -Umdrehen gegen die heranschmetternden Granitsand- und Eiskörner, Sich-auf-und-ein-Pflanzen erdwärts gegen den Orkan mit den Beinen; große dunkle Heuschutzplanen wehten im Staub durch das baumlose Land vor der Enklave von Llivia; Zuflucht in der Bar von Estávar, dem »Nizza der Cerdagne« (kleiner Weiler, wo Jugendliche, wohl auf Schikurs, Karten spielten, Blättergeprassel stark-monoton, gegen die Scheiben, ein Laubberg sich häufend hinter einem Fassadenvorsprung, dünenhaft, als sei der eigens dazu erbaut, sonst völlig reingefegter Dorfplatz; ich dann mit Sturmkopf, Sturm im innersten Gehirn, weiter nach Llivia, andersfarbige und -förmige Telefonzellen, katalanisch-spanisch, die französischen Besucher in der Enklave wie Usurpatoren, in Gesten, Gang, vor allem Sprache, sehr laut, die einheimischen Katalanen übersehend, über ihre Köpfe hinweg-, daran vorbeitönend; der Burgberg der Enklave gestuft wie ein ehemaliges Erzbergwerk; im Sturm dann zurück ostwärts, zurück nach Frankreich, an der Grenze das leere Grenzerhäuschen, an dem die offene Tür schlug; das einsame Bahnhofshäuschen von Saillagouse, oben aber ein schwaches Licht in der Finsternis rundum; Rückweg nach Llo im Mondschein, wo es zugleich wieder von Schneeflocken zuckte, die sich auf mir festsetzten, ohne zu schmelzen, auch am Friedhof des Dorfs dann die schlagende Tür, sonst völlige Lautlosigkeit; spätabends im Hotel der Sohn, der seinem Vater geduldig die Züge der Schachfiguren erklärte; ich dann am

Brett spielend mit mir allein, letzter Gast; Sturm zuletzt frisch aufkommend, nachtlang schlagende Fensterflügel

So viele Hunde wie heute hier haben damals dort in meinem Dorf (Stara Vas) nicht gebellt? Oder? Und die Häuser dort, das ist gewiß, hatten alle Gärten, Gemüse, Blumen – hier aber: kein Haus mit Garten

Nur die Türme des Hundedrecks, starr, sind im Sturm aufrecht geblieben

Sich bückend dem Sturm entkommen, wie Kafkas Kinder, die »unter dem Wind« laufen

Nimm mir mein Sprechen, damit ich die Sprache habe

Die Cerdagne (Neruja, zum Beispiel): das Muster der unregelmäßigen Schieferdachziegel, auch unregelmäßig dick, erhaben, und so in der schrägen Wintersonne ein jedes Dach reliefartig – Muster einer Weise oder eines Tagtraums von Ewigkeit, ebenso wie die helldunklen, glimmerglitzernden Granitfassaden in der Sonne, ebenso wie die Eschen- und Weidenstrünke, sich bergauf und bergab in die Horizonte ziehend, ebenso wie das Gepräge der Viehsteige und der grauenden Holzstöße

Blick, dem Flechtzopf eines Kindes folgend, wird geflochtener Blick

Das Kino von Osséja gestern abend, vom Zusperren bedroht, mit der kleinen Rufglocke über der Kasse, darunter in der Kabine die Kassierin, jung, im grellen Licht, bei umgebender Dorfdüsternis; dann der Gang durch einen schweren bodenlangen Vorhang in den Saal, der sich nicht und nicht verdunkeln wollte, aufgeregtes Aus- und Eingehen des Kartenabreißers, die wie für ein Ereignis herbeieilenden Zuschauer, aus allen Dorfwinkeln; »le cinéma de Osséja est condamné. Pour le sauver ...«; und danach mein Zorn auf die im Café stier Fernsehenden als die Zerstörer, vor allem die kaltäugige Wirtin, mit ihrem Druckzeug herumschaltend von Programm zu Programm; dann der Orion und die Plejaden (und der Mond) über dem vollkommen stillen Osséja; und zuletzt die einzelne Zuschauerin im Fernsehraum der Pension vor einer Oper, nichts von der Frau zu sehen als ihr Blondhaar und ihre hohen Stiefel, sie drehte sich keinmal um, blieb so stundenlang (16. Februar 1989)

In der ersten Sonne der Spatzenumriß, noch stillhaltend (Palau de Cerdagne, die Riesenhoftore, aus Holz; in einer Mauernische die dort zusammengeströmte Spreu des Vortagsturms, vom Tau gefestigt, vom Reif ortsfest gemacht)

Die Farbenfreude angesichts der Steine manchmal im Morgenlicht: der nach Osten gekehrte Granit der Cerdagne-Pyrenäen blau, stahlfarben, mit einem Schimmer von Gelb, von Anthrazit, Grau, Silber; und dazu die moosrotgrünen Schuppen und Flechten der Schieferdächer; und überall die verrosteten braunen Schilder hoch oben an den Steinhäusern als Wegweiser so wie jetzt »Chemin d'interêt commun Nr 30 d'*Ur* à Valcebollère«: auf nach Ur!

Und jetzt im Weiler Onzès wieder, wie in allen Cerdagne-Dörfern, das Kuhbesamungsgeviert am Ortseingang (der zugleich schon die Ortsmitte bildet), zwischen den Granitstelen des Gevierts die Eisenringe zum Festbinden der Kuh, dazu außerhalb des Gevierts, des länglichen (»eine Kuhlänge«), das Holzgestell für das Lenken des Stiers

In die Stille kommst du in diesem Jahrhundert doch noch? Aber nur noch allein, als Alleingeher? denke ich jetzt auf der Terrasse oberhalb des río Sègre, dessen Wasser, jung aus den Hochgebirgsschluchten dahinschießend, sich in die Hochlandmulde ergießt, das Dorf in meinem Rücken nichts als gedrungene Steinform, gelüftet durch die hüpfenden, stiebenden, schwirrenden, spiralenden Spatzen, und nun auch vom schwankenden Scheitel eines Kindes, das vom Fluß unten die Böschung emporkeucht

Die dem Menschenschritt ähnlichsten der Tiergeräusche: die von im Laub stöbernden Amseln

Gerade, wie ich dastand in der Hochland-Februarsonne, schossen mir zwei Eidechsen, die eine die andere jagend, durch die Beine durch, den »Schritt«, den *kobal* (slowenisch)

Schneien, mein Mich-ins-Lot-Bringen

In der Vorstellung hörte ich gerade die gesamte Menschenmusik als ein gigantisches Froschkonzert – ausgenommen vielleicht die Psalmen

Hochland in der Wintersonne: zur einen Hand die vereiste Wiese, zur anderen die raschelnde Eidechse

»Nach Ur kam ich nicht heute, / nach Ur komme ich morgen, / ich habe keine Sorgen« (das ging mir in der Enklave Llivia, die Füße im Eisbach, durch den Kopf)

Gestern: der schwankende alte Holzboden in dem Kaufladen von Ur; die Kirchentür dort mit den Eisenbeschlägen im Spiralmuster; dann der »internationale Bahnhof« von Entveig – die Zuglinie südwärts nach Barcelona, die nordwärts nach Paris, Spanien als Steppe unterm Bahnhof, Niemandsland; der keuchende dicke Hund, der mir den Abend lang folgte, und dem ich vom Jäger Orion erzählte, und von dem einmal sehr klar gezeichneten Hasen-Sternbild oben im Südhimmel, zu des Jägers Füßen – der Hund horchte (und jetzt auf, hinaus, ins Freie; Entveig, Cerdagne, 17. Februar 1989) (Thomas Bernhard †; ist da nicht wirklich jemand zum Betrauern?)

Des Milans im Kreisen hoch oben schon gespreizte Krallen (unterwegs zur Bergklause Belloc = »Schöner Ort«)

In der Gefahr – wie jetzt beim Abstieg von der Eremitage von Belloc, durch die weglose Eis- und Schneewildnis – hört in mir das Erzählen, das Setzen des jeweils Wahrgenommenen in die Mitvergangenheit, das Sichrichten derart an »meine Imaginären«, das unwillkürliche, stetige, wie unterirdische Erzählen in mir auf, und die jeweilige Gefahr, wenn ich sie überstanden habe, ist dann, anders als ich mir damals als Kind-Leser vorstellte, nichts, gar nichts zum Erzählen (Dorres, an den warmen Schwefelquellen)

Das »Chaos von Targasonne«, die Granitblockwüste, mein heutiges Ziel, jetzt am Gegenhang mit dem Fastvollmond darüber: Das Chaos – das geradezu ersehnte –, du kannst es so nicht erleben, du kannst es nicht von außen betrachten, du mußt mittendrin sein

Wie sich gestern, auf dem Brachacker von Entveig, von ferne, in der Sonne und in der Gehstille, unversehens ein wildes Geschehen zeigte, ein Getümmel auf der Stelle, ein Kampf, ein Gemetzel, von dem der Sand aufwirbelte im Gegenlicht: ein Pferd, das sich da im Ackerstaub wälzte, hin und her, auf dem Rücken, mit den Hufen in die Luft schlagend, Mähne und Schweif um sich peitschend, so daß an der Stelle dort eine Wolke von sonnendurchleuchtetem Staub sich ausbreitete, wegpuffte; und dann, ebenso unversehens, stand das Pferd ruhig auf und gesellte sich zu den anderen Pferden

Unterwegs: die Momente des Behaustseins enttäuschen mehr und mehr; das Unbehauste dagegen wird immer heimischer (18. Febr., La Tour de Carol)

Gestern der Weg hinauf nach Font-Romeu (= Pilgerquelle): der von Granittürmen und -kanzeln geprägte Schi-Ort, diese aber so umbaut und eingegärtnert von den Hotels und Chalets, daß sie dazwischen wie künstlich herbeitransportiert wirkten, als

Zier und Spielzeug in den Freizeitort versetzt; dann aber, nach vielem Suchen und Umherirren der halb unterirdische Raum, unangezeigt, mit der »font romeu«, die Krücken der Geheilten dort an der Wand, sehr große Krücken und sehr kleine dazwischen, eine gar blaue, dazu ein schmales Liegegestell aus nacktem Eisen; und ich wusch mir dort die vom Weg und Verirren brennenden Augen; und auf dem Rückweg durch die Hochlandschüssel dann der brennende Winterwald, gewaltige Flammen, die aus dem Rauchmeer hoch hinauf sprangen, schossen, kreuz und quer durch den Luftraum zuckten; und im Vollmond zuletzt der stille »internationale« Bahnhof, alle Gleise voll mit Zügen, alle leer (19. Febr.)

Sonntagnachmittag auf der Erde: die Halbwüchsigen sitzen im Leeren und ruckeln und zuckeln mit einem Bein – inzwischen auch schon die Mädchen

Gestern noch: das Sitzen am auftauenden Rinnsal mit den Pappeln in der Enklave von Llivia, daneben an der Böschung das sich langwierig, in Rucken, immer wieder innehaltend, von der Wintererde freischaufelnde, bis zuletzt sich nicht zeigende Tier; dann die Durchquerung des Baches namens Err mit den Schuhen in der Hand, Füße im Eiswasser, Aufschrecken breiter dunkler Fische (die keine Forellen waren); Überklettern des aus Dornen gebauten Zauns, nein, einer Mauer (aus Dornsträuchern) am anderen Ufer; dann, bei der Durchquerung der nächsten Bachschlucht – das Hochland eine immer wieder trügerische Ebene –, im Unterholz das schwarze Urpferd dort, mich im Halbdunkel auf seinen breiten kurzen Beinen anschauend und nicht anschauend, eine Bewegung nur der Ohren; Fast-Erschöpfung dann bei der Ankunft in Saillagouse, das Putzen der verschlammten Schuhe angesichts der Weide im leeren Schulhof als Erholung; in Err (Ort wie der Bach) dann der verfallene Friedhof, auf erhöhter Terrasse über dem Dorf, voll mit aus der Erde ragenden, auch lose herumliegenden Knochenresten; zuletzt der Hohe Weg übers Land von Err nach Nahuja, Dorf rein aus Granit und Schiefer, ein paarmal auf dem Weg der leise gelbe Gebirgszug durch die roten Mergelschluchten kurvend, sonntäglich, unter dem wie bedunstet im Osten aufsteigenden Vollmond (20. Februar 1989, Bourg-Madame, Grenze zu Spanien)

»Der Baldachin der Müdigkeit«; unter dem Baldachin der Müdigkeiten

Dieses Gehen, nun wie lange schon unterwegs?, mit dem Gewicht, dem heimeligen, auf dem Rücken, sollte keine Besonderheit sein, sondern Teil meines künftigen Lebens

In meiner Begier, zu sehen, zu sehen, werde ich noch einmal aus dem Fenster, von einem Felsen, aus dem fahrenden Zug stürzen? (Im Gasthof am río Sègre, dessen Rauschen das ganze Zimmer füllend, wie damals im Gasthof Crna Prst von Bohinj, Slowenien, die Wocheiner Save)

Sitzenkönnen (Za-Zen), tage- und tagelang, so wie zum Beispiel der Alte vor einer Woche oder mehr vor dem Bahnhof von Perpignan, so wie die Alte von Caldégas jetzt, die immer noch, wie vor vier

Tagen, als ich da vorbeiging, an der Dorfstraße in der Sonne sitzt, und sitzt, und sitzt

Ein Fußabstreifer in einem terrain vague, ohne Haus, ohne Schwelle, ohne sonst etwas

»Er wunderte sich, daß er sich freute« (so »Der Bildverlust«; solche Sätze, nebenbei-selbstverständlich); und: als gehörte zum Glücksaugenblick der Reflex der Selbstabschaffung – als sei mein Verschwinden der nötige Zusatz

Nach dem »Versuch über die Müdigkeit«, dem bald nun bevorstehenden (ich möchte von dem langen Unterwegssein etwas mitbringen, wem? etwas mitbringen), werde ich nie mehr müde sein können?

Gestern in der Dämmerung der Weg querfeldein mit dem ständigen Über- und Unterquerenmüssen der Dornbuschzäune: fast schon befreundet fühle ich mich inzwischen diesen Hindernissen (Puigcerdà, 21. Febr. 1989)

Gestern noch: die alten, und jugendlichen, und kindlichen Schachspieler im weiten Spielsaal des Casinos von Puigcerdà (= Cerdagne-Gipfel), gar ernsthaft bei der Sache, manche mit zunehmend sich rötenden Gesichtern, Väter spielend gegen Söhne, Enkel spielend gegen die Großväter, sie alle mit der Kuppel zu ihren Häuptern, und draußen auf dem Zentralplatz der Cerdagne-Kapitale im Laternenschein die im Kreis um die mächtige Mittelplatane hockenden Mädchen, und dann der in der Bar, im Rauch und Krach, hoch über die Köpfe gehaltene

Säugling, und zuletzt der Mondschein über der winterlichen Hochebene, Dohlengeschrei

Gerade, als ich hinausging aus Puigcerdà, Spanien, ging ich wieder in Tripoli, Arkadien, vor vielen Monaten

Puigcerdà am Vormittag: in der kleinen Stadt auf dem Moränenhügel, mit der einen Gebirgszeder, der lange Begräbniszug, voran eine bekümmerte alte kleine breite Frau, und ein bekümmerter Halbwüchsiger, und ein grinsender Albino; dann die in sich gekehrten Mienen der aus dem Krankenhaus Tretenden; dann schon die wartenden Mütter vor der Schule; viele der älteren Männer in Hausschuhen auf der Straße; der Holzfeuerrauch auf dem Hügel, wie auch unten in der Hochebene vom Verbrennen der allgegenwärtigen Sturmsplitter (eine Woche ist das nun her); das Kino schon mit dem Programm für die Karwoche, die Semana Santa

Schwindet das Bild aus meinem Inneren, werde ich auch nach außen fast blind, schmerzhaft blind, leidblind (statt »Bild« sag auch »Traum«, »Illusion«, »Ganz-Sein«, »Mit-Sein« ...); und warum schwindet das Bild aus dir? – Aus Mangel an täglicher Liturgie, an Tages-Liturgie (»leiturgia« = »öffentlicher Dienst«)

Wer ist wohl der Verfasser des kürzesten aller Gedicht-Gebete, des »Sursum corda«, »Empor / die Herzen«? (Eine andere Übersetzung?: »Jetzt! / Und ...«)

Heute vor fünfzig Jahren ist Antonio Machado gestorben: »Im Weiler Viladasens schlief A. M. zum letzten Mal in Spanien ... die kranke Mutter M.s, Ana Ruiz, bekam da noch eine letzte Tasse mit warmer Milch ... dann der letzte Weg auf der Carretera nach Frankreich ... am Strand von Collioure tat Machado dann seine letzten Schritte, vor den Hütten der Fischer ... die letzten Bücher, die er las: die Werke von Pio Baroja und *Die Vagabunden* von Maxim Gorki ...« (La Seu d'Urgell, 22. Febr.)

Die Eidechsen vorgestern an der besonnten Südmauer der Kirche von Hix, Cerdanya: ein ganzes Echsenvolk brütet da, so daß ich die Eidechsen einmal buchstäblich als Reptilien wahrnahm, so riesenhaft wie urtümlich, die Wand als eine Schautafel; immer wieder kam noch so ein Reptil unter einer an der Wand befestigten weißen Grabplatte hervorgeflitzt und schnappte nach den Fliegen (die sich freilich selten erwischen ließen), oder sie hafteten bloß, pumpenhaft atmend, sonst völlig reglos, an der warmen Mauer, die Füße oder Tatzen in den Granitsteinritzen, oft in einer verrenkten Haltung wie Bergsteiger, lagen an manchen Stellen auch zu mehreren, zu fünft, zu sechst, kreuz und quer übereinander, die Drachentatze, samt vorgestreckten Zehen, auf dem Kopf, auf dem Bauch, dem Herzen des Nachbarn, in einer wundersam lieb wirkenden Haltung oder Gestik, welche aber auch ein Besitzergreifen sein konnte, einige der Echsen schwanzlos, die meisten jedoch mit überlangen, geradezu unheimlich langen Schwänzen, jedes der von Zeit zu Zeit wie in einer Grube loswimmelnden, sich verknäuelnden, auseinander- und neu zusammenschießenden Tiere verschiedenfarbig, auch die Muster der Körper jeweils verschieden, am Nebentier etwa sozusagen das Negativ-Muster, oder hier sehr kleine, dort sehr große Rauten als Körperzeichnung, und als Farben sämtliche Stufen von Grau, Braun, Gelb und Grün, während mit der Zeit, je ruhiger, nein, starrer, wappenähnlicher das Muster der Hunderte von Eidechsen rund um die weiße Grabplatte in der Sonne wurde, nichts mehr als das an der Lautlosigkeitsgrenze geschehende Fallen des Reptilienmists zu hören war oder, in den Schrecksekunden zwischendurch das Vorschnellen eines einzelnen Tiers gegen eine Fliege, samt Auswerfen, blitzhaft, der Zunge, hörbar als kleines Gesirr – wobei das Bezeichnende, Nachhaltige, Sich-Einprägende das vielfältige Über-Einander des Echsenvolks war, hundertfach einander überschneidende (Uhr-)Zeiger gleichsam um die leere weiße Grabplatte in menschlicher Augenhöhe herum, und ein sonst kaum merkliches Schulterzucken des Zuschauers genügte, und alle die Leiber waren, »im Nu«, verschwunden im Zwischenraum von Kirchenmauer und Grabplatte, danach freilich im Nu wieder hier und dort ein Echsenkopf hervorschnellend, oder, saurierhaft, urkrötenhaft, ein Fuß, eine Tatze, vorstoßend aus dem »Nest« in die Sonne; nur eines der Tiere blieb all die Zeit abseits von dem Getümmel oder dem Lebendbild der Eidechsen-Masse, über dieser hoch an der Mauer verharrend, zwischendurch auch einsam hinaufkreuzend bis zum Dachrand und dort mit dem langen Pfeilschwanz an den Steinköpfen des Simses, an den romanisch-archaischen Gesichtern dort entlangwischend (aufgeschrieben endlich auf einem Felsblock am río Sègre in Seu d'Urgell)

Mein Mitsein – auch »nur« mit dem Busfahrschüler, allein mit ihm im Bus (Abfahrt von Seu)

Andorra, gestern: Einmal in der Tat die Unbeschreiblichkeit – der Hauptort eine einzige Schaufensterstraße, jetzt eine halbe Meile nur Autos, jetzt eine Viertelmeile nichts als Lederjacken, dann eine halbe Meile nur Möbel ... – bis auf den Rest der alten Kirche in Andorra la Vella, das Aufatmen vor dem Halbrund der Apsis, die als Zufluchtskapelle dient, und dort der dunkle Stuhl mit der tiefen Sitzfläche – die Schönheit kehrte zurück – und, ja, auch das große Regnen, und der Rückfahrtbus mit den geplatzten Lehnen, dem herausquellenden Schaumgummi – auch eine Art Schönheit – etwas zum Festhalten

Der Ortssinn: zumindest *ein* (1) Lebenssinn (auf dem Fußweg zum Dorf namens Alp, zurück in der Cerdanya)

Und noch ein »Nachtrag«: der Wanderscherenschleifer von Puigcerdà gestern, zuerst nur hörbar, von Ferne, an seiner Tonfolge aus einer sehr schrillen Flöte, sieben bis acht Töne jeweils, wie ein Opernmotiv, ähnlich dem Pfeifen des Vogelfängers ..., Flöte? Pfeifmundharmonika? – und dann der Mensch in Person, wie er, seinen Schleifkasten schiebend, in Abständen kreuz und quer durch die Bergstadt trillerte, gebückt mit seinem – nicht Kasten, sondern Schleif-Rad dahingehend, innehaltend, schrill pfeifend, weitergehend. Kein Kunde kam. Nur ich stellte mich dann ein. Die Töne setzten sich gleichmäßig und durchdringend fort, so scharf wie fein. Ich gab ihm meine längst rostig gewordene Reiseschere. Treten seinerseits des Schleifrads, Funkenstieben weg von seinen Hemdärmeln. Diese aus Kunststoff – der sich entzünden würde? Nein. Sein sorgfältiges Wenden, auf den Schneide-Punkt-Bringen der Schere. Runden, Spitzen, Entrosten. Die sehr reinlichen, weißen, nur an einem Finger durch das Rauchen getönten Hände des Schleifers, der auf dem Querrahmen seines Gestells einen lumpigen, verstaubten Schirm liegen hatte, sozusagen als sein Innungszeichen. Ein Kinderpaar kam und schaute ihm zu, wie aus einer anderen Zeit. Langes, sehr sorgfältiges Arbeiten an der kleinen Schere, Gegen-die-Sonne-Halten des Dings, Prüfen an der Fingerkuppe, danach noch an einem Tuch, welches er aus einer Lade an seinem Schleifgestell nahm, und in das er wiederholt, zwischendurch nachschleifend und wieder nachschleifend, mit dem Scherchen zur Schärfeprobe kreuz und quer hineinschnitt – Nicken beim letzten Schnitt, fertig. Frau kam mit Riesenschere. Wieviel? Viel zu teuer. Frau mit Schere ab. Schleifer ging weiter. Das Flötenmotiv, noch lange, lange, quer durch die Mittagsstadt. Ich hatte nun einen *Gegenstand* bei mir, ein Ding, das zählte

Die Weidenrute als der gestaltgewordene Bächedunst der Hochebenen (23. Februar, im Dorf namens »Das«)

Nachtrag zu den Eidechsen von vorvorgestern: Sie begleiteten mich nach der Kirche von Hix noch den ganzen Tag, von Puigcerdà über Sanoja nach Guils und zurück nach P., an den Straßen- und Wegrändern ein ständiges heftiges Rascheln zwischen den Granitsteinen oder im verbrannten Gras, ein Rasseln in dem vielen trockenen Laub, die Echsen, sie raschelten, rasselten, rauschten, knisterten, rumpelten, klickten auch noch in der Dunkelheit, während schon der Vollmond im Dunst über dem Puigmal, dem Bösen Gipfel, im Osten stand, und ganz zuletzt noch der aus einer Steinritze vor einer Bachbrücke ragende, starre, lange, spitze Echsenschwanz im Mondlicht

Eine sterbende Eibe, den Tod in Baumform darstellend, mit den schimmel-weißlichen kahlen Zweigen, mit dem in sich selbst verschränkten, zerhöhlten Stamm, mit den zerfressenen, fauligen Wurzeln (Ripoll, nach der Zugfahrt)

Durch die bösen Jahre einst im Internat trocknen mir immer noch zeitweise die Blicke aus?

Wenn die Durcheinander-Stimmen in mir verstummen und nur noch das Licht spricht, das Abglanzlicht vom Erdboden herauf, die Erdfarbe auch des Klosters von Ripoll und die Erdfarbe der Terrassenhänge ...

In einem Kapitell des Klosters bläst der König David »zur Verherrlichung des Erlösers« in ein ähnliches Instrument wie »mein« Scherenschleifer von Puigcerdà, den ich gerade hier in Ripoll wieder traf, und wieder in einer mittagleeren Gasse, mich sofort erkennend und mir entgegenrufend, ob die Schere denn nun nicht gut schneide! und dann wieder seine 7-8-Tonfolge blasend, sein Schleifrad schiebend viele Kilometer weit weg von seiner Station von gestern, vorgestern

Das erste Mal seit Wochen stehe ich hier in Ripoll vor einer Fußgängerampel ...

Eine Art Liebeserklärung: »Ich bin dir müde«; »ich möchte mit dir müde sein«

Letzte Nacht der Traum vom Buch: »Einschneidend und zugleich zweischneidend; auf der Thermenlinie, und zugleich auf der Urnenlinie« (24. Febr., Vic)

Mein Mißtrauen, wenn es aufkommt, ist nie ein gesundes

Aus Werk des Betrachtens, des Entzifferns, des Lebens gehen; ja Werk; und, ja, gehen

Der Bahnhof von Alp/Urtx gestern: ein hellbraunes langgestrecktes Ziegelgebäude erhaben über den beiden Dörfern der Hochebene, auch weit abgelegen vom einen wie vom andern, nur über einen Pfad, einen Trampelpfad zu erreichen, nicht mit einem Auto oder sonstigem Gefährt; Bahnhofsgebäude da am Fuß einer Felswand, auf der oben die Überlandleitung ging, mit brüllenden Raben. Durch neuangebrachte Tafeln von außen der Eindruck eines »bewirtschafteten« Mittelbahnhofs. Innen aber die völlige Verfallenheit und Verlassenheit. Der Zugang zum längst außer Dienst gestellten Schalter, von oben bis unten vollgekritzelt mit dem Üblichen. Auch der schon seit sehr langem vor dem Schalter heruntergelassene Rolladen vollgeschrieben. Außen an dem Gebäude ein Anschlag mit einem Fahrplan für eine ganz andere Gegend und Strecke: BARCELONA–TARRAGONA, schief hängend, an Reißnägeln. Auch das einst bewohnte Obergeschoß des Bahnhofs verlassen, die Rollos zu, oder Papier im Rahmen, kein Rauch aus den nicht wenigen Rauchfängen. Daneben das Toilettenhäuschen, ebenfalls ein Ziegelbau, innen sämtliche einstigen Wasserleitungen zugemörtelt, der Wasserzug am Klosett-Thron abwesend. Dahinter in der Reihe das Schwellen- und Weichenhaus; auch es ein Ziegelbau, alle Scheiben eingeschlagen. Dahinter das ehemalige Lagerhaus, ebenso. Hohes gelbes Gras an der leeren Rampe. Ich ging auf dem Bahnsteig vor der eingestürzten Sitzbank in der Spätvormittagsstille auf und ab, und da war »es«, zeigte »es« sich, das Gebäude, der Bau, die Form, die Linien, die Farben, die Stille, die Welt. Ein Auto kam doch unversehens, von einer anderen Seite als die der beiden Dörfer, wie aus der Wildnis, auf einem Sandweg. Der Bahnwärter? Er grüßte und fragte dann, ob ich aus Brasilien sei. Dann befestigte er den Fahrplan mit einem Reißnagel neu, sperrte die Wackeltür zu einem Nebenraum auf. Wasserrauschen. Er kam mit einem Kübel und einem Strohbesen wieder heraus. Damit ging er in die offene Frauentoilette und putzte. Noch ein Auto kam: eine sehr alte Frau wurde abgesetzt, samt einigen Plastiksäcken, die prall gefüllt waren mit Plastiksäcken. Das Auto fuhr ab, und die Greisin, in Hausschuhen, überquerte die Gleise und ließ sich nieder auf der zerborstenen Bank. Das Grüßen des Bahnhofsverwesers zu ihr hin wie das eines Komplizen. Dann klaubte der Verweser zu beiden Seiten der Gleise die Abfälle auf und warf sie den Hang hinunter. Stille. Endlich kam der Zug Puigcerdà–Barcelona. Bei seiner Abfahrt dann wurde nicht, wie bei all den folgenden Stationen süd- und tälerwärts, am Glockenstrang gezogen, dieser fehlte an der Station, ebenso wie die Glocke. Vom Granitsand am Bahnhof kommt mir im nachhinein, jetzt im Aufschreiben, der Geruch des beginnenden Regens dort entgegen, und ein tiefgelbes, weites, feines, warmes Licht

»Gepriesen sei ...«: Wie vieles habe ich doch schon erlebt, das gepriesen, oder einfach festgehalten gehört

Und jetzt, in Vic, viele Kilometer weg von Ripoll, von Puigcerdà: zum dritten Mal das Erscheinen des Scherenschleifers, mit seinem Einrad, das ich zuerst in dem Laderaum des Zugs sah, den ich in Ripoll besteigen sollte, und danach den Schleifer in Person, bärtig geworden, seit ich ihn vor drei Tagen zuerst getroffen hatte, die Augen noch frecher als oben im Hochland, noch frecher auch der Mund, die Schuhe staubiggrau, seine Zigarette beim Aussteigen zwischen den Fingern, seine Jacke, bestickt mit einem Schneekristallfries, gleich losflatternd, so weit geöffnet war sie, und so schob er sein blaues Schleifgestell durch die Güterpassage des Bahnhofs von Vic, kam dann mit freien Händen zurück und stolzierte rauchend, müßiggehend, das Bahnpersonal vertraulich anrufend, auf dem Quai auf und ab, mit breiten

Schritten, worauf er in der Bahnhofsbar verschwand, während sein Gerät im leichten Regen vor dem Bahnhof allein blieb

Verb für die Trauer: sie holt mich ein; »von der Trauer eingeholt« (Barcelona)

»Welche Freude war es zeitweise gewesen, in das Gesicht einer Frau zu schauen; welch eine Empfindung des Angekommenseins« (so »Der Bildverlust«; B., 25. Febr. 1989)

Die überall auf der Welt so schön alleinstehenden Häuser der Hafenbehörden – in Piran wie in Split, in Yokohama wie jetzt in Barcelona

»Frühlingshafen«, so ist mein Gefühl in dem Licht, der Weite, vor den sich ergehenden Menschen hier

Die in der Regel eher kleinen katalanischen Frauen, so mein Eindruck, sind gerne so klein, sind fröhlich klein; viele gehen ohne Absätze, schaukelnd, sich wiegend

Im Hafenrestaurant zu Füßen der zahnlosen Alten ganze Sternbilder von Zahnstochern, seltsame Lanzen, gekreuzt, zerbrochen, geschwärzt, Zigarettenasche darüber

Das erste frische Gras des neuen Jahrs weht hier im Wind am Meer, und schon sträuben sich auch an den kleinen gelben Strandblumen die ersten, viel größeren Sporenkugeln, freilich noch zu haftend, zu ineinander verzahnt die einzelnen Sporen, als daß sie sich auf den Flug machen könnten (wieder eine Schwelle im Jahr)

Die Sonne: ermöglicht mir ein besseres Zurechtfinden (Verb f. d. Sonne: »läßt mich mich zurechtfinden«)

Die Vertreibung aus dem Paradies an dem glitzernden Granitfries im Dommuseum von B.: dem Adam schwillt bei der Vertreibung gewaltig – vor Trostlosigkeit – der Nabel an, und während er dann schuftet im Urwald, unter Bäumen fast ohne Zwischenraum, ruht die Eva hoheitsvoll auf einer Art Wurzelthron, mit geschlossenen Lidern, eine Hand unter den Hintern des Kindes Abel geschoben, mit der anderen etwas wie einen Spinnrocken als Szepter haltend. Diese Eva hat die Vertreibung aus dem Paradies gar nicht mitbekommen, sie bekommt diese auch jetzt, siehe ihre ahnungslos-hochmütige Miene, noch nicht mit – während Adam, das Werkzeug auf der runden Schulter, ganz Niedergeschlagenheit und Eingefallenheit ist. Und bei Adams Tod dann, am Ende der Story, empfängt der Engel des Vertriebenen Kinderseele, und der sterbende Mann liegt, bärtig, allein da, die Hände über dem Bauch, nackt, seine Blöße nicht mehr bedeckend, zu schwach dazu, und ganz am Anfang der Geschichte, bei der Erschaffung des ersten Menschen, stehen der Schöpfer, die Hand auf der Brust, und sein Geschöpf völlig *gleich auf gleich*, beide mit gleichermaßen träumerisch zurückgelegten Köpfen, einer mit dem andern auf Augenhöhe – glitzere mir so für immer, Fries

»Auf zum Sterben!« so dachte ich jetzt, nach all dem, und einfach nur: »Auf!« – so müßte man sagen können, sowie es ans Sterben geht; »ans Sterben *gehen*«, wie der Ödipus von Kolonos

»Nachträge« von der Zugfahrt aus dem Gebirge hinab zum Meer, vorgestern: die Vorstellung, die vielförmigen, hängenden kleinen Terrassengärten am bahnbegleitenden Fluß würden sich, anders als der Bach-Fluß, der zunehmend schaumiger und schwärzlicher wurde, unbehelligt bis hinab zum Meer, sogar mitten hinein in die große Stadt Barcelona retten, sich sogar, anders als das schon in den ersten Vororten wie vom Erdboden verschwundene Wasser, dort weithin, wenn auch nicht augenfällig, ausbreiten wie ein Delta aus hängenden Gärten, und quer durch die Millionenstadt im verborgenen ein großes Blühen und Grünen bezeichnen, bewirkt von den winzigen Quell-Gärten hoch oben in den Bergen, in Ribes, Ripoll, Vic

Ein anderer Nachtrag: im Zwischenbereich der Zugabteile sitzend, auf einem Klappsitz, mir schräg gegenüber auf dem anderen Klappsitz ein Arbeiter mit strengem Gesicht, der bei der Abfahrt des Zuges auf der Stelle einschlief: da war wieder einmal mein Platz (vor zwei Tagen auf der Strecke Vic–B.); und dann mein kurzentschlossenes Aussteigen in einer der Vorstädte, zu Fuß mich vortastend und durchschlagend ins noch ferne Zentrum, mit noch und noch Umwegen und Verirren, Regen fiel, die Nacht brach herein: so kam ich in Barcelona wirklich an (26. Februar)

Bedürfnis, zurück in den Schnee, in der Hochebene, zu fahren; die Cerdanya wird jetzt wohl – nach dem Stromregen am Meer – ganz weiß sein

Im Zug nach Tarragona: vorher im unterirdischen Bahnhof (B.–Sants) erstmals seit langem wieder die Todesangst, bei tropfendem Wasser von der Betondecke im Souterrain, Wasser, in dem ich dann auf dem Quai eine schwarze Blutlache sah

Noch einmal die Zugfahrt vom Hochland hinab zum Meer: nach Vic begann schon die Pflaumenblüte, und vor Barcelona, eine Stunde später, wehte bereits das abgefallene Pflaumenblütenweiß über die frisch umgepflügten Äcker, und die Bäumchen grünten schon

Eine Augentäuschung?: Es blitzte vor mir aus dem tiefblauen Himmel, ein grellweißer Spalt im Blau, vom Zenit oben bis zu meinen Füßen – dann krachte es wirklich – der Donner (Tarragona, Nachmittag)

Überzeugt schweigen; überzeugend schweigen

»Und«: Brandung und Osternachtböller (T., Abend)

Sonntagabend: als seien wir alle Soldaten, vor der Rückkehr in die Kasernen

Ganz im Raum bin ich nur, wenn ich in der Erzählung bin – Erzählung, wie fehlt sie mir immer wieder

Fragt sich: ob, wer für die Stille empfänglich und ihrer, vor allem, bedürftig ist, tatsächlich »unmusikalisch« genannt werden kann?

Vor Sonnenaufgang jetzt, im ersten Licht am Horizont, Fanfarenstöße aus dem brandenden Mittelmeer: jemand wird da gerade begraben (27. Febr.)

Die Stunde nach Sonnenuntergang gestern an der »Playa del Milagro« (was für ein Wunder?) von Tarragona: Der Glanz des Himmels jeweils aufglühend im überbrandeten Sand, sowie sich die Wellen wieder zurückzogen. Wenn eine Welle aber besonders weit auslief, war vor der nächsten Welle Zeit genug (gerade begleitet unten auf der Rambla eine Taube, trippelnd, ein Kind für ein Stück zur Schule), daß im Meerufersand einige Augenblicke lang ein großes Versickern geschah, weithin, welches hier und dort blitzartig den Abglanz oder Widerschein des Himmels auslöschte und auf dem Erdboden eine jähe Dunkelheit bewirkte, eine Dunkelheit, die jedoch kein Verkleinern oder Schrumpfen des Blickfelds nach sich zog, sondern, seltsam, ein wunderbares Vergrößern desselben. In jenen Momenten ging, wuchs die Dunkelheit zu meinen Füßen sozusagen auf und zog mir im Nu den Vorhang des Tageslichts von den Augen, so daß ich, je länger mein Dastehen dort dauerte, je länger ich wartete und schaute, desto tiefer und »breitwandhafter« die Sandfläche vor mir hatte, umgeben in dem Moment der aufgehenden Dunkelheit mit den aufgeschluckten Glanzstellen von einem vollkommenen Kreis, also im Zentrum von dreihundertsechzig Grad Dunkelheit stehend. Dieses Aufgehen, Aufwachsen, Sich-Auftun, Die-Augenwinkel-aufs-äußerste-Erweitern des Dunklen war die genaue Entsprechung zu jenem Erlebnis vor einigen Tagen, als ich, zu Fuß, unterwegs von Puigcerdà nach Alp unten am Ufer des río Segre Rast machte und für einige »Augenblicke« einschlief: als ich dann wieder erwachte, in der Spätnachmittagssonne am weiten schottergesäumten Flußbett mit seinem Rauschen, geschah in gleicher Weise jenes Aufgehen, Aufwachsen, Sich-Öffnen des Erdreichs, ein Wegziehen des Vorhangs, ein Ankommen im großen, rahmenentschränkten Bild, welches die gleiche süße fruchtige Befremdung, Verwunderung, Stillung, Erfrischung in mir besorgte wie das Aufsteigen und Aufwallen der Dunkelheit hier vom Meeruferboden mit dem Gelöschtwerden des Himmelsglanzes im Sand nach dem Rückfluten der Wellen an der Playa del Milagro in Tarragona. (Erinnerung an den Odysseus, der im Schlaf von den Phäaken abgesetzt worden war am Strand seiner Heimatinsel Ithaka und beim Erwachen diese nicht erkannte, nichts als Verwunderung mehr war)

Beherzte Begeisterung! Denn in der Begeisterung bist du in Gefahr, herzlos oder hasenherzig zu werden; Begeisterung, beherze mich

Die Zuschauer von zweitausend Jahren im römischen Theater von Tarragona hatten ständig das Meeresbrausen in den Ohren, und viel Staub vom Ufer muß über sie geweht sein

Vor achthundert Jahren in Europa: Das war eine vollständig andere *Rasse* – selbst wenn es eine weiße war – als die unsere jetzt

»Bleib noch eine Zeitlang und spiel!« dachte ich gerade, als gegen Mitternacht der einzige andere Gast sich anschickte, das Café zu verlassen. Und schon ging er zurück zum Spielautomaten, und schon klickte die Münze in den Spielschlitz (Lérida, Nacht, Regen)

Gestern: der Sandsturm am Meer von Tarragona. Obwohl ich mich zwischen die Ufersteinblöcke verkroch, überschüttete mich doch ein dauernder Sandfall von oben, von den Felskanten, über diese hinweggeschleudert. Anfangs taten die Körner ordentlich weh, geradezu »empörend weh«. Dann kam das Gewährenlassenkönnen, und damit eine gewisse Geborgenheit und Wohligkeit inmitten des Sandkornstürmens, trotz der Körner am Zahnfleisch und tief im Ohr, sogar noch am Abend in Lérida, weit im Landesinnern. Die Mütze so, im Liegen zwischen den Blöcken, über die Ohren gezogen, mich ausgestreckt. Ein Bild kam: wie ich als Kind in der Wiese gelegen und mir solch ein Sandtreiben gewünscht hatte – mochte das Bild auch gar keine wirkliche Erinnerung sein –, und wie ich, erwachsen geworden, *aus*gewachsen, nun tatsächlich vom Sand gepeitscht wurde: Da konnte ich doch froh sein? Und ich war, wurde dann auch froh, in diesem Doppelbild einst des Kindes im windstillen Gras und des erwachsenen jetzt zwischen den Steinblöcken am Meer, geohrfeigt, »gehandschellt«, »gebackpfeift« von dem Sandstrahlgebläse. Das Bild war auch eine Entsprechung zu jener Zeichnung Walter Pichlers von der Laubhütte, einer Kinder-Laubhütte, aus welcher die Beine des darin ausgestreckten Erwachsenen ragen (vorher aber der schwer mir zusetzende Sturmnachmittag in einem harten, raumvernichtenden Licht: »Grausames Spanien« – außer dem Anblick der wie sonst nur Äpfel aus den Bäumen gerissenen Orangen in den Gassen von Tarragona, und dann ebenso der Datteln zuhauf unter den Palmen im Hafen, und dann auch der Anblick der im Windschutz des Hafenwirtshauses mitten im Sturmtosen ringsum würfelnden, Karten und Schach spielenden Fischer, und dann –)

Manchmal im Unterwegssein fühle ich mich angesprochen durch die Aufschrift auf einer Hotelseifenhülle, wie jetzt in Lérida: »Personal Care Division / La Coruña, España«

Und gestern noch die Zugfahrt in der Nacht vom Meer tief ins Binnenland: das Warten auf den Umsteigzug im Bahnhof von Plana de Picamoixons, eines Knotens – ohne Siedlung, Dorf oder Stadt nahbei – im Niemandsland, ich allein im Warteraum da, liegend auf einer Bank, Finsternis rundherum, eine gute Stunde so, als Laute nichts als die sporadischen Stimmen der Eisenbahner nebenan in ihren unzugänglichen Heiligtümern, gelegentlich das Schrillen eines Telefons, das Vorbeihämmern eines Güterzugs, der beginnende Regen

Und – nicht zu vergessen – noch eine schöne Zeit, eine liebe Zeit, gestern in T. vor dem Sturmnachmittag im Raumtodlicht: draußen, vor der Bar neben dem Bahnhof von T. im Freien, das Brotverzehren, jamón serrano, halbwegs im Windschutz, von den ersten Böen seitlich gestreift, in der Sonne, der Rucksack zwischen all den angewehten und zunehmend anwehenden Papier- und Plastikfetzen, dazupassend, ein Teil dessen allen, und ich sitzend unter dem sausenden kahlen Baum, in dem sich die Fetzen drehten und drehten; und wieder mein: »Hier bin ich am Platz, hier bin ich richtig.« Würdigen, würdigen

»In einem Alter, da andere endlich ihre Kontur bekommen, verlor er die seine, oder verwischte sie« (so »Der Bildverlust«, und solche Sätze verknüpfen mit anderen, wie: »Der Mann nebenan hatte seine Banane gegessen und schlief«)

Sand-im-Haar-Tage: Während der gestrige Wind mir den Sand hineinblies, bläst der heutige ihn wieder heraus – tagelanges Rieseln aus den Haaren (Montblanc)

So wie es einst in unseren Heimatdörfern die »Hausstöcke« gab – die immer beim Haus, im Hof hockenden, sich von dort nicht wegbewegenden Idioten –, so gibt es bei den kleinen Bahnhöfen die da jahraus, jahrein fast reglos verharrenden Bahnhofsidioten, »die Bahnhofsstöcke« (Montblanc, beim Kloster Poblet)

»Gib mir ein tiefes Gefühl, und so wird meine Sprache richtig« (so »Der Bildverlust«, und als nächste Sätze: »Ich war einmal gegen Abend in einem Olivenhain. Es kamen Brisen von Wind. In die Morgenpfützen fiel der Abendregen«)

Gestern nach Sonnenuntergang der stille Feldweg – nach dem ich mich seit Tagen gesehnt hatte; der Weg gesäumt mit weißblühenden Mandelbäumen, dazwischen noch die schwarzen, zusammengeklumpten Ovale der Vorjahrsfrüchte, nackt oder zum Teil noch in den Schalen: Feldweg mit den weithin, bis an die Felsenränder der Concha um Poblet sich hinziehenden Oliven- und Mandelhainen. Großer weicher Duft der fünfblättrigen Mandelblüten daherwehend mit den Vorabendböen. Um manche der löchrigen, schrundigen Olivenbaumwurzeln war Erde angehäuft – um die bejahrten Bäume zu stützen? zu nähren? Das viele leere Erdreich zwischen den Baumstämmen, die Mandelbäume noch blattlos, das Rauschen der lanzenförmigen Olivenblätter an den langen feinen Zweigen sehr leise, immer wieder überbraust von dem der Kiefern auf den fernen Felskuppen, aber mit längerem Hinhören mehr und mehr eindringlich, nachhaltig, gleichmäßig. Als ich endlich Ohr für dieses besondere Rauschen geworden war, hörte und unterschied ich jetzt das Sausen der einen Randzeile da am sonst leeren Acker, und jetzt, nach einer Pause, das Sausen der jenseitigen Baumzeile am Ackerrand gegenüber, und es kam dazu das Bild der Mönche hinten im verdämmernden Kloster von Poblet, weit im Hintergrund, wie sie, in den Chorbänken einander gegenüber, die Vesper-Responsorien sangen. Ein paar »Hainflüchtlinge« zeigten sich auch: Mandel- und Olivenbäume, die abseits von den Äckern in der Wildnis eines Kiefern- und Steineichenhügels sich wegverpflanzt hatten, wenn auch nur wenige solcher Flüchtlinge, einzeln, die Oliven höchstens strauchhaft, die Flüchtlingsmandeln kaum blühend. In der zunehmenden Düsternis erschien dann ein Leuchten, klein, in einem der Feldmandelbäume: Harz war da ausgetreten und hatte sich an einem Zweig verklumpt, und durch dieses Klümpchen schien da oben die letzte Helligkeit des Himmels, in dem Harzball gesammelt und konzentriert. Ich schlug den Klumpen ab und hielt ihn, nachdem ich an ihm gerochen hatte – er war fast duftlos –, gegen Westen, Sonnenuntergang: Form eines gläsernen Ohrs, Strahlenbündel, ohne Sonnenstrahl, im Vorfinstern. Ich steckte das Ohr ein. Traurigkeit kam über mich, nah an der Einsamkeit (1. März 1989, Montblanc/ Katalanien)

So wie nach einer Woche in der Cerdagne die Hunde mich in der Regel als ihresgleichen begrüßten, so auch inzwischen hier in Catalunya: als hätte ich mit der Zeit (»mit der Zeit«) den Geruch der jeweiligen Landschaft angenommen, den Geruch des Staubs, der spezifischen Nahrung, des Weins, des Urins, der Scheiße, des Schweißes, und als bewegte ich mich auch ihrer, der Hunde, Landschaft entsprechend. So gestern abend die beiden Schäferhunde oberhalb der Abtei von Poblet: sie rannten zunächst von zwei Seiten auf mich zu, beschnüffelten mich dann – und begleiteten mich zum Kloster, einmal sich zurückfallen lassend, dann mich wieder ein- und überholend, mich dabei jeweils, ein Hund rechts, der andere links, anstreifend, knapp vor meiner Kniekehle ausscherend – gerade daß sie nicht durch meine Beine durchgelaufen wären, der eine kleinere, jüngere, das Kind des anderen? hätte es können. Einen Mopedfahrer dagegen bellten sie, sonst fast lautlos, nur ab und zu ein flappendes Atmen, jäh und zornig an

Bedenken, *die* Atempause: so wie jetzt im Bus zurück nach Tarragona, angesichts der vom Regen schon getrockneten, aber noch eingedunkelten, farbigen Landschaft der Concha de Barbará, brauner Glanz wie von Pferdefellen in den winddurchwogten Kiefern – als bezeugte die ganze Landschaft, samt den, jede einzeln, glänzenden Schollen in den Weingärten, dem Regen Erkenntlichkeit – und nach solchem Bedenkblick werde ich nun meinerseits mich im römischen Amphitheater von Tarragona dem Blick der Medusa dort aussetzen – aber jetzt, vor dem Mosaik: wie sich dem Unheilsblick aussetzen, wenn die Medusa so hoch an der Wand ist und ihr Blick über den Untenstehenden drübergeht, wohin? Ins Landesinnere?

Ein neues Bild: der Herkules als *Kind*; dieses steht schon breitbeinig und dickschenkelig da, auf die Keule gestützt; der weniger drohende als mahnende Blick dieses Herkules-Kindes von unten, merk ihn dir

In einem Viehwaggon, ohne Gedränge, ohne Eingepferchtsein, würde ich mich unter Umständen mehr am Platz fühlen als mit den Mitmenschen in einem luftabgeschlossenen, scheibengetönten Luxusfernzug (wie jetzt nachts im Talgo nach Valencia – im Gepäckvorraum Aufatmen)

Gestern wiederholte sich die altbekannte Nachmittagssinnlosigkeit, durch das mangelnde, so entbehrte Gehen, Dahingehen auf dem freien Land und in der Stille (wie abhängig bin ich unterwegs geworden von diesen dreien). Aber daliegend in der Sonne, auf einer halbmorschen Holzbank im Hafen von Tarragona, unter den Dattelpalmen dort, deren Fächer rhythmisch knatterten, während die Lastwagen vorbeipolterten, mit nackten Füßen, Wind zwischen den Zehen: eine kleine Erfüllung, oder Erlösung. Unten an den Palmblattschöpfen seltsam schlangenähnliche Hülsen oder Schnüre herabhängend, die sich auch schlangenhaft bewegten, um den Palmstamm herum; die »Schlangen« mit etwas wie Binsenbüscheln in den aufgerissenen »Mäulern« (aber nur nicht gleich an Adam und Eva denken); darüber nach dem Sturm der blaublaue Himmel, Vögel, die in ihn hineinschossen, wobei die Flügel durchscheinend, unsichtbar wurden, so daß nur die langgestreckten dunklen flügellosen Leiber im Äther sausten. Zunehmende Gereiztheit dann wieder im luft- und bilddicht abgeschlossenen Fernzug (s. o.), bei Erdnußknallen und Walkmanscheppern, allerseits. In der späten Nacht von Valencia freilich die einsame schöne Frau an einem Tisch im Mesón, ich wartend, auf wen sie wohl da wartete – die hereinkamen, paßten alle nicht zu ihr, das war im ersten Augenblick klar; mit stetig gesenkten Lidern speiste sie und ging ebenso; belebender Anblick (2. März 1989, Valencia)

Das Eukalyptuslaub: wolkig, wie vom Himmel herabregnend als perpetuum mobile; als seien das Cézannes Bäume (der doch nie einen Eukalyptus gemalt hat?)

Wie eine jede Stadt ihre Farben hat: so die weißen Tauben von Valencia, und dazu die gelblich-roten Hausmauern

Es gibt doch nützliche kleine Medikamente? – so wie ich mein plastisches, mein Raumsehen wiedergefunden habe – nachdem ich schon an einen unbehebbaren Augenschaden gedacht hatte, nach dem vielen Gehen im Gebirge – einfach durch die vom Apotheker selbst zusammengebrauten Augentropfen in der Apotheke von Ripoll (Erkenntlichsein)

Ein Gott, nicht als der Allmächtige, aber als der Allessehende: so einen muß es doch geben – der uns alle, alle sieht, mich im Zimmer oder sonstwo, diese gelbgekleideten Eisenbahnarbeiter oder sonstwen, diesen sich zu seinem Gemüse Bückenden in seinem Schienennachbargarten (im Zug Valencia–Albacete)

»Das Geschehen ist bei mir, dachte er« (so »Der Bildverlust«; Albacete, La Mancha, Nacht)

»Das Ziel des Lebens ist es, hingegeben dem Nichts vom Nichts umgeben sein«: das hörte ich am Ende der Nacht gerade als Lautsprecherstimme einer Frau, von einem Tonband, als Endlosschleife (Albacete, 3. März)

Gestern: die vormittäglichen Fußballspieler – nach der Betrachtung des leuchtenden Schwarz von José Ribera, mit dem Bildnis (ja) der Teresa de Ávila, diese schreibend, der Schreibkiel pfeilhaft, darthaft, zwischen den Fingern, ein sehr ernstes, ruhiges, gar nicht verzücktes »mystisches« Gesicht – die Fußballspieler unten in der Senke am ausgetrockneten Fluß von Valencia, in dem wirbelnden Staub sehr saubere Dressen, ein überkorrekt kostümierter Schiedsrichter, dabei keine Zuschauer außer ein paar alten Männern oben an der Brüstung der Flußuferpromenade (zu denen ich mich gesellte); dazu, auf einem Nebenspielfeld sozusagen, die Spatzen, scharenweise – und auf einmal war »alles da«, »eins gab das andre, und man freute sich«, das Epos spielte, mit den schönen Frauen, die dahinwandelten in den langen Mänteln und den sehr kurzen Röcken, dann mit der ganz in weiße Spitzenstoffe gekleideten Alten auf dem Platz vor der Virgen-Kathedrale, die dann beim Betteln eine sehr rauhe und tiefe Stimme hatte, mit dem Palmen- *und* Pappelplatz unter den ziehenden Wolken der Plaza de Zaragoza, mit der Zugfahrt danach an den vielen vom Sturm zersplitterten und zerrissenen Kiefern der Vor-Mancha vorbei, wobei selbst die Kraut- und Salatköpfe in den Gärten der Mancha-Dörfer sturmverdreht erschienen, in der sonst so leeren Landschaft, nur ab und zu mit gewaltigen, frisch geschichteten Holzstößen; im Fernzug ein Film, während aber draußen vor dem Fenster weit mehr passierte, die seltsamen Äcker und Gärten im Leeren, aus dem Kreidefels, dem sehr weißen, herausgehauen und Senken in der Mancha-Ebene bildend – dazu jetzt Erinnerung an vorgestern, wo bei der Durchfahrt in einem Landbahnhof ein alter Mann den Kopf eines Kindes gestreichelt hatte und ich, für den Augenblick, ganz bei den beiden gewesen war, als der Alte? als das Kind?, und zu guter Letzt die herzerfrischenden Horizonte im Mancha-Hochland, »Wanderlust« beim Anblick der Felderwege, »laß es noch länger Licht bleiben, Joshua« – in Albacete Kansas-City-Gefühl der Hochhäuser und der Enge dazwischen, im Neonröhrencafé (sic)

Gestern noch: Das Schubertkonzert im Fernseher, Blick nebenhinaus auf einen dunklen kleinen Platz, wo unablässig nächtens die Kinderwagen geschoben wurden, Getragenheit und Erhabenheit, mit der Musik, dieses Vater-Mutter-Kind-Zuges, durch die begleitende Sanftheit und Weltverbundenheit der Schubertschen Tonfolgen – und plötzlich aber zwischendrin das Aufbrüllen des Spielautomaten-Gassenhauers, der mich schon durch ganz Europa verfolgt, Aufforderung zum Geldeinwurf, ein fratzenhaft-widerwärtiger Marsch-Ohrwurm, Ohrdrache – und schon hämmerte folgsam ein Alter auf die Automatentasten, woraufhin die üblichen Schluck- und Rülpsgeräusche aus diesen ihn auch schon prompt verhöhnten – und noch später in der Mancha-Nacht wieder die schlafenden, traumpiepsenden Vögel in den Bäumen, hier Kiefern, die Vögel darin, vor dem schwarzen Himmel, helle Zapfen oben in den Kiefernkronen, ein Zapfen neben und auf dem andern, wobei einige der Spatzen – was sonst – auch kopfunter an den Zweigen hingen, fledermausartig, darunter noch das übliche sporadische letzte Wechsel- oder Hinundherfliegen einiger Unruhiger zwischen den Schlafbäumen, im übrigen aber schon der allgemeine, tiefe, reglose Schlaf hoch über mir unten, Schlaf, den keinerlei Händeklatschen mehr berühren konnte

»Todbereit, erwachte er zum Leben« (so »Der Bildverlust«)

Ich dachte: »*Bar Andén*, was für ein schöner Name; dabei bedeutet es nur »Bahnsteigbar« (auch mit den täglichen Blamagen, Mißgeschicken, Fehlgriffen *tagt* der Tag? – Alcázar de San Juan)

»Was möchtest du, Schreiber?« – »Offenlassen.«

Ändere dich! – durch nichts als Gegenwartssinn, nichts sonst – durch Aufmerken für das, was jetzt da ist (die Mancha-Disteln, hellgrau, im Wind neben den Bahngleisen)

Nach dem Fußweg an den Gleisen entlang zu den (neun) Windmühlen von Campo de Criptana: ich meinte, das stete Rumpeln käme von einer der Mühlen, der einzigen, die sich drehte; dabei kam es von einer Betonmischmaschine

Warum willst du so oft mehr, und noch mehr, sehen, wenn du doch schon, fast immer, auf den ersten Blick *alles* gesehen hast (Criptana, Mancha, Nacht)

Mit dem Moment, da mein Leben mir als ein seltsames erscheint (»erscheint«), mit dem Moment rückt es in sein Recht (Criptana, Nacht)

In Criptana am Bahnhof, weit weg vom Dorf, die estación halb verfallen (s. o.) wieder das ovale Höhenanzeigeschild »682.5 altura sobre el nivel medio del mediterraneo en Alicante«, wie schon all die Tage in Wochen von Ort zu Ort in Spanien, manchmal das Höhenschildchen auch angebracht an den Dorfkirchen, und immer das Meer von Alicante als Null-Niveau

Mit der Begeisterung in der Jugend beginnt ein Weg, ein schwerer; *der* Weg (zurück in Alcázar, tiefe Nacht, 4. März 1989)

Gestern der Weg an den Schienen einerseits, den Feldern andererseits entlang nach Criptana. Zuerst das weite Gelände des Bahnknotens Alcázar de San Juan mit den Schienen in alle Richtungen, zwischen ihnen ein Gehweg für die Eisenbahner, auf eine Remise zu, gesäumt von einer Allee – mitten im Riesengleisfeld – von Weißpappeln, dahinter dann eine Einfriedung, umzäunt. Bewaldet, mit einer kleinen, fortartigen Siedlung, aufgehängte Wäsche und weiße Riesenhunde. Dann das blendende Spätvormittagslicht über der zum Großteil noch brachen Mancha, die so trocken wie ihr Name – arabisch »M.« – nun auch wieder nicht war, denn bald traf ich auf eine Art Weiher, gespeist von einem Bach, der daherfloß unter den Schienen: Füße da hinein, Sitzen, Stille, das Sausen des hohen Wassergrases, kein Schilf. Ab und zu ein Zirpen, mit dem sich oben in den Drähten ein Zug ankündigte, dann das Sirren, je näher der Zug kam, punktiert von einem Schnalzen. Vor Criptana das Niemandsland mit den vielen Tierknochen, Vogel- und Katzenkadavern, Schutt, Essiggeruch der Schwaden von einer einzeln stehenden Fabrik. Oben auf dem Windmühlenhügel auch schon das junge japanische Paar, als sei es jeweils das gleiche, wie in der Geschichte vom Hasen und dem Igel (ich wieder einmal der Hase). Criptana unten dann, das Riesendorf, dessen Straßen nicht zu enden schienen, so daß ich mich in Queens/New York glaubte. Und endlich die Dämmerung, und die Prozessionen der älteren Männer, sich verdichtend und das Zentrum anzeigend, »Plaza del Generalissimo Franco«. Nacht mit sehr klarem Sternenhimmel über den langen Reihen der durchwegs kleinen Häuser, samt dem Orion, der bald für dieses Jahr verschwunden sein wird, bis zum Spätherbst, Weggenosse! Die Zeit dann am Bahnhof, abseits im Dunkeln, an einem verfallenen Wasserturm, immer noch, verstärkt, der Essiggeruch, dazu Trommelschlagen und Katzenmusikblasen quer durch die stockfinstere Mancha, erstes Vorspiel für die Semana Santa, durch die massigen Lagergebäude jenseits des Bahnhofs ein täuschender Widerhall, so als zögen die Musikanten allüberall durch die Nacht, auch zwischen den Feldern ein Zug, ein anderer blasend und trommelnd in der Sierra, hinter den Windmühlen (und jetzt am Morgen in Alcázar das Dahinziehen der Schulkinder, viele noch in Winterkleidern, kühle Luft, die Kleinsten – vor allem die – haltend bei den Telefonzellen und Telefonieren spielend, in lässiger Haltung, elegant-schnittig die Tasten drückend, dabei, Taschen auf dem Rücken, auf den Zehenspitzen stehend, sich im Schein-Sprechen samt dem Telefon drehend und räkelnd, und endlich schulwärts weiterschlendernd – und jetzt der Zusammenstoß zwischen einem Mädchen auf einem Moped und einem Kindradfahrer, wildes Krachen, beide hinter einem Auto aus der Bildfläche geschleudert, Hilflosigkeit des Zuschauers, und jetzt rappelt das Kind sich auf, dann auch das Mädchen – sie leben!)

Die so vielgestaltigen kleinen Bäume am großen Platz von Alcázar, namens »syrischer Hibiskus«, mehrgabelige Äste, in der Regel auf Brusthöhe unten am Stamm die Anfangsgabelung, in welche die alten Müßiggeher da auf dem Platz im Dastehen und Palavern, oder einfach bloß Dastehen ihre Ellbogen hineinstützen, oder sie fassen auch hinauf in eine der nächstfolgenden Gabelungen und halten sich im Gespräch daran fest, wie an (starren) Bushalteringen, schönes Zusammenspiel von Dastehenden, Gestikulierenden und zierlich-stark sich in die Höhe schlängelnden Bäumchen, die Männer fast übergroß im Verhältnis zu ihnen, nicht ungleich den bei den Bäumen Verharrenden der romanischen Kapitelle – die so hellen, lichten, gelichteten Bäume und davor, daneben, darin die Massivität und Dunkelheit der alten Männer – und jetzt sitze ich bald schon zwei Stunden im jardinillo von Alcázar, ganz hinten, beim letzten Baum, und spüre mich immer reiner werden (wie vor vierzehn Monaten am Vormittag am Square des Batignolles), allein vom Sitzen, Schauen, Bedenken, Zurück- und Vordenken – Freudigkeit, Stille, Durchlässigkeit, Schwäche – wie es mein Ideal ist –

Auf dem Friedhof, cimentero, von Alcázar de San Juan: das Schwarz der Friedhofskatze neben den gekalkten Stämmen der Zypressen, von denen der Blütenstaub in rhythmischen gelben Schwaden wegpufft, in die Lüfte, einem wiederholten Atemausstoßen, farbigen, gleich. Regelrechte Blütenstaubschleier lösen sich unablässig weithin durch die langen Zypressenalleen, hinwegstiebend, -puffend über die Glas- und Stahlgehäuse, welche manche der Gräber umgeben, steigen in einem fort auf, sinken nieder, als löse die eine der Schwaden jeweils die folgende aus, und wenn ein Vogel durchfliegt durch die

Zypressenzwischenräume, geht das große Stieben los, geradezu explosionsartig brechen die gelben Wolken hervor aus den Zweigen, so als platze etwas da in den Bäumen, blake auf, ja, es geschieht ein ständiges, lautloses *Blaken* – einmal ist Platz für dieses Wort –, angesichts dessen ich zuerst dachte: Und schon wieder bin ich im Fabriksqualm ... Zeitweise ist es ein regelrechter Samenstaubsturm quer durch den großen Friedhof, die ganze Mittelallee hindurch eine gelbliche Diesigkeit, die bis zum Fluchtpunkt hinten treibt und einsetzt jeweils mit einem Aufleuchten, einem Erglimmen der Zypressensäume bis zu den Spitzen auf, zeitweise auch nur ein kleines Wölkchen dann austretend, als säße jemand im dichten Nadelkleid der Zypressen dort verborgen und paffte vor sich hin. Das Wolkenauspuffen aus dem Baum hat auch etwas von dem jähen Ablassen eines Überschusses oder eines Überdrucks, wonach der Ast wie erleichtert emporschnellt. Und jetzt staubt und staubt es von allen Alleen über den ganzen weitgestreckten Friedhof hin, in gelbdiesigen Fontänen, Wellen, wie ausgestoßen aus Düsen. Diesen Staub lassen wir uns gefallen – wenn wir nicht allergisch sind – einem zweiten Friedhofsbesucher tränen schon die Augen

»Versuche über die Müdigkeit«: die Müdigkeit gewähren lassen, Wind zwischen den Zehen (Linares, Andalusien, 5. März)

Gestern noch: Beim Warten auf den Zug nach Süden das Liegen im Gras- und Buschdreieck am Gleisfeldende des Knotens Alcázar, die ersten Ameisen des Jahres, dazu die ständig vorbeigehenden Eisenbahner, ohne Blick für mich zwischen »ihren« Schienen Liegenden; die wie abschüssige Fahrt im Zug dann, weg von der Mancha, Andalusien beginnend mit Schluchten als Schwelle; bei der Ankunft am weitab von Linares gelegenen Bahnhof noch in der vollkommenen Tageshelle, die über dem Vorplatz kurvenden Fledermäuse, wo war ich? was für ein Ort mag Linares sein?; Busfahrt dann zu der Stadt hinter den Hügeln, von der ich gar nichts wußte und die im Einfahren immer größer und städtischer wurde, mit mehr und mehr Zusteigenden an den Stationen; das schöne geräumige Zimmer des zufälligen Hotels »Cervantes« dann, aus dem Krach in die Stille; dann die Tapas-Stunde, schon in der Dunkelheit, mein Mitgehen im Geschiebe, wieder die vielen Kinderwagen dabei, auch in den Bars, immer wieder ein frisch dazugestoßenes Neugeborenes von der zugleich ihren Imbiß verzehrenden Mutter im Gedränge hin- und hergeschoben, einer von ihnen wie gerade eben zur Welt gekommen, weiß-rot, schrumpelig, die ab und zu sich krümmenden Fingerchen als das einzige Lebenszeichen, der nächste Säugling haarig ums ganze Gesicht, mit großen stillen dunklen Augen, der dritte brüllend trotz ständigem Geschobenwerden – wieder ganz im Geschehen konnte ich in dieser Frühabendstunde in der Fremde sein, ganz im Bild(e)

Es ist Sonntag in Linares, und nicht nur Sonntagskleider tragen die Mädchen, sondern auch Sonntagsfrisuren, gelöst, glänzend

Wenn mir etwas fehlt von Österreich, jetzt unterwegs, so sind es die Farben; »es täte gut, wieder einmal in den österreichischen Farben zu sein«, dachte ich gerade, unwillkürlich, schwindlig von der andalusischen Sonne

Ist das eine Regel hierzulande?: in den Bars jeweils die unbezeichneten, stillschweigend sich ergebenden Familientische, um die herum die Kleinkinder sich sammeln, die Kinderwagen, die Gruppen der so jungen Eltern, alle halbe Stunden die Gruppen einander abwechselnd, die älteren der Kinder mit Eis und Cola, die kleinsten mit Milchflaschen, welche an die Theke zum Erwärmen, dann wieder zum Abkühlen gebracht werden (siehe in den spanischen Wirtshäusern auch die speziellen Tische, wo die Wirtskinder ihren Platz haben, nach der Schule, für die Aufgaben, zum Fernsehen) (sitzen und schauen, bis zur nächsten Familie)

Zeichne weiter und weiter auf die Muster für den ewigen Frieden (Linares, Sonntagmittag)

Spanien, La Mancha, Andaluçia: Immer wieder das pfingstliche Gehen der Alten mit den Kindern über die Felder; und du? Im Brachland außerhalb von L. am frühen Nachmittag muß ich mich wappnen gegen dieses Licht, andererseits wachsen mit diesem Licht

Tag der die ganze Stadt myriadenhaft durchkrümmenden, -buckelnden, -hangelnden dunklen Raupen, viele schon bald zertreten und zerfahren – und wieder scheine ich der einzige Fremde hier zu sein, gottlob

Mit »Langsame Heimkehr«, vor über zehn Jahren, begann meine altgriechisch-suchende, mäandernde, zögernde, verweilende, ätherische Phase; und nun ist es wieder Zeit für eine lateinische, lineare, vorwärtsdrängende, lakonische: den Anfang versuchen mit dem »Versuch über die Müdigkeit« (wo?) – und so sitze ich da, an die niedere Feldsteinmauer gelehnt, umkrochen von den glanzschwarzköpfigen Raupen, den Ameisen, den frischen, kaum flugfähigen Wespen, die vom kleinsten Wind zurück in den Sand geblasen werden, umgeben von leeren Farbtöpfen, Zigarettenstummeln, Milchpappbechern, ebenso flachgepreßt wie die Bierdosen, Papierfetzen, Schmalfilmfetzen, umgeben von frischem Gras, Licht, Weite, und wieder von den rastlosen Raupen, von denen einige zu springen verstehen, ein vergebliches Schnellen auf der Stelle (»Konrad Lorenz, was besagt das?«) – und dazusagen zu dem allen mußt du, daß du gerade wieder einmal eine Stunde der Todesangst überstanden hast

Andalusisches Licht: einen Kopfdruck auslösend, der den Kopf ersetzte; und erst allmählich kommt mir der Kopf zurück, die Stirn, die Schläfen, die Augenhöhlen

Die Einsamkeit der allein aus der Begeisterung Formulierenden (ich dachte an Hofmannsthal)

Sicher fehlt mir für eine vollständige Existenz viel; aber für die Art, wie ich jetzt unterwegs lebe, fehlt mir nichts, oder wenig (?)

Dein Blick soll dich leiten, nicht dein Gehirn

Ein jeder, der durchdrungen ist von dem Schönen, das die vor ihm, jene von Einst, geschaffen haben, erwartet in Offenheit das Schöne derer von Jetzt; alle, die behaupten, es genüge ihnen das Einstige, sie *sind* nicht (Linares, Nachmittag, bei der Musik der Kinderschaukeln im Palmenpark, wie anders als die der alldurchklingelnden Spielautomaten)

Was heißt »Levitation« (Teresa de Ávila)? Du kommst da doch, obwohl vielleicht »levitiert«, auf deinem *Grund* an und schaffst, in der sogenannten Levitation, die Verbindung zu deinen Gründen, immer wieder; also hab keine Angst dabei vor einer Unwirklichkeit; der Wirklichkeit der Historie zieh vor die des je Geschehens, Werdens, Seins, Verschwindens – das ist die Kategorie, und nicht die Geschichte

Das Gehen, meines, kann zum Tanz erst werden in der Beladenheit

»Vermeide das Licht und den Lärm« (Aufschrift auf einer Weinflasche; im Zug nach Córdoba)

»Es trat auf den Plan eine Frau im lila Lederanzug, der umso mehr die Aufmerksamkeit auf ihr mitgenommenes Gesicht lenkte« (so »Der Bildverlust«); und ein möglicher Folgesatz: »Der Barmann lauschte ihr mit gutmütig gefletschtem Gebiß« (Hommage an Raymond Chandler)

Dein Gesetz ist das Gesetz, das durch die Zeiten geht, ständig beengt, bedrängt, doch unantastbar

Ein aus der Brache ragender Felsen / Ein Kinderwagen obendrauf, unsichtbar hin- und hergeschoben: / Laß uns etwas tun! (vor Córdoba)

Statt »ich hörte« setze: »Ließ sich hören«; statt »ich sah« setze: »Ließ sich sehen«, »Zeigte sich« (Córdoba, 6. März)

Gestern: In Linares die ungeplante Prozession der Erwachsenen und vor allem der Kinder – zusammen mit den Raupenmyriaden – von den Rändern (etwa von der »Carretera de Córdoba a Valencia«) hin zur Stadtmitte, alle die Menschen sonntäglich gekleidet, schlicht froh, die Kinder entweder in Gruppen – die Mädchen in der Regel zu dritt – oder mit dem Vater, dessen Hand einmal von einem der Kinder im Gehen lange gesucht wurde. Und überall, an den Kiosken, in den Straßenbar-Baracken wurden den Kindern die Hände auf den Scheitel gelegt, von wem auch immer von den dort Stehenden. Und später, Mitte Nachmittag, mein Weg zuerst auf der Carretera, dann auf einem Damm über die Felder hinab zum fernen Bahnhof, Weg am Gegenhang, der sich weit hinzog, nichts als fahle, unbewachsene Wüstenei mit einigen Dunkelstellen, auf meiner Hangseite aber das neue Grün des Getreides und dann frischgepflanzte Olivensträucher, bewässert. Tief in einer Senke gingen zwei Frauen zu einem weißen Anwesen, cortijo, das allein stand, die Stimmen sehr deutlich. Plötzlich zu meinen Füßen ein Bellen, und ein Hund lief im Bogen von mir weg, weiterbellend; er hatte allein da im Verborgenen neben den Feldern gelegen, in einer Kuhle im tiefen Gras, die nun leer war wie ein leeres Nest. Mein übliches Verirren dann, keine estación mehr in Sicht, auch keine Geräusche mehr. Endlich eine Kaserne vor mir, samt Siedlung, im Leeren, mit Wachtürmen, umgeben von Stacheldraht, aber auch Blicke frei auf einen Spielplatz, bei den Wohnhäusern, samt sonntagspätnachmittäglichen Kinderstimmen, »Kasernenkinder«, dachte ich. Im Moment, da ich, über Stock und Stein, mich auf einem Trampelpfad endlich dem Bahnhof näherte, näherte sich von der anderen Seite ein Zug. Laufen. »¿Córdoba?« – »Si, Córdoba.« Einsteigen, Abfahren – gerade noch war ich durch die sandig-steinige Weite gegangen, und jetzt das Dahingleiten auf den Schienen, die getönten Scheiben, die Fernseher mit hektisch springenden Bildern in den Abteilen längs durch alle Waggons des Talgo-Fernzugs. In Córdoba dann bei der Ankunft im Hellen wieder die zickzackenden Fledermäuse, murciélagos, mehr an den Wohnblöcken kurvend als an den öffentlichen Gebäuden. In der Nacht endlich Sitzen auf einer Bank an der Avenida zum Bahnhof: und wieder der Sonntagabendzug der Passagiere von der Station, bepackt mit Taschen, Koffern, Seesäcken, langanhaltend, bis nach Mitternacht, medianoche, sich kreuzende Beladene, Heimkehrer und Abfahrer, drinnen in dem Lokal hinter mir lange heftige Umarmungen und Umschlingungen von lauter Noch-nicht-Paaren, die dann alle miteinander weggingen, für mehr als nur diese Nacht?

Am río Guadalquivir, nicht in der Mitte, sondern am Rand von C., ein Brückenpfeiler mit der Aufschrift »O gran río, gran rey de Andaluciá« – Góngora; daneben die frischgrünen, noch winzigen Feigenblätter über dem braunen, schnellfließenden Wasser, weiter weg die Auen mitten im Fluß, darauf ein Kormoran stelzend, nein, viele Kormorane, die Häuser-Ruinen im Fluß als die Flußheiligtümer, und auch hier das Tönend-Reden der Märchensteine, über die die Strömung dahingeht, in einem Brackwasser-Nebenarm das Fröscheknarren, im Hauptarm die springenden Fische, das trübe Wasser um die Steine nah der Oberfläche »schleiert«, die Viehtränke mit längst hart gewordenen Hufspuren, Paarhufer, der Flug der Kormorane ein jäher Wechsel zwischen Dahinschießen, Schweben, Sichfallenlassen, und für einen Augenblick war ich im Zuschauen wieder bei Vergil, an seinem Fluß Mincio oder río Guadalquivir, angesichts der aus dem Schlamm aufsteigenden Blasen, im Ohr das wie zornige Piepsen, Bellen, Knarren, Quäken, Knirschen, Belfern der Frösche, immer stärker und chorischer, je stiller ich werde, je stiller es wird in mir, während mir im Mund die Minze vom abseitigen Flußtümpel, die Blätter haarig, filzig, dicht- und dickblättrig wie eine Rose, schon nach Marokko schmeckt und drüben auf der Insel an der Schulter des Heiligen der Flußruine der Hals einer Eidechse pulst

Unterwegs nach Sevilla: ich freue mich auf Zurbarán und seine Stilleben

Gestern die Moschee, Mezquita von Córdoba: das schöne Sichtbarwerden – arabische Meistermaurer – von Stein, Schutt, Mörtel zwischen den Marmorverkleidungen der Wände. Durch die rhythmischen, gleichmäßigen Säulen und Bögen ein Erstehen, ständig, von vielen Räumen in dem einen großen Raum, so gleichmäßig-fein-mächtig; aber die mitten in die Moschee hineingebaute, -gehaute, -gedrängte Christenkirche der Reconquista dagegen ein einziger, zwischenraumloser antirhythmischer Raum. Geradezu widerwärtig, ja empörend das Übergehen des edlen Nichtssagens und der Zartheit des puren Rhythmus der Moschee und der Ornamentik in die Bildlichkeit des christlichen Altarraums, zu den Gesichtern, den Verrenkungen, den Ballungen, hineingezwängt in die Mitte der schwingenden leeren Räume. Diese Übergänge im Betrachten dann überall, auch im Mauerwerk, von den Säulen zu den Pfeilern und den Wänden. – Am Nachmittag zurück zum Guadalquivir, an der Uferstelle dann, wo, kurz nach der »römischen Brücke«, anscheinend alle Abwässer der Stadt sich in den Fluß ergossen, seifig, das Wasser im Nu (?) abtötend. Dann doch in einem Nebenrinnsal noch das Hüpfen von Fischen, schweres Klatschen, im Todeskampf? Liegen im Klee dort am Ufer, in seltsamer Dankbarkeit, auch weil ich tagsüber einige erfreuliche ältere Paare erlebt hatte, frisch und zugleich scheu miteinander, wenn auch nur die Frauen, sorgsam *ohne* Ängstlichkeit, von einer großen Sanftmut, eine von ihnen mit Weitsichtigengläsern und einem langen Mädchenkörper, sogar eine Deutsche (sic), die nichts als Aufmerksamkeit war – »wie ist dieser Steinboden gemacht?« (die Kiesel alle zum Erkunden auf die Schmalfläche gestellt); »wie werden in den Patios die Pflanzentöpfe so hoch oben gegossen? Ah, da ist ja der Schlauch – nur: leidet dann nicht die Mauer darunter?« – bis dann zuletzt doch wie naturgemäß das deutsche »ordnungsliebend« fiel: »Sonderbar, sonst sind sie hier [in Spanien] nicht sehr ordnungsliebend ...« – aber laß sie (7. März, Sevilla)

Ein Mädchen wartete an der Ampel in Sevilla, jenseits des Guadalquivir (des hier so verschiedenen Flusses): »Well, I ...« las ich im Vorbeigehen und dachte: »Nein, das kann nicht ich geschrieben haben«

Die Ornamente können nichts sein und alles, auch gegen die Todesangst, bewirkt durch die Bilder? (»Der Bildverlust«). Gedankenfrage in der Casa de Pilatus von Sevilla, im Garten des Ornamenthauses, mit den Durchblicken zu den Kachelmustern der Wände, an denen die Blattumrisse ganz Form geworden sind; und der andere Besucher, mit der Zeitung in der Hand, kommt mir hier damit auch noch unangebrachter, noch »entheiligender« vor als in einer Kirche

In jeder Touristenstadt sitzen noch und noch – je länger man nach ihnen schaut, desto mehr – Alleinmenschen herum, die gekommen sind, um zu sterben und um gerettet zu werden, und sie wirken drohend (die junge Frau in Sevilla vor der Giralda am Nachmittag, die reglos sitzt seit langem, mit dem Rücken zum Geschehen)

Wie sind doch die Verlierer-Formen – auf denen die Sieger-Grotesken (siehe die Giralda-Kirche, wieder ein vom Islam erobertes Bauwerk) aufsitzen – in der Regel die strahlenden, die mit dem Nimbus des Selbstverständlichen, des Entsprechenden, des Raum-Würdigens; siehe auch die Mezquita von Córdoba

Mag ich auch hin und wieder grob sein und für den Augenschein ein Formloser: in mir ist die Feinzeichnung; wird die Feinzeichnung gewesen ein

Sevilla, gestern: Neben einem Blinden stand stumm eine junge Frau mit von Tränen schwimmenden Augen. Buben trugen noch und noch Holzkreuze aus einer Halle auf den Gehsteig heraus und wuschen diese unter der Anleitung der Größeren. Auf einem anderen Gehsteig saßen an Tischen würfelspielende alte Männer. Dann begegnete mir eine Polizistin mit einem sehr langen und leicht gekrümmten Schlagstock, der ihr an der Hüfte hing, deren Schneckenlinie nachziehend. Ich kehrte auf den Fersen um und folgte der Polizistin, die sehr langsam ging, dabei fest auftretend, auf kleinen lauten Stöckeln. In der anderen Hand hielt sie einen Kugelschreiber, an dem sie fortwährend drückte. Eine Zeitlang wurde sie dann begleitet von einem vierschrötigen Mann im Trainingsanzug, dem sie, mit ihm sprechend, sich zuwendete, so daß ich der Polizistin Gesicht sah, sehr jung, pummelig, weißhäutig, kleine Augen, die, wenn sie mit dem Mann lachte, nicht mitlachten. Danach patrouillierte sie wieder allein, bog ab, bog wieder ab, mit wiegenden Schultern. Den Männern, denen sie entgegenkam, wurden die Augen groß. Keiner, der lächelte. Nur die spielenden alten Männer auf dem Gehsteig blickten bei ihrer Passage einander an und redeten dann mit kaum bewegten Lippen. Als einmal eine Mutter mit Kind ihr entgegenkam, hob die Polizistin ihr Doppelkinn und schaute über die beiden hinweg. Ich stellte mir vor, wie sie, mit dem langen gekrümmten Stock an der Hüfte, heim zu ihrem

Lebensgefährten kam. In immer menschenleerere Straßen bog sie ab. Eine Zeitlang ging ich vor ihr her, um ihr die Gelegenheit zu einer Szene zu geben. Dann folgte ich ihr wieder. Sie hatte einen sehr langen Weg, der zuletzt gar nichts von einem Patrouille-Gang hatte. Endlich verschwand sie in einer Art Durchhaus, wo kein Kommissariat war. Dann stand ich im Dunst der Schnellstraße am Stadtrand, weit jenseits der río Guadalquivir, und konnte denken: »Sevilla!« (8. März 1989)

Das so oft häßliche Erzählen der Soldaten, auch wenn sie von »Zivildingen« erzählen – ausgenommen die Soldaten, die blind sind

Zurbarán, jetzt sehe ich eines seiner Bilder doch noch: Die Nasenscheidewand des Gekreuzigten – vom Todeskampf fast entzweigerissen

Gestern?: das Brachliegen des Zugs – Rückfahrt von Sevilla nach Córdoba – auf freier Strecke. Schließlich stieg ich aus, im Irgendwo, hellentschlossen. Endlich das Gehen in der Landschaft, neben den Gleisen, ohne zu wissen, wo ich war und wo es hinginge. Einige Zugpassagiere, die mir lange nachschauten, unschlüssig, ob sie auch auf und davon gehen sollten. Viel später dann die Dämmerung am Bahnhof namens San Jeronimo, passender Name für die Station im Niemandsland, Warteraum-Gebäude zwischen den Gleisen, wie sonst bei Verkehrsknoten. Die weitab für sich stehende Bar, »Cantina«, wie ein Weingärtnerhäuschen. Endlich auch ein spanisch-andalusischer Eisenbahnergarten, etwas verwildert – aber das täuschte – mit Kohl, Petersilie, Dill – dieser wogend wie ein ganzer Wald. Dort an der Gartenfassung saß ich, mit den Fledermäusen überm Kopf, dann den Sternen, der gelbrote Wein, der wie Urwein schmeckte, einmal sauer, einmal bitter, einmal süß, bei manchem Schluck alles das in einem. Dann doch noch ein Zug, ein ganz anderer als vorher der Schnellzug, nach Córdoba. Dort das Hotel halb im Rohbau, so auch das Zimmer, mit reisebewährtem Blick auf die Wände eines Lichtschachts, der in Andalusien »patio« heißt. Zuletzt tiefnächtliches Sitzen vor einem buntscheckigen Platanenstamm, mit dem Bild von A., wie sie, eines Abends von mir vom Felsenberg auf den Schultern hinab nach S. getragen, im April 1979, beschwingt die Welt verkündete und mit halbgesungenen Worten vordirigierte; Trauer (Córdoba, 9. März 1989)

Das Vergnügen des Versäumens: »Er beschloß, den Zug zu versäumen, zu seinem Vergnügen« (so »Der Bildverlust«)

Für einen Augenblick sah ich die Frau, die oben in dem leeren Glockenturm den Boden kehrte, als die abwesend gewesene und zurückgekehrte Glocke selber

Reinigung, Reinwerden durch die terrains vagues; Verb für die Niemandsländer: »reinigen« – wieder der jähe Stadtrand der doch großen Stadt Córdoba: gerade noch das Malerische, die Ruinen im Fluß, die römische Brücke, die Moschee, die blumentopfgemusterten patios – und von einem Schritt zum andern die Viehsteige am Fluß, die Rudel der wilden Hunde, die wehenden Papier-, Plastik- und Fellfetzen im thermischen Steppenwind, die Einblicke in die Steppenbaracken, mit einem Tisch, auf dem eine Schüssel steht »wie daheim« – Garten »Niemandsland« – mein Garten für die kommende Zeit

Der »Versuch über die Müdigkeit« muß immer wieder ins Erzählen geraten, dahin ausschwingen; und dann neu ansetzen mit Fragen (endlich spüre ich den Rhythmus)

Die Ziegenherde, ohne Hirt und Hund allein dahinziehend, die Tiere allesamt weiblich, mit schweren, tiefhängenden, über das Steppengras schleifenden Eutern – und wieder war Vergil ganz nah, mit seinen Ziegen, die am Abend bei der Heimkehr die Schwelle streifen (nur müssen jene Schwellen, der römischen Gehöfte oder Ställe, recht hoch gewesen sein): Gefühl der Großen, der Anderen Zeit – ein Gefühl? Ein *Bild* (das *steht*)

Wie liebenswert wieder die älteren, durch die Reihe so gelenkigen Touristenpaare gestern in Sevilla, zum Beispiel bei dem Aufstieg – die sanften Ziegelgänge – zur Spitze der Giralda, »mitmachen mit den andern, recht so!«, und dort die eine alte Deutsche, die, im Spiel für die letzten Schritte angeschoben von ihrem alten Mann, ausrief: »Sind wir schon da?!« – während die Jüngeren gehetzt daherkommen, mit dem Ausdruck des »Endlich!«, vielleicht auch ich?

Den Anfang »machen«, treffender Ausdruck

Wenn du siehst und mitansiehst, wie die Spatzen von Dachziegel zu Dachziegel hüpfen, mit dem Gefühl dabei: »Das ist es! Das ist es, wieder und wieder!«, dann, Freund, bist du richtig, dann bist du da

Einen Stock wie dieser Alte dort beim Überqueren der Straße, werde ich solch einen Stock auch bald brauchen – einen Morgenstock, gegen meinen Morgenschwindel?

»Ich nehme nichts mehr ernst.« – »Dann hast du deine Seele verloren.«

Wieder die Kormorane auf einer der Inseln im río Guadalquivir, aus der Ferne als eine Kolonie von Schneeglöckchen – überhaupt die Weltlandschaft dieses Flusses, gesehen von der alten flechtenüberwachsenen Brücke aus: die Ruinen im Wasser, die Friedhofsruine, die Schwellen, die Terrassen, die vom Drahtgeflecht gehaltenen Böschungssteine, das Grünen der Inselbäume, halb im Wasser einige, das große stehende Mühlrad ohne Mühle, weit unten auf der nächsten Insel die weidenden Rinder, die Spiralen im Fluß nach dem Springen der Fische, die Tagpfauenaugen ganz nah, wie um sich zu offenbaren – ruhig bleiben, ruhig werden, Puls an die Sonne

Auch eine Reinigung: durch Sitzen im Abstand (zurück in Linares, Abend)

Die Gleisgelände bei den spanischen Bahnhöfen als eine Art Fußgänger-Ruhezonen, auch Parkstätten für Mütter mit Kinderwagen, auch Asylräume für streunende Hunde, so wie gestern nachmittag wieder in Córdoba: ich legte mich an einen Gleisrand in den Schatten eines Orangenbaums – die abgefallenen Früchte sehr sauer – in das frische Gras oder das Unkraut, das aus dem Kies wuchs, und hatte, während um mich herum die Fußgänger kreuzten, im Ohr eine kleine Rede »über den Nachteil der Vokale, insbesondere des ›e‹ und des ›u‹«, worauf ich aus dem sehr kurzen Schlaf, der nur aus der Rede bestand, erquickt aufwachte, neben den abgefallenen Orangen und neben den Schienen, und in den Fernzug stieg, wo quer durch alle die Abteile wieder ein Film lief über einen Weißen, der freiwillig, aus Leidenschaft zu einer Frau, zum Indianer wurde. In Espeleluy dann noch die letzten Schwalben, mit Nestern unter dem Bahnhofsdach, da hineinschießend, sich zwängend, und dann in Linares über der Estación, wenig später, schon die Sturzflüge der Fledermäuse, *murciélagos*. Dann die lange Zimmersuche quer durch die Stadt, zuletzt in der Pension »Juanita« die Kammer – der »patio« vollgehängt mit Wäsche, auch bei Verrenkung kein Blick möglich hinauf zum Himmel – ohne Tisch, nur im Wandschrank eine eingebaute Bank, worauf ich mir das bevorstehende Tun vorstellte, so im Schrank sitzend (»Versuch über die Müdigkeit«, morgen beginnen?). Und dann nachtlang das Geschnarch allerseits in der Pensionsenge, Brüllhusten, -räuspern, einmal das Aufschreien einer Frau, wie im tiefen Traum, nah am Entsetzensschrei; vorher, gegen Mitternacht die Inhaberfamilie in der Küche sitzend beim Fernsehen, »Paris, Texas«, die ganze Familie sehr ruhig dem Film zuschauend, selbst die uralte hohlwangige weißschädlige Großmutter (10. März 1989, Linares)

Während ich mir gerade die Socken stopfte, mit dem Nähfaden aus dem »Midland Hotel« von Birmingham, stellte ich mir vor, wie die Vorfahren, Großmutter und Mutter, mir zuschauten und zueinander sagten: »Was machte er denn da schon wieder?!« Und nach einer Pause: »Na ja, so ist er halt ...«

Gestern: Aus der Zigeunersiedlung am Rand der Kamillen- und Steinbrockenheide von Linares kamen unversehens in Scharen die Kinder und Halbwüchsigen dahergerannt, mit einem fasterwachsenen Hundeführer voran. Sie liefen weit hinaus in die leere Steppe. Dann wurde dort ein kleiner Hase ins Gras gesetzt. Er rannte. Nach einem Moment wurde der Hund, eine Art Greyhound, mit langgestrecktem Körper, losgelassen. Er hatte den hakenschlagenden Hasen bald, machte nur im Spiel noch ein wenig dessen Hakenschlagen mit und nahm den Hasen dann ins Maul, ließ ihn kurz frei, rannte ihm nach, riß ihn empor, schleifte ihn im Maul über die Steppe. Dann wurde ihm seine Beute von einem aus der Kinderschar abgejagt. Der Hase lebte, ein heftiges Zucken. Er wurde wieder ausgesetzt. Diesmal ließ man den Hund erst im größeren Abstand auf ihn los, aber er hatte den Hasen noch schneller als beim ersten Mal. Als er ihn quer über das Brachfeld trug, den Körper wie eine Trophäe im Maul hin und her schwenkend, kam von dem Hasen ein langgezogenes allesdurchdringendes Quieken. Im Abstand von den Zuschauern zerrte und schleifte der Hund nun den Hasen am Boden herum, kreuz und quer, ohne daß jemand sich mehr einmischte. Dann verlor der Hund den Antrieb und verharrte nur noch reglos neben dem kleinen hellen Hasenhäuflein. Der Anführer ließ von einem der Kinder den Hasen holen und trug den an den Löffeln zurück in die Siedlung. Das Tier hatte einen dunklen wie nassen Rücken und zuckte im Weggeschafftwerden ab und zu ein wenig. Zug der Halbwüchsigen und der Kinder hinein zwischen die Bruchhäuser, in der Mitte der dahintrabende Hund, die Kinder schweigend, der Hase, wie er langgestreckt dahing, mit wie vorgewölbtem Brustlatz, in der Faust des Anführers, der Hund ab und zu vorlaufend und zu dem Hasen aufspringend, und es kamen mir die in den städtischen Turnhallen für die Karwoche Trommelnden, Übenden in den Sinn, wie sie dort nachtlang trommelten (11. März)

Das Grünen der Müdigkeit, das möge jedenfalls die Farbe dieser bevorstehenden Prosa werden (von meiner Müdigkeit hin zu unseren Müdigkeiten)

Frage auf einem Grabstein (cimentero de Linares): »¿No te olvidan?« Vergessen sie dich nicht? – Und dazu die Schreie des Friedhofswärters: »¡Vamos cerrar!« Wir werden schließen

Philip Marlowe, der kaum schläft beim Lösen seiner Fälle: eine Leitfigur für den »Versuch ...«

Manche ältere Frauen hier, sitzend am leeren Tisch in der Bar, während ihre Männer unansprechbar an den Spielautomaten stehen, nur hin und wieder von den Frauen ein Glas Bier an den Automaten

»getragen haben wollend« (würde Goethe sagen) – diese Frauen könnten als Vornamen »Martirión« haben, abgeleitet von dem in Spanien so häufigen weiblichen Vornamen »Encarnación« ... (Linares, Abend)

Wir fuhren in einer Untergrundbahn, die Waggons Bergwerksloren, die vor der Ankunft in einem wahren Sturm aus Mücken und dann Ratten steckenblieben (12. März, Linares)

Gestern nacht: die beiden winzigen Chinesenkinder draußen vor dem Chinarestaurant von L., Bub und Mädchen, dieses gerade um ein paar Härchen größer. Die beiden gehörten offensichtlich zum Restaurant, sollten aber nicht drinnen, unter den sehr vielen Gästen sein. Eins der Restaurantfenster hin zur Schank war offen, vergittert, und der Bub, noch lang nicht ein Meter hoch, wurde immer wieder von dem Mädchen da hinaufgehoben und -geschoben, und schrie dann, sich an dem Gitter anklammernd, hinein: »¡Agua! ¡Agua!«, so lange, bis eines der jungen Schankmädchen ihn und seine Schwester aus einer Flasche lachend mit Wasser beschüttete, worauf die beiden wegrannten, zurückkamen und das Spiel neu anfing. Mir scheint, das ging so über eine halbe Stunde, währenddessen ich zuschaute, und in einer vollkommenen Gleichmäßigkeit. Die Kinder vor dem Restaurant »Gran Muralla«, Große Mauer, so klein sie waren, hatten dabei schon ganz und gar die Wendigkeit und die Geistesgegenwart von Größeren, ja Erwachsenen: kein Anstoßen, kein Stolpern. Einmal war der Bub, der etwa eineinhalbjährige, zwischendurch kurz für sich allein auf dem

Gehsteig und spielte in die Nachtluft hinein Karate, so echt, daß das die Halluzination einer Filmszene, verkleinert ins Zwergenland, bekam, samt Armhaltungen, Vorrücken, Fußtritt ins Leere – und dann einmal, in einer jähen Drehung, ein regelrechter Tritt gegen den dastehenden Mülleimer und gegen die leere Bierkiste. Später in der Nacht wurde das Wasserspritzritual abgelöst von einem Abschiedsgrüßen der beiden, im Chor und im Kanon, gerichtet an die das Lokal verlassenden Gäste: »¡Adiós!, ¡Adiós!« Und die zwei liefen den Leuten dann jeweils noch nach, weit hinunter bis zum Ende der Calle Cervantes, und riefen um die Hauskante dort weiter ihr »¡Adiós!, ¡Adiós!«, winkten, rannten dann zurück und warteten auf die nächste Gruppe, sogar im Warten einen gleichmäßigen Rhythmus ausstrahlend, wie ein Tanzpaar vor dem Start. Nur das Mädchen, gut zweijährig, rieb sich am Ende, bei einem der letzten Rückwege unten von der Straßenecke, mit der einen Hand noch nachwinkend, mit der andern vor Müdigkeit die Augen, der jüngere Bruder schien unermüdlich, unermüdbar

Die grenzenlose Müdigkeit: die entgrenzende Müdigkeit

»Los linderos«, die Grenzwege, die Schwellen: »Yugoslavia a los linderos de una guerra civil« (Name der Tageszeitung von Linares: »Ideal«; neben der Redaktion die »Ideal Bar«)

Seit jenem siebten Schöpfungstag ruht Gott – müde, *begütigend* müde, mit unendlich großem, unverwüstlich müdem Herzen –, und alle sieht er, auch die hier vor der Churro-Bude Stehenden – sie müssen sich nur sehen *lassen*

Die verjüngende Müdigkeit – so, wie man nie jung war – eine südländische Müdigkeit; Müdigkeit, Jungwerden, Geduld, Teilnahme; Müdigkeit, der Raum der Teilnahme, der epische Augenblick. Und so sehe ich: Der da dort in dem Restaurant »Monterrey« von L. so in sich hineinfrißt, ist hier, an diesem Sonntag, ein Fremder. Die Stadt, die Gegend ist fremd für ihn. Er ist fern von seiner Familie, hat einen Montage-Auftrag in L. für ein paar Wochen, fühlt sich allein mit seinen nicht recht vertrauten Mit-Monteuren ... Ich sehe ...

Das nachmittägliche Schlafen gestern im Kreisschatten eines Olivenackers weit außerhalb von L., auf der harten festen Erde, die verschrumpelten Vorjahrsoliven wie Schafkot: dann das allmähliche Erwachen, so als würden mehr und mehr Bilder der hiesigen Welt von mir weggezogen, diese Landschaft, dann diese, und am Ende, beim Aufwachen? war ich wo? – »da«, »wie im siebten oder dritten Himmel« (13. März 1989, Linares)

Und gestern abend die Diskothek unten am Bahnhof Linares-Baëza, die sehr kleinen, sehr schmalen, für sich tanzenden Mädchen, fast keine Körper, und die Erinnerung an das Kellerlokal vor einer Woche hier, zur Straße oben offen, von der auf einmal ein paar Kinder herabgelaufen kamen und sofort in der Tanznische mithüpften, worauf sie von einem Mann, sehr freundlich, um die Schultern gegriffen und wieder hinausgeführt wurden – aber kurz hatten sie tanzen können

Der gestern wiederholte Gang von der Stadt hinunter über die Felder zum fernen Bahnhof, kein Mensch, kein Hund im tiefen Gras, nur die Brachäcker und die Wüsteneien am Gegenhang, und in der Kasernensiedlung viel Kindergeschrei, vermengt mit Fußballreporterstimmen – dann am Weg neben den Schienen die Einfahrt eines Zuges »Valencia–Barcelona«, eine Frau stieg aus und fragte mich, beim letzten Waggon, ob dies Linares sei. In den Liegewagen wieder die Japaner – L. ist für sie kein Ziel, sie schauten nicht aus dem Fenster. Am Bahnhofsvorplatz die Fledermäuse im Hellen, und darunter und dazwischen die schimpfend umherschlurfende Alte, jeden Vorbeikommenden schmähend und verfluchend an diesem Sonntagvorabend

Der Säugling, chauffiert in seinem Wagen von der Mutter, läßt deren Liebesblick schmunzelnd über sich ergehen

Die verzerrende Müdigkeit: (gegen) die schlichtende, ordnende, staffelnde Müdigkeit (Plaza de Toros)

Die Schlaflosigkeit, wie auch die Überwachheit, meint, urteilt ab; die Müdigkeit, »die ich meine«, erzählt (schaut zu); der gerechte Müde, der Müde als der gerechte Richter; teuflische Schlaflosigkeit, himmlische Müdigkeit. – »Gib zu, daß jene Müdigkeit, die nicht zu fürchtende, immer seltener wird!« – »Ja, deswegen wollte ich doch von dieser, bevor sie völlig verschwindet, zu erzählen versuchen!« (Linares, Abend; heute den »Versuch« begonnen)

Was gestern noch geschah: nach dem Tun das dunkle, weiche, reine Grün zwischen den Schienen des längst aufgelassenen Bahnhofs mitten in der ehemaligen Bergwerkstadt L., wo es noch die Aufschrift für einen Wartesaal 2. und 3. Klasse gab, dazu außen am Gebäude, verfallen, das verrostete alte Schild mit der Angabe der Meereshöhe von L.: »417,5 m über dem Mittelmeer von Alicante.« Gewitterkumulus im Westen, aber das Gewitter kam nicht. Umherirren, bis die Hochhäuser in Olivenhainen endeten. Sitzen auf Steinbrocken zwischen den Bäumen mit Blick auf die wäscheverhängten Balkone, bis unter den Füßen die Raupen mich kitzelten. Ein riesiger Gregor-Samsa-Käfer, glänzend, vielgliedrig, gekurvt, trat auf, kurzes Palavern mit ihm. Der pantomimisch Verrückte dann vor dem Eingang des Kinos, den beiden Angestellten hinter der Scheibe, einer sehr alt und livriert, den mutmaßlichen Film darstellend, samt dem Mitgehen der Zuschauer. Endlich nach dem prallen andalusischen Licht die Dunkelheit, wohltuender Wind. Vorher der angebundene Kanari in einer Bar, am Faden schwirrend (14. März)

Manchmal, vor den Augen eines andern: »Nein, wir Menschen sind *kein* Fehlgriff der Schöpfung«

Jene Müdigkeit (»die ich meine«): der Humor kommt auf, einfach über das da Seiende – der herrlich harmlose Humor eines Idioten, der mitgeht mit allem, was ihm begegnet

Als gestern im Vorabend am Rand von Linares die beiden alten Weiber eng nebeneinander auf der Bank saßen und zeterten und schimpften, fiel mir wieder ein, was – in Angoustrine/Cerdagne – die alte Frau zu ihrem Enkel sagte, welcher Unwillen zeigte über den ihn anbellenden Hund: »Laß ihn, er muß das tun!« – Laß die Keifenden, sie müssen das tun (15. März 1989)

Gestern abend, beim AufderStraßeStehen mit den vielen, mit ihnen auf dem großen Bildschirm in einem Schaufenster das Basketballspiel anschauend, war ich zum ersten Mal hier in L. »mit dabei«, und das Herz wurde mir leicht (das schöne deutsche »Es wurde ihm leicht ums Herz«); dieses leichte Herz war aber schon am Vorabend da gewesen, im langsamen Gehen, »Schlendern«, mit, hinter, vor, zwischen, unter den anderen – *paseo, corso* – vom Rand hinein in die Stadt, unter den grünenden Paseo-Bäumen; und war es nicht auch schon da gewesen, als das Kind, im Wägelchen vorbeigefahren, mir, noch früher, die Arme entgegenstreckte? – So viele Kinder, kaum geboren und schon allseits unterwegs, habe ich noch nie erlebt, das Krankenhaus von Linares muß eine sehr große Entbindungsstation haben; – Leichtherzigkeit, Kostbarkeit

Ans Schreiben gehen: Füg der Stille etwas hinzu; bring etwas heim aus der Stille

Ist es unverschämt, sich in der Fremde das Lächeln von den Kindern zu holen? (Úbeda, nach Spätnachmittagsbusfahrt)

Eine(r) müßte einmal einen, den Geduldstanz erfinden (kreieren) und mir dessen Tanzschritte vormachen (ohne es selber zu merken)

Der Moment der Verbundenheit gestern abend, Wärme, Hitze in der Brust, als nach der Rückfahrt von Úbeda nach Linares in den ziemlich leeren Bars die paar Vereinzelten dort und dort immer wieder gemeinsam auf die Uhren äugten: das Fußballspiel sollte dann und dann beginnen: diese Erwartung also hatten wir jetzt gemeinsam. Der Moment war auch ein Hinweis auf die Arten, Weisen und Stufungen der Leere: ohne das Bewußtsein der bevorstehenden Match-Übertragung hätte ich die Leere grundanders empfunden; mit diesem Zusatz wurde sie bedeutsam, schwirrend, belebend. Aber ist nicht jeder Leere, auch der des Sonntagabends, der Kirchen, der Wüsten solch ein Zusatz zu geben? – Manche Zusätze sind freilich nur durch förmliches Herbeidenken zu schaffen und deswegen weniger wirksam, etwa: »Hier im Leeren hat einmal ein Krieg stattgefunden«, »hier ist einmal ein See gewesen«, »hier ist einmal das Meeresufer verlaufen« (so wie in San Apollinare in Classe bei Ravenna) (16. März)

Auch in Úbeda gestern ging es allseits hinaus in die Olivengärten; Gärten? Eher Wüsteneien mit Olivenreihen – Erinnerung an Jerusalem, dazu der ›Cristo de la buena muerte‹, der auf dem Gemälde gar keinen guten Tod ausstrahlte

Mit meinen Sätzen die Sonne und den Frühlingswind zwischen den Fingern weitergeben, diesem

Zwischenraumwind mit den Sätzen *und* den Zwischenräumen zwischen den Sätzen gerecht werden (den Aasgeruch in der Steppe, der episodisch zur Schwade wird, den dafür zuständigen, sich davon bestens ernährenden Geiern überlassen); ab jetzt Luft und Sonne zwischen die Schreibfinger, bis ans Ende des Versuchs

Das Erkennen in jener Müdigkeit: als Vor-Bild wieder die Art, wie Idioten einen anschauend-erkennen, *erfreulich* erkennen (so wie der Idiot gestern, sich in einem fort nach mir umschauend)

Die Aufschrift: »La utopia non existe« übersetz mit: »Den Nicht-Ort gibt es nicht«

Gestern: die Stierkämpfe im TV der Bahnhofsbar von Linares-Baëza: das Tier fürs langsame Getötetwerden geschmückt als Mensch, der ganze Leib pumpend vor »Ich-weiß-nicht-wie-mir-geschieht«. Das Verstecken des Degens vor den Todesstößen, den in der Regel mehreren. Die Sonne-Schatten-Grenze in der Arena. Das Ungetüm namens Picador, auf seinem wie gepanzerten Ungetüm-Pferd auf einmal reglos-riesig da vor dem Stier, als erstes Vor-Bild des Todes. Dessen Erscheinen in Gestalt des Matadors, des Töters, in Glanz und Eleganz: Olé! Sterben! – Auf dem langen Heimweg durch die leeren Felder und Halbwüsten hinauf-zurück nach L. die Riesenechse, die mit einem Sprung in den Höhlungen eines Olivenbaums verschwand, breit, leguanschwer. Danach in der Dämmerung beim Hotel die erste spanische Jukebox, die mir ein gewisses Heimatgefühl gab, mit »Buffalo Soldier«

und »Emotional Rescue« – auch war das erstmals ein Lokal ohne die verdammten Spielautomaten. Dann spät in der Nacht, schon im Bett, das Windrauschen, das auf einmal Regenrauschen wurde, der Regen zum Fenster hereinsprühend, auf den Tisch und das Papier, die Bleistifte, den Gummi, und ich hielt die Hände hinaus in den sanften warmen Wasserfall, fast lautlos, tropfenlos, »andalusischer Regen« (17. März)

Die Müden achten den Raum (der andern); das Ewigsitzen der Müden (und Ostern naht wieder)

Gestern in Jaen, in einer Seitenkapelle der Kathedrale, das Altarbild, die Kapelle in Renovation, und vor dem Bild, an Stricken hängend, schräg darin verwickelt, ein Paar von Staubsaugern, dazu eine Elektrokabelrolle, ein Kübel, zu dem Renoviergerüst gehörend, am Boden Fetzen, Kehricht, Schutt, Mörtel – und ich hielt das, nein, sah das für eine Plastik zu Ehren des Gekreuzigten auf Golgatha (und erinnerte mich an Joseph Beuys); dann, in einer anderen Seitenkapelle die jungen Frauen neben dem da fast nackt hingestreckten Leib des Cristo de la Buena Muerte: wie sie ihn streichelten, allmählich, nach dem Auflegen der Hände auf den Körper, ins Streicheln kamen, die Muskeln des »Toten« befühlten, die Schenkel, die Wangen, den Nacken, den Brustkorb (samt dem Schlitz der Seitenwunde), über die Lenden strichen, dabei einander anlächelten, eine nach der anderen, fachfrauisch ihn zuletzt abküßten – der Bildhauer hatte ihnen da einen guten Körper geschaffen – ein gewisses Grauen auch beim Zuschauen, über die Frauenwelt (18. März 1989)

Schreiben: Anhand des gegenwärtigen, augenfälligen Bilds das Andere Bild sich vergegenwärtigen, das Andere Bild bedenken

Manchen darfst du von keinem Problem erzählen (Betonung auf »erzählen«), sie kommen sofort mit Ratschlägen

Die Ruhe der Müdigkeit, sie schützt nicht nur dich, sondern auch den Dritten

Der Blick des müden Gottes ist doch nicht ganz machtlos, wenn du nur seiner gewärtig bist: Er gibt dir, im Frieden, das Maß; mäßigt dich; das Maß? – Er führt dich zurück; zurück worauf? Auf deine Müdigkeit? Auf dich als den, der du bist? »Auf deine Deinheit«

Gestern: das Gehen auf den ehemaligen Eisenbahnschienen durch die Steppe beim ehemaligen Bleibergwerk im Gegenwind; bergauf über Kalkhänge; der verfallene Olivenbauernhof, umstanden von Eukalyptus, der rauchende Abfallhang – all das beitragend zum Gehgefühl, zum In-der-Weite-Sein, zwischen den Ölbäumen, die rauschten und tosten, an einer Stelle das längst überflüssige Warnkreuz »Achtung Zug«, verrostet inmitten der Ölgärten; zurück in die bei der Kälte und dem Wind wie leere Stadt; der heikle, gar empfindliche Zigeuner in der Bar, vorwurfsvoll auf die eine Fliege da zeigend (die ihm dann auch prompt in das Bier fiel), das Salz penibel vom Fisch, bacalao, streifend; in der Nacht zuletzt hinter der Theke der Inhaber mit seinem Enkel, Kopf an Kopf, der Großvater den Kopf an den des Enkels gelehnt, child is father to the man, immer wieder (19. März, Domingo de Ramos wieder)

Verb für die Müdigkeit: gibt das Augenmaß

»Un extranjero a Linares es extranjero« (sagte gestern der Kellner – »in Linares ist ein Fremder fremd«)

Muß ich im Schreiben (auch) zurück zur Ungerechtigkeit finden?

Die Hand eines Kindes erschien plötzlich neben der meinen, spatzenhaft, während ich schrieb – und die Mutter drehte den Kopf dieses mir Zuschauenden weg von dem Anblick der schreibenden Hand

Heute der erste Kuckucksruf des Jahres in der verlassenen Bergwerkslandschaft weitab von der Stadt, und gestern die erste Schlange, tot

Endlich zeigten sich gestern die Palmzweigträger, erst, am Stadtrand, mit winzigen, verschlissenen Fächern, dann, je näher der Stadtmitte, desto höheren, weitgefächerten, die sich bogen im Wind und den Nebenträgern, den Kindern, in die Gesichter fuhren. Später der Palmsonntagsweg weit hinaus, zwischen den Eukalyptusbäumen: »Unverdient schön!« Duft, Rauschen, Alleinsein. Liegen unter einem der Duftbäume. Das Schlagen der dichtbüscheligen Zweige gegen die glatten Stämme, ein Schaben, Reiben, Rascheln, Fegen. Die geheimnisvolle Absperrung dann, noch weiter draußen, im

Leeren, Hütten eingelassen zwischen hohen Erdwällen, zwei Männer als Wache, was war das Bewachte? Dann das riesige verlassene Bergwerksgelände, die zerbröckelnden Türme, die schloßähnlichen Werkshallen, eine einzelne Palme sich biegend in den Ruinen. Die Spuren der ehemaligen Förderwaggonschwellen in einer Grubensenke, als Negativbilder im Steppengras. Der Kuckuck noch mehrmals rufend, mit einer noch wie ungeübten, verstopften Stimme. Der Dachreiter der ehemaligen Bergwerkskirche. Diese ganze Olivenhain-, Schutt-, Eukalyptus-, Grubenlandschaft, wo man auch hinschaute, voll mit Ruinen, freilich verborgenen, erst allmählich zu erspähenden. Gedanke an die von Dschungel überwucherten Mayastädte auf Yucatán. In der Ferne, noch ferner im Niemandsgelände Geröllhalden, dunkel von Blei, plomo. Ein hoher schlanker Doppelturm neu: dort ging der Bergbau überraschend, klein, doch noch weiter, würde sich die riesige Schneise der Altbaustadt fortsetzen zu den Horizonten

Manchmal, in der Begeisterung, Aufregung, bin, bleibe *ich* es, der im Innern jemandem, *dir*, erzählt; in der Ruhe jener Müdigkeit aber, jenseits der Begeisterung erzählt ES, und wem? mir selbst; *es erzählt sich mir*

Sag statt »Frieden« oder »Friedlichkeit« einmal: »Einvernehmen«

Gestern: Wieder, nach dem Tun, das Liegen weit draußen unter den Eukalyptusbäumen, den rauschenden, rasselnden. Die verkleinerten Planeten-

Modelle der E-Kapseln im Gras, wie in Portugal vor einem Jahr. Die Gaststätte gegenüber dem Busbahnhof von L. mit dem Betrunkenen, der mich beschimpfte, weil ich nicht mit ihm redete. Am Abend die Straßen menschenvoll vom Gründonnerstagsumzug mit dem Christus auf dem Ölberg, blutschwitzend, mit wirklichem, schwankendem Ölbaum hinter seiner Statue auf der Trage, dahinter, auf der Folge-Trage, die Skulptur seiner weinenden Mutter, herrliche Gesichter, Bildnisse des Trauerns. Auf dem Gehsteig die Spreu von den Sonnenblumenkernen, diese von den Zuschauern im Spalier ohne Unterlaß geknackt. Der Fastvollmond als starkes Saumlicht hoch oben an den Gründonnerstagswolken (21. März 1989, Linares)

Müdigkeit: das »mit dir« wird zu einem einzigen Wort, wie das spanische »contigo«; »mitdir«

Die für die Kreuzigungsprozession übenden Träger gestern nacht in den erwartungsleeren Straßen von L., alle gleich groß, gleich klein, mit den Schulterkissen für die Statuen, die Tragen noch ohne diese, die Passionsfiguren, nackt, leer; die die Träger begleitenden Mädchen (22. März 1989, santo martes tranquilo)

Adjektiv für das Wehen draußen weit, beim Tun, der Zweigbüschel, der langen, des Eukalyptus über mir: lind

Die erotischen Müdigkeiten: als seien für sie besonders die Kinder und die Frauen empfänglich. Don Juan stelle ich mir als solch einen Müden vor ..., der freilich, wenn jene Müdigkeit von ihm abfällt, sich selbst wie auch den Frauen reizlos wird – selbstverständliche Trennungen für immer – aber ewiges Gedenken an die gemeinsame Müdigkeit

Die byzantinisch gerundeten Augen des Müden, unergründlich wie die Robert Mitchums

Während das wahre Fragen im unwillkürlichen Aufstehen, Aufspringen stattfindet, geschieht die wahre Müdigkeit im Stillsitzen?

Seltsam, daß im Spanischen das Wort für »wirklich« und das für »königlich« ein und dasselbe ist (»real«); aber das haben wohl schon viele bemerkt

Die Schönheitsempfindung in der Müdigkeit; einzig als Müder, unter Menschen, empfindet der einzelne auch sich selber als schön (23. März)

Das Kino »Olimpia« von Linares gestern: sehr groß, »wie in alten Zeiten«, mit Balkon und Vorbühne. Unaufhörliches Sonnenblumenkernbeißen der Zuschauer, danach die Schalenstraßen zwischen den Reihen. Waren während des Films von einem alle seine Kerne geknackt, wurden die Kaugummis platzen gelassen. Feierliche SERVICIOS, Toiletten, zum Emporsteigen wie zu einem Altar. Im weiträumigen Vestibül Fresken monumental an den Wänden: in der Steppe Lagernde mit großen Augen, daneben die Stiere, dann das Panorama von Linares, der Bergwerkstadt, samt Eseln und Ölbaumzeilen. Mehrere Livrierte als Angestellte in Vestibül und Saal, einer, der mich im Dunkeln mit der Taschenlampe führte (wie früher in Paris)

Zeitung: Ein Stier, auf der Flucht vor dem Schlachtschuß, stieg bis ins vierte Stockwerk eines Hauses hinauf, mit seinen »mehr als vierhundert Kilo«

Gestern: die wüste Trommelschlagnacht des Gründonnerstag bis jetzt in den frühen Morgen des Karfreitag, und in dem Trommeln wieder, wie vor einem Jahr zu Ostern in León, hoch über all dem Treiben der ekstatische Gesang einer Frauenstimme, brüchig, zart, immer wieder aussetzend, neu einsetzend, allesdurchdringend, und so die Stunden zwischen Mitternacht und dem Morgen, bis schon wieder die Hähne krähten (24. März)

Gibt es ein die Müdigkeit begleitendes Gefühl? – Nein. Oder doch: die Gelassenheit, das Gelassensein – wenn du das ein Gefühl nennst. Oder die Sorglosigkeit – wenn du die ein Gefühl nennst

Die Müdigkeit als der ständig geschehende Übergang: so wie ich übergehe auf den andern, geht der andere ...

Gerade habe ich den »Versuch über die Müdigkeit« beendet, draußen bei der Eukalyptuslichtung in der Steppe, im Rücken die Bergwerksruinen, den Rock angezogen, so feierlich wie keinmal in all den Monaten. Ohne das Im-Freien-Sitzen beim Tun hätte ich dieses nicht so bald zu einem Ende gebracht. Weite, Stille, immer wieder Aufatmen. Nah der Erschöpfung. Nichts könnte ich sagen, nichts (25. März 1989, Linares)

»Brote« = Knospe, Keim: »El Ejérjito yugoslavo impedide nuevos brotes violentes en Kosovo« (27. März, Linares, Ostern)

Bauchredner? Warum nicht. Aber zum Teufel mit den sogenannten Aus-dem-Bauch-Schreibern

Worunter die einen, die Alten, leiden, das Dahinschleifen der Füße, das ist ein Vergnügen für die Kinder (28. März, Linares)

Gestern: das Grünen des Hügels, der Hügel von Linares, gesehen aus der Ferne, von Baëza, Antonio Machados Lebensstation (sein Riesenschädel als Skulptur vor der Sierra Morena – die, neben dem Grünen der Hügel, eher blaute als *morena*, braun, war) – es war, in der Tat, real, königlich, ein weithingestrecktes Grünen, gesehen durch eine Hausruine in der Steppe um Baëza, Ruine, die fast nur aus dem Portal bestand, zu dessen Füßen ein Haufen von Glasscherben, wie vorbereitet für einen Mauerbau, oben auf dessen Kuppe zu stecken gegen Eindringlinge; und dann auf dem halbtaglangen Rückweg nach L. die so kraftlos springenden Fische im Schmutz des río Guadalimar; und zuletzt am Abend das Gefühl der Rückkehr nach Linares als meiner Heimstatt – heißt es nicht »mit der Müdigkeit kämpfen«? – dieser mein Kampf ist nun zu Ende

Und wieder ein Gestern (29. März, Granada): das Zimmersuchen spätnachts in G., dann eine Dachbodennische in einer Pension, Geborgenheit, das kalte Wasser der Sierra Nevada auf dem Puls, die Berge jetzt durch die Luke hinter den Dächern der Fernsehantennensteppe zu sehen, beschneit (nevada), leuchtend weiß, der Schnee weit herab

Und wieder ein Gestern (30. März, Granada): die drei Erscheinungen, die, wie so oft, genügten, den Tag zu beleben: der Spatz des Ortes – »da bist du ja, Spatz von Granada!« –; das erste Mädchen auch hier an dem neuen Ort, welches sich die Haare aus der Stirn blies; und am Abend dann die hinkend, dreibeinig dahinlaufenden, heim?laufenden kleinen müden Hunde; Erscheinungen? Ja, Erscheinungen

Und gestern auch noch der Weg aus der doch großen Stadt Granada (groß nicht nur im Vergleich zu Linares) hinaus, bei beginnendem Regen, auch hier die Steppe bestückt mit Ruinen, die Schaf-Ziegen-Herde, die Euter noch klein am Vormittag, und ein kleiner Mann stolperte da durch die Steinweite schreiend auf den Stadtrand zu, brüllte (gegen) die Motocross-Savanne an

Ein Vergleich für die Feingliedrigkeit der Welt, wie sie sich zeigt in jener Müdigkeit – Vergleich, Entsprechung, Parallelität: mit der Ziseliertheit der islamischen Ornamente, wie etwa jetzt im Gebetsraum der alten muslimischen Universität von Granada – das übliche Gewirr der Außenwelt rhythmisiert sich zur Form, zur Wohltat der Form – und zwar zu Form, so weit das Auge reicht – meine (und eure) Weise des Gebets: *den Formen entsprechen*

Vor Tagen, noch in Linares: wie dort während der Osterprozession unter der grellen Sonne eine Mutter ihrem Kind als Sonnenschutz ihre Haare über den Kinderschädel legte (31. März 1989, Málaga)

Im Hafen von Málaga ist gerade ein Unterseeboot aufgetaucht, schwarztriefend, und oben auf dem Boot steht die Mannschaft, wie auch selber schwarz geworden von der Tiefe (die Matrosen haben etwas von parallelen Eisenstangen ragend aus dem U-Boot, sie stehen fast reglos, die Oberwelt bestaunend, im Staunen ein regelmäßiges Muster; s. Ornament)

Als der Busfahrer plötzlich, mitten auf der Fahrt von Málaga nach Ronda, den Schwindel bekam, den Bus anhielt und sich neben die Straße ins Gras hockte, zeigte sich, daß die vorne mitfahrenden Kinder alle seine Söhne waren (so »Der Bildverlust«)

Zu den paar Erleuchtungen, die ich gehabt habe, gehört, neben der Langsamkeit und dem »Zeit genug!«, auch das: »Einen jeden mit seiner Sache, in seinem Raum, vor seinem Hintergrund (siehe Nova in »Über die Dörfer«) sehen« (1. April, Ronda)

Eine andere Art von Tagwerden: auf dem Feldwegmittelstreifen im Gras die leeren Patronenhülsen (Ronda, weit draußen)

»Auf den Spuren eines Dichters«, an einem seiner Orte, fühlst du dich nie im Zentrum dort (»Autoschule Rilke«, autoescuela R.), sondern immer erst weit draußen in der Landschaft, wo es still ist wie, zum Beispiel, jetzt; nur die Vögel in den Mandelbäumen

»Ich darf allein sein!« dachte ich gerade, liegend in der andalusischen Weite, unter einem vorbeirauschenden Spatzenschwarm – sogar die Spatzen, in der Masse, als Masse, bringen also im Fliegen ein Rauschen oder Brausen oder gar Dröhnen hervor – es muß dazu nur still genug sein

»Ich bin dein Kind«, möchte man zeitweise sagen. Aber zu wem?

Gestern: der Weg durch die Felsschlucht in Ronda hinab zum Elektrizitätswerk. Die stille Luft voll schwirrender Heupferdchen, so groß und schwer diese, daß die Äste, von denen sie jeweils abflogen, nachwippten wie von Vögeln. Kurzer Schlaf weitab unter der einzelnstehenden, sausenden Kiefer, wie für immer da aufgehoben. Zuvor der vor dem Wanderer wegtauchende, -schnellende Kuckuck, seine eckig-hektischen Bewegungen, bei so kleinem Körper. Und noch früher auf dem Feldweg der Mann mit dem Esel: »Austria? ¡Viena! Johann Strauß, padre y hijo!« Und in der tiefen Nacht die in der Bar so stümperhaft wie würdig Billard spielenden jungen Frauen. Und am Nachmittag vorher bei dem Anblick des völlig leblosen Seifenabwassers namens »río Guadalevin« – hat Rilke den noch als Fluß gesehen? – der Gedanke (?): »Judenbereinigung abgeschlossen« (2. April 1989, Ronda)

Immer wieder, nicht nur in Spanien?: die so natürlichen Ruhestätten rings um die Eisenbahnstationen

Die spanische Übersetzung von Wittgensteins »Wovon man nicht sprechen kann, darüber muß man schweigen«: »De la que no se puede hablar, mejor es callarse« (*besser*, zu schweigen) (Algeciras, 3. April)

Und jetzt die Viehsteige Afrikas, Pyramidenformen im Regen hinter dem weißtrümmrigen mohammedanischen Friedhof (Ceuta)

Gestern: auf der »Peña de la muerte« hier in Ceuta, kahler Felsen, auf das regenverhangene leere Meer hinausgehend – und als ich im nachhinein den Namen las, war das für den Augenblick zuvor auf dem Felsen der ganzrichtige Name, »Felsen des Todes«, eher noch, der Verlassenheit (4. April, Ceuta, Afrika – in der Nacht dann das beleuchtete europäische Ufer, dazwischen dunkel die zwei Kegel von Gibraltar)

Ein paar Nachträge aus Ceuta (5. April, Marbella, hoch über dem Ort): der gelbe kleine Hund dort, vor dem Sturm-und-Hagel-Regen Schutz suchend in einer Photokabine, da naß liegend, zitternd, unvertreibbar. Der afrikanische Regenbogen. Bei der Rückfahrt über die Straße von Gibraltar wieder das Hageln, das Eintauchen der Schlossen ins wildbewegte Meer, das Hochaufspritzen des Wassers. Der einstige Bodybuilding-Champion mit dem feinen traurigen Gesicht in der Calle Linares von C., zum Barinhaber im Finisterre des Finisterre dort geworden, sein zartes, weiches, frauliches Muskelfleisch in der Unangespanntheit, unter all den Tätowierungen. Der Film mit Cindy Lauper im Kino von C., ich als der einzige Zuschauer im wieder großen Saal. Der rostige Balkon am Hotel namens »Ulisses«. – Und dann am Abend nach der

Rückfahrt europawärts der Orangenblütenduft schon von weitem, der nachts in Marbella von der Plaza de Naranjas kam, nach dem Sturzregen. Und die Eukalyptus jetzt auch hier auf dem Berg, nach dem Regen rauschend unten aus den Felsschluchten

Der eine Zeitlang mit dem Flugzeug mitreisende Regenbogen, in den Wolken verschwindend, dann für einen Moment wiederauftauchend (6. April, Málaga–Mailand)

»Ihr Glücklichen, die ihr an Bahngleisen wohnt!«: ich nach einer von Zügen durchbrausten, durchschrillten Nacht, mit einmal wirklich seligem Schlaf, aus dem ich, das Röhren und Tönen im Ohr, gar nicht mehr aufwachen wollte (7. April, Parma, Bahnhofshotel)

Gerade noch, unter den Hagelkörnern, das Aufspritzen der wildbewegten Meeresstraße von Gibraltar, und jetzt wieder, unter den Hagelkörnern, das Aufspritzen eines kleinen langsamen Bachs in der Po-Ebene

Um mich zu erneuern, habe ich keine neuen Eindrücke nötig, sondern, immer von neuem, die Stille (Parma, Mittag, am Bahnhof – in P. halten nachts mehr Züge Richtung Rom als tagsüber ...)

Die mich durch Europa begleitenden Flußterrassengärten, im Februar etwa die vor Ripoll, Katalanien, und jetzt die vor Bologna, schon blühend

Der gerade Auferstandene des Jacopo de la Quercia von San Petronio in Bologna, noch todmüde, stützt sich auf die Schulter des ihn als Leichnam bewachthabenden, nun zu dem Auferstandenen *hinauf*staunenden Soldaten

Das Wort »getrost« ist am Platz mit dem Moment des Tages, da all die Sorge von mir abfällt und ich getrost werde (»getrostwerden«). Und so werde ich, in den überfüllten Zügen, mit der Zeit Spezialist für das Sitzen vor den offengelassenen Klosetts, auf den Klappsitzen gegenüber und für das Zuknallen dieser Türen. Und so, wieder und wieder: der mit dem Zug neben den Schienen mitlaufende Hund

»Herzaufgehen«: das gibt es, wörtlich (Arezzo, 8. April); und das Aufleben, das Leben, setzt immer wieder ein mit dem erweiternden Gefühl und/oder Bewußtsein des Zeithabens; des Zeithabens, das seinen eigenen Wind erzeugt an den Schläfen

Die zwei einzelnen Bäume in der lichten Landschaft der Königin von Saba (Piero della Francesca): »Das sind, das waren einmal Bäume!«

Manche Maler kommen einem (mir) selbst an ihrem Herkunftsort nicht näher (Perugino in Perugia, 9. April)

Heute habe ich zum ersten Mal seit langem, in einer Stufengasse von Perugia, wieder die Leere erblickt (ja), und das war Schönheit

Der Auferstandene (Pieros) gestern in Sansepolcro: noch tief erschrocken vom Totsein

Läßt sich nicht von Gott mehr sagen als von einem Menschen?

Immer, wenn ich jemanden (vor Wut) schreien höre, schäme ich mich für all die Male, da ich selber so geschrieen habe

Es *gibt* das Christliche (das geweckt und bestärkt worden ist erst durch die Person des Christus und die Evangelien); diese anima naturaliter christiana tritt aber eben erst in *Erscheinung* durch die Schrift

Für die jammervoll ausgestreckten Arme der Mutter und des Johannes unter dem Kreuz *brauchte* Piero della Francesca den *Raum*; aber er mußte vorderhand noch mit *Goldgrund* vorliebnehmen

Mein Herz heute: Gefühl des Neumonds in der Brust – dabei ist zunehmender Mond

Gefahr des Glücks: die Fassungslosigkeit (wiederhole ich da etwas? Recht so) (Assisi, 10. April 1989)

Immer wieder bei Giottos Trauernden: die vor Trauer geschwollenen Oberlippen

Giottos Christus in der Mandorla (nein, es ist keine Mandel-, sondern eine Kreisform) legt sich und uns die Hand aufs Herz – auf das Buch: zwischen Herz und Hand das Buch

Auf dem Kopf der Adlerskulptur mit den ausgebreiteten Schwingen saß für einen Augenblick ein Spatz (Assisi, Mittag), und die Schulkinder, auf dem Heimweg, tranken im Vorbeigehen aus dem Brunnen

Giotto hat die menschliche Reinheit gesehen wie sonst keiner

Gestern die blauen Lilien in Assisi, blühend vor zum Trocknen aufgehängten weißen Tüchern in einem Garten (11. April, L'Aquila)

Gestern in Assisi, oben vor der Festung: die Katze dort im terrain vague, beim Tötungsspiel mit der gefangenen kleinwinzigen Eidechse, diese, wie eine Maus, immer wieder kurz ins Maul nehmend, dann fallen und sozusagen entwischen lassend, dabei wie zerstreut, mit zuckendem Ohr, woandershin schauend, der Eidechse dann aber doch nachschießend und sie haschend, wieder und wieder. Die Eidechse, hellgelber Bauch, im Maul der Katze. War es recht, daß ich die Katze mit Erde bewarf, worauf sie entschwand, und die Eidechse, lebend, alleinblieb und sich hinauf auf einen Ölbaum bemühte, während von der anderen Seite schon die nächste Katze sich anschlich?

Nicht vergessen auch von gestern: die ältere Japanerin, der in der Bank übel wurde. Und dann saß sie draußen auf der Stufe vor der automatischen Tür, lächelnd, bei fast geschlossenen Augen, und mit ihren unwillkürlichen Schmerzbewegungen immer wieder die Tür zum Aufgehen veranlassend, während ein jüngerer Japaner, ihr Sohn? gleichgültig?

lächelnd über ihr stand, zum Himmel schauend, wie nach dem Wetter. Und wie im Betrachten, auf mich Übergehenlassen, die Frau, so gefaßt dasitzend im Schmerz, die todkranke Mutter aus Ozus »Die Reise nach Tokyo« wurde, beherrscht, als wäre nichts, in einer Art Sterbenskultur sich aus dem Mittelpunkt wegspielend

Das Gehen mancher italienischer Männer mittleren Alters: wie von Beschwingtheit vortäuschenden Religionslehrern (L'Aquila)

Die Wege in den Dörfern, die früher »Via Molino«, Mühlenweg, hießen, heißen jetzt »Via Michelangelo« oder »Via Modigliani« (12. April, Pescara)

Gestern die Busfahrt von L'Aquila nach Pescara: An einer Haltestelle standen die Leute in einer Reihe mit einer Kleiderpuppe

Das Tagewerk der Bettler, auch ein Werk? Manche fangen schon damit an, wenn die meisten noch schlafen: siehe jetzt die alte Zigeunerin, die unten vor dem Hotel auf und ab geht seit Sonnenaufgang, das Kind im Arm, unermüdlich an die geschlossenen Fenster der parkenden leeren Autos klopfend

In wie vielen langen gekrümmten Kümmergestalten ich doch unterwegs meinen Bruder sehe: wie jetzt hier in Pescara auf der Esplanadenmauer vorm Meer den einzelnen Sitzer, fast haarlos, in seiner an ihm herabhängenden gelben Jacke nach Zigaretten nestelnd

Unbeschwertheit und Ruhe. Bin ich aber unbeschwert (herrliche deutsche Sprache), droht sofort die Unruhe (vor Bari)

»Heritarmi l'amore del popolo sará l'unica mia ambizione« steht auf dem Garibaldi-Denkmal von Bari. Zu seiner Zeit muß es also noch ein Volk gegeben haben? Und die »Liebe« des »Volks« kann man, wie Garibaldi, nur mit dem Schwert in der Faust »erben«?

Gestern nacht starb ich, auf mathematische Weise. Es wurde berechnet, daß ich tot war, und plötzlich erfuhr ich, daß die Rechnung stimmte. Es gab mich nicht mehr (13. April, Taranto)

Die landeinwärts gewanderten Dünen von Kalabrien. Oder ist das Land meerwärts gewandert? Die ältesten der Wanderdünen sind schon bewaldet, und auf halber Höhe dieser Dünen wird sogar Getreide angebaut (das Wogen der jungen Halme). Die neueren Dünen: nichts als Sand. Die Generationen der Dünen, seit dem Mittelalter. Aber auch auf den älteren kommt dünenaufwärts zuletzt eine strenge Linie der Unfruchtbarkeit, mit nichts als hartem Dünengras. Gibt es denn Dünenquellen? Bäche, zeitweise, gibt es jedenfalls: tiefe Wasserrinnen weiter unten. Und auf der flachen Leeseite der Dünen die niedrigen Dünenhäuser ab und zu, zwischen ihnen die Schafherden in Seesternform, regelmäßiger, dazu die hellsandigen Viehsteige. Und die Täler zwischen den Dünen. Feine Welt im kleinen. Und auf den ältesten Dünen noch die Reste der staufischen Wachtürme. Und auf den neuen die Strommasten. Und einzelne

Dünenzüge sind so tief landeinwärts gewandert, daß sie dort hinten heimatlos wirken, gar fern von ihrem Ursprungsort

Und noch einmal jene Müdigkeit, und in ihr das sehr kurze Schlafen und Wiedererwachen: wie da, bei gereinigten Augen, alles Staunen ist – keine Affekte mehr als jenes »Allesstaunen«: Nachtrag jetzt, da ich das leere Großgriechenland Apuliens und Kalabriens vor mir sehe, Magna Graecia, samt dem Crotone, wo Pythagoras lehrte – ich hatte das vergessen, auch zum Glück; das Verb für jene Müdigkeit: »eint«; die einende Müdigkeit (15. April 1989, Taormina, der Ätna im Dampf der Ferne)

Erwachen zum Baumkronenblick; »er erwachte zum Baumkronenblick«, so »Der Bildverlust«; wieder in Doberdob im Karst bei Triest, 16. April, hellblauer Flieder hinaufsteigend in die dunklen Zypressen, und weit weg rufende Kinder, markierend in der Wildnis des Karstes den Dorfrand. Und das sich in das Blau des Himmels hinaufwindende Karstgrün. Und was tut das Grün da? Es ruft auf. Wo bin ich? Wo bist du? Es ruft mich aus mir heraus. Das Orakel Grün sagt? Komm zurück zum Grün. Und jetzt das Grünen von Grund auf, aus den Erdtrichtern, aus den Dolinen – Ostergrün des Karstes, nimm es mit, Wanderer, unter deinen Achseln

Die Wartenden an den geschlossenen Bahnschranken als Bahnschrankengesellschaften (heute Vermigliano, vorgestern Crotone, und allüberall)

Ich betrachte ein gefiedertes Löwenzahnblatt, wie es aufwächst neben der Zugschiene, und frage mich, angesichts dieser klaren Form, immer noch: Wer bin ich?

Erinnerung an den Gekreuzigten Pieros: wie gehäutet

Beim Wiederkehren an (gute) Orte sehe ich dort die einzelnen Stellen und Winkel nicht eigens – sie erscheinen (San Michele del Carso/Vrh, 17. April)

Indem du im Gehen die Eidechsen erschreckst, erschrecken sie wiederum dich? Dann geh so, daß die Eidechsen nicht erschrecken und du nicht erschrickst

Vorgestern in Doberdob die Taufgesellschaft, umgeben vom Grün der Wildnis: Großmutter und Kind beide so klein, daß ihre Köpfe als einzige nicht über die Stuhllehnen schauten. Die zwei waren so nur sichtbar als Umrisse in den durchschossenen Stofflehnen (18. April)

Ich, hier im italienischen Karst gehend, immer mit Blick ost- und südwärts zum jugoslawischen Karst, auf Kostanjevica, auf Lipa, auf den Trstelj, die Wellenberge am Repentabor, den Nanos dahinter, dachte: Ah, ich habe meine Heimat nur umkreist, bin, diesmal, nicht in ihr gewesen

Von der Geduld, wenn sie einmal da ist, und wirkt, kann man sagen: »sie glückt«; der weite, lichte Himmel der Geduld. Eine unerschütterliche Geduld: das wäre es

Die Erdbebenpfade, die sich im Leeren zwischen
den Trümmern ergeben haben, sind inzwischen ein-
gebürgert – zumindest bei den Schülern (wieder in
Gemona)

Den meisten scheint die Unreinheit ihres Blicks
nichts auszumachen. Sie starren, stieren, äugen, glot-
zen, fixieren, messen, urteilen weiter. Wird mein
Blick hingegen unrein – nimmt er nicht einfach
selbstlos teil –, wird er fahrig, voll schlechten
Gewissens, schuldbewußt

Der Glückliche und die Zeit: sein Problem wird die
Zukunft: Wie wird es nun weitergehen, auch nur in
der nächsten Stunde? Aber vielleicht gehört eben
zum Glücklichsein, daß jedes Vorausdenken weg-
fällt. – Und insofern wäre ich noch nie glücklich
gewesen?

»In der Obhut des Eisenbahners«: ein paar »Ob-
huten« gibt es doch in der unwirtlichen Heimat –
ich dachte an die hingerichteten Widerstandseisen-
bahner von St. Veit an der Glan, 1944 (19. April
1989, Villach, vorübergehend in Ö.)

»Aufseherhaus der Hochquellenleitung« / »Feuer-
verzinkerei« / »Strumpfgrube« / »Schieß mal wieder – natürlich mit dem Luftgewehr« / »Roman-
Tausch-Zentrale« / »Österreichischer Wachtdienst« /
»Systemwartung« / »Beschriftungszentrum« /
»Heimkehrerstraße« (et moi? et moi? et moi?) /
»Personalentwicklungsziele und Personalentwick-
lungsmaßnahmen« (20. April 1989, Wiener Neu-
stadt, Wien)

Wie bin ich im eigenen Land gefährdet von Unwirklichkeit. Selbst die Stille schützt mich manchmal nicht davor. Statt daß ich dann vor dem vielfältig wogenden Grün zu mir komme, gerate ich noch mehr außer mich (= Unwirklichsein). Ein anderes Wort für solche Unwirklichkeit: Fassungslosigkeit. Dabei wollte ich mir in die Stille den Ernst holen gehen, den gebührenden, den meinen. Und ich fragte das grünende Orakel: »Was soll ich tun?«, und aus dem wogenden Grün kam: »Weitertun!« Und ich fragte das grünende Orakel: »Wohin soll ich gehen?«, und aus dem wogenden Grün kam: »Weitergehen!« (Lichtung Lainzer Tiergarten, 21. April)

»Das ist etwas Seltenes: ein Künstler in der Natur!« sagte gestern in den Weinbergen von Grinzing/Sievering der auf mich zeigende junge Wanderer

Es fiel ihm ein, wie er einmal ruhig gewesen war, und er beruhigte sich (so »Der Bildverlust«, 22. April, Wien)

»Was ich erfinde, sind neue Gleichnisse« (zurück zu Wittgenstein); und: »Zum Staunen muß der Mensch – und vielleicht Völker – aufwachen. Die Wissenschaft ist ein Mittel, um ihn wieder einzuschläfern« (1930)

Früher war das Reizwort für Schriftsteller »düster«, jetzt ist es »rätselhaft«, und morgen?

Reden im Restaurant von »18 Gängen« – eines Fahrrads. »Achtzehn!«

Die Liebe als die Bild(er)wand. Ist es keine Bildwand, ist es noch nicht die Liebe

Die Lyriker, wie Paul Celan, Hölderlin, können nur umweglos einsetzen/anheben; ich (Prosaiker? Epiker?) kann nur über Umwege anfangen

Mach etwas, wo Leute und Raum zusammengehören (= Utopie; gegen den »Woyzeck« gestern, 23. April)

Schönheit als das Begleitende, der Schimmer, der Wahrheitsfindung

»Und«: Die Kinder treten vor das Haus in die Sonne, und es fängt an, zu schreiben (und es fängt in mir an, zu schreiben) (24. April, Wien, Rudolfsplatz)

Die meisten Gebete sind zu lang?

Keine Bücher für mich: die mit dem unangenehmen Beben des Gebildetseins

»Nur langsam!« – Betonung auf *nur*

»Mehr Liebe!« dachte der Liebende

»Mit deiner reichen Innenwelt wirst du aber unfähig zum Erbarmen!« – Das trifft auf viele nicht unedle Österreicher zu – und vielleicht auch auf mich

Die bewegte Plastik des Zeithabens (25. April, Wien, am Donaukanal)

»Wie geht es dir?« – »Ich befinde mich im Wartestand.« – »Worauf wartest du?« – »Auf die Wiederholung.«

Spürst du die eigene Kläglichkeit, bist du schon fast gerettet (für den Augenblick)

Vorübergehende Lösung: das Atemanhalten (vergiß es nicht)

»Es gelang ihm ein wünschender Gedanke«: so »Der Bildverlust« (26. April)

Nur mit einem [1] Ohr hören wir oft mehr (beim H.-v.-Doderer-Stein im Wienerwald, Bärlauchblütenweiß weit und breit, darüber ein [1] Gelb: ein Zitronenfalter; und der Winzigvogel flog vom Ast zurück zum Stamm mit einem [1] Flügelschlag)

»Dingtreu« und »wortgenau« sind ein und dasselbe; Wortgenauigkeit heißt Dingtreue

»Verwöhntes Ding!« schimpfte der Verwöhner

Von den paar, wenigen, Enthusiasten lebt das, was war

Österr. Sportjournal: »... als X. Y. mit einem Kopfball zum Entsetzen der Holländer der Torlosigkeit den Fangschuß versetzte« (27. April, immer noch Wien)

Wenn du den Raum nicht erfaßt, darfst du dich nicht fragen, warum du schwindlig bist.

Die Frage Gottes in mir: »Warum bist du nicht da?«

Ein Blatt schwebte herab im Kastanienhain und stand dann auf zwei Füßen, als Vogel (Taunus, 30. April)

René Char: Vielleicht das Letzte, was sich noch, in stammelnder Klarheit, primär sagen ließ, fernab all der Sekundär-Literatur? Nur noch im Gedicht findet das Primärschreiben statt? Und bald vielleicht nur noch im Schweigen?

In fast allen deutschen Städten sehe ich die Dinge, die Gebäude, selbst die Kirchen nur als Orientierungspunkte, nicht aber als die Dinge (siehe Hofmannsthal, Briefe des Zurückgekehrten, 1. Mai 1989)

Ich kann wirklich mitfühlen nur mit den Stars im Sport, mitfühlen und mich mitfreuen. Die haben ja auch etwas zum Freuen (2. Mai)

Verlier noch die letzte Spur der Verliebtheit in dein eigenes Wahrnehmen

So viele herumliegende vergessene Sachen – Schals, Schirme, Mützen – auf der Welt erscheinen mir als meine eigenen vergessenen Sachen

Verb für die Ferne: »ruft auf«

Wenn ich in Deutschland, und auch in Ö., bin, fühle ich mich allzu oft nicht in der Welt

Wenn ich strahle, strahlt es (7. Mai, Paris)

Jener Moment Schlafs vorgestern im Wald an der Havel war kein Schlaf; es war ein Bild

Oft, wenn ich die Erscheinung vor mir habe, ist mir, ich hätte schon »alles« gesehen; ich möchte keinen Grund mehr wissen

Meine Ländereien: die Baumrinden (etwa der Platanen)

Unterscheide: tief schlafen – fest schlafen – selig schlafen

Die höchste Kunst: die Märchen, an die man glauben kann

»Worauf bist du noch aus?« – »Auf das Gut-Dasein.«

»Ich beginne entschlossen falsch!« – Auch das wäre eine Art der Inspiration, ein Aufbruch zu Neuem (10. Mai, Cannes)

Labiler Schönheitsmensch: das Ausbleiben der Schönheit macht ihn böse – noch böser macht ihn die Häßlichkeit

Alles, was an mir Sport ist, unterbricht, zerstört die Gleichmäßigkeit, des Gehens, des Atmens

Autisten seien »von sich selbst – von übermäßig ausgeschütteten Opiaten – berauscht. Wahrscheinlich kommt aber auch noch eine Schädigung des ... limbischen Systems dazu. Dessen Aufgabe ist es, Wahrnehmungen ... auf ihre ›Wichtigkeit‹ zu prüfen. So gesehen, wären die autistischen Genies dazu verurteilt, die geballte Kraft (sic) ihrer in der eidetischen Sphäre liegenden Begabung an ›unwichtige‹ Gegenstände zu verschwenden«

»Der Bildverlust«: Einmal sollte ich da im Schreiben meinem Ideal nahe- oder doch näherkommen: daß es um nichts geht, und daß doch alles dasteht, *mit*-einander

Der Übermut von früher, hieß der Bereitsein? Im Gegenteil

»Wir haben die Stille vergessen / sie konnte nicht bestehen ohne Liebe« (Jan Skácel)

»Il faut que je bois moins d'alcool maintenant«, sagte der alte Mann und leerte sein Glas in einem Zug (Vieux Cannes, 12. Mai)

Ich sah meine geduckte Mutter sitzen und dachte, sie, mich sehend, dächte: »Warum verstellt er sich? Warum ist mein Sohn nicht so geduckt wie ich?«

»Es ist grün, und das ist alles, was vom Engel übrig blieb« (Jan Skácel, 15. Mai)

Die *aktive* Geduld, die zu lernende

»Aufmerksam und unzugänglich«: Leitspruch

Jene Trauer, aus der die Liebe kommt. Die Trauer der Liebe

Offenheit, Offenwerden ist gleich Reinigung (Cannes, 22. Mai)

Gib mir ein Bild, und so wird meine Seele gesund (= »Der Bildverlust«)

Auf die Frage nach ihrem Beruf antwortete die Frau so ruhig wie selbstverständlich: »J'assiste mon mari«

Wenn er die Schönheit empfand, dachte sich in ihm von selber sein Kind herbei (26. Mai, Tarn)

Die Stunden am Tag, da keine Liebe in ihm war, die fürchterlichen Stunden. Und dann erwachte er am folgenden Morgen, und es war noch immer die Liebe (»All I can do is dream of you«, Roy Orbison)

Das Kindergeschrei während der großen Pause im Schulhof hier (Saint-Etienne, 27. Mai) als das Weltgeräusch. Und jetzt, Ende der Pause, folgt dem Weltgeräusch die Stille, in der eine Amsel über das Gras rennt, einen Wurm im Schnabel, auf der Suche nach noch einem Wurm

»Faire l'amour«? »To make love«? – Nein, die Liebe macht sich selber (von selber)

»... bin ich mit meiner Sehnsucht allein«: die große Dichtung in den Schlagertexten

Im Glück, im rechten (ja), geschieht zugleich der Aufruf zur Erinnerung an dieses Glück, und an den Ort dieses (jenes) Glücks. Und die rechte (ja) Liebe geht zusammen mit der Gewißheit der Unverlierbarkeit (auch wenn der Verlust kommen wird)

Der Frohe verliert, für die Zeit des Frohseins, all seine Gewohnheiten

Eine Art Lebensgefühl: durch die Vermeidung. Und ein anderes Lebensgefühl: durch das Einverstandensein

»Und vor schrecklich langer Zeit war die Stille / liebenswürdig wie gute Bogenschützen« (Jan Skácel)

Die Meßfeier, oder überhaupt die Feier, das Fest: um sich die Liebe zu vergegenwärtigen (Tournus, 28. Mai; an der Sâone, die Füße im Wasser, der Zusammenklang der schwirrenden Schwanenflügel und meines schwirrenden Bleistifts)

Wieder die Cello-Suite Bachs: Musik der Herzkurven

Zwei Liebende: Warum sagt Gott ihnen nicht ausdrücklich, daß sie zusammengehören?

»Was hast du dort und dort, auf den Stätten der Erde, getan?« – »Für freundliche Momente gesorgt.«

Ein auf dem Teich von Villebon aufsitzender dunkler Schmetterling; die Spitze eines aus dem Wasser ragenden Holzpflocks: das war gestern. Der junge

Mann auf der Caféterrasse, dem ein Blatt vom Baum auf seinen Tisch fiel und der sehr langsam nach dem Blatt griff: das war vorgestern

Wenn schon die Freude nicht kommen will, so komm, Trauer (1. Juni 1989, Wien)

Könnte ich die Liebe doch nur als das Selbstverständliche, Alltägliche empfinden – und nicht als das Außerordentliche, mich aus der Fassung Bringende; Allgegenwart der Liebe: anders gewöhnst du dich nicht an sie – und die Liebe soll(te) dein Gewöhnliches werden

»Die Geschichte muß mit der Zeit Märchen werden« (Novalis); Geschichte – Zeit – Märchen! – Die Märchen-*Erzählung* zugleich als der *Wunsch*, als das *Gebet*

Die herrliche Machtlosigkeit *und* Inbrunst der Zeilen bei Jan Skácel: »Flog auf ein Falke, flog / über alle Vögel, zog / hin, ach, über alle Wesen«, und: »Oder wußten sie vielleicht, daß man in die Liebe geht wie in den Krieg ...« – (der Leser, mein reinstes, mein durchlässigstes Ich)

»Immer wieder, wenn er ein leeres Nest sah, neben der Straße, im Gras, mußte er an (s)ein Kind denken« (»Der Bildverlust«)

Die archaische Einsamkeit beim Schreiben in Linares, weit draußen dort beim Eukalyptushain, manchmal habe ich eine Art Sehnsucht danach (6. Juni, München)

Schreib nur noch reinen Herzens, vollkommen reinen Herzens, oder laß es bleiben

Der alternde Mensch, und das ewigjunge Begehren

Er sah eine langsam gehende Frau und wußte plötzlich wieder, daß er die Abwesende liebte; und in die a-Moll-Sonate von Schubert rauschte draußen vom Garten das Laub herein. Schubert: Energische Anmut. – Ist das einem Mann nur in der Kunst möglich? Nur?

Sich vom Grün eines Gartens trennen: es ist in der Tat immer wieder eine Trennung, eine schmerzliche

Merke dir ewig: die Harmonie ist ebenso lehrreich (lehrreicher noch) wie der Schaden und das Unglück (Lucca, 9. Juni); die Harmonie als der (die) ideale Lehrer(in)

»Oder kommt es zurück, das Ideal, / Lieber zu zögern als recht zu haben?« (Hermann Lenz)

Die Schnecke, am frühen Morgen durch das Gras kriechend, robbend, hat etwas von einem Unterseeboot in der grünen Tiefe des Meeres, mit ihren Vier-Fühler-Antennen, und wirkt in ihrer Helle, durchscheinend, zugleich zeppelinhaft. Die Fühler wie fingernd, das Haus auf dem Schneckenrücken gestreift. Und sie bewegt sich gar nicht »schneckenhaft« langsam, sondern rasch, im raschen Schneckentempo. Und darüberhin flitzen die Vögel, ein luftiges Singen als das einzige Geräusch dieses Sonntagmorgens, zusammen mit dem Rauschen des

Bleistifts. Und neben der rasch dahinrobbenden Schnecke im Gras überall die abgefallenen, betauten Rosenblätter. Und jetzt setzt sich eine Fliege auf das braungelbe Schneckenhaus und läßt sich, unbewegt, eine Zeitlang mitkutschieren (11. Juni, bei Lucca)

Alle Männer, die sich ihr näherten, sagte sie mir, hätten »hungry holes« in sich (14. Juni, Venedig). Und ich ließ sie in Liebe allein

Das »Pritzeln«, Klicken, Knacken, maschinenhaft, gestern der Heupferdchen im Karst über dem See von Doberdob, unter dem fast identischen Geräusch der Überlandleitung. Und die schwarzen Maulbeeren in der Wildnis. Und das Rot ihrer Lippen mit dem Rot der Erdbeere. Und die aus der Steppe mit heiserem Gebell hervorbrechenden Rehböcke. Und ihr weißer Reisstrohhut in der hüfthohen blumenreichen Savanne. Und das Fischessen in dem Wüsteneirestaurant. Und das Salz der Tränen, zum Mund geführt. »Oh keep away from my tomb«, sangen die Creedence Clearwater Revival. Und als sie im Friseurgeschäft sagte: »How nice to have a haircut in Italy!« Und die Nachtigall am Nachmittag ächzend, lachend, klagend, kollernd unten aus der Tiefe der Brombeeren (Aquileia, 16. Juni)

Gestern: Das Gasthaus, die Gostilna, in Repentabor, hoch im Karst, wieder, mit dem Gemüsegarten unterhalb der Terrasse, von dieser der Fernblick – nicht hinunter aufs Meer, den Golf von Triest, sondern tief und weit ins Landesinnere, das fast leere, karststille, mit den ausgedienten Schienen der ehemaligen Bahn Aurisina–Dutovlje. Sein, Dasein unter dem Maulbeerbaum, dessen Früchte noch grün waren. »Jetzt bin ich da!« sagte sie. »Wrote a song for everyone ...« Die zwei Männer mit uns an dem anderen Tisch, mit den sehr starken Brillengläsern, auf welche die Augen, verkleinert, aufgemalt schienen. Die zart-verhaltene slowenische *natakarica*, Kellnerin, von deren »štrudel« (»jabolko«, Apfel) ich dann kostete mit dem Gefühl, ich äße (ja) meine Mutter. In der nordöstlichen Ferne – »oblačno«, wolkig – die Umrisse des Nanos. Das Schiffstuten wieder der Karstzüge auf den noch befahrenen Linien hinter den Kalkhügeln, dunkel, fein, wie von »ganz Jugoslawien« her. Die gelbe Melone, daneben die purpurne Aubergine: »So ein Kleid möchte ich mir kaufen!« sagte sie. Das Rauschen und Fächeln auch wieder allerseits, so daß wir unwillkürlich leiser und leiser redeten. Die Vollkommenheit des Mensch-Da-Seins, und die Freundlichkeit aller da, das Grüßen mit den Augen. Von den beiden mit den dicken Brillen sah der Junge immer wieder älter aus als sein Vater – der auch sein Großvater sein konnte, »child is father to the man ...« Das Wohlwollen, wie es in Wellen durch die leere weite Karstlandschaft ging, ein Beschenktwerden in jedem Augenblick. Dann das Brautpaar in der Kutsche bergauf zu der Felsenkirche. Das Zurückkehren der leeren Kutsche, die dann mit dem scharrenden Pferd geschmückt – Girlanden, Kränze, Blumen – vor der Gostilna stand, ein großer Ziegel als Bremsstein am Rad. Im Auto dann Franco Battiato, »Orizzonti perduti«. Das Aufsteigen der Kirche von San Giovanni del Timavo aus dem Karsterdreich. Der Flughafen von Ronchi mit dem hellen Karstkliff dahinter. Wundersames Sich-in-die-Lüfte-Heben des Flugzeugs, mit ihr drin, ähnlich dem der Kirche zuvor. Ich allein dann auf dem Bahnsteig von Monfalcone, mit dem Blick in die steinigen Karstwälder, in der Jukebox der Bahnhofsbar der Anchorage-Song, »anchored in Anchorage, Alaska ...«. Tiefschlaf im Zug nach Udine, wo ich von sämtlichen versammelten Schaffnern geweckt werden mußte. Die Vollkommenheit blieb bei mir bis spät in die friulanische Nacht – und möge bleiben bei mir bis an mein Ende (18. Juni 1989, Udine, Caffè del' Orso)

Auch ihre Nichtigkeit, für Momente, gehörte zu ihrer Schönheit, ihre liebliche, liebenswerte Nichtigkeit

Statt »Vollkommenheit« (siehe oben) sag eher: »Vollständigkeit« – Vollständigkeit, bleib bei mir bis an mein Ende

Sei nicht voreilig mit deiner Wut – warte auf den Zorn – und der ist außerdem, anders als die Wut, gesund

Du *mußt* sanft sein, Künstler. Du *mußt* besänftigen

Wir haben unsere Version der heiligen Geschichten zu wiederholen – die Versionen *unserer Gegenwart*, im Leben wie im Arbeiten

Mag sein / ich habe es mit dir, / du hast es mit mir / nur zum Stammeln gebracht. / Aber dieses unser Gestammel wird das Schönste sein, / was wir beide / der Welt hinterlassen haben werden. / Dieses unser beider fassungsloses Stammeln / ist unsere menschliche Hinterlassenschaft

Was sagt die Liebe? – »Sprich nicht!« sagt sie. »Du sollst nichts sagen!«

Was ist das Verb für die Wiesenblumen – die Margeriten, die Glockenblumen, den Goldklee, die Kornblumen –: sie »verhalten« (das Friedensheer der Wiesen-Blumen)

Viel zu schnell gewöhne ich mich an die Freundlichkeit der Menschen und wiege mich in falsche Sicherheit (19. Juni, »daheim«)

»Er hat keinen Selbststand«: der Pfarrer über meinen Bruder

Statt »Ich denke« sage: »Ich rätsele«

Gestern das Zungenreden, Durcheinanderreden der alten Schwester meiner Mutter: »Die Gendarmen haben mich verdamischen, verirrsinseln wollen ... Einmal hat doch einer um mich gebräutelt ... So *stolz* hat er mich gefragt, ob er mich heiraten will ... Deine Großmutter [ihre Mutter] war eine friedfertige Frau – kam sie nachhause, hat sich alles wunderbar *gesetzt* ... Jesses, Jesses, wie haben wir getrauert um die zwei gefallenen Brüder ... Gregor [der Ältere]: Ich hab ihn gern gehabt, aber daheim ist er nicht leicht geblieben, ein bißl da, ein bißl dort ... Er war groß, aber auf einem Auge war er blind ... hätte heiraten sollen, hat aber gewußt, daß er nicht lange leben wird ... In Marburg war er auch, als Jüngling, in der Weinschule ... Die Genoveva hat ihn gebräutelt, er hat sie verworfen ... Uns gegenüber war er kurz und gut [= lakonisch] ... Hans [der Jüngere] war als Kind so arm, ein Kriegskind ... als die Mutter ihn gebadet hat, ist er fast in Ohnmacht gefallen ... wie er dann aushäusig wurde, ist er überall schwer verblieben [hat es in der Fremde schlecht ausgehalten], sie haben ihn oft entschuftet [beleidigt, sekkiert] ... Schwarze Augen, schwarzes Haar ... Es war schön, neben ihm zu arbeiten, Obst schütteln, Äpfel brocken ... ein sehr genaues Arbeiten ... Freundin? Eine ist ihm gefolgt, aber er hat sie zurechtgewiesen, ein liebes Mädchen, ein schwarzes, wahrscheinlich hat auch er gewußt, daß er fallen wird, und so hat er sie heimgeschickt, mehr ist nicht gewesen ... Er war mir so dankbar, so dankbar, weil ich im Krieg daheimverblieben bin mit meiner Mutter, so dankbar, Maria, war er dankbar ...« – Und zuletzt zu mir und »der Frau«: »Bedienung ist ja keine durch so eine Frau. Das Richtige treffen: eine heiraten, die dich bedient!« (20. Juni, Stara Vas)

»Lerne zu tanzen; sonst wissen im Himmel die Engel nichts mit dir anzufangen« (Augustinus)

»Wie kann jemand [sie meinte sich selber], der solch einen Schock erlebt hat [als Kind den noch kleineren Bruder in der Jauchengrube verschwinden zu sehen], später noch heiraten?« sagte gestern die Schwester meiner Mutter, die doch einen »kaiserlichen Bräutigam« gehabt habe (21. Juni)

Der Priester erzählte von dem Sterbenden, als er ihn aufsuchte für die Letzte Ölung: Dieser, fast schon bewegungsunfähig, sei noch einmal aus dem Bett gestiegen und habe sich für das Sakrament davor hingekniet mit den Worten: »Gott kann man nur auf den Knien empfangen!« Mit ihm sei, mit siebenundneunzig Jahren, der letzte Slowene des Dorfes Stara Vas gestorben

Du mußt akzeptieren (realisieren, praktizieren), daß der Mensch etwas Herrliches sein kann. So wird dir Ruhe, Freund

Der Ansturm der Liebe

Die Pflicht zur schönen Geste: etwa, gestern, beim Auflesen der drei Kirschen unter dem Kindheitskirschbaum (Stara Vas)

»Im Menschen hat der Staub Feuer gefangen« (Ernst Meister; 23. Juni)

Ein märchenhaftes – ein *zauberndes* Leben – allein ein solches

Liebe: Alles in mir greift zu; ich bin ein einziges Zugreifen, im richtigen Moment, an der richtigen Stelle (»I like the way you walk, / I like the way you talk«, Creedence Clearwater Revival, *Susie Q*)

»Der Anblick eines Schwermütigen rief ihn zur Ordnung«: so »Der Bildverlust«

Amseln, die Abendkinder; Kinder des Abends

In der Sonntagsstille das kleine Geräusch einer vom Blatt fallenden Schnecke (25. Juni)

Drei Aschenbecher gestapelt auf einer Jukebox

Stehen Orte, an denen man mit Leuten war, die nun tot sind, nicht mehr offen? – oder aber stehen sie besonders offen?

Gespräch zweier Alter: »Wir müssen bald einmal wieder miteinander sein!« – »Wo man halt wohinsitzen kann!«

Das Wange-an-Wange von Stute und Fohlen, und dann das Hals-auf-Kruppe, und dann das Flanke-an-Flanke, und dann das Kopf-unterm-Hals, und endlich das Saugen, gebückt, des schon großen Kindes unter der Mutter: was für eine Liebe; und das alles unter dem Zwetschkenbaum

Aufgewacht nach einem kurzen beseligenden Schlummer an der brausenden Schwelle eines Gebirgsflusses, hörte er dann, weitergegangen flußab, eins der schönsten Geräusche auf Erden: das sachte Auftreffen eines sich von einem Ast fallenlassenden Kindes auf der weichen Erde; Geräusch? Ton (»Der Bildverlust«)

Unendlich langsames Eisschlecken einer jungen Frau unter einer mächtigen Esche

Immer wieder beim Gehen, vor allem weit hinaus aus den Städten, kommt mir das Treffen der zwei Jünger mit dem Auferstandenen, in Emmaus bei

Jerusalem, in den Sinn. Und es bewahrheitet sich jedesmal dann die Situation dort in dem Gasthaus, wo sie an einem Tisch mit ihm, dem zunächst ihnen Fremden, sitzen: »An seinem Brotbrechen erkannten sie ihn.« Eine große Anmut muß dort–hier in Emmaus gewesen sein. Und: Du bist ja überall nach einem langen Unterwegssein angekommen in Emmaus und sitzt in der Nische, bis sich jemand dazusetzt; nur: wer ist wer? Ist jeder der Andere? Kann jeder ...?

»Brot ist ein Volkskuchen, und dem Volk soll man nichts wegessen«, sagte die Dorffrau gerade. Es war eine alte Bäuerin mit einem Motorradsturzhelm in der Armbeuge

Das Poetische kommt einfach: aus einem genaueren, inständigeren Hören (Hinhören), einem genaueren, erwartungsvollen, geduldigen Schauen (Hinschauen), aus einem Spüren, einem Aufspüren, aus einem Auf-sich-übergehen-Lassen – etwa jetzt des Schütterns der Moorerde, des Moorgrunds unter mir, als gerade der Traktor auf der Straße vorbeifuhr

»Er ließ sich die Absurdität der Welt, seines Lebens, durch den Sinn gehen, und Fröhlichkeit, Freundlichkeit und Gelassenheit durchzogen ihn« (so »Der Bildverlust«)

Früher Morgen: der Schmetterling, kaum erwacht, steigt taumelnd aus dem Gebüsch; und dann kurvt schon die Hummel in der Teetasse (27. Juni)

»Wie ein Vogel, der das Porträt einer verdutzten Katze nachzieht« (Versuch, René Char zu übersetzen, wieder) und: »Wiese, Königin all des Raums mit Namen Stummer Spiegel«

Sowie es mir gelingt, in meinen Bewegungen entschieden und zugleich anmutig zu sein, weiß ich mich in deiner Gesellschaft, in deiner Gegenwart, Abwesende

Schwermut heißt: ohne Gegenüber

In der Landschaft ohne Regen stand ein Regenbogen, und dann donnerte es. Und der Regenbogen da im Trockenen leuchtete breit und weit wie keiner je zuvor

Gestern abend der Schmerz, als ich im Erzählen von »uns beiden« WIR sagen wollte und es dann aber verschweigen mußte zum ICH. Noch nie ist mir das passiert mit einer Frau. Was ist meine Besessenheit mit einer Frau? Es ist eher eine Wehmut, eine Trauer. Aber die Frauen wollen, verlangen Besessenheit (28. Juni)

Der dunkeläugige Briefträger und Bantamboxer gestern, der sich in einem fort wunderte über meine »Berühmtheit« (das war sein Wort). Und als ich ihn fragte, ob er auch berühmt sein wolle, antwortete er entschieden: »Ja! Berühmt, als Mörder! Ich möchte nämlich endlich jemanden umbringen! Die Welt ist so schlecht! Und ich bin solch ein wilder Kerl!« (29. Juni)

Mein Bruder, wie er gestern erzählte von seiner Frau. Komme er an den Wochenenden (von seinen fernen Arbeitsstätten) heim, so seien sie beide gar »scheu«. Keiner wolle anfangen mit dem Liebesspiel. Beide säßen in der Regel da und warteten. Öfter sei es dann aber sie, die ein Zeichen gebe: jenes kurze Streichen über seine Hüfte, das ihn »ganz damisch« mache

Um offen zu bleiben für das viele, müßte man ein Gott sein. So aber wird es schnell allzuviel. Aber warum eigentlich kein Gott sein?

Der unglückselige Abend gestern durch das österreichische (?) Lachen, Lachen, das, wie mein jugoslawischer Freund sagte, nur den Nachbartischen zeigen möchte, wie lustig man es habe am eigenen Tisch, und so hin, und so her – aber dann der Vers aus Serbien: »Wäre meine Liebste ein Stern, würde meine Seele wünschen, es möge niemals Tag werden« (30. Juni)

Eine Art Regel(?): Männer suchen nach den Wörtern, Frauen haben sie, und das zweite ist nicht immer das Bessere?

»Er sah zwei Zwillingsnüsse im Baum und beschloß, sein Kind anzurufen« (so »Der Bildverlust«)

Die schöne erfahrene Frau sagte gestern: »Die Wahrheit, auch wenn sie hart ist, ehrt mich. Du hast eine große Seele, mein Kind hat eine alte Seele. Du bist kein Vater, du bist eine Mutter, du *bemutterst* immer. Ich bin nur auf mich aus, der Mann kann ja selber sehen, wie er zu seinem Recht kommt.« Und dann, von ihrer großen Liebe: »Er war der erste Mann, der mich hat träumen lassen.« (Tag des Schweigens und Zuhörens unter der Kiefer am See, der im Lauf der Stunden immer geräuschloser wurde, als einzige Geräusche das zittrige Lied einer Mundharmonika und das seltene Anrauschen einer Welle; 1. Juli 1989, Wolfgangsee)

Verb für die Klavierweisen Eric Saties: »lassen klingen« (2. Juli)

Eine Art Liebesantrag: »Komm mit mir! Aus den Zeiten meiner Einsamkeit weiß ich viele Wege.«

Was soll deine Sprache, Dichter? Tranchieren, zum Ursprünglichen hin; tranchieren zur Wiederherstellung der ursprünglichen Lagen, Verhältnisse, Augenblicke, Augenscheine (»on and on over the hills ...«, Van Morrison)

Am Anfang des alten längst überwachsenen Wegs lag ein längliches Stück Holz wie (als) ein Schuhlöffel für diesen Weg, ein Wegeinschlupflöffel

Die einzige »Geselligkeit« im Leben, die für mich kein Spiel ist: die Liebe

»Viele Pekinger Studenten schrieben ihr Testament, bevor sie sich zum Protest auf den Tiananmenplatz aufmachten«; könnte ich die Zeitungen doch so lesen als ob sie zur Melodie der Welt gehörten! (Ein paarmal ist mir das gelungen)

Welch Tiefe einem entgegenkommt manchmal aus einer klaren, im Wind dahinziehenden Wasserlache eines Feldwegs

Trauer: lernbereit

Augenblick der Wahrheit: der Überschuß der Liebe ist verbraucht. Es zählt nur noch die Liebe selbst, eins zu eins

Typisches Sonntagnachmittagsgefühl: »Fortsetzung fehlt«

»Er lag auf dem Zahnarztstuhl mit gekreuzten Beinen wie auf ihren Grabplatten die Kreuzritter« (so »Der Bildverlust«)

»Ich habe gut geschlafen, aber man weiß ja nie, was im Traum passiert« (Pedro Delgado, Tour de France, 4. Juli)

Tod um Tod (denk an den Tiananmenplatz) – und das Begehren geht immer weiter (5. Juli)

»Aus der weiten Sphäre der Körper geriet er in die so viel engere der Terrassen, der Boulevards, der Quais, der Tische, der Lampen« (6. Juli)

Was tut die Phantasie? Sie hebt den Kopf in den Himmel, der Phantasie

»Mit einem Sichbedanken kehrte sein Vertrauen in die Menschheit zurück«

Krone der Geduld: Warten auf die Rückkehr der Liebe

»Er verbrachte seine Morgen mit dem Auswendiglernen der Namen der Hingerichteten in China und in Amerika« (so »Der Bildverlust«; 7. Juli)

Zwar bin ich kein Sänger, aber ich fühle mich mehr den Sängern zugehörig als den Dichtern (Van Morrison, Neil Young, Bob Dylan, John Fogerty ...)

»Einer muß in die Fremde gehen, und der bin ich!« dachte er. So hatte er seit jeher gedacht?

Der verwundete Spatz auf dem leeren Parkplatz, berührbar, todgeweiht dahockend, »der Schatten seiner selbst«: Bewahr wenigstens seine Form (jenes »Verschreibt!« = schreibt auf!, in den KZs)

»Sich vom Vater befreien«? War es nicht im Gegenteil sein Problem gewesen, daß es keinen Vater gab, von dem er sich hätte befreien können?

Was fehlt mir im, *zum* Augenblick? Das Erforschen des Erzählens, im Erzählen, mittels des Erzählens (9. Juli)

Eine Frauengestalt: Sie war fast immer unzufrieden und zugleich umgänglich

Kind, wann wirst du das letzte Mal deinen Hüpfschritt tun?: Seltsame Grenze, seltsamste, schmerzliche Grenze in der Zeit (kleines Mädchen unter einer Tamariske, Clamart, Frankreich)

Gestern: der junge finstere und freundliche Chinese im Shanghai-Restaurant an der Porte d'Auteuil, mit 10m²-Zimmer weit weg in Malakoff, die ganze Familie noch in Shanghai, »je suis tout seul« – und dann gab es doch Freundinnen, eine Engländerin, eine Italienerin ...; und am Ende streckte er mir, mit einem großen Lachen in seinem düsteren Gesicht, die Hand entgegen, das Eben-, das Zweitbild der vor Wochen in seinem China zum Tode Verurteilten, Meng Duo? Xu Guoming? Bian Hanwu? Yan Xuzrong?

Die Übereinstimmung zwischen den im leichten Sommerwind an den Blütenblatträndern flappenden, knickenden weißen Winden allüberall und den sanften, leisen Laufbewegungen der sonntäglich gekleideten Kinder in den Vorortstraßen, geknickte Arme und Beine (Meudon–Val Fleury – erstmals seit langem war ich so wieder einem Gedicht nah)

Folgend stachelte er sich an zum Weitergehen: »Auf! Du hast ja noch gar nicht angefangen zu gehen!«

Die Synästhesien, das war einmal mein Kapital (im Internatsbett wachliegend, war ich zugleich einer der Passagiere im unten die Ebene durchratternden Fernzug). Und jetzt? Gerade hatte ich das Bild von meinem Bruder am Montagmorgen auf der Baustelle, während hier im Montmartre-Friedhof die Katze an den Gräbersockeln entlangstreicht und eine alte weißhaarige Frau sich mühsam mit der leeren Stroheinkaufstasche durch die rue Joseph-de-Maistre schleppt, in Gestalt der Schwester meiner Mutter, und die Schwünge der Spatzen durch die Lüfte die überflogenen Mausoleen zu Zelten machen (10. Juli 1989)

»Ins Erzählen kommen« trifft; ich *komme* jeweils ins Erzählen

Don Juan sichert sich vielleicht nur ab gegen den Schmerz des Verlusts, mithilfe der nächsten Frau? (Eines Tages schreib deine Don-Juan-Version)

Ich stelle fest: Ich höre schlechter als vor fünfzehn Jahren, *seelisch* schlechter (beim Rauschen des Ahorn jetzt am Boulevard de Montmorency – allerdings ist es noch nicht die tiefe Nacht wie damals zur Lauschzeit 1974, auf der Bank vor meiner Wohnung dort, wo gerade der Vorhang vor dem ebenerdigen Fenster für einen Moment gelüftet wurde und, wie an einem Zugfenster, eine stolze schwarze Frau erschien und auch schon wieder verschwunden war)

Und es gibt doch noch Bilder: so gestern das im Asphalt der rue Poussin: links und rechts neben der Säule des Parkautomaten die Fußspuren im Asphalt, sehr tief da eingesenkt, rechter Fuß auf der linken Seite, linker auf der rechten, mit dem Regen der Nacht darin, voll bis an den Rand der Hohlformen, und dem Zittern des Winds, der über das Wasser in den Fußspuren ging, auf und ab, hin und her, oder statisch, auf der Stelle (11. Juli, Meudon, das Gerumpel in der Mittagsbar)

Werde ich hier in den Vororten bald wieder »wohnen«?; die Vorort-Mittagsstille als eine mögliche

Wiederholung, das Außen als Innen, mit dem so vielfältigen Rauschen der Bäume und den Schmetterlingen als den einzigen Mitlebewesen, während die ersten, eiförmigen, gelbgewordenen Robinienblätter lautlos auf dem Asphalt auftreffen und von den Linden der Saft tropft, an dem die Sohlen beim Gehen fast kleben bleiben

Xu Guoming / Meng Duo / Bian Hanwu / Yan Xuzrong ...

Alle Tageszeiten sind räumlich – können es sein (werden). Warum nur ereignet sich das so selten mit den späten Stunden des Nachmittags?

Ein begeistertes Zeitunglesen gelingt mir höchstens manchmal beim Sport

Das Zugfahren auf freier Strecke hat etwas vom Bobfahren, oder Rodeln (12. Juli, vor Brüssel)

Die Musik der Formvollendung

Wieder seltsam, oder zum Staunen: die Erfahrung, der oder die andere, das Gegenüber da ist der Richtige, der Wirkliche. Es ist die Erfahrung als Ruck *hinauf*, über mich selbst hinaus: so wie es mir gestern abend am Leidseplein vor Amsterdam geschah, mit ihr als dem »Gegenüber«, wo von einem Augenblick zum andern sich wieder die große Welt auftat, vom Herzinnern bis ins Unendliche; die Schönheit ist die Schönheits*kur* (13. Juli)

Manche Rechtshänder, die ungeschickt schreiben, mit gekrümmter Hand, gleichen Linkshändern, und flößen mir so Vertrauen ein

Noch eine Stimmgabel: die Augen der Passanten (für die innerste Stimme, die nie hörbar wird, nur mitschwingt)

Gegen Abend: die Mädchen werden schöner, und ich werde schöner (Leidseplein)

»Eine träumerische Frau ging vorbei mit einem Müllsack vor dem Bauch« (so »Der Bildverlust«)

Lerne zu lachen. Lach besser. Lach schöner. Gib dir Anweisungen zu lachen. Oder laß dir welche geben. Nur, von wem? (14. Juli)

Den poetischen Menschen erkennst du daran, daß er dahingeht mit dem Raum um sich (oder auch nur sitzt)

Verb für die (meisten) Flughäfen: »verhäßlichen« (die Menschen); finde, baue ein besseres Licht für die Leute

Ein Merkmal so vieler Junger heute: daß sie ohne Neugier sind. Gut so? (15. Juli)

Schwermut: Nichts zählt; und das im Wortsinn; ich muß es *willentlich* zählen

Daß ich mich immer noch freue auf den Sonntag

Das wäre das gute Brauchen: »Ich bin glücklich, und ich brauche dich!«

Die Kindheit der Halbschlafbilder ist vorbei. Es bleibt noch die Kindheit der Bilder (Wachbilder?)

Ein Baum, der seinen Nebenbaum aufgefressen hat – dessen Reste sind in einem Spalt des Freßbaumes noch zu sehen (16. Juli, St. Rémy-de-Provence)

»Gewissenhaft und unbekümmert«: anderer Leitspruch

Früher Nachmittag – der Adler naht – und wird zur zahmen Elster, tapsend im Kies – aber im Leeren dann beben die Blätter dem Adler nach (»Gelegenheitsgedicht«)

»Zone des activités«, las ich, und leiser Schrecken befiel mich (17. Juli, St. Rémy)

Sie erzählte mir, wie sie sich einmal vorstellen konnte, Henker, bourreau, zu sein: An einem frühen Morgen führte sie den Zwergpinscher einer Freundin hinaus in die Natur. Der erste Sonnenstrahl fiel ein, auf die Stelle des Hunds zwischen Schenkel und Hinterteil, eine nackte Stelle. Das Fleisch dort wurde durchscheinend, alle Adern, Sehnen, Knochen darin zu sehen. Und da konnte sie sich vorstellen, Henker zu sein, worauf sie den kleinen Hund auf einmal sehr lieb hatte

Unter dem Maulbeerbaum die rosa Früchte, die vielzählig im Gras liegen, dazwischen ein paar

Hülsen von Zikaden, in denselben Farben; darüber im Baum ein großes Schnarren und Schrillen, und die so kurzen Bögen, mit denen die Zikaden aufschnellen und sich auf eine andere Stelle des Baumstamms setzen

Der Film der »Abwesenheit«: Zeig da, wie unser aller Leben beherrscht, genarrt, gelenkt wird von den verschiedenen Formen oder *Erscheinungen* der Abwesenheit

Wenn aus den tiefen südfranzösischen Höfen mit den hohen Bäumen das Schreien der Zikaden im Gehen episodisch heraus in den Straßenlärm schallt, hat das etwas von einer Lichtung mitten in der Stadt (18. Juli)

In den Ginsterrutenbüschen entsteht bei starkem Wind ein Klingeln, etwas wie ein – wenn es das Wort gäbe – »Zymbeln« (19. Juli)

Immer noch: Das Hören als Tätigkeit – vielleicht die höchste? – »Endlich begann er zu hören« (so »Der Bildverlust«), das Flappen der Robinienblattfächer, das Scharren der Ameisen unten im Sandgras, das Klatschen des Schilfs im Kanal (20. Juli). »Ich muß wieder Ohr werden!«

Ein Unterschied des Canal des Alpilles bei St. Rémy zu dem Almkanal in Salzburg: in diesem schwimmen die Äpfel, in jenem die Melonen

Verb für die Abwesenheit: sie »segnet« (in den Zwischenräumen)

Jemand, dem anzusehen ist, daß er sein Mitbringsel gar nicht angeschaut hat: es ist, als habe er es geraubt

Jene, die nicht ständig den Präsenz-Blick haben, die Abwesenden, die dafür immer wieder umso stärker anwesend sind, sind meine Unvergeßlichen

Unterscheide zwischen denen, die, allein, unschön sind, und in Gesellschaft, egal welcher, auf der Stelle schön-lebendig, lebendig-schön werden, und denen, die dagegen in Gesellschaft, gleich welcher ... (21. Juli)

»Ein Mann, die sich gerade am Markt erstandene Wurst an die Nase haltend, betrat mit einem inbrünstigen Schnaufen das Café« (so »Der Bildverlust«; Valence, 22. Juli)

Der Wind am Ende des Markttags über den Platz wehend wie bestellt, die flatternden Papiere auf dem Platz, die zerquetschten, die haftenden, die ganzen, die rollenden Früchte, das Sichbauschen des Verpackungsstrohs, der Sägespänespiralen, die großen Aufwirbelungen im Leeren, auch Menschenleeren, das Zerkrachen des Kistenholzes unter den Rädern der Autos, das endliche Für-sich-Sein der Platanen, des Wassers: die Wiederkehr jenes sich leerenden Marktplatzes, wo ich saß mit meinem Kind allein vor fünfzehn Jahren, samt der beglückenden Verlassenheit – und diese kehrt nun wieder, als Offenheit, samt dem Platzen der weggeworfenen Früchte jetzt, noch und noch, unter den Reifen

Das Einzelkämpferische: an ihm wirst du den Künstler erkennen (Lyon, 23. Juli)

Xu Guoming ...

Mein, zeitweises, Bedürfnis nach Schönheit in Gestalt einer Frau, auch nur (vor allem?) im Vorübergehen: es ist fast ein Hunger, etwas beinah Herzzerreißendes. (Wie sagte sie? Der Mann, ein *hungry hole*?) Und wenn die Schönheit da ist? *Ist sie da* (24. Juli, Bern, beim Erwachen noch immer das Schrillen der Provence-Zikaden im Ohr, ich erwache mit ihm)

Bern: Stadt, die fast leer ist – aber ohne Abwesenheit

Etwas, was sich, als Anblick, überall bewährt: die Dreiecke und die länglichen Trapeze der Bahnhofsgärten (auch in der Schweiz)

Und wenn die Liebe einfach die Freude am anderen wäre?

Schweiz: Es gibt wohl die Bäume in den Städten. Aber ich sehe sie nicht

Meine Art Religion, das sind immer noch die – unwillkürlichen – Bilder, und diese Bilder sind immer noch?

Ein Kind nahm sich den Mantel von der Schulter und teilte ihn mit dem Bettler. Obwohl es ein Kindermantel war, reichte die Hälfte für den Bettler (25. Juli, St. Moritz)

Durch den Touristenort braust ein Laster, »Saurer«, beladen mit feuchtem Lehm, und liebenswert stehen die Verkäufer in ihren Kunstlichträumen

Gehen: den Kopf in die Stille stecken, das erfrischendste Wasser

Die Entbehrung, kein »Gott« zu sein, ist ja nur die Entbehrung, den Erscheinungen, allen Erscheinungen *zusammen*, nicht gerecht zu werden

Arabische Musik: die Musik der begeistert Fremden auf der Erde (26. Juli, Celerina)

»Texte übers Fremdsein gesucht« (für die Anthologie »Fremde Schweiz«)

Bleib bei Bewußtsein und werde langsam (27. Juli)

»Ich war einmal in jemanden verliebt. Unvermutet kam er mir dann als Läufer entgegen, und mit der Liebe war es vorbei«

Meng Duo, Xu Guoming (28. Juli)

Was heißt »Freundschaftsgeste«? – Das Alltägliche, das *Reichen* einer Kaffeekanne, wird dem andern mit einer Geste der Freundschaft dargebracht

Das Poetische: das Fastnichts, das die Welt umspannt

Die Töne der Maultrommel, beim Gehen bergauf, sind die Weise des Gehens selbst

Epikurs herrlicher Spruch von der Freundschaft, die den Erdkreis umtanzt und uns bewegt, aufzuwachen zur Seligpreisung: Tatsächlich spüre ich, so wie ein Mensch mir lieb in den Sinn kommt, den Erdkreis, die »Ökumene«, in mir tanzen (29. Juli)

Für nicht wenige gilt: sie haben ihr Lebensziel gefunden – den Totenkult?

Inspiration, nicht nur in der Liebe: im rechten Moment fällt mir ein, was ich von dir weiß

Könnte ich doch die Pulks der Läufer als Prozessionen sehen, wie den »Vier-Berge-Lauf« daheim in Kärnten (30. Juli)

Das Vordringliche, Vorherrschende, am Touristenort: geistlose Unruhe. Gibt es auch eine begeisterte Unruhe? Selbst hier? (Geh in dich. Arbeite.)

»Die Undankbarkeit der Seele machte das Lebewesen grenzenlos lüstern nach Speisefinessen« (so ungefähr Epikur)

»Er ließ sich von der Stille die Wespen aus dem Kopf räuchern« (so »Der Bildverlust«); und: »Der Regen fiel aus der Bergkiefer, groß wie Pechtropfen« (so die Sätze fügen – sich fügen lassen). »In der Stille faßte er Stille« ...

Der Ungeschickte: es mangelt ihm an Raum – und, vor allem, Stoffgefühl (31. Juli)

Von dem Bewußtlosen kam ein erstes Lebenszeichen: die Farbenfreude

Zur Sanftheit ansteckendes Beispiel: die Sanftheit eines beginnenden Regens

Nah an der Liebe *siedeln* – so ist am wenigsten Gefahr, sie zu verlieren

Ein Gesicht, gezeichnet vom vielen Lügen, gibt es das?

Plötzlich sah ich die Regentropfen weiß werden und ins Schweben geraten: Es schneit. Es war der 1. August, und es schneite hier im Engadin, stark, wirbelnd über den ganzen See hin, und die Leute schrieen im Schneetreiben, erstaunt? verdattert? empört?, während der Schnee sich nun zurückzog jenseits des Sees, und in dem weißen Wirbel, der dann doch noch einmal zurückkehrte, stieß ein noch weißeres Segelboot ab vom Ufer und war auch gleich schon weit draußen im See. Die Flocken waren so groß und so schwer, daß sie, wie vor Monaten der Sandsturm in Tarragona, regelrechte Ohrfeigen oder Backpfeifen austeilten, zarte, heilsame, und danach bin ich geradezu schwindlig zurück ins Zimmer an den Schreibtisch gewankt, zugleich mit der Vorstellung, jetzt im anderen, wärmeren See, dem Moorsee, zu schwimmen, mitten in dem Schneetreiben. (Später dann schwamm ich wirklich im See, während Schneeflocken und Graupelkörner durch die Lüfte neben mir in das Wasser blitzten, langsame und schnelle Blitze.) Und bei dem für Augenblicke dann nur noch durch die Luft blitzenden Schnee die Parallele zu Dschuang Dsï: »Denn das Leben ist so rasch vorbei wie der Schimmer eines weißen Rosses, der durch eine Spalte fällt.« Große Stille herrschte in der Landschaft, außerordentliche Stille, Schneestille mitten im Sommer. Obwohl zuletzt die Flocken, in der Weite der Hochebene, so selten waren, blieben sie das Vorherrschende. Kurven, Bögen, Schweife, Schlingen, Überschneidungen einer wundersamen Luftkalligraphie, rasche Striche, gefolgt von um einen Hauch langsameren vor den in der durchkommenden Sonne wie blühenden Fichten- und Lärchenwäldern, die Striche übergehend in ein Schweben auf der Stelle, der einzelnen Flocken, ein Muster von schwebenden, torkelnden, spiralenden Flocken – und jetzt laß dem Phänomen wieder seine Ruhe

Anmut und Würde? Die Anmut ist schon die Würde (2. August)

»Die Walmännchen buhlen um die Gunst der Weibchen, indem sie sich mit ständig neuen Stil-Elementen hervorzutun versuchen«

Mit dem Geliebten geh vorsichtig-behutsam (herrliches deutsches Wort) um, auch mit dem abwesenden Geliebten. Die Liebe wird gefährdet, wenn du in der Abwesenheit des Geliebten mit ihm ohne Behutsamkeit bist. Abwesenheit und Behutsamkeit (»und«)

Es gibt eine harmlose, sogar belebende Dummheit. Die schlimmen, die gewalttätigen Dummen aber sind die Ahnungslosen. Die Ahnungslosigkeit ist der Gipfel der Dummheit. Die Ahnungslosigkeit ist des Teufels (siehe oben; ich wiederhole)

Das Gute in der unendlichen Häßlichkeit (eines Touristenorts, wie St. M.) ist immerhin, daß noch und noch Bilder der Sehnsucht wach werden (zum Filmskript »Die Abwesenheit«)

Die Abwesenheit: der Aschenkreis – umso mehr ist das Feuer da. Das leere steinerne Bachbett: umso mehr ...

Hast du ein Bild – das so seltene –, tu alles, um es zu behalten, zu bewahren; das soll deine Lebensarbeit sein, das *ist* sie

An der Stelle, wo der Bach in den See fließt: ein Glanzspalt

Ein Vater saß mit seinem Kind allein in der Landschaft: Versprechen der Stille, Zeichen der nahenden Stille

Eine Erzählung, das ist ja keine Story, sondern eine Möglichkeitsform, eine einleuchtende, einleuchten sollende, Möglichkeitsform menschlichen Lebens und Zusammenlebens (St. Moritz, 4. August 1989)

Verb für die Ruhe: »nimmt mich auf« (gastlich)

Du und dein verdammt unbelebtes Wissen! (Für mich eine der härtesten möglichen Schmähungen)

Sich das Tranchiermesser des Bilderdenkens durch
das geredeverwucherte Gehirn schieben (5. August)

Was heißt »Bedächtigkeit«? Harmonie mit den Dingen, oder besser: mit deinen Gegenständen. So
kannst auch du Handwerker sein

Das Wort »plötzlich« paßt nicht ins Lied: das dachte
ich, als ich gerade »suddenly« hörte, gesungen von
Bob Dylan (Down The Deadend Street)

Dein Talent zum Schweigen, setz es besser ein

Hoch die Sänger: sie sind auf alles gefaßt, und
können so alles besingen, auch – insbesondere ihre
Niederlagen und ihr Leid (In the daring night – Van
Morrison)

Was sind deine Grundlagen, -legungen? Freude,
Trauer, Bitterkeit. Und füg vielleicht hinzu: Stolz

Die Wasserläufer wischen übers Wasser wie die
Hände eines Photographen über sein Photo, um es
zu entwickeln

Mit der Ruhe setzte die Freude ein. Die Ruhe war
die Freude. Und die Freude gab den Fernblick. Laß
mir den Blick in die Ferne bis in die Stunde meines
Todes

Der Klang der Maultrommel, und die zitternd sich
öffnenden Flügel eines Schmetterlings auf einem
sonnigen Waldweg (»und«)

Königliches Leben! Königlich leben! (6. August)

»Laß mich dich anschauen!« sagte er zu dem Falter auf seinem Handteller. Und der Falter pochte mit einem seiner Fühler in seine Hand zur Zustimmung (7. August)

Die Läufer in der Landschaft sind kein Anblick. Ästhetisch-ethisches Gebot: Sorg dafür, daß du ein Anblick bist

Du kannst nur von innen dazulernen; das Äußere ist bloßer Anstoß

Helfergott? Nur, wenn auch wir seine Helfer sind (siehe oben)

Der Spieler sagte: »Im Spiel schätze ich alles aus den Augenwinkeln. Aber im Ernst des Lebens greife ich immer wieder daneben.«

Was macht den Tag zum Tag? Der Impuls zur Dauer. Und mein Leben? Eine Vorläufigkeit jagt die andere (8. August)

Alles Wohlschmeckende hat etwas Herzliches, und (Be-)Herzendes

In der Stille Geduld weben, auf Vorrat. Und die Kiefernnadeln glänzen zitternd, und das geneigte hohe Gras geht hin und her, und die Schmetterlinge sind um dich. In der Stille: nah der Anbetung (und die Falter klammern sich im Wind an die Arnikablüten, die schwankenden, wie Matrosen)

Epikur und die Frühzeit? Er wußte und schrieb aber: »Zu jeder Zeit« (en panti chronō) – also war es keine Frühzeit. – Aus dem Urteilen und Meinen zieh dich zurück in die Unschuld des Erzählens, wie in den Epikurschen Garten

Gestern / heute: Gestern das Gewitterleuchten auf einem Ameisenhaufen, und heute das Trippeln einer Amsel auf einem Granitdach (9. August)

Noch eine Abwesenheit: der einstige Ameisenhaufen, jetzt ein Graskegel mitten im Wald, bewachsen mit hohem Gras, Mayatempel in Yucatán

Im Gehen: Es (es) gestaltet sich (ohne mich). Und das ist die schaffende Phantasie: Gehender, umgeben vom Schein der Phantasie

Das Rascheln der Libellen im Uferschilf an dem See, der so verlassen ist, daß er an der Oberfläche blinkt von sich da tummelnden Fischen. Einige springen – auch nach den Libellen? Die Abendlibellen und ich (»und«)

»Je mehr Zaubertricks wir in unserem Rucksack haben, desto besser« (John Cowper Powys)

Das Fahren hat mich zu nichts geführt; das Gehen? zu etwas (10. August)

Das Edle an dieser Frau ist, daß sie keine Menschenkenntnis hat, jedenfalls nicht die übliche

Der stumme Schuster von St. Moritz (San Maurezzan), sein Lächeln, sein Dasein als lieber Dienst: mit seiner Hilfe üb Gerechtigkeit auch für seinen Ort. Und der Knoten, den er in die Bänder meiner zu reparierenden Schuhe gemacht hat ...

»Du wirst dich lassen eine kleine Zeit von Gott verlassen sein« (ich höre Heinrich Schütz). Und: »Ich bin die Öffnung der Wunde deines Leidens, die Angst deiner Heilung.« Und: »Meines Angesichtes Helfer und mein Gott« (Gott, *der Helfer meines Angesichtes*)

Schreiben kann niemand können (12. August)

Bei dem ständigen Schießkrach in den Schweizer Bergen wallt der richtige Haß in mir erst auf, sowie die Doppel-Schüsse abgehen

»In die Stimme, mit der er redete, setzte seine Seele mit ein, und erst da konnte man sagen, daß es seine Stimme war« (so »Der Bildverlust«)

Schwimmer im Moorsee: bis zum ersten Stern (Stazer See)

Mag sein, es gelingt im Lärm, sich zu konzentrieren – nicht aber, sich zu sammeln; das Phantasievernichten des Lärms

Friedlich gehen: mit den Phänomenen (siehe oben)

Ich, freier Schreiber, so erscheine ich mir; nur ein paar Leser kamen mir noch freier vor als ich

Ein guter Augenblick: Ich sehe zwei Gegenstände, zwei Menschen, sich voneinander entfernen und zugleich addieren (14. August)

Immer wieder »Phantasie«: Die Phantasie als ein Eisbrecher für die im Packeis festgefrorenen Dinge. Mit ihrer Hilfe kommen sie frei und segeln dahin, miteinander

Die gelben Arnikablüten im dunklen Wald: auch wenn nur zwei oder drei dastehen, sieht es aus, als stünden sie in Großer Zahl

Van Morrison: die pointenlose Intensität (da vergleichbar dem portugiesischen Fado)

Sowie du merkst, daß die Stille dich reizbar macht, hochmütig, unduldsam gegen die Abwesenden, ist es Zeit, aus ihr zu verschwinden

Poetisch handeln = sorgsam der Phantasie nachgehen = Räume schaffen, oder einfach den Raum

Ich spiele in meinem Schreiben, zwar manchmal blöd, aber niemals falsch

In der Großen Erzählung zu leben, mithilfe, an der Hand der kleinen eigenen Geschichte: keine schönere Befreiung von der eigenen Geschichte (Mariä Himmelfahrt, wieder)

»Willst du denn Neid erwecken mit dem, was du tust?« – »Nein. Oder ja: den Neid der Sehnsucht.«

Dunkle Hummel in der blaßblauen Glockenblume, diese läutend (und dunkelnd), und an der Arnikablüte daneben der Schmetterling mit dem hellen, durchscheinenden gebogenen Rüssel, in dem wie mit Händen zu fassen der aus der Blüte gesogene Arnika-Nektar aufsteigt (ganz leibhaftig) (16. August)

Von jedem Ort, an dem ich die Jahre jetzt unterwegs war, schwebt mir ein Lied vor – wie gerade von Kyle of Lochalsh in Schottland

An den Schuhen des Gehenden die langen Schuhbänder flatternd im Wind

Ganze Tage ohne Schuhe, so wie gestern, und vorgestern: das würde mir entsprechen (17. August, St. Moritz, früher Morgen, und die Apostel der Geistlosigkeit ballern schon wieder, und von den armen Bergen das Echo des Echos)

Tagesschwelle: der See beginnt sich zu rillen (Mitte Vormittag)

Nicht abhängig sein von der äußeren Stille, sie sich selber erzeugen, durch den Traum

»He(y)-Lieder«: »Hey Jude« / »Hey Joe« / »Hey Mr. Tambourine Man« / »Hey Bionda« / »Hey Mona« / »Hey Bonita«

Die Anmut des (Be-)Denkens: eine der Möglichkeiten, im Alleinsein die Anmut zu gewinnen (die Würde)

Aus dem Schauen nicht mehr herauskommen: Ideal (Abschied von St. Moritz; Tirano, 18. August)

»Erleuchtet von Heimweh«: so kommen mir die jugoslawischen Kellner vor, in der Schweiz

Will ich mir etwas merken, merke ich es mir nie

»Die Sorglosigkeit packte ihn und schubste ihn an zu einer Reise« (so »Der Bildverlust«)

Die Leere: für nichts würde ich sie tauschen

»Die Menschen wurden von ihr bergkrank«, die Tochter Marina Zwetajewas über ihre Mutter: und so erging es mir mit ihren Briefen

Eine Wegauskunft, rhythmisch, fast gesungen, wie gestern die eines älteren Mannes in Lecco: ich konnte mir solch eine Auskunft als Arie vorstellen (19. August)

Ein Erzähl-Ideal: Wenn das Aufnehmen der Menschen, etwa jetzt der schwarzen Stoffschuhe, das Knistern des Fahrradsattels, schon das Erzählen ist (Piacenza, 20. August)

Der Moment Stolz, den ich brauche am Tag, auch ausgedrückt, in einer Haltung, einer Geste, einem Blick, bloß einem Atemzug, und wenn auch vor niemandem, im Leeren – die Ruhe des Stolzes (Beruhigung ...); wobei man einmal im Guten sagen kann: »statuarische Ruhe«

Muß ich am Abend *spielen*, was ich am Morgen *war*?

Freude: der Raum füllt sich; die Leere füllt sich

»Gewiß ist es ein großes Glück, die Dinge, die einem geschehen, in Geschichten verwandeln zu können. Das ist vielleicht das einzig vollkommene Glück ... Aber es ist gleichzeitig ... ein Verlust, sogar ein Fluch ...« (Tania Blixen)

Die Bahnhöfe als die letzten Steppen inmitten der großen Städte, und als Steppenvögel die sich dort im hohen Ährengras tummelnden Spatzen (Florenz)

Im Französischen heißt, ein Buch mögen, es »verteidigen«

Wann ist es mir ernst? Wenn die Phantasie einsetzt

Ruhe ist: Einbezug

Variante zu Wittgenstein: Wovon man reden kann, darüber soll man nicht schreiben (gegen z. B. Th. B.)

»Wo bist du gerade?« fragte ich mich gerade. – Und die Antwort: »Zwischen dem Ekel, aus meinem Dorf, der misericordia, von Florenz, der Heiterkeit, der ganzen Erde, und dem Nihilismus des Universums« (Udine, Abend)

Geht es denn nicht von einem jeden Wesen aus, jenes: »Sieh mich! Würdige mich! Laß mich!«? (U., 22. August)

Das schwarze weiche schwere Glänzen der Brombeeren als der Inbegriff von »reif« (das Inbild); dieses Schwarz schreit förmlich danach, gepflückt zu werden. Und kaum mehr jemand pflückt es

Eine Art Heimkehr kann ich mir vorstellen: dorthin, wo Handwerker sind

»Randerscheinung«: schöner (treffender) Ausdruck (23. August 1989)

Gestern: zwischen Doberdob und Jamlje/Jamiano im italienischen Karst der Weg an der langen langen Felswand vorbei. Nichts als die Felsbahn, mit den Smaragdeidechsen als meinen einzigen Gefährten in der Glühhitze, geradezu langsam flitzten sie (»Oxymoron«), freundschaftlich mit mir. Dann in der langen Felsenwand eine Spalte im Kalkstein, und von dort ein Sausen, ein Schwirren, ein Sirren, ein fernes Dröhnen: innen, tief in der Spalte, das Rumoren der Felsbienen, verstärkt und mit Hall aus dem Inneren der Ritze schallend, ein noch nie gehörtes Geräusch – am ähnlichsten vielleicht jenem hohen feinen fernen Summen und Johlen früher in den Telegrafenmasten. Der ganze Fels wurde durchdröhnt von den »brunes abeilles« (René Char). Es war das verkörperte, leibhaftig gewordene Geräusch des brutheißen Mittags, mit dem Ursee von Doberdob mondkrateräugig unten in der Senke

Seltsam (wieder), wie viele Anfänge und Enden von Erzählungen ich in mir habe – wobei Ende Anfang sein kann und umgekehrt – aber kaum »Mittelstücke«, kaum breite Dauerereignisse; solch ein

Ende etwa der gestrige Abend wieder auf dem Bahnsteig von Monfalcone, mit dem Blick wieder, »noch einmal«, in den Karstwald hinter den Schienen, aus dem schon die hellen Dämmerungsfalter aufstiegen, mit dem Schrillen einer einzelnen Zikade aus dem Kieferndüster, während aus der Bahnhofsbar wieder, »noch einmal«, der »Anchorage«-Song kam und der Schwarze schon seit Stunden auf der Bank saß, so wie nebenan stumm die paar älteren Männer, und während der lange Güterzug, verschlossen wie nur ein Güterzug, mit den schaukelnden blinkenden Verschluß-Plomben vorbeieisente und das Ringeltaubenpärchen, hintereinander, auf- und wegflatterte aus dem Karstwald und die dazugekommenen jüngeren Männer auf dem Bahnsteig wippten zu dem warmherzigen Gesang der Michelle Shocked in der großen Stille und der Brunnen dann, sein Strahl bewegt vom Abendwind, um sich auf dem Quai die Spuren aller Trinker hatte, unter ihnen auch ein Matrose, wie dann auch – ich sah es vom schon anfahrenden Zug aus – die Spuren meiner gerade in dem Strahl gewaschenen Füße. ʽΕν καί πᾶν. Und: Alles da.

Ich kann nur mit mir selber kämpfen, nicht mit anderen (der Große Krieg, nach Islam)

Weinend laufende Kinder; erst durchs Laufen sind ihnen die Tränen gekommen

Eine der schönsten Empfindungen: die vom Schwimmwasser an den Brauen, in der Sonne und im Wind. Untertauchen! (24. August)

»Niemand kann sich als Philosoph bezeichnen, dessen eigenes Leben durch sein Philosophieren nicht intensiver und dramatischer [!] wird« (J. C. Powys)

Meine »Belehrungen« sind deswegen faßlich, weil sie Einschärfungen sind, Ermahnungen, Ordnungsrufe, an *mich selbst*, ausnahmslos

Sehnsucht immer wieder nach Jugoslawien, zum Beispiel gestern bei dem Zigarettengestank an einem Zeitungskiosk (25. August)

»Ich höre nur ernste Musik.« – »Wenn ich ernste Musik hören will, gehe ich hinaus in die Stille.«

Die Worte tragen hinaus zum Horizont. Was täte ich ohne sie? Was wäre mit mir ohne die Worte? Auf ins Land, damit die Worte (die gelesenen) fruchtbar werden

Das Leben, still, fein, unauffällig, festlich: nicht anders will ich es (so wie es erschien vor einigen Tagen auf dem Bahnsteig von Monfalcone) (27. August)

Der ungeschickte Schwermütige – dann das Übergehen, erlösend, von der Schwermut zur Trauer: Entfallen des Ungeschicks

Im Matthäus-Evangelium *das* Bild für die Erde, den Planeten: sie ist der »Fußschemel Gottes«

Warum übersetzt Luther das »Gott sieht im Verborgenen« mit »Gott sieht ins Verborgene«?

Gestern war ein ähnlicher Sonntagnachmittag wie jener damals in der »Hasenheide«, Berlin 1967, als Jimi Hendrix, noch fast unbekannt, dort im vom Tageslicht – sonst nichts – durchblendeten, schütter besetzten Saal vor ein paar Tölpeln (wie mir) sein »Hey Joe« sang, in Natur, in Fleisch und Blut, und doch kaum vorhanden er und sein Lied im grellen Sonntagnachmittagslicht, Jimi H. allein mit seiner Gitarre (28. Aug. 1989)

»Er ging so lange, bis er nichts mehr wollte« (»Der Bildverlust«)

Lehre nicht. Doch wenn du lehrst, dann so, als habest du es staunend eben erst selber erfahren

Die Klugheit des Dichters: eine Feinabstimmung zwischen Erinnerungsvermögen und Vergeßlichkeit

Wie schön die Jüngeren manchmal noch »Ja!« sagen können, wie glaubhaft

Als der Mann im Vorstadtgasthaus mir begeistert von dem Pferdeschlitten erzählte, den er sich in den Vorgarten stellen würde, mit Blumen umrankt, gelang es mir, mit seiner Freude an dem ausgedienten Schlitten, »mit solchen Krümmungen!«, mitzugehen – das Leben begann wieder einmal in den Hinterzimmern der Vorstadt (30. August)

Die Gesundheit der Seele: meßbar an ihrer Bilderfähigkeit (immer wieder)

Wird jener Satz der Bergpredigt, ζητεῖτε καί εὑρήσετε, sucht und findet, nicht über- und falschinterpretiert mit der Übersetzung: »Suchet, und dann werdet ihr ...«? Im Originalsatz besteht das Finden im Suchen; so wie auch zuvor: »Bittet, dann wird euch gegeben werden«, statt: »Bittet, d. h., es wird euch gegeben«?

Etwas geschrieben möchte ich haben, dem ein Leser nachbuchstabiert (4. September)

»Wenig Lachen war in ihm, viel Weinen. Und dabei lachte er mehr als er weinte« (»Der Bildverlust«)

»Wo wohnst du im Moment?« – »Im Gehen.« (Bohinjska Bistrica, Slowenien, wieder)

Erlöstes Denken: nichts denken als »die Pappel!«, »das Gras!«, »die Radspuren!«

In der Stille kann ich denken: »All das Schöne, es war keine Täuschung, es war«

Ich höre nicht auf, Problem zu sein; aber es ist, in meinem Fall, das fruchtbarste Problem?

Gestern?: das Schwimmen im Wocheiner See; das Tupfen des beginnenden Regens dabei auf das Wasser als Vorbild fürs Aufschreiben. Weg zurück nach B. Bistrica über die andere, die »hintere« Talschaft der Wochein, durch Dörfer mit mehr Heuscheunen als Häusern. Im Gasthaus von Stara Fužina der Kupferstich, wo Maria auf der Flucht nach Ägypten mit dem Kind in einer Baumhöhle rastet. Die das

Heuwägelchen ziehende dünne Frau dann, mit einem Haufen von Äpfeln auf dem Heu, die mir auf meinen Blick hin gleich ein paar schenkte, mit Freude. Dann der Mann mit seinem Kleinwagen, der sich erbötig machte, mich mitzunehmen – ich schlug es ihm nicht ab, zugunsten vielleicht eines nächsten, bedürftigeren Gehers. In Bistrica vor dem stillgelegten Gasthaus »Črna Prst« immer noch außen am Küchenfenster die Schemelleiter für den Kellner, zum Abholen der Speisen für den Garten. Auf der Nachtfahrt nach Tolmin die im Dunkeln in den Bus schimmernde Soča (der Isonzo). Die am Busbahnhof von Tolmin im völligen Dunkeln wartenden paar Einzelnen, und innen im Buffet die Kellnerin beim Putzen, auch im Dunkeln, Licht nur aus den zu reinigenden Geräten dringend. Die paar Male Dankbarkeit an dem Tag, wobei ich alles, z. B. das Auto, mit dem der Mann, der mich in B. abgesetzt hatte, weiterfuhr, in Farbe sah (5. Sept.)

»Und«: Gestern die fünf Habichte am Himmel, und heute die fünf auseinandergespreizten, hellblauen Blüten einer Herbstzeitlose

Manchmal, in den großen Augenblicken, da die Formen und die Farben, vor allem die vielfältigen Grüns, mir entgegenkommen, -leuchten, denke ich: »Es gibt einen Gott!« – und schrecke zugleich zurück wie bei einer Gotteslästerung

»Lange schon getrocknet, spürten die Wimpern des Schwimmers noch den Fluß« (»Der Bildverlust«)

Verb für die Trauer: »begreift«; Trauer als Begreifen

Einen Schreiber erkennst du z. B. daran, daß er im gewöhnlichen Leben nichts zu sagen hat (6. September)

Das beseelte Ja, das beseelte Nein: das ganze Geheimnis (werde einsilbig) (11. September)

Nichts näher dem Göttlichen als die Sprache – die Möglichkeiten der Sprache

»Verständlichkeit« wird gefordert? Das Geheimnisvolle versteht ein jeder lebendige Mensch noch immer am besten

Ein paar Dinge von gestern, vorgestern, vorvorgestern ...: Auf dem nächtlichen Weg von Sežana nach Lipica durch den Karst endlich wieder die Sterne zu Häupten, zur Rechten der halbe Mond mit dabei, immer auf gleicher Höhe; das nächtliche Hämmern der Güterzüge in den Kalksteinschluchten; tags darauf auf dem Friedhof von Tomaj das frische Grab der Nonne, die sich in die tiefste der Zisternen geworfen hatte; tags darauf (taglang) rund um die Große Doline von Krajna Vas gekreist, mit dem Bienenhaus als Zentrum, dem wir, so der Dolinenbauer, uns nicht nähern sollten, weil die Menschen voll Krankheiten seien; dann das Gehen in der Karstwildnis, bei dem der Rosmarin Schritt für Schritt aus der Steppe aufduftete; tags darauf wieder in der Wildnis, beim Auseinanderbiegen des Grases, nach dem Regen, die grasfarbene Gottesanbeterin mit den gespaltenen Beinen und dem wie radarbewegten Kopf; tags darauf die Sonnenlichtflecken in einem leeren Pferdestall, danach Triest unten in der Hitze, danach das Schwimmen weit draußen in der schilfumsäumten Wasserstraße des Sees von Doberdob, und vor der Bar-Baracke dort die ersten blau aus dem Gras stechenden, dabei so zartblättrigen Herbstzeitlosen; zuletzt nichts mehr als das »teilnehmende Sitzen« in einem Karstgarten und das ebensolche Abschiedsgehen in der Wildnis, in Gedanken an eine Schlange, wobei ein Fasan aufflog, worauf dann tatsächlich die Schlange erschien, dunkel, zu meinen Füßen kriechend, auf mich zu? von mir weg? mir voran?

Das Reden steigt mir in der Regel zu Kopf; nicht dagegen das Schreiben

Begeistert war ich heute schon, froh aber nicht; lieber wäre ich froh – *einfach* froh (12. Sept.)

»Sie wurde mir lieb, weil ihr meine Verzweiflung entging« (so »Der Bildverlust«)

Der beste Lehrer für mich wäre ein geduldiger Mensch (siehe oben)

Sie erzählte, Träume habe sie jeweils nur gehabt, wenn sie schuldbewußt gewesen sei

Die Leute brauchen »starke Reize«? Aber gibt es einen stärkeren Reiz als die Ruhe?

Ein Ereignis wurde für ihn erst erzählenswert, sowie es, verwandelt in einen Traum, wiederkehrte und so *erschien*; oder sag: ... sowie es, schon als Erlebnis, Traumgestalt hatte; oder sag statt »Traumgestalt«: Märchenkräftigkeit

Erzähl die Unglücksgeschichten (oder »Marterbilder«), aber halte sie so kurz wie möglich; die glücklichen, oder freudigen, dagegen bau aus, und um (Bahnhof Koper, Jugoslawien)

Etwas, was noch mehr ist als die »schöne Selbstverständlichkeit«: die wunderbare Selbstverständlichkeit

Die Kellnerin da an dem Stand außen vor dem Bahnhof von Koper hat ein unverwüstlich strahlendes Gesicht, das sagt: »Ich habe einen Mann!«

Gestern: Der Nachmittag am Bahnhof von Koper, weit außerhalb der Stadt, halb im Schilf, welches das Meer anzeigte, und wo im großen Umkreis, umgeben vom Friedhof am Hang, vom Schilf, von den Gemüsegärten mitten im Schilf, von der Lagune, die Menschheit nur noch aus Reisenden, auf der Reise, im Unterwegssein Lebenden bestand, aus im Reisen *Wohnenden*: den an der Theke unter dem offenen Himmel wartenden Sitzern, über Stunden und Stunden vor der Abfahrt der Züge; den Stehern an der Theke, ebenfalls über Stunden, mit der Kellnerin im vom Meerwind rhythmisierten Gespräch; den Lesenden; den beim Bahnhofsgebäude, wie es »im Freien« stand, Campierenden; den sich an dem Freibrunnen Waschenden, dann das Wasser Trinkenden; den Kindern des Lokführers dann, drei an der Zahl, die beim Vater vorne in der Rangierlok saßen; den unter einem Baum lagernden Zigeunerinnen, die zwischendurch immer wieder auf und ab defilierten, jedesmal neu gekleidet, jetzt im Schottenrock die eine, in der ganzen Pracht ihrer Häßlichkeit, jetzt im knöchellangen weißen Stickkleid die andere, die Schwangere, auf einem imaginären Laufsteg; und die kurvenden Busse, im Halbkreis um das Gelände herum, und oben am Friedhofshang der sich zerstreuende Trauerzug; und die einmal ganz dazugehörigen Japaner dort an der Bucht von Koper, ihr Dabeisitzen mit »uns andern«, jung, alt, weiblich, männlich (13. September 1989, Koper)

Der unauffällig Adlige

Das Kind, das der verirrten Katze helfen möchte, auf dem Heimweg von der Schule: ein Kind hilflos wie ein Dichter (Piran)

Form ist Gerechtigkeit; Form ist schon ... (Klippenweg Piran)

Ins Gehen gekommen – Zeit erzeugt (vor der Saline in Štrunjan)

In der verlassenen Saline in Štrunjan: Die Abwesenheit und das Begehren (»und«). Wilde Vereinigung in der Abwesenheit, wie jetzt bei den Überbleibseln der Salinenhocker, -bänke, -tische, -schienen, -schleusen, -wägelchen, -hütten, -schuppen, dem einen verlassenen Salinenhaus. Die Spuren im Schlamm im Restsalinenwasser, von nackten Füßen. Der Feigenbaum, rote Früchte, auf der kleinen Salineninsel beim dachlosen Haus. Die

Schwärme der winzigen Fische, wie gefangen in den Salzwasserbeeten. Außen am aufgegebenen Kalksteinhaus der Sitzbalken, der Besen, der blaue Napf, der schwarze und rote Rost. In den ehemaligen Salinenfeldern, -parzellen, -beeten die Möwen. Hinter dem Damm zum offenen Meer ein paar schwankende Bootsmasten. Im Leeren die flachen Salinenholzschuhe, oben die Gummischlüpfe, zuzubinden mit Stricken, zum Gehen auf dem Salz. Die Salzschaufel, nur sehr leichte Schräge zum Stiel. Das Vieleckmuster eingerissen in das Schaufelholz. Das unzähmbare Begehren an den Orten der Abwesenheit

Gestern in Piran die Idioten, wie sie aufs Boot stiegen, alle in der gleichen kniegeknickten Haltung, als Riege, einer sich festhaltend jeweils am Wulst der Unterhose des Vordermanns, und dann saßen sie dicht auf dicht im Boot und warteten, ganz Aufmerksamkeit, auf die Abfahrt (14. September, Triest)

»Statt daß deine Offenheit mir zum Anstoß wurde, neidete ich sie dir, verschloß mich noch mehr und wurde dir zum unfruchtbaren Gegenspieler« (»Der Bildverlust«)

Wir waren Puppen aus Gummi geworden, die übereinander herfielen und einander aufschlitzten (mein Traum dieser Nacht)

Ideal: unabsichtliche Geistesgegenwart

Kleiner Regen in Triest – und ich bin in der großen engen Stadt jedem Passanten dankbar, der keinen Schirm aufgespannt hat, vor allem den Jungen

Einer der freiesten Sätze (Satz eines Freien): »Ich brauche nichts!« (Wiederhol dir das.) Und noch einer: »Schau, ich habe Zeit!«

»Im Hafen von Triest lag neunzehnhundertzehn ein Schiff namens Heluan« – und wäre ich Joseph Conrad, könnte ich den Roman nun weitererzählen. Einen zweiten Satz aber weiß ich immerhin: »Es lag Seite an Seite mit den Schiffen ›Praga‹ und ›Baron Gautsch‹ ...«

Herbstlicher Himmel jetzt in Cervignano, die Bäuche der Schwalben weiß wie die Schäfchenwolken darüber, schräg von unten ausgeleuchtet von der Sonne, so tief steht diese schon

Vermeide das »Zuschauen« und schon gar das »Beobachten« – vielmehr: »Dabeisein«; »Teilnehmen«; »Teil*haben*« (Udine, Nacht)

Schmähung: »Du ungerechter, du poesieloser Mensch« (15. September)

»Wo sind die Idioten dieser Stadt? Wo ist der Idiot des Tages?« dachte ich gerade, fast flehentlich. Und da geht er schon, rückwärtsgeneigt, gedrungen, hinter der Führerperson her, ihr knappst auf den Fersen (Udine)

Gestern in Triest die Anfangs- und Endstation der Bahn Trieste–Villa Opicina, die Straßenbahnschienen formlos, einfach so auslaufend im Asphalt, ein paar Kerben noch hinten über die Schienenenden hinaus, als sei die Bahn da manchmal kurz ins

Schienenlose geraten; und die Erinnerung an die Meeresstraßenbahn vor eineinhalb Jahren in Porto

Ich muß bald wieder einem Kind zuhören, um einige meiner Vorurteile loszuwerden

Ein alter Mann beim Eisessen, unten die Tüte abbeißend

»Wenn er sah, daß es zu spät war zur Flucht, wurde er gelassen« (»Der Bildverlust«)

Ein anderer alter Mann auf der Terrasse der Stadtrandbar, die Schläfe mit dem Anschein einer einzigen Narbe

Gib mir einen Gedanken, der zugleich ein Vorhaben ist, und ich bin in der Welt (Udine, 16. Sept. 1989)

Wieviel Schweigen habe ich versäumt im Leben, inneres, Schweigen mit mir selber (Casarsa la Delizia, Pasolinis Stadt)

Der Abend gestern in Casarsa: das für immer geschlossene Kino La Delizia; in fast jeder der vielen Bars – Garnisonsstadt – eine Musicbox, eine farbenprächtiger als die andere, in keiner freilich auch nur eine einzige Platte angezeigt mit einer Handschrift; voll Andacht die Burschen ganz nah an der einen »echten« Wurlitzer mit dem kapellenartigen Aufbau, in den Umrißröhren die Wasserblasen auf ständiger Umlaufbahn; eine Straße namens via Pasolini, genannt aber nach einem anderen P.; die von Feigen klebrigen Hände in einen Bach getaucht, der seltsam schnell durch die so flache Wein- und Maisebene floß; die Lastwägen, ausgelegt mit Planen, voll mit frischgeernteten Trauben, an sämtlichen Kreuzungen; das Café, in dem ein jeder beschäftigt war, einen Totoschein auszufüllen, die neu Ankommenden hatten alle schon einen Totoschein in der Hand, die hinaus auf die Terrasse Tretenden wedelten mit den Scheinen; am Schaufenster des Supermarkts die Angebote der Woche neben den Totenzetteln der Stadt; Nachtmahl in einer Gaststätte namens »Novecento«, ein Großbetrieb in der Tat für 900, die Kellnerinnen fast alle mit Brille, von der »verzweifelten Leere Casarsas« (Pasolini) nichts zu spüren, zumindest nicht an diesem Samstagabend; der Weg dann in der Nacht zum wieder sehr abgelegenen Bahnhof, die aufwischende Kellnerin dort in der großen leeren Bar, die vereinzelten Burschen, einer nach dem andern vor der traurig-feierlich leuchtenden Jukebox, sonst nichts an der kahlen Barwand, diese einzig nur da für den farbigen Aufbau, aus dem, eine Platte nach der andern, eines jeden Musik kam, die Rekruten ganz ohne die übliche Jungengeselligkeit; dann, überfüllter Zug, im Zuggang stehend zurück nach Udine, offenes Fenster, Dunst über der friulanischen Ebene, aufgehellt vom Licht des Mondes, leicht wieder im Abnehmen; auf dem Bahnsteig vorher die eine junge Frau, gefolgt von hundert Burschen; und in der Stunde zuvor am Bahnhof bei der Jukebox, dann am Bahnsteig, dann im Zugflur wieder einmal, stärker als zuvor in der Gaststätte »900«, die Gewißheit, am Leben der Menschen teilzuhaben (17. Sept.)

Morgen in Udine: auf einer Freitreppe hüpfen drei Tauben, eine nach der andern, die Stufen hinab

»Mein Weltbild ist erschöpft« (so etwa der Anfang des »Bildverlusts«)

Was heißt »Zukunftsvorstellung«? Die Kräfte regen sich (sag statt »-vorstellung« besser »-idee«)

Aus der weißen Revolvertasche zog der Polizist den schwarzen Revolver, und die nächste Farbe war ...

Mir den Kopf freizuhalten von Literatur: davon bin ich immer wieder versucht; dabei war es doch immer wieder die Literatur, die mir den Kopf erst freiräumte (18. Sept., Udine, Busbahnhof)

Gestern in San Daniele di Friuli: der See hinter dem Schilf in einem fast unerträglichen Dunst, worin die Sonne ohne Strahlenkranz war; vor dem Dom der Begräbniswagen überhäuft mit Kränzen, und die mitten am Nachmittag volle Kirche; der auf der Terrasse des Buscafés unentwegt mit sich selber redende Einheimische, von den anderen unbeachtet, in sich hineinredend? aus sich heraus?; dann dort schon wieder das Aufwischen, Barraum, der gleich in den Wohnraum, mit Teppich und »Privat«-Fernseher, der alten Wirtin überging, die zusammen mit dem Busfahrer die Seite der Lokalzeitung mit den Todesanzeigen durchging, auf die Bilder da zeigte: »Kannten Sie den? Noch so jung! Heute abend gehe ich kondolieren« (der Todesanzeigenseite gegenüber war die Sportseite); im Bus dann, Dunst wieder allerseits, der Mann, der Platz nahm mit einem

Prachtband, ich dachte, die Bibel, dann waren es die Gesammelten Werke de Sades, der Mann hatte etwas von einem Priester, war aber wohl ein Buchvertreter auf der Heim- oder Nichtheimfahrt (19. Sept.)

Es ist schon so: Ich bin ohne die Stille kein Mensch; und alle die Tage im Friaul, wo überall eine Art rumsender Unstille herrscht, war ich fast kein Mensch, der Kopf angeschwollen vom Lärm, und das merke, erkenne ich erst hier jetzt in dem bißchen Stille auf der geraden Landstraße, die auf die Villa Manin bei Codroipo zuführt, zwischen Bohnen und Mais – großes armes Aufatmen – ein Rascheln im Schilf – ein Sausen im Baum – das Rauschen des Bleistifts des Fremden – das Raspeln des Fingers des nachbuchstabierenden Lesers

Gestern in Codroipo: der abgebrochene Fabriksschlot; der Bahnhof einmal ohne Unterführung, Wohltat, einfach »über die Gleise« zu gehen; der in der scheinbaren Ebene wieder so erstaunlich rasch fließende »torrente« Cormo, ein »Sturzbach« im Flachland (zu wenig angeblickt/gewürdigt); die Trauben gepflückt oben von der Mauer des Gutshofs der Villa Manin, schmeckend genau wie die in der Gartenlaube des Großvaterhauses; das Knacken, Springen, Knistern, Platzen der Bohnenschoten in den Bohnenfeldern, eine schöne Zeitlang das einzige Geräusch; am Abend in Codroipo, fast blind, Vorstellung der Blindheit, der völligen, damit ich eine »Ausrede« hätte, nur noch sein zu können, nichts mehr »darstellen« zu müssen; dann am Bahnhof, in der tiefen Nacht, nur noch, auch ohne Blindheit, das Sein, als Übergegangensein, in der Betrachtung der

Weingeographie des Friaul, froh über die Verspätung des Zugs, wegen der Verlängerung der Daseins-Augenblicke (20. Sept.)

»Ostermann«, das als Name für einen Helden des »Bildverlusts« (s. Via Valentino Ostermann, Udine)

Der Engel mit dem Dudelsack (Tympanon am Dom von Spilimbergo), den Dudelsack in der Achselhöhle (wie die Kinder die Hände dort beim »Furzkonzert«)

»Eigenartig!« dachte er, als er sich augenblicks freute (Abschluß des Filmskripts »Die Abwesenheit«; im Bus)

»Einmal wollte er irgendwo einen zukünftigen Dichter gehen sehen« (so »Der Bildverlust«; angesichts des hoppelnden Kinds jetzt mit der verbundenen Hand, Udine, 21. Sept.)

Lesen, die Lebensbrücke, die natürliche; Hochbrücke – und die fehlt mir jetzt, seit längerem; auch Becketts »Premier amour« ist nicht das richtige, kommt mir sogar gemein vor

Das Stillesitzen im Freien, im Wind, in der Luftigkeit, als das schönste Gefährt (bei den himmelhohen, im Blau wühlenden Platanen an dem Viale Palmanova)

Wenn ich ohne Sehnsucht, ohne Inbild bin, *zähle* ich nicht

Merke es dir, endlich: das Gehen ist (d)eine Erkenntnis – das lange, ausgreifende, vielfältige Gehen, über Berg und Tal (so wie heute von Tarcento über Nimis – Attimis – Faedis bis Cividale, taglang, bis in die Nacht); die Welt will von deinen Schritten *durchfurcht* werden – ja, ich muß mehr über die Hügel stürmen! – wenn ich schon nicht auf die Schiffe verschlagen werde (Heiratsantrag: »Willst du mit mir über die Hügel stürmen?«)

Vergiß nicht, du Idiot, daß die Sprachlosigkeit (auch) deine Stärke ist (Cividale, 22. September 1989)

Noch ein Verb für die Freude: »kommt dazwischen«

Gestern: Die märchenhaft verwandelte Welt durch das Gehen; die Häuser, die Gesichter, die Fledermäuse, der Wein, die Dämmerung, die Lichter des Ankunftsorts, alles wurde so märchenhaft, die junge Frau in der Bar »Al telefono« in Faedis, die Zeitschriften im Lokal, die am Automaten spielenden Kinder im andern Lokal, das ausgestopfte Wildschwein im Mitteldorf Racchinso, das Gesicht des Wirts dort, die schöne blonde Kellnerin, halb verborgen hinter den Saalpflanzen, die alten Frauen auf der Landstraße, die auf einer Wiese ihr Essen zubereitenden und mich herbeiwinkenden tschechischen Touristen, die Trauben und Tomaten sich hineinrankend in die Wildnis, im Gebüsch, mit denen ich mich noch und noch bewirtete ... Also: Auf! Das Gehen als der Maschinist der Seele

Nofretete = »Die Schönheit ist da, ist angekommen« = heute das weiße Schmetterlingspaar auf der leeren Mittagsstraße nach Albana

Das Gehen als Erinnerung; woran? An das Gehen (in den Pyrenäen, in Heluan hinaus in die Arabische Wüste, auf dem Ben Nevis in Schottland ...); das Gehen lehrt mich; was? zu gehen; und: bin ich *im* Gehen, beginnt es wie von selbst zu mäandern

Nach langem Schwimmen in den Flüssen Natisone und jetzt dem Judrio das Sirren der springenden Fische in der Luft, fast wie ein Pfeilsirren, dann Auftreffen; vorher für einen Moment das Aufschreien der Fasane beim Überqueren des Flusses; und jetzt ein kugeliger silbriger Blumen-Samen flußab treibend, wie völlig vom Wasser unbenetzt, ein Rad oben auf dem Fluß, das sich nicht dreht; das Peitschen der Fischleiber an der Wasseroberfläche; das Wegdonnern der Schlangen im herbstlichen Gras- und-Laub; und wie war mein Morgenwunsch gewesen? »So weit kommen an diesem Tag, daß ich hoffe, eine Schlange begrüßen zu können«

»Da Grau Ihre Lieblingsfarbe ist, würde ich gern einmal mit Ihnen durch das Schilf wandern« (Satz aus einem Traumbrief, 23. Sept., Dolegna del Collio)

Gestern: das namenlose Gasthaus im Dorf Mernicco, wo alle Generationen slowenisch sprechen, umgeben vom großen Italien; die schöne Büglerin an dem Tisch mitten im Gastraum; die Nachbarin, die dazutrat mit einem Kübel voll Pfirsichen; das Springen, Fliegen, Schwirren und »Blattschießen«

der kleinen Fische über den Fluß Judrio; die Hügelkirche von Mernicco genau im Fluchtpunkt meines Flußaufwärtsschwimmens; der Augentrost der Sterne in der mondlosen Nacht auf der Landstraße nach Scrió, die Erfrischung durch die Sternbilder, der Wega, der Milchstraße als Ganzer, Erfrischung an den tagmüde schmerzenden Augäpfeln; und jetzt am Morgen, bei Sonnenaufgang, auf dem leeren Asphalt die Sternbilder, beweglich, der Spatzen

»Die Frucht des Gehens, der Stille und der Langsamkeit, so sollte ein Buch sein!« dachte ich gerade, am Judrio entlanggehend, auf das hohe Ruttàrs auf dem Hügel zu

Dasein: Wenn du da(bei)bist mit den Schatten der Fische im Flußbett

Beim Anblick des Schwimmers im blasig-schaumigen Fluß Judrio erschrak der Uferbaum derart, daß er jäh einen Schock von Blättern auf das Wasser fallen ließ

Weiße Windenkelche, zitternd in der Stille und Sonne: die Mittagsblumen; – und dazu läutet tief im Gras eine Grille; das Weiß der Winden leuchtet vom Blüteninnern heraus noch weißer; und danach erst der »*Hohe* Mittag«: die Gottesanbeterin und ich Wanderer haben die Straße für sich

Das Rauschen der Blätter, so sehr es auch ein Hintergrundrauschen sein mag, hat doch, wie nichts sonst, die Kraft des Durchdringens (im Gasthauslärm das Rauschen des Maulbeerlaubs, die langen

Zweige senkrecht hinaufschwankend in den blauen Himmel über Ruttàrs)

Verb für die Nußbaumblätter im Fallen: sie »brechen« (aus dem Baum)

Denken heißt für mich innehalten; Innehalten ist schon Denken; »er blieb stehen und sah« (»Der Bildverlust«); »er blieb stehen und sah im Gestrüpp, in dessen Schatten noch am heißen Spätnachmittag der Tau glitzerte, eine Herbstzeitlose«

Freudiger *Mensch*; freudloses *Etwas*

Gestern: die Nüsse im Zuschauen sich rundend in der Stille von Opatje Selo im Karst, dazu die Sänger in der geschlossenen Kirche; die Kindlichkeit der slowenischen Sprache zu vernehmen, verdeutlicht noch durch die italienischen Flüche dazwischen (»Dio porco«); das Einverständnis mit dem Leben, das Richtigkeitsgefühl, das ich wieder einmal hatte in der Weite, Höhe und im Plateauwind des Karstes, mein so arm- wie glückseliger alter Freudenquell aufbrechend beim Schaben der abgefallenen Nußblätter in der Stille hin über die gebuckelte Landstraße, wobei zugleich die Litanei der Ortsnamen still in mir aufbrach: »Kostanjevica, Temnica, Lipa, Vojščica, Škrbina ...; dann die Busfahrt im großen Bogen durch alle diese Hochlanddörfer, von deren Gehöften und Schuppen überallher »das Bleiben winkte«; dann bei Tupelče in der Wildnis die verborgenen Dolinenfruchtschüsseln tief im Erdreich, die Weingärten inmitten des Dickichts formenklar wie in Glas gefaßt, dazu die eine vollkommen versteckte

Doline, ein erheiterndes Rund unten hinter der Urwaldwirrnis, festlich, heilig, mit den Kürbissen und den wehenden Weidenzweigen; dann das Gesicht des Wirts von T. wie erleuchtet von Gastlichkeit, zwischen heilig und idiotisch: Vipava dann in der Nacht, die Sehne der alten Häuser am Fuß des weißen Gebirges; dann der Pulk der sonntagnachts aus dem Kino Kommenden, stumm alle, sehr oft in Paaren, mit ihnen ein Schwall schlechten Geruchs aus dem seitlich geöffneten Saal; am Tisch der Küche des Übernachtungshauses (»Prenočišče«) immer noch dasselbe Familienpersonal wie vor einem halben Jahrzehnt, und ich wurde sogar wiedererkannt, so wenig Übernachtungsgäste gab es inzwischen?, wiedererkannt als der alte »Übernachter«, als nichts sonst; und jetzt am Morgen der Berg- und Talverlauf des Ziegeldachfirsts gegenüber, und das wunderbare Grün, Gelbgrün der alten slowenischen Fensterrahmen und der Fensterbänke, und unter all den parallelen die eine schräge Sprosse der Leiter an der Hofmauer, und der abgeerntete Kartoffelgarten, aus dem ein paar hohe Rosen – Mörike – »vorleuchten« – alles *zählt* in diesen doch so einfachen, schlichten, aufwandslosen Augenblicken, auch der Plastikabfallkorb neben dem Waschbecken hier im Zimmer, das Rollmuster an den hohen geweißten Wänden, die eine Lade unten am Schrank (Kasten), der Holzstoß draußen unter dem Weinstock, das Fransendeckchen innen auf dem runden Tischchen, die Garderobenhaken, die Einkerbungen innen an der Kastentür (»Cvetka, Zoran, 1981«); die Bettdecke mit dem Bild des Gitarrenspielers – eingetaucht in die Traumzeit – Jugoslawien das Gegenland zu Hofmannsthals Deutschland in den »Briefen des Zurückgekehrten«, wo kein Ding mehr wirklich war (ist) (25. Sept. 1989, Vipava, Slowenien)

»Der Bildverlust«: möglichst ohne »Aber«

Was für ein Vergnügen ist es, sich über die verschiedenen Sprachen zu beugen, über jede Variante der Buchstaben; »ù-Laut (Wörterbuch) – kurz und offen wie in ›Luft‹«

Gestern der Weg von Kožana nach Divača: Beim Aus-dem-Zug-Steigen in K. leichter Regen, von dem dann auf dem ganzen langen Weg durch die Menschenleere in der dunstigen Sonne die Steine hier und da sich buckelten und glänzten; völlige Windlosigkeit taglang, bis in den Abend hinein, keine Stille, sondern Starre, wie sie so nur im Karst herrschen kann – Starre der Kiefern, der Eichen, sogar der sonst so flattrigen Robinien; ein wenig Bienengesumm, Hähergeschrei noch und noch, sonst nichts, außer ein einmaliges Spechtklopfen, menschenhaft in der Lautlosigkeit, unterbrochen durch fernen Donner manchmal vom fernen Rücken der Vremščica; der Weg, der zu nichts als zu Wurzelwerk führte; auf einem anderen Fehlweg dann, starr im Grasstreifen, die lange schlanke Schlange, schwarz, mit weißer Umrandung des Kopfes, auch von meinem Aufstampfen nicht in Bewegung zu bringen, erst nach einem Zweigewerfen, wie formhalber züngelnd und sich aus dem Weg bequemend, dazu ich in der einsetzenden Wildnisdämmerung: »Nein, so habe ich es nicht gemeint, bleib noch ein bißchen mit mir, ich möchte mit dir reden!«; dann der nächste Fehlweg, breit, und zuletzt doch auf nichts als Bienenhäuser in der Steppe zuführend; allmählich in der zunehmenden Dunkelheit und Weglosigkeit dann die Beklemmung beim Stolpern durch das Steppengras, kein Laut, kein Licht; dann etwas wie ein verlassenes Aerodrom in der alaskahaften wilderness, spurenlos, außer verschlissenen Windanzeigesäcken und einer zerfallenen Hütte; endlich eine Straße, unbefahren; dann eine andere, befahren; im Rückblick die Steppe samt den Waldflecken dunstig wie vom unterirdischen Karstwasser, das dort aus dem Felsuntergrund nächtlich dunstete; endlich Divaèa in der Nacht, im Garten der Bahnhofsbar die einsame Schöne, eingehüllt in den weiten Mantel, wie schwanger, immer wieder zu den falschen Bussen stürzend, die nur für Augenblicke, wie zum Hohn, hielten; am Bahnhof von Sežana dann in der tiefen Mitternacht Betrachten des Zugs nach Beograd und Athinai, lange da haltend an der Grenzstation, die Leute stehend in den Fluren ihrer Schlaf- und Liegewagen, einige am Stalagmitenbrunnen im Freien Wasser holend, mein Schauen und Sitzen an der Rampe, mit der Vorstellung, meine ljubica, Liebste, zu verabschieden, und dazu die lateinischen, kyrillischen, zuletzt griechischen Schriftzeichen an den Waggons (und ich spielte am Karstbrunnen die Maultrommel dazu, während die Nachtgrillen flöteten) (26. Sept.)

»Wenn Gottes Sein im Werden ist, dann ist auch uns mehr möglich« (der Theologe Jüngel)

Dolinen, wie die Salinen die Orte des Staunens, des Rundblicks, des Tun- wie Lassenwollens, der geballten Erotik auch, des Überwältigen- wie auch des Sich-hingeben-Wollens

Schatten der sich herbstlich lichtenden Nußbaumblattfächer auf einem vergessenen Haufen hellen Sands

Beim nachmittäglichen Schwimmen im Schilfteich in der Doline – große Seltenheit des nicht versickernden Wassers im Karst – die Fische inmitten der Kalkwüstenei, die Hornissen mich umdröhnend, die Wasserläufer mich umflitzend, die Libellen mich umknisternd im Schilfwald (Gorjansko)

Alles gute Gefühl hin zu jemandem, könnte es doch zugleich auch Versprechen sein

Ich dachte: »Laß!«, und Ruhe strich mir über die Schläfen

»Und«: das Klingen der Maultrommel und die Schneckenspuren auf dem Stein; die Silbrigkeit der Maultrommel und die Silbrigkeit der Schneckenspuren

Gestern: das Schalterhäuschen des Kinos von Komen/Karst, mitten im Vorraum, in dem das Gerümpel der alten Sitze steht, immer noch, Jahr für Jahr, bloß jedesmal noch gerümpelhafter geworden; je ein telefonierender Soldat der »Jugoslawischen Volksarmee« in den beiden Telefonkabinen vor dem Postamt, einer sehr groß, einer sehr klein, beide, so hörte ich, schienen nicht recht zu wissen, wo sie stationiert waren; der Idiot von K., gebißbleckend in alle Himmelsrichtungen gehend und seine Reden ins Leere haltend, immer noch so eilig wie damals vor über zehn Jahren, als ich ihm erstmals begegnete, immer noch mit Hose ohne Gürtel – überhaupt, wie seit je, der dunkle Raum des »bife« von Komen als der Platz all der »Beiseitegegangenen« des Ortes, mit starren hellen Augen dasitzend den ganzen Tag; dann am Nachmittag beim Schwimmen die Libelle von Gorjansko, mitten im Teich mich umzirkelnd, an mir entlang ihre Tangenten ziehend, mit wunderbaren Libellenfarben, dem Blau des schmalen langen Hinterteils, diesem Blau auch als Streifen am Kopf, sonst von einem geradezu unheimlich strahlenden Gelb, für Momente, als ich einmal im seichteren Wasser in der Hocke war, mich höchstpersönlich anstrahlenden, zu meinem Schrecken, nein, Schauder (nicht »Grauen«) mich *meinenden* Gelb, einem »Ganzgelb«, wie »ganz« von dieser Welt, diese so einmal, in dem hiesigen Gelb, »ganz« offenbar, die Libellenflügel, die zwei Paare, dazu lautlos auf der Stelle schwirrend, dicht vor meinen Augen, ein fast unsichtbares, mehr und mehr durchsichtig werdendes Mahlen in der Luft, hubschrauberrotorenhaft; dann am Abend wieder am Bahnhof von Sežana, und schon in der Dunkelheit dort der Zug aus »Moskva«, MOCKBA, nach »Roma«, der Schlafwagen wie schon seit ein paar Nächten benutzt, auf halber Höhe der Fenster weiße Vorhänge, noch aufgezogen; zuletzt ich als der einzige Passagier in dem langen roten Personenzug nach Villa Opicina, von meinem Platz aus der Durchblick von hinten bis ganz vorne zur Lokomotive, durch alle die hellbeleuchteten leeren Waggons, »Jugoslawische Eisenbahn«

»Den Humor behalten«: treffender Ausdruck (»behalten«)

Anderes Verb für die Müdigkeit: »heißt gut«

Gestern: der Hohe Weg, »Napoleonsweg«, »Vicentina«, von Villa Opicina über den italienischen (sprachlich slowenischen) Karst nach Prosecco, wo angesichts der hellen Felsen, nach den anfänglichen Läufertrupps, die Schönheit wiederaufging, unten in den Felsen die jungen Kletterer, alle in den gleichen Schuhen, den Einstieg probierend; die slowenischen Kinder im weiten Betonhof einer Schule in Prosecco; in Križ/Santa Croce der nachmittägliche Trauerzug wieder, als seien in dem Zug mehr Leute, als in dem Dorf hoch über der Adria überhaupt zuhause sein konnten – das Geräusch der langsamen Schritte der stumm Gehenden, zuerst auf dem Asphalt, dann drinnen auf dem Kies des Friedhofs; dann der weggeworfene Porno-Comic am Rand der Straße nach Aurisina (auch nicht das erste Mal hier); im Ferndunst die Schiffe tief unten auf dem blauen Meer für Augenblicke hoch oben im Luftraum – überhaupt ein Tag voll solcher Sinnestäuschungen: Felsspalten rannten als Tiere, flogen als Vögel; der Weg dann im Stein-, im Karrenfeld, mit den durchlöcherten Kalksteinen, dem wilden Salbei; in Aurisina an dem Karstkrankenhaus und dem verlassenen Bahnhof vorbei, der einmal, fünfzig Jahre lang, die Abzweigung, nach Triest, für die Züge Wien–Venedig gewesen war; in San Pelagio/Šempolaj die Feige, aus der beim Öffnen ein großer Wurm schnellte, dort im Dorf auch die alte Frau, die bei meinem Fragen nach dem Weg kein Italienisch hören wollte und gebieterisch slowenisch sprach; zuletzt spätnachts, nach dem Wiehern eines unsichtbaren Pferdes in der Wildnis, der Platzregen in Sistiana/Šešljan, der hereinsprühte unter die Plane der Terrassenbar, wo die Männer, bei dem Donnerkrachen über dem Meer, ruhig weiter Karten spielten (28. Sept. 1989)

»Ich verstehe die Welt nicht mehr.« – »So kannst du neu anfangen.«

Der Aufschwung der Freude – aber so, als müßte das zittrige Elend, des outcasts, jeweils vorausgehen – und auch die Freude ist jeweils zittrig, nur anders

»Selbst in den lautesten Städten war er sicher, dort in eine Zone zu geraten, wo etwa nur noch das Rufen der Tauben hörbar war« (»Der Bildverlust«; wie jetzt zu Mittag in Cervignano)

Der Ausdruck trifft zu: In der venezianisch-friulanischen Tiefebene »alle Augenblicke« ein Fluß (Isonzo/Tagliamento/Piave)

Werde ich offen für die Farben, schließt (oder lindert) mir das die Lärmwundheit

So wie es »Bedenkzeiten« gibt, so auch Bedenkwege

»Und«: Der Schuster von Tripoli/Arkadien, und der Schuster von St. Moritz/Engadin, und gestern der Schuster von Gemona/Friaul, der in der Nacht noch hämmerte und eincremte, hinter den fast zugelassenen Läden, und der heute früh schon wieder die Leder locht und die Fäden zieht (3. Oktober 1989)

Das Mitten-in-der-Welt-Sein ist nicht meine Natur; deswegen ist es immer wieder solch ein Ereignis, wenn ich es doch bin; und wie kommt es in der Regel dazu? Durch die Geduld. Schau, die Geduld. Schau, die Taten der Geduld (die Sonne auf dem Asphalt vor dem Bahnhof von Gemona)

Eine Art Lebenssatz: »Jetzt gehe ich weiterlesen!«

Gemona, heute: Inmitten der schwarzen Eisenstücke der Spenglerei stand ein dicker schwarzglänzender Rabe

Variante zu Ungaretti: Ich erleuchte mich mit dem Er*meß*lichen (auch das Blau des Himmels ist er*meß*lich?)

Gebet: Um das Ereignis der Wiederkehr der Erscheinung an den Dingen – etwa jetzt der Erscheinung bei der Zugfahrt nordwärts, der beginnenden »Nördlichkeit« am Zusammenfluß der beiden aus den weißen Gebirgen daherströmenden Flüsse Tagliamento und Fella bei Carnia, Nördlichkeit auch der jetzt sich zusammendrängenden Häuser

»Schweig, staune und freue dich« (Oswald von Wolkenstein im Buch von Anita Pichler)

Ich beklage mich jeweils einzig aus Verlegenheit

Kinder: Ein Fall, wo in der Natur die »Raupen« in der Regel schöner sind als die fertigen Wesen

»Näher, mein Gott, zu dir!«? Und er hockte sich hin ins Gras (4. Oktober)

»In Gedanken an eine Schlange, sah er vor sich einen Schmetterling *züngeln*« (»Der Bildverlust«)

Und: Gestern fiel eine Kastanie in einen stillen Burghof und platzte weiß aus der Hülle, und heute erzählte im Teichland eine alte Frau von einem weißen, dem Albino-Reiher (7. Okt.)

»I walked from Dallas, / I walked from Wichita Falls« (Blind Lemon Jefferson)

Die leere Stelle in jenem Café am Rand des Stadtparks in Graz, wo einst die entscheidende Jukebox meines Lebens stand (»Things We Said Today«), und beim Gedanken daran eine energische Wehmut

Liebe: Er wollte ewig um das Geliebte sein; nur wie?

Eines weiß ich: Die Welt im Gehen, Schauen, Bedenken, Betrachten, Weitergehen stellt sich anders dar als die Welt in den Zeitungen

»Er erwachte mit dem Wunsch des Schenkens« (»Der Bildverlust«; 10. Oktober)

»Sprich nur, wenn du im Bild bist.« – »Leicht gesagt.«

Paco de Lucia: »Das andalusische Lebensgefühl: die leidenschaftliche Traurigkeit«; und: »das höchste Spielideal des Flamenco, das AIRE: schnell und eindringlich zu spielen, aber mit Grazie«

Ein Wind so stark, daß er die Kiefer unhörbar machte, sie, die doch sonst, bei dem leichtesten Wind, für das durchdringende Sausen sorgt

»Indem er sich selber endlich widersprach, setzte die Harmonie ein« (so »Der Bildverlust«); und weiter: »Weltverloren ging er über die Brücke und wollte Gutes tun«

Was früher Gott, die Könige, die Polis waren in den Texten, das sind jetzt die Fragen (an mich selber) (15. Okt.)

Wo bleiben heute die Kinder? Schon Stunden stehe ich nun am Fenster und habe noch kein einziges Kind gesehen (16. Oktober)

Das andere Blaulicht: der Himmel hinter den Pappeln

Die Lebensmöglichkeit hört auf, sowie ich herausfalle aus dem Zeithaben

Verb für die Bäume: sie mustern mich (d. h., erinnern mich ans Muster, vergegenwärtigen mir das Muster, und »vermitteln« mich der Gegenwart)

»Und«: Die Jukebox und der »Volksempfänger« (Radio im Herrgottswinkel einst zuhause)

Mein Grund- oder Untergrund-Zustand ist die Trauer; d. h., erst wenn ich trauere (trauern kann), fühle ich mich ganz (bei mir)

Bei all den sich vermehrenden Schreibern der zweiten, der Sekundärwelt: gehör weiter, umso entschiedener, der ersten Welt an

Die glaubhafte(ste) Feierlichkeit in der Kunst: die eines Heiteren (beim Hören, wieder und wieder, von Rossinis »Petite Messe Solonnelle«)

Ein liebliches Geräusch: das von badenden Spatzen in einer Wasserlache (18. Oktober)

»Zwischen zwei Männern saß der schwarze Hund im Führerhaus des Lastwagens aufgerichtet als Kobra« (so »Der Bildverlust«)

Du hast schon alles erlebt – deine Erlebnismöglichkeiten sind in der Wiederkehr – und wie!

»Ein feines Geräusch geht durch das Universum / es ist meine Liebe zu dir« (Nicolas Born)

»Auf das Gehen war Verlaß. Aber manchmal verließ er sich nicht darauf« (»Der Bildverlust«)

Ein liebliches Geräusch auch: das von auf dem Boden auftreffenden Bucheckern, der leichten harten spitzen Schalenfrüchtchen, die herbstlich aus den Buchen fallen (20. Oktober 1989)

Poesie, das *Einzige* (Einzigartige), die *Vielfalt* erzeugende – *noch einmal* den Wind durchschickend durch die verschiedenen Bäume, immer weiter in den Raum, und *noch einmal* ...

»farbda«

»Ein Kind spielte im Hohen Farn, der das Kind zum Indianer machte« (»Der Bildverlust«)

Das quetschende österreichische Gelächter einst. Und warum verletzt es mich heute nicht mehr? dachte er. Es sollte mich aber verletzen

Österreich: die durch die Geschichte wie unzugänglich gewordene Schönheit. Aber im Traum und im Tagtraum kehrt sie zurück – und ist dann freilich darstellbar auch nur in Form solch eines Traums?

Der Witzeerzähler brach ab und ging an die Jukebox. Welches Lied würde er wählen? (25. Oktober)

»Er ging Brot kaufen. Hinter dem Laden stand sein Vater, wieder Bäcker geworden, und fragte ihn, welche Art Brot er wünsche. Er erkannte seinen Sohn nicht« (der Traum gestern)

Gerumpel der Spatzen in einer welkenden Lärche (26. Oktober)

Ein (halbwegs) geglücktes Leben erkennst du daran, daß derjenige nicht zum Popanz seiner selbst (seines Selbst) wird, sondern zittert, und zittert, kindlich, schwach, auf der Kippe, bis zuletzt

Das Pathos der Not, das laß, das bring zum Gelten; nur das (28. Oktober)

»Die Forscher haben im Experiment das Umherrollen von Sandkörnern am Grund eines Flusses oder in der Meeresbrandung mit rotierenden Hohlzylindern simuliert. Dabei stellte sich heraus, daß Sand über viele tausend Kilometer transportiert werden muß, bevor die Körner auch nur eine mäßige Rundung aufweisen. Die Kantigkeit des Sandes in den Flüssen Surinams zum Beispiel spiegelt die kurzen Transportwege wider. Wesentlich schneller erfolgt das Abrunden von Sandkörnern am Meeresstrand, weil in der Brandung jede Welle den Sand hin- und herbewegt« (aus dem Buch »Sand, ein Archiv der Weltgeschichte«)

Die »schöpferische Kraft«: schlicht ein *Gliedern* (können)?

»Im Erwachen erschien ihm das Bild seines Tuns als das einer Brücke hin zur Welt« (»Der Bildverlust«)

Versuch über die Jukebox: Wittgenstein an einer Jukebox (30. Oktober)

Belästige mich nicht mit deinem Wissen, ich habe nicht gesagt, daß ich dein Schüler sein will

»Als sein Wunsch sachlich geworden war, sprach er ihn aus« (»Der Bildverlust«)

Was heißt »Aufschwung«? Sich aufschwingen zur Augenhöhe

Ein Hase lief querfeldein, eine Ente schwamm flußab, und ich klagte vor mir selbst: »Warum kann ich nicht besser gliedern?« Im Traum war mir, als läge ich durch diese Unfähigkeit im Sterben (31. Okt.)

»Er besann sich. Er besann sich und bedachte. Er besann sich, und es wurde Ort« (»Der Bildverlust«)

Gehört das Bilderaufblitzen in mir, wie es sich seit einigen Tagen verstärkt, manchmal sogar in Schwärmen – Bilder immer von Orten, wie eben gerade »Málaga« –, zu der dunklen Jahreszeit jetzt so wie oben im Himmel die Sternschnuppen? November, Sternschnuppen- und Bildermonat? (1. November)

Der langsame Leser? Der Leser als der Langsame (4. November)

Gerade kam das Bild Glasgows mit dem Busbahnhof dort, und die Sehnsucht nach einem Neuen Leben (5. Nov.)

»Er wußte gar nichts mehr und hob an zu erzählen; er verbot sich alles Wissen und ...« (so »Der Bildverlust«)

Warum sagt Jesus, als die Schriftgelehrten und die Pharisäer von ihm ein Zeichen (*semeion*) fordern, wer ein »Zeichen« fordere, sei ein »böses und *ehebrecherisches* (*moichalis*) Geschlecht«?

»Ich habe euch etwas zu sagen, denn ich habe gelesen« (»Der Bildverlust«); und: »Ich will wieder seßhaft werden, um wieder (richtig, wirklich, »bel et bien«) lesen zu können«

»Schöner fremder Mann, du bist lieb zu mir, denn ich träum von dir« (Connie Francis in der Jukebox, 7. Nov.)

»Hat sich ein Vogel [ein Auerhahn] im Netz verfangen, wird ihm zunächst ein Socken über den Kopf gezogen, denn Dunkelheit vermindert den Streß« (8. Nov.)

»Der Schatten des Gedankens«; der schöne Schatten des Gedankens: der Augenschatten des Gedankens; der Gedanke, der Augenschatten macht – Schatten zwischen dem Auge und dem von dir Bedachten

»Zum ersten Male seit dem 31. Dezember 1970 wird seit dem gestrigen 8. November wieder die Sonnenscheindauer der DDR regelmäßig verbreitet« (9. Nov. 1989)

Ein angebissener Apfel neben einer Glaskugel auf einem Fenstertisch

Ich, der doch manchmal gereizt war, wie vieles bei Hölderlin das Beiwort »heilig« bekam, dachte gerade, in der Vordämmerung, angesichts der Straße, auf der ich einst, allein mit meinem Kind, gegangen war: »Man kann nicht genug vieles heilig nennen!« (Kronberg im Taunus, 10. November 1989)

Daheim: In der Vergangenheit mit den Geliebten, in der Gegenwart mit den Bäumen und dem Wind und der Stille, und in der Zukunft?

Nach dem einen Moment der Fülle, ungeduldig auf weitere Momente der Fülle, vernahm er die Stimme der Stimmen: »Begnüge dich!«

»Lange lag er ermattet, bewegungsunfähig. Dann, mit der Vorstellung von der Erstaunlichkeit der Menschheit, sprang er auf« (»Der Bildverlust«)

Manchmal haben die Orte des Neuen Testaments, der Evangelien, keinen Namen: »Jesus entfernte sich von der Menge hin zu einem verlassenen Ort ...«

11. November 1989: Jan Skácel ist gestorben; und ich kann mir bei ihm nur einen friedlichen Tod vorstellen: »Er kam von einem Spaziergang nachhause und war sehr müde ...«

»Tagewerk«: ein treffender Ausdruck für das Schreiben (12. November)

Die biblischen Orte, langsam gelesen-buchstabiert, sind überall, Tyros und Sidon scheinen auf bei der einstigen Kuhweide neben dem Bach zwischen St. Gr. und Stara Vas, zeigen sich im Licht des Obstgartens, gepflanzt vom Bruder meiner Mutter

Eine Besonderheit: der Geruch von frischgeschnittenem *November*gras (13. November)

In der Stille: am Platz / In der Stille: die Ankunft / Schatzhaus der Stille

Sich erinnern (auch an sich selber) als eine Art der *Zuneigung* (auch zu sich selber); sich erinnern, sich zuneigen

Und: die Stirnschilder der slowenischen Bienenhäuser, bemalt (mit biblischen Szenen, etwa die Schilder von Radovljica) und die Jukeboxen, wo die Namen der Sänger mit den Familiennamen beginnen – so gestern »When I think of all the good times I've wasted having good times«: »Burdon Eric«

Alle (fast) großen reinen Lebensgefühle bekam ich durch Erzählungen, schriftliche (bis auf die mündlichen Erzählungen meiner Mutter von ihren toten Brüdern)

»Zahlreiche Kerbtiere fressen sogar noch weiter, wenn sie selbst gerade verschlungen werden« (Erinnerung an jene französische Adelige, aus einem anderen Jahrhundert, die, sterbend, schnell noch ihre Mahlzeit verschlang)

Der Widerschein einer Jukebox im frisch aufgewischten Kachelboden der Bar gestern gegen Mitternacht-Schein, der mit dem Trocknen des Bodens sachte verschwand (16. November, Metz)

Zu »Überhastung« muß ich tatsächlich »sündhaft« dazudenken; oder auch bloß: »sie gehört sich nicht«

Die Sandsteinfiguren des Gekreuzigten außen an der Kathedrale von Metz: das Gesicht, schwarz (von Schmutz) wie das des Gekreuzigten bei Velázquez

Der unter der Last des Kreuzes Gefallene bei Delacroix (Name!) ist wirklich gefallen, gestürzt, platterdings hingekracht, niedergeschmettert, auf seinem Weg zum entsetzlich überhängenden Kreuzigungsberg

Statt »Man lernt nie aus« sag: »Man schaut nie aus« (eben sah ich einen Alleinmenschen, in der Bahnhofsbar von Metz, seinen Restwein in den Kaffee schütten)

Mein bißchen Freude vergeht oft, weil ich auf eine größere oder mehr Freude aus bin; dabei war das »bißchen Freude« schon die ganze Freude (im Zug nach Nancy)

»Lange blieb er in der Schuttwüste am Rande der Stadt, bei einer Pfütze, gelb vom Sonnenuntergang, beim Gefiederrascheln von Flußuferpflanzen. Unversehens erinnerte ihn das Schuttland an etwas Größeres, Weiteres. Die Hebungen, die Senkungen, das sich bewegende einzelne Unkraut. Mit diesem unbestimmten Bild ging er ruhiger weiter, sich bewegend dann in der Sphäre der Dankbarkeit, in der Sphärenmitte ein gezacktes Platanenblatt auf dem sonst leeren Asphalt« (»Der Bildverlust«; Nancy, an der Meurthe)

Ein Unterschied zu früher: Ich sehe in den älteren Gesichtern (manchmal) die jungen – ich entdecke diese

Die Idealherrschaft der Schönheit: indem sie jeden besänftigt und jeden an das erinnert, was er war

»Die Augen verdorben hatte er sich nicht etwa vom Lesen, sondern weil ihm ein Gegenüber fehlte« (»Der Bildverlust«)

»Das Ungeheuerlichste wunderte ihn in der Regel weniger als das Allerüblichste« (so »Der Bildverlust«)

Kinderträume noch und noch in der letzten Zeit (dabei ist noch nicht Advent); letzte Nacht etwa spielte ein Kind Ball mit sich selber, gegen eine Wand, und hatte den Vornamen »Geist« – und gestern im Schuttland von Nancy unversehens wirklich ein Kind, mit Schultasche, mich ein Wegstück begleitend, fragend, wie lange ich schon zeichne – »10 Jahre« – »so lange schon, ich bin ja erst zwölf!« –, und dann mit einem Gruß verschwindend auf der leeren Straße, wo die Bäume rauschten (17. November)

Immer wieder vergesse ich, daß mehr sich ja nicht ereignen kann (nicht zu erwarten ist) als das sorglose geistesgegenwärtige Gehen (Ausschreiten); »mit wem bist du verabredet?« – »Mit den Windrillen auf dem Wasser«

Das Gegenteil zum In-den-Malstrom-Geraten: in den Haarwirbeln der Passanten sein, dort-dasein (Place Stanislas, Nancy)

Poussins »Einzug Jesu in Jerusalem«: wo sonst auf den Darstellungen einer hoch oben in der Krone einer Palme sitzt und mitgrüßt, ist einmal Niemand, und das Licht ist weniger auf Jesus als auf denen, die ihn begrüßen, auf deren blauen und roten Gewändern

Gestern noch: die zweifache Aufschrift EST-EST am hellfarbenen Sandsteinbahnhof von Nancy; die schlafenden Soldaten längs durch den langen Zug dann nach Paris, schon in Zivil, bei der Ankunft ihr Dahinstürmen durch die Gare de l'Est, später ebensolches Dahin- und Weiterstürmen anderer Soldaten quer durch die Stadt, zu dem Bahnhof für den Westen, die Bretagne, und so weiter bis spät in die Nacht; zuvor auf der Zugfahrt durch Lothringen und die Champagne überall die Spätherbstfeuer in den dämmerdunklen Auwäldern, eine Fahrt von Feuer zu Feuer; kurzer Schlaf, was sich allein äußerte in der Vorstellung – noch nicht einem Traum –, hoch oben in einem Überlandbus zu sitzen – die Vorstellung war schon die Erholung (18. Nov., Paris)

Noch schöner vielleicht als die Gemeinsamkeit von Handlungen ist die Gemeinsamkeit des Bedenkens, *eines* Problems, jeder Bedenkende für sich, im Abstand zum Mitbedenkenden (Pfingstvariante)

»Auf den Schiffen und den Fähren fühlten die Bewohner des unterdrückten Landes sich für die Fahrzeit frei. Sie sprachen auch so, und tanzten«: im Donaudelta, Rumänien

»Nie waren der Haß auf alles Große, die Geringschätzung des Schönen, die Abscheu vor der Literatur so offenkundig«: das schrieb Flaubert an Turgenjew 1872 – also schweig zu deiner Zeit

Was heißt »das Leben gestalten«? Den Tag gestalten

Wieder das »Vorleuchten« der Rosen; dazu das Vorrauschen der Bäume (im Wald von Meudon)

Ein Gefühl (?), das ich im Traum noch keinmal gehabt habe: Neid – und ein einziger Moment Neid dann vergällt mir das Wachsein – wie ihn aber sich verbieten? Verbieten!

Die Stimmen der Kinder unten auf dem Boulevard: sonntäglich, nicht nur heute am Sonntag (19. Nov.) – am Sonntag sind die Stimmen der Kinder vernehmbarer, vordringlicher

Gestern noch: der Laubrauch zwischen den Häusern der Vorstadt; die ausgeweideten Wandboxen – Spielarten der Jukebox – mit den verqueren Drähten ohne die Lautsprecher im Café de l'Arrivée von Clamart; die immer noch unasphaltierte »Avenue Scribe« in Meudon, wie vor fünfzehn Jahren, Avenue »hinter den Häusern«, mehr ein Schleichweg, Ziegel in diesen eingebacken, Schlacke; im Wald dann das Bächlein, gesäumt von schwärzlichem Laub, mit seinem Wasser mir die Schläfen gewaschen, »Schläfenwäsche«; Ankunft in Ch. in der Dämmerung, (kurzes) Gefühl der Kostbarkeit und Festlichkeit, nach dem langen Gehen durch die Wälder, der Zivilisation, der Geschäfte, der Zeitungen (!), des Brots, der Blumen, des Obstes, der Steinpilze, der auf dem Pfad hinter der Bahnhofsbar Heimgehenden, in der Dunkelheit, ich als Zuschauer am Fenster, ein Mann mit einem Stock in der einen, einem langen Brot in der anderen Hand; der Nachtwind endlich zurück in P. auf dem Pont Mirabeau (19. November)

»Was ist dein Beruf?« – »Selbsterhalter.«

Die Wohltat der Gegenwart – und er öffnete für sie die Fingerzwischenräume

»Und«: Gleichmut und Gleichmaß

Ist es die Art nur der Alten, den Löffel im Kaffee steckenzulassen?

Die Sehnsucht nach Verborgenheit, ja. Aber ich hatte sie immer in der Vorstellung des Zusammenseins mit jemandem, wollte mit dem Geliebten verborgen sein

Κόμος, kosmos, Zierde, Welt, Neue Welt; immer noch, immer wieder spüre ich das aufblitzen, im immer Dagewesenen, im Lanzettblatt einer Edelkastanie – und: bei all dem Getöse und Lärm: Solch eine weite und stille Welt wie die heutzutage gab es noch nie, und vor allem: Sie könnte Bestand haben (sorg dafür)

»Und«: Staunen und Leben

»Eine jede seiner Handlungen oder Beschäftigungen hatte etwas Suchendes-Erwartendes: als sollte sich dabei etwas zeigen, etwas gefunden werden, entdeckt werden, sich offenbaren: er suchte nicht, sondern seine üblichen, alltäglichen Handlungen waren *begleitet* von Suchen« (»Der Bildverlust«) (20. November 1989)

»Bild« nenne ich nicht ein beliebiges, sondern ein einmaliges Zeit- wie Raumzeichen, unverwechselbar, einleuchtend, ungesucht, ins Auge (und Herz) springend, bezeichnend, zeichenhaft vordringlich im Zeichenlosen; und: Nicht ich mache mir ein Bild, es zeigt sich (mir)

Der (einen Weg, einen Ort) Wiederholende zählt (die Dinge am Weg, am Ort). Es ist ein schönes Zählen, es zählt von selbst, und er zählt mit. Wie viele Trauerweiden stehen an dem Platz da? Die Zahl wird zum Höchsten. Er (man) zählt »das Seine«. Das Zählen als Handlung des Miteinander-Daseins. Die vorleuchtenden Zahlen (wie die Rosen Mörikes). So wie gestern das ohne mein Zutun Sichzählenlassen der Tomaten im Garten bei Rodins Atelier in Meudon, die ich am Vortag, auf dem selben Weg vorbeikommend, nur einfach so wahrgenommen hatte. Gezähltwerden auch als ein Geordnetwerden, nicht nur arithmetisch, sondern im Raum, auf, ab, oben, unten, hinten, vorn; Zähl-Geometrie

Verb für die Bewegung der Blätter (im Nachtwind): sie »wirtschaften«

Laß den Kindern ihren Willen, und vor allem ihren Unwillen (21. November)

Die Haltung der Phantasie: »Ich lasse mich überraschen« (so wird sie möglich)

»Es ergriff ihn Heimweh nach Saigon, wo er noch nie gewesen war« (»Der Bildverlust«)

Ein paar Momente von gestern: die junge Frau, durch die Stadt gehend als Zeithaberin, dabei nicht ziellos wirkend, sondern frei, selbstbewußt, unnahbar in ihrem Zeithaben, von niemand (Niemand) bemerkt in ihrer langsamen Schönheit; das Wettervorherschaufenster wieder am Meteorologischen Institut der Avenue Rapp, eins meiner Pilgerziele seit langem – fast nur ältere Leute versammeln sich davor; das Lachen, herzhaft, beim Lesen Theophrasts im Café, ich wurde verwundert angeblickt; die Sehnsucht nach dem Wind an der Porte d'Auteuil; dort dann der schmale Schusterjunge von einst im inzwischen verglasten Laden, dick geworden, immer noch das pechige Haar (22. November)

Die Zeiten des Lebens, die man »Durchquerung der Wüste (traversée du désert)« nennt, sind sie nicht oft die schönsten?

Poesie: die gestotterte oder episodisch sich offenbarende Religion (an die derjenige auch nur während des Stotterns glauben kann)

»Ein Gefühl seines Alters hatte er nur im Gefühl des Überstandenhabens« (»Der Bildverlust«) (23. Nov.)

Das Volk der Vorkriegszeit, wie etwa die Familie meines Großvaters, war auch so ein »gekreuzigtes Volk« – wie der ermordete Pater Ignacio Ellacuria von San Salvador die Armen genannt hat –, und was jetzt von diesem Volk, in Österreich, noch übrig ist, das ist das »vergessene Volk« – ich dachte an die alte Schwester meiner Mutter allein in ihrer Kammer im Dorf Stara Vas

Ein bestimmtes Erinnern kann ich mir tatsächlich befehlen: »Erinnere dich an dein Wohlgefallen!«

Vorstellung eines möglichen Älterwerdens: statt Verhärtung Lakonisierung deiner Art (und Weise)

Nicht *tüfteln* beim Schreiben, nie mehr tüfteln, nur die Wörter ihren Platz einnehmen lassen, in der Taktfolge

Poesie: der Irrwitzforscher wird fündig

Wieviel Mühsal und Sorgfalt in manchen mit der Hand beschrifteten Jukeboxen, etwa jetzt da »ESSA MÔÇA 'TÁ DIFERÉNTE« (Viroflay, eine Jukebox *nur* mit Handschrift)

»Einer der Impulse, tätig zu werden, war sein Zorn über sich selber« (»Der Bildverlust«; 24. Nov.)

Das Wunsch-Denken, für andere, an andere gerichtet: kennst du ein höheres Denken?

Das »Freischweifen« entspricht mir am ehesten; ich, »der Freischweifer« (25. Nov)

Was brauchst du andere Flügel als die der Gehlust?

Wozu stachelt mich die Schönheit auf? Immer dazubleiben

Ein anderer Sinn des Wortes »Handlungsreisender«: Reisen als Handeln; und ein dritter: Reisen, um eine Handlung für eine Erzählung zu finden (26. November, Vororte durchwandern, P.)

Als sei ein schöner Augenblick jemanden hinzuschicken als Gebet

Die Freiheit der Form: nur innerhalb der Form(en) kann ich frei werden; der Tanz der Freiheit, episodisch, »im Lauf der Form«

Wie wunderschön manche junge Frauen den Kopf in den Wind und ins Licht halten beim Gehen (Val Fleury, am Weg neben der Bretagnebahn)

Ohne Liebesnähe: Entvölkerung (so, im Negativen, erscheint doch ein Volk?)

Mein Abhängiggewordensein von der Stille, und dem Licht, und dem Wind, ist es schon Zeichen einer Krankheit? Und doch: das *Fruchten* der Stille

Die Jukebox in der rue Daguerre, Sonntag nacht, an der Bar im leeren Restaurant, dröhnend auf die bitterkalte Straße hinaus; die Jukebox und der Sonntagabend (27. Nov.)

»Der Unverschämte« in den »Charakteren« von Theophrast: Beim Fleischeinkauf stellt er sich neben die Waage und wirft meist noch ein Stück Fleisch oder wenigstens einen Knochen für die Suppe dazu, und wenn er es bekommt, ist es recht, wenn aber nicht, greift er sich vom Tisch einen Darm und verschwindet lachend (Mehr als zweitausend Jahre: 1 Tag)

Für den Augenblick, da ich mich Gehenden bedenke, bedenke ich die Bedingung des Daseins

Noch ein unvergleichliches Geräusch: das der vereinzelten Bäume auf den Friedhöfen – wie jetzt das Rauschen und Rascheln des einzelnen Ahorn auf dem F. von Montparnasse, zu Mittag, und dazu das Knacken der Katzenkrallen, die beim Sprung aufprallen auf dem Betonweg zwischen den Gräbern (28. Nov.)

Bei Theophrast gehen die Fehlerhaften in der Regel »in die fremden Häuser«, haben kein Schwellenbewußtsein

»Der Kleinliche«: läßt nicht zu, daß jemand Feigen aus seinem Garten ißt, über seine Felder geht oder eine von den heruntergefallenen Oliven und Datteln – elaan e phoinina – aufhebt (2000 Jahre und 1 Tag)

Kultur hat noch nichts erreicht, solange sie dich nicht zu Geduld und zu Nachsicht geführt hat

Die Jukebox mit der verwischten Schrift / die Jukebox mit der leeren Stelle im Angebot / die Jukebox mit den vergilbten, kaum zu entziffernden Plattenschildern / die Jukebox mit den Namensschildchen, wie bei manchen Mietshäusern, halb verschwunden im Rahmen

Ein bißchen von gestern: das Sitzen im Flur des Hochgeschwindigkeitszugs vom Montparnasse nach Nantes, gegenüber den Gepäckfächern, draußen lange Zeit nur das Vorbeipfeilen von Betonwänden und später von ein bißchen unerfaßbarer Landschaft, zu der Durchsage, stolz: »Wir fahren jetzt mit 300 km/h!«; das Mädchen mit dem in den Händen wie wild oder/und kummervoll verborgenen Gesicht im Barraum, in der hintersten Ecke am Fenster, dazu ihre gelbgefärbten Haare; in der Nacht von Nantes dann die böse Kälte, aus den Höhlen der Bahnhofsgarage fauchend; die Beschriftungen unter der aktuellen Beschriftung an der Jukebox beim Bahnhof, nicht zu entziffernde Palimpseste, die die einstigen Lieder da anzeigten, nur welche?; Nacht zuletzt der warmen trauervollen epischweiten Träume, wie üblich in den Situationen der Ausgesetztheit, ich beim Säubern meines Lernpults in der Nische, das ich für immer verlassen sollte (29. Nov. 1989, Nantes)

Erscheinungen der Wintersonne: die Moospolster, leuchtend auf dem leeren Bahnsteig, die Helligkeit der Billardstöcke im sonst verschatteten Café, die Helligkeit jetzt der einen erhobenen Hand eines Sitzenden – sonst nur dunkle Schemen –, und jetzt seiner Schulter

Theophrasts »Ungelegener« (der *A-Kairos*, »der im falschen Moment«): der jemanden um Rat angeht, der gerade keine Zeit hat; der die Geliebte umwirbt, während sie gerade fieberkrank ist ... (»akairos« übersetz mit »Der Unzeitige«)

Erst wenn alle Seelen erloschen sein werden, wird Gott tot sein (La Rochelle, am Atlantik, Dämmerung)

Theophrast liest sich so, daß der Leser der »Vorgeführte« ist

Zum »Unzeitigen« (s. o.): Kam ich mir nicht jedesmal, beim Gedanken, mich mit jemand zu verständigen – ihn aufzusuchen, zu telefonieren –, als der »Unzeitige« vor?

Die Form(en): das Außen des Außen, das Äußerste des Innen, des Innersten (La Rochelle, 30. Nov.)

Geh mit deinem Blick, dieser gibt dir den Rhythmus deines Gehens (vor)

»Der Bildverlust«: *entschlossen erfinden*, schon mit dem ersten Satz, etwa so: »Er kannte La Rochelle nur bei Flut. Das war vor zwanzig Jahren gewesen, anläßlich eines zweistündigen Aufenthalts. An diesem heutigen Tag aber... Schon seit langem interessierten ihn die Könige nicht mehr ...«

Die Einsicht in dich selbst: benutz sie zu einem Aufblick

In der Jukebox von Bordeaux, jetzt am Abend in der Nordafrikanerbar, viele überklebte, ungültig gewordene Platten – leere Plattenfächer –, und dazu auf der Menukarte an der Wand auch fast alle ursprünglich angezeigten Speisen überklebt

Was heißt »guter Dinge« sein? (Was hieße es?) – Auf der Höhe sein. (Und umgekehrt, und wieder umgekehrt; Bordeaux, 1. Dezember)

Form, Licht der Wahrheit; »Formlicht« (die Jukeboxerzählung am sich nähernden Horizont)

»Erwartungslosigkeit« als Tages-, nicht Lebenslosung, vielleicht mehr als die »Geduld«?

Eine jede der Theophrastschen Charakterskizzen ist der Entwurf zu einem Lustspiel, einem bissigen; hat Molière sie studiert?

»Die Ruhe des Reinen«: ich dachte an Jan Skácel (im Zug Bordeaux–Dax, 2. Dezember)

Manchmal ist der Reisende der Mensch auf Erden. Er geht, er steht; Licht, Dunkelheit; Hauptstraßen, Seitenstraßen; der Wind, das Meer, das Landesinnere; der Schnee; der Morgen, der Abend

Meine Scheu, wie jetzt wieder, vor dem Schreiben, Ans-Schreiben-Gehen, Mich-dem-Schreiben-Nähern: Wo haben die Kleinen, aber auch die »ganz« Großen ihre Scheulosigkeit her?

Die »Wintereulen« (Nachtfalter) überstehen die grimmige Winterkälte unter Laubdecken am Boden und erzeugen sich Wärme durch Muskelzittern

»Nur im Traum war ihm das Zweisamkeitsglück widerfahren, und da widerfuhr es ihm immer noch« (»Der Bildverlust«; 3. Dez., San Sebastián)

Das Gehen muß vielleicht nicht täglich sein? Das Stehen in der Sonne ist »auch etwas« (Vitòria)

Wo andere ihre Himmelauffahrts- und Königserlebnisse haben, möchte ich mich in den Staub werfen (ich dachte an Machados Baëza, angesichts der Sierra Morena, vor 8 Monaten)

Vitòria, eine Stadt ohne Fluß? (Und jetzt am späten Sonntagnachmittag das spanisch-baskische Ausgestorbensein der Straßen und Plätze, mitsamt den Mordaufforderungen an den Hauswänden: »Welche Strafe verdient dieser Mann?«, und das Wiehern der Taubenflügel in der Leere

Indem etwas sich wiederholt, erfahre ich, was es war

In einem Baum wuchsen Sonnenblumen. Zusammengewachsene Birnen hatten die Form eines Embryo. Der Apfelbaum mit den letzten Früchten stand vor dem Fenster eines Polizeireviers (Burgos, Castilla y León, 4. Dez.)

Als ich eben auf der Straße von Burgos an einem Jesuitenaufseher – des Seminars von B. – vorbeiging, war ich wieder der Zögling, oder war es immer noch

»Der Schmerz eines anderen brachte ihn zur Besinnung« (»Der Bildverlust«)

Eine Librería namens »Itaca«, mit einer gebrechlichen freundlichen alten Inhaberin: deren Güte sich *einschreiben* in mein Gesicht, eine Güte wie die dieser Frau da

»An deinem Geburtstag wirst du reisen«: so eine Weissagung erhielte ich gerne

Bei Theophrast »der, dem nichts recht ist« (mempsimoiros): von der Hetäre geherzt, sagt er: »Ich vermute, daß du mich in deiner Seele kaum gern hast« (Soria, 5. Dez.)

Könnte der sogenannte »Geist der Erzählung« nicht auch eine Art Dämon sein, ein Ausdruck der Angst vor dem Einzelnen, Unzusammenhängenden, Fragmentarischen? Eine Ausflucht? Eine Feigheit? Eine Weise des »Reaktionären«? – Und doch: »Versuch über die Jukebox« als Erzählung, durchsetzt von Fragen! (morgen?)

Der epische Blick: selbst der Zahnstocher zwischen den Lippen eines Passanten erscheint ihm erzählenswert (Soria, 6. Dez. 1989)

7. Dez.: Ein paar Momente des langen gestrigen Tages: das Riesenpflegeheim inmitten der Hochlandsteppe mit einem Richtungsschild MORTUARIO; das Hühnerfenster in der ehemaligen Einsiedelei, wo die kleinen Hähne ein und aus gingen, rundum das steinige Ödland; das strahlende dunkle

Mädchen in der Estación des Autobusses; die wintergesperrte Stierkampfarena im Nieselregen; die wie versteinerte Ulme mit dem ihr gewidmeten Gedicht von A. Machado dran; unten am río Duero in der beginnenden Dämmerung die unentwegt springenden Fische; dann der gelbblaue, erleuchtete Zug Zaragoza–Soria oben zwischen den Felsen, Augenblicke der Erleichterung vom Verlassenheitsdruck in der dunkelnden Landschaft, auch mit Hilfe der Passagierumrisse hinter den Fenstern; die Bar dann, wo das eine winzige Kind den anderen unbekannten Winzling aufhob, umarmte, herzte; das Lesen Theophrasts allein in der Bar des Hotels inmitten der Schlammsteppe

Nicht denken in der Fremde: Aushalten, durchhalten, ertragen; sondern: Du darfst jetzt hier sein, und das ist eine Möglichkeit, wieder eine (vor dem Tun, und unten, vor dem Fenster zur Steppe, des Hotels »Leonor«, die unbekannte Stadt Soria, zwischen Lehm und Schutt der Meseta); und: Ich brauche mich nicht eigens zu ändern: indem ich mein Problem, meinen Vor-Wurf, bedenke – in diesem Fall »die Jukebox« – *wird* das Gedachte, werde *ich* das Gedachte (leichter gedacht als ...)

Beim Schreiben redet mir das Sprachgewirr im Schädel am wenigsten dazwischen

Was einst Gefühl war, ist jetzt Bild. Was für ein Bild? Ein Bild des einstigen Ortes, der Örtlichkeit, wo das Gefühl sich ereignete. Erzähl also nicht vom Gefühl, sondern vom Ortsbild (»Jukebox«)

Gehen bis zum Gerechtwerden; so lange gehen, bis ... Und das Gerechtwerden dann? Geschieht in einem (1) Atemzug (8. Dez. 1989, Logroño)

Ein Bild der Unwirtlichkeit: die »Zinskasernen«, balkonlos, am verwahrlosten Ufer des Ebro, und im vorwinterlichen Nieselregen die Wäsche, Leintücher, aus den Fenstern hängend (wer weiß?)

Die Farben eines Ortes aus dem vorbeifahrenden Zug: das Gelb der Maiskolben auf einem Lastwagenanhänger / die blaugekleideten Mädchen, die auf der Deichsel sitzen / die schwarzgekleidete Alleingeherin vor einer weißgrauen Mauer (Ribaforada, Navarra)

Wie leicht fühle ich mich manchmal mit einer Last auf der Schulter, und wie beschwert, wie hinfällig manchmal ohne solch eine Last

Nicht regelrecht lernen, das war seine Weise, sondern beiläufig mitkriegen

Ich ein Sucher, immer noch? Eher ein Stöberer (Zaragoza, Nacht; und »stöbern« steht nicht in meinem Taschenwörterbuch)

Der Großvater und die Schwester meiner Mutter standen draußen im Licht, und jemand drinnen am Tisch zeigte auf sie als »ecce homines!«, und mit diesem Zeigen erkannten sie auch sich selber, und ich sah sie an der Seite dessen, der auf sie zeigte, mit herrlichen Antlitzen, im Licht der Lichter, im Freien, an einer Grenze, stehen; die drinnen mit mir

Sitzenden, alle »berühmt«, hatten dagegen, laut dem Zeigenden und den beiden Offenbarenden, keine »Lebensgesichter«; und so war es auch

Immer noch erlebe ich im Traum die Gefühle so rein, wie ich sie im Wachen kaum habe: die Ehrfurcht, das Erbarmen, auch den Haß, den Zorn (zurück in Soria, 10. Dez.)

Nicht Formwille, sondern Formnotwendigkeit (mit dem »Versuch über die Jukebox« begonnen)

»In der Stille nahm er Gestalt an, verschwindend« (»Der Bildverlust«)

Wie auch immer es mit mir weitergeht: kein Triumph, sondern ein langsames entschlossenes Verschwinden!

Warum erachte ich in den Momenten, Stunden der Niedergeschlagenheiten, das »Sitzen« an den Bildern und an der Sprache so gering? Etwas, das doch die äußerste Sammlung braucht, und überliefert, und weitergibt? (11. Dez.)

Alle die »Charaktere« bei Theophrast sind dabei, gerade durch ihre schlechten Eigenschaften und Macken, gut aufgehoben in der Gesellschaft, der Polis, und beheimaten sich in dieser – anders als die »Idioten«, die Eigenbrötler – gerade durch ihre lachhaften »Spielzüge«. Was aber tut der Einsame und Fremde, der nicht einmal den Status des Idioten hat? »Wie konnte man sich Muskeln zulegen gegen die Einsamkeit?«

Um die urtümlichen Gefühle zu zeigen, müßte ich den Roman eines Traums, der Träume verfassen? (12. Dez.) »An seinem Traum-Epos nahm er Maß«

Etwas Er- und Beschwerendes zusätzlich in der Niedergeschlagenheit: das Vergeßlichwerden (Frau und Kind jetzt am Abend als die einzigen anderen Gäste in der Cafeteria des Busbahnhofs von S., das Fruchtsaftgelb im Glas des Kindes; und nun gehen auch sie)

Soria: das Schöne und Schreckliche des pur Einheimischen, einer Stadt mit nichts als Einheimischen (aber in Linares war das noch stärker)

Einen Patron (eine Patronin) der »Beherzung«: den oder die würde ich beim Tun immer wieder brauchen (13. Dez.)

Merke dir endlich: Was für deine Lebensformen gilt, gilt auch für deine Schreibformen, und umgekehrt (der blaue Himmel heute, nach so vielen grauen Tagen in der Meseta, kam wie eine Neuigkeit)

Die richtige Grammatik ist der richtige Gedanke: Orakel, das ich gerade aus dem Rasseln der Pappeln am río Duero heraushörte

In der Prosa müßte sich ein ähnliches Gefühl von »Tagwerken« einstellen wie bei der Freskenmalerei

»Nicht ohne Sehnsucht sah er, der Verschwundene, allerorten nicht für ihn bestimmte Briefe liegen« (»Der Bildverlust«, 14. Dez.)

Die langen harten Schoten, die in den blattlosen Bäumen aneinanderschlagen, machen im Himmel ein Geräusch wie sich aneinanderreibende Kiesel unten tief in einem Bachbett, knirschend

Etwas, ja, Gewaltiges: der volle weiße hohe Mond hinter einem vielverzweigten Holunderstrauch – das Lichtgrau des Holunders und das Grellweiß des Mondes

Das Hörensagen in den Träumen, dessen große Rolle, epische Rolle da: es wird aber weder gesagt noch gehört, sondern? Es kommt durch die Luft, in der tiefen Nacht (15. Dez.)

Die romanische Fassade von Santo Domingo/Soria: die fürsorgliche Krümmung des Leibes Gottes bei der Erschaffung Adams (Beiwort für die Schöpfung: »fürsorglich«)

Der »Versuch ...« jetzt: ein seltsames Vergnügen an der möglichen Sinnlosigkeit meines Unternehmens, eine Energie für das Unnütze

Die Kirche von Santo Domingo leuchtet aus allen Bauten der Stadt heraus; sie steht, wie die Häuser bei Karl Valentin, »im Freien« (aber »ohne Witz«), sie *verkörpert* das Freie, als Bauwerk, dessen Vielgestaltigkeit *spielt* – ein Licht-, Farben-, Formspiel (und überdies hat es, im Großen, die Gestalt einer Jukebox ...)

»Es dämmerte, und er freute sich auf den Abend« (bei der »trockenen Ulme« Antonio Machados)

Sprache, meine Seele, oder anders: meine Bewegerin, meine »Gliederin«

Das Gefühl der Verlassenheit ist wahrscheinlich auch eine Illusion (eine Art Wohltat)? Und die einzige Nicht-Illusion ist die Schwermut? (An der Carretera de Logroño, Nacht, starker Wind)

Es war schön, sein Selbstbewußtsein, anders als aus der gewohnten Umgebung, aus dem bloßen Dasein zu beziehen (16. Dezember)

Wieder das Tympanon von Santo Domingo: Damals, vor 800 Jahren, schien alles wunderbar geklärt (schien)

»Er schrieb im Freien, wo der Wind ging und die Wolken zogen. So stark ging der Wind, daß er ihm die Schrift verzerrte« (»Der Bildverlust«)

Und weiter: »Im Sturmdröhnen tapste unten zu seinen Füßen im Laub eine kleine Kröte, die er dann ansprach. Nie hätte er gedacht, daß er jemals mit Kröten reden würde.« Und weiter: »Während es vom Himmel schwefelte, grünten darunter die brachen Äcker.«

Stille? Die äußerste (vollkommene, vollendete) Stille: die Stille der Phantasie (jenseits von »Lärm« oder »Stille«)

Verb für die Winterzweige: sie »lispeln« (17. Dez.)

In Spanien kamen die meisten Geographen aus der Geschichte, begannen als Geschichtsschreiber, historiadores, der Eroberungen (auch die Geologie war eine »Magd der Geschichte«)

Nichts Körperhafteres, den Körper stärker Durchdringendes – ihn erst Verkörperndes – habe ich überhaupt je erfahren als das Formvollenden, das Formvollendete – den Geist (18. Dez. 1989, Soria)

Wenn du froh bist, auch nur für einen Augenblick, so hast du dir diesen Augenblick zu merken, mit seinem Ort (19. Dezember)

Ich schärfe mir ein, daß ich hier, mit dem Tätigsein, zugleich meine freie Zeit verbringe

Das Klicken der blattlosen Bäume: wie wenn ein an den Rändern zugefrorener Bach an das Ufer-Eis schlägt

Unterscheide zwischen Steppenstille/Flußstille/Felderstille

Mit Freunden wohnen? – In der Nähe von Freunden wohnen (Soria, Nacht)

Manche der großen Werke haben den Horizont verschlossen (wenn der »Ulysses« ein »großes Werk« ist); die größeren aber ...

Verb für die Spatzen in den Winterbäumen: sie »knospen« (20. Dez.)

Jedesmal, wenn ich an der Fassade von Santo Domingo vorbeigehe, ist ihr Dasein, ist ihre Art und Weise, ist ihre Form zugleich ein Tun; sie bewegt mich, stupst mich an, schubst mich, gibt mir einen Ruck, wie die Spatzen von Soria, wie die ziehenden Wolken, die Zweige der Steppenbäume, der Holzrauch

Als Beobachter habe ich jedesmal das Gefühl, das Bewußtsein, die Gewißheit des Unrechten und der Entäußerung; es gibt für mich nur das geschehenlassende Schauen (im Frieden, mitwirkend am Frieden)

Nacht über der Meseta: die Mäander und die Deltas der Milchstraße

Sooft Maler oder auch Sänger von ihrem »Vergnügen« bei ihrem Tun erzählen, glaube ich ihnen; aber bei Schreibern wird mir solch eine Äußerung sofort verdächtig, und mit ihr das Tun der Schreiber

Schöpferin Geduld!

Der Gekreuzigte, gekreuzigt Werdende von Santo Domingo: mit den Füßen schon ans Kreuz geheftet, hat er die Arme noch, ungenagelt, vor der Brust (21. Dez.)

Seltsam: Wenn ich geschwächt bin von der Schlaflosigkeit, von den Zweifeln, von der Unruhe, der Verlorenheit, setze ich mich stärker durch gegen den Krach; bin ich gelassener gegenüber den eigenen Unfähigkeiten

Im vom Sturm gerüttelten Baum: ein (1) Spatz
(22. Dez., Soria)

Es bleibt: die Ruhe der Ruhe geht aus von den romanischen Gestalten – also nimm sie an (Santo Domingo)

Ein Hund so regennaß, wie nur ein Hund es sein kann; bei seinem Geheul sichtbare Atemwolken, und es zittern dazu die Lachen am río Duero

Es bleibt: das Vor-Zeichen des Schreibens ist das Staunen. »Mit Staunen sah er ...«

Die alte Zimmerfrau damals, in ihrer Flurnische im Hotel Ritz von Paris, am Nachmittag des Heiligen Abends 1978, still weinend, den Kopf in die Hand gestützt, das war die Menschheit

Gerade aus der Heimat der Jukeboxen, in Amerika, kann ich mich an kaum eine dort erinnern (habe ich von kaum einer dort das Ortsbild)

Mein Weltbild: das der Phantasie

Der Schöpfergott von Santo Domingo: den Stern, schon an das Firmamentschild geheftet, hält er zugleich noch fest, wie um ihn am Fallen zu hindern, und die Sonne und den Mond hält er wie zwei Brotkörbe

Unmittelbar vor der Arbeit: Ich brauche noch jemanden zum Grüßen (23. Dez.)

Und wieder ein Nachtwerden in der Steppe: Aus dem Siebengestirn glitzert eine der Plejaden besonders hervor – welche? Und dann das Aufgehen »aller« Sterne wie aus dem Steppenboden. Und als ich wieder zu den Plejaden aufschaute, leuchteten sie sämtlich hervor und bildeten ein Fragezeichen

Der Großvater schlief in der Kammer auf dem Boden, als Kopf-Unterlage Blätter von Gedichten, die er selber abgeschrieben hatte (24. Dezember 1989, Soria)

Im Nebeltau des frühen Morgens bleiben die Bleistiftspiralen draußen an der Hotelfensterbrüstung haften; und klargezeichnet im Nebel sind sonst nur die hellen Bäusche der Prozessionswürmer in den vagen Kiefernumrissen

Die vielen Schlafenden an der Fassade von Santo D.: auch Adam schläft, auch Joachim, auch die Könige alle schlafen, auch Josef schläft (und Eva, *schon* am Apfelbaum, lehnt zugleich *noch* Rücken an Rücken mit dem Adam, dem Gott sie gerade zugeführt hat; *Zeit* und *Romanik*, Zeitverschränkung und ..., Vorbild für heutiges Erzählen?)

Heiliger Abend, und die blauen Krampfadern der alten Kellnerin im Hotel, fast schon Ödeme, und der blasierte Junggast: »¡No me gusta!« – »¿Porque?« – »¡No me gusta!«

Weihnachtsmorgen in der Nebelstadt: niemand im Freien – nur unversehens einmal die Zeugen Jehovas, und aus den paar offenen Lokalen das Spielautomatengurgeln und -rülpsen, und die vereinzelten Frauen an den Automaten, die Taschen über den Schultern (25. Dez.)

Die romanischen Bögen an Santo Domingo sind auch ein Erzählvorbild: Bögen/Übergänge/Statuarik/Ereignislosigkeit/Ereignisse-Dinge-Waagrechtes/und zuletzt das pure Dastehen, Zusammenstehen mehrerer

Am Weihnachtsmittag kommen die jungen Frauen in Morgenmänteln und Hausschuhen zum Telefonieren in die Río-Bar, während im TV der Papst urbi et orbi den Segen erteilt und in der Luke des eisernen Ofens der Feuerschein flackert

Das einzige *willentliche* Denken, das ich kenne: Vergleichen und Unterscheiden

Das Geheimnis der Freude ist am Tag jeweils rasch verbraucht und höchstens durch Verlangsamung wiederzugewinnen (26. Dez.)

Das Flußauf(wärts)gehen gibt die Energie des Entgegengehens (27. Dez., río Duero)

Das Lächeln, das gegenseitige, im Augenblick des Einander-Grüßens, war die einzige Gemeinschaftlichkeit am gestrigen Tag, und sie genügte mir

Sich öffnen der Dunkelheit: Ideal (28. Dez., Soria)

Wie viele Särge das spanische »telediario« an jedem Nachrichtenabend zeigt (29. Dez.)

An dem Tympanon von Santo Domingo vorbeigegangen, mit dem Blick auf das Weitersagen einer der Salbölfrauen vom Auferstandenen, vom leeren Grab, mit der Sehnsucht, ein Gelöbnis zu machen (30. Dez., den »Versuch über die Jukebox« beendet) – nur was für eines?

Nach der Arbeit: aus dem Paradies der Gegenwart vertrieben (im Bus nach Valladolid)

Ohne die Literatur – ohne die verständnisreichsten aller Weltbilder – wäre ich vielleicht ein nackt (und öde) Verrückter geworden (Valladolid, Plaza Mayor, in der Menge, am Abend)

Das Gesicht des Kindes gestern im Traum, als das wunderbarste Ereignis auf Erden; die Wohltat des Ereignisses »Gesicht«, dessen Ortgeben in der Verlorenheit – und ich sprach zu ihm im Traum in der Form eines Dankgebets (und das Kind wunderte sich) (31. Dez. 1989, Valladolid)

Das Auffälligste gestern abend im großen V.: alle die ständig aufeinanderfolgenden Stadtbusse, die vielen Liniennummern, die vielen Leute in den erleuchteten Bussen – etwas, was ich in all den Soria-Wochen keinmal zu Gesicht bekam

Habe ich mir endlich, nach dem langen Unterwegssein und Alleintun, »ein Haus verdient«?

Wie erscheint, begegnet mir die Phantasie? Als eine Art stiller Musik, im Takt des NÄCHSTEN TAGES (Valladolid, Gehen am río Pisuerga)

Als ich gestern endlich aus dem großen Valladolid herauskam (-ging) und etwas von der Umgebung sah, dachte ich: »Eine Umgebung, das ist viel!« Und ein Ortsgefühl bekomme ich erst, sowie eine Stadt ein wenig hügelig oder bucklig wird, »auf und ab« wird

Förmlich erleben: statt »wirklich«, »tatsächlich«, »buchstäblich«, »leibhaftig« sag nur noch stetig: »förmlich«

»Immer wieder«: Immer wieder denke ich bei aufschwärmenden Spatzen an Sternbilder (im Bus nach Salamanca)

»Hungersteppe«, warum kam mir dieses Wort gerade in den Sinn, beim Anblick eines toten Hundes, halb in der Wegpfütze versunken?

Alles, was ich weiß, weiß ich beständig erst aus den Träumen; aber ich vergesse es auch »immer wieder« – und so sei es

Es gibt doch Bilder, oder Andeutungen, der Einsamkeit: zum Beispiel jemandem die Tür aufzuhalten, ein »Gracias« zu hören, und auf der Stelle den Tränen nahe zu sein (Salamanca, Plaza Mayor, Abend)

Mein Tun, es entspricht mir, und ich nenne es ab jetzt Arbeit, bis ans Ende

Flamenco, der Weltbewegungsgesang (S., gegen Mitternacht)

»Er begann das neue Jahr mit seinem alten Ungeschick« (so »Der Bildverlust«; Salamanca, 1. Januar 1990); und: »›Undankbarer!‹ beschimpfte er sich, erinnerte sich, und freute sich«

In der Fremde erlebe ich immer wieder das schöne »auch da« (ich); zuhause: (ich) entweder zu wenig oder zu viel da

Wenn die Spanier »¡deja!« (laß!) sagen, ist das mehr als nur »Laß!«

Das Besondere an den spanischen Stadtmitten: ein Wiedereintauchen ins Licht der Gesichter (nach langem Gehen jeweils draußen in den leeren Schuttsteppen der Umgebung)

Verb für die Formen der Romanik: sie »orten«: die Flußkirche am río Tormes in der Sonne, mit der Aufschrift »Dios es amor!«, genau wie der Zigeunerjunge sagte in der Silvesternacht gestern

Was wie ein Wind durch das Flußgras geht, ist das Tauen des Reifs (2. Januar); und ich habe die Sonne (in Soria) so lange entbehrt, daß ich in ihr rückwärts gehe

Sehe (gewahre) ich das Schöne, zieht es mich schnurstracks hin – und zugleich aber auf den Umweg (spanisch »rodeo«)

»Am Anfang eines jeden neuen Jahrs konnte er am wenigsten anfangen mit seiner Zeit« (»Der Bildverlust«)

Porträt Zurbaráns eines schreibenden Mönchs: dieser lauscht dabei tatsächlich, nein, förmlich, und die Schreibfeder steht fest auf dem Buch (Madrid, 4. Januar 1990)

»Lakonisch kam er zurück aus der Fremde«: schön wär's, und möglich (Barcelona, Sants, Abend)

Immer wieder »die Phantasie«: als ein eigener Stoff, ein völlig stiller, warmer, farbiger; besonders das Dunkel der Nacht wird mit ihr farbig – wie damals im Dezember 1987 die leere Bar von Dubrovnik, Jugoslawien, die, in meiner Phantasie, mir mein Vorhaben, »Das Spiel vom Fragen«, klar aufgliedernd, auf einmal bevölkert erschien (Barcelona, 5. Januar 1990)

Ein Gegenbild nun zu all den weinenden Tierwesen auf den Sterbebildern des Buddha: Die wie lachenden Fische auf dem Tuch der »Schöpfung« in Gerona, Katalanien, rund um den gerade geschaffenen Adam, und auch all die verschiedenen Bodentiere, darunter ein Einhorn, scheinen zu lachen, der Hase mit dunkel aufgestellten Löffelohren – oder staunen sie eher alle?

Erzählen könnte-sollte das, was ich Leser heutzutage bräuchte, der heiligmäßige Mensch; an seinem Erzählen sollst du heute den Heiligen erkennen (oder das Kind)

Das ewigliche stumme Theaterstück: die eine Person in den kleinen (Hafen-)Hotels, die mit dem Rücken zum Eingang sitzt und sich auch keinmal da hinwendet, während die zweite Person den Empfang besorgt (Port Bou, Hotel »Masia«)

»Es ist nicht schlecht, unterwegs zu sein!« dachte er, unwillkürlich, hinaustretend auf die morgenleere Rambla de Catalunya von Port Bou, wo nichts unterwegs war als die Spatzen und ein Hund (der ihm dann beim Aufschreiben zuschaute) (6. Januar)

Das Leuchten der Lakonie (Narbonne, Abend)

Wo unterwegs geschah jener Moment Sonne, der den Scheitel des Kindes, als es aus dem Bus stieg, nachzog? Und wo geschah der Abschied des Liebespaars mit den gewissen, liebesgewissen Augen? – Du mußt die Orte dazu aufschreiben, viel zu wenig tust du das (Béziers, Nacht)

Eine Weise von Ewigkeit: das ewige Geräusch des Regenwassers auf den Pflastersteinen der Klosterhöfe (Béziers, 7. Jan.)

Bahnhofsbar/Sonntagabend/Leere/Mädchen sitzend auf den Knien des Freundes: »Jetzt ist es wirklich Sonntagabend« (»förmlich...«); und eine kleine Katze spielt mit den Tischabfällen (Marseille)

»Zuhause empfing ihn das Schneien« (= Wunsch, 8. Jan.)

Immer wieder: Nur das machen, worin Wind und Licht der Welt sich fangen (Aix)

Einen Takt zumindest weiß ich: die Stille (und wieder stand die Sainte-Victoire als Findlingsstein aus der Heide; und die Wegschleife ging auf ihn über als Glücksschleife; und vom roten Weg unter den Füßen kam das Leuchten des Zeithabens – und dann der schwarzverbrannte Berg

»Ruhige Verachtung«, ja – mein Verachten ist immer unruhig (9. Januar)

»Stummes Gesetz«: ein Titel für das stumme Stück, das mir vorschwebt

Grau: die blickschärfende Farbe; scharfe Farbe der Sehnsucht

Meine Art des Tuns ist wohl ein immerwährendes, langumherschweifendes Den-Anfang-Machen; drüber hinaus bin ich noch nie gekommen; und so wird es wohl auch bleiben; so *soll* es ...?

Gegen all das Meinen und Urteilen (meines), mit dem ich mir im Älterwerden häßlicher und häßlicher, hassenswerter und hassenswerter werde, möchte ich, drängt es mich, eine regelrechte Wallfahrt zu unternehmen (10. Jan.)

Bei den Darstellungen von Jesu Einzug in Jerusalem (Palmsonntag) erscheint mir der den Palmgruß wedelnde Mann im Baum immer wieder als die Verkörperung des Baums selber, der, als Baum, Jesus begrüßt (Colmar, wieder im Unterlinden: »Achtung, das ist eine Wiederholung!« dachte ich im Betreten des Museums, und es gab mir einen Frischeruck) (11. Januar)

Ich, der Abschiede-Zuschauer (der jugoslawische Abschied gerade am Bahnhof von Strasbourg – besonderer Abschied, besonders herzzerreißend)

Als er, gleich bei der Ankunft in die Stadt, in die Unterführung mußte, dachte er: »Selber schuld, Stadt, so wirst du von mir nicht gesehen!« (in Deutschland; 12. Jan.)

Es gibt so viel zu erkennen; dessen, was bis jetzt wie formlos und zufällig und, vor allem, unverbunden in dir wartete, sowie es ans Licht kommt, hervorkommt als Struktur

Die Atemwolken, rhythmisch, als das Bild der Gegenwart

Der Akzent der Ortlosen, durch Ortslosigkeit

Das Einsetzen des Sinns als das Erscheinen einer Form, oder umgekehrt?

Mein Vertrauen zu den Deutschen, wenn sie träumen (13. Jan.)

Die Unwirklichkeit des Heimatlands (ich dachte an die Jahre in S.); die Wirklichkeit der Fremde, auch »Heimeligkeit«, nah am (mehr als nur wohligen) Schauder (ich dachte an die Jahre mit A. allein im fremden Vorort)

Die Liebe, dieses Hin und Her zwischen Tun und (vor allem) Lassen, im reinsten Fall musikalisch (15. Jan.)

Herrlicher Satz im Matthäus-Evangelium: »Was fragst du mich über *das* Gute? Einer ist *der* Gute« (19,17); und dann: »Wenn du hinauswillst in das Leben, halte die Gebote« (siehe dazu Goethe: »Schwerer Dienste tägliche Bewahrung, / Sonst bedarf es keiner Offenbarung«)

Schlagzeile: »Vier Österreicher auf Siegesstockerl« – und ich stelle mir vor, ich als »Sieger« würde von einem solchen »Stockerl« sofort herunterfallen

»Reist ins Dorf, das euch gegenüberliegt« (Matthäus, 21)

»Feierlichkeit«, inzwischen ein Schmähwort; aber wird denn, zeitweise, mit ihr, in ihr, nicht alles wirklicher, gegenwärtiger, farbiger, förmlicher, aufrechter? Und die Feierlichkeit der Phantasie als die höchste der Feierlichkeiten, die natürliche (19. Januar)

Spezialität mancher: dich mit ihrem unerwünschten Trost erst trostlos zu machen

Verwechsle nicht das Konkrete mit den gerade aktuellen Reizgegenständen und -wörtern

»Minimal und universal«: Motto

»Inspiration«?: »Es gestaltet sich«

»Ein Leuchten trat in seine Augen, als er von der Lächerlichkeit seines Lebens erzählte« (»Der Bildverlust«)

Immer wieder in den Evangelien sagt Jesus: »Ihr werdet eine andere Parabel hören«

Immer wieder auch »Phantasie«: keine prunkenden Bilder, sondern das stille Sichaneinanderfügen des Vorhandenen (ich gehöre zu Goethe)

»Komme ich hier nach Kranichberg?« – »Ja, aber bis dahin ist es noch weit.« – »Hoffentlich.« (22. Januar)

Wieder einmal träumte ich von der Riesin und von meiner Liebe zu ihr auf den ersten Blick, so wie auch sie, allein inmitten einer Kirche aufragend, ihrerseits auf die Liebe wartete. Es gelang mir dann, sie zu überzeugen, daß ich es sei. Aber vor ihrem Begehren, das weit inniger und göttlicher war als das meine, war ich es dann wieder einmal nicht (23. Januar)

Der Orion wieder in der Winternacht, als ein leuchtendes Prachtskelett

»Was machst du im Augenblick?« – »Ich sammle Kräfte.« – »Wo?« – »In der Gegenwart.«

Das »Und« von gestern: Die Schreie des Rehbocks und der davon entzündete Sternenhimmel (24. Jan.)

Einwohner der Stille – »wie viele Einwohner hat die Stille?«

Es war so still, daß er das Laufen der Amseln als Rehsprünge hörte. Stille als ein immerwährendes, zartes, mächtiges Sichnähern

»Er ist nicht der Gott der Toten, sondern der Lebenden« (Matth. 22,32; und das lesend, sah ich mein Kind) (27. Jan.)

Im Zurückdenken: die Helligkeit des Unterwegsseins (und es erschien La Rochelle; 28. Jan.)

»Fasse dich!« – »Fasse mich«!

»Das ist schön!« sagte er zu sich selber. Und nach einer Pause: »Wirklich schön.« Und dann: »Wirklichschön.« Und danach: »Bin ich noch am Leben?« Und dann: »Ich muß mich heraushalten aus dem Leben.«

Ein haiku-artiges Bild für die Ankunft des Menschen-, Gottessohns bei Matthäus: »Zwei mahlende Frauen in der Mühle, eine lädt auf, eine lädt ab« (24,41)

Gestern: ein Kind ging mit aufgelöstem Schuhband, und ging, und ging (30. Januar)

Für die Stille habe ich ein Gedächtnis, für die Musik seltener

Ein Leitspruch, aus den Evangelien: »Eis apantesin«; »Zur Begegnung!«

Die Toten wollen nicht bemitleidet werden, sondern? gewesen sein (im Heimatfriedhof); »er ist nicht der Gott der Toten ...« (siehe oben)

Willst du spüren, was Leichtigkeit ist, greif in die aufblühenden Haselkätzchen (4. Februar 1990)

»Jedem nach seiner eigenen Kraft« (Matth. 25,45); das sozialistische Prinzip der Evangelien

Problem: Du sollst nicht reden über das, was du liebst und was dich begeistert, sonst verschwindet es? Andererseits: Worüber sonst reden?

»Warum liest du die Heilige Schrift?« – »Um in mir das Licht des Erzählens zu erhalten; das Beben der Erzählung.«

»Er war nicht klug, sondern verständig; oder war die Verständigkeit eine Art Klugheit?« (»Der Bildverlust«)

Kinderstimmen: Zeichnungen im Leeren (7. Februar)

Manchmal beim Lesen des Evangeliums: Jesus, der göttliche Wahnsinnige (selbst in seinen jähen scheinbaren Launen)

Im Nichts-Sein war ich immer gut; im das, und das, und das *nicht* sein lag meine Stärke

Das Lesen muß eine Konsequenz haben, eine Handlung nach sich ziehen

Der Engel vor dem leeren Grab des Auferstandenen trägt ein Kleid »leuchtendweiß wie Schnee«; und die drei Frauen, gekommen zum Besuch des Grabs, entfernen sich, auf die Botschaft, daß Jesus von den

Toten auferstanden ist, »schnell ... und liefen unter Schrecken und [und!] großer Freude, die Jünger davon zu unterrichten« (28,8)

Poesie: das gefühlte wie begriffene Rätsel – gegen alle die langweiligen erklärten »Rätsel«, die ich weder fühle noch begreife (10. Februar); siehe oben

»Er war kein Agierer. Für ihn gab es nichts zu agieren. Aber wie erwachte er im Reagieren!« (»Der Bildverlust«)

Ein Gedanke, das war zum Beispiel: »Edles Kind!« (Und hatte ein Gedanke nicht jedesmal die Form eines Ausrufs?)

Gestern: das war der Augenblick, als unversehenes unter all den Autos ein einzelnes schneebedecktes erschien, von dem das Weiß über die Rücklichter auf den schneelosen Asphalt rutschte, und dort im Trockenen dann der kleine Schneehaufen (12. Februar)

Am klarsten – unvergleichlich klar – lese ich die Bedingungen, Gesetzlichkeiten, offenbaren Geheimnisse des Erdendaseins aus den Evangelien

Gestern: die Frau mit den Rechtschreibproblemen; nur Fremdwörter könne sie richtig schreiben, denn die habe sie »genau angeschaut« (13. Februar)

Das Lesen der Evangelien, wo immer wieder jemand »außer sich ist«, »außer sich gerät«, bringt mich zu mir: als das durch Jesus von den Toten aufgeweckte Mädchen »sofort« auferstanden ist, kommt über die »Umstehenden sofort ein großes Außersichsein«; und vorher, nach der Austreibung des unreinen Geistes: »Und alle staunten« – wie es auch mir vorschwebt: durch Schreiben und Lesen den (auch meinen) unreinen Geist austreiben: »Und alle staunten«

Literatur, wie sie mir vorschwebt: als bewahrte Welt (dachte ich, wieder einmal, nach dem Durchblättern der Zeitungen, deren Sprache mehr und mehr eine Als-Ob-Literatur ist)

Gestern: die Frau, die die Dämmerung pries: weil da das Weiß erschien

»Das einzige, was im Menschlichen ernst ist, sind die Griechen und die Bibel; alles andere ist Tanzen« (E. Levinas; aber warum nicht tanzen? Und denk an den ernsten Tanz in John Fords »Früchte des Zorns«, womit die Bedrohten sich retten)

Manchmal, beim Evangelisten Markus, verheddert sich Jesus förmlich im Reden vor Zorn, stammelt und kommt ins Stottern

Amseln, die Hürdenflugvögel; als Hürden die Zäune, Hecken, Laubhaufen (14. Febr. 1990)

Das Leben Jesu: ein stetiges Sichentformen, Verschwinden in die Wüste, Übersetzen ans andere Ufer, unversehens wieder Da-Sein, worauf er etwa ein Kind »in die Mitte« stellt und, »es umschlossen habend, zu den anderen sprach ...« (15. Febr.)

Immer wieder auch kommt mir die Zeit in den Sinn als jener »Gott, der gut war« der *Langsamen Heimkehr*, wobei ich gerade das Pult A.s vor mir sah, wie es bei ihrem Verlassen des Hauses für eine andere Stadt abtransportiert wurde, im Herbst 1987, und wie ich heute träumte, das Pult stehe da immer noch vor der Haustür zur Abholung; Zeit, der Gott des Überdauerns

Eine Mutter, ihr spielendes Kind unterbrechend: »Das langt jetzt, das ist langweilig« (Deutschland)

Und jetzt im Evangelium das gesteigerte Staunen: »exethaumazon« ≈ »sie gerieten außer sich vor Staunen« (Markus 12,34)

Schreiben: Sich hineinbegeben in die Enge und herauskommen mit der Weite (17. Februar, Lesen der Fahnen zur »Jukebox«)

Der trübe Moment, da das edle (ja), heitere (ja) Begehren aufhört und übergeht in die würdelose, eben trübe Begehrlichkeit

Die Sterbenden, in helldunkler Nacht, waren aufrecht zwischen Seile und Räder gehängt, und wurden betreut von einem Priester, der, auf sie einsprechend und ihre Zuckungen glättend, vor ihnen auf und ab ging. An den scheinbar schon Toten trat zuletzt noch ein großes Beben und Schütteln auf, bevor die Häupter, auf einmal ihren erhabenen Menschenumriß sehen lassend, schräg nach hinten fielen, nun tatsächlich tot. Und so, sagte der Traum, war es in Wahrheit bei allen Toten seit Beginn der

Zeiten gewesen. Und das Sterben sei das Entscheidende am Menschsein. Und wie der Priester sämtlichen zuckenden, bebenden Gliedern einzeln, indem er darüberstrich, zum Sterben verhalf (19. Februar 1990)

Ich blätterte vor in den Evangelien und dachte: »Ich habe noch viel zu lesen!«

Habe ich nicht alle sogenannten »Aufklärer« als insgeheime Finsterlinge erlebt?

Als, bei Markus, der Joseph von Arimathäa, Pilatus um Jesu Leichnam bittet, um ihn zu bestatten, »wunderte sich Pilatus, daß er schon gestorben war«

Ich ging über das zugefrorene Meer, auf das ich mich von einem Felsen heruntergelassen hatte, mit einem großen Koffer, in der Dämmerung. Von einem Steinblock auf der Eisdecke löste ich einen Ammoniten. Am anderen Ufer angekommen, saß ich in einer Art Bahnhofsbar, unter vielen, und es schneite, nicht nur draußen, sondern auch drinnen, in dem hohen Raum. Der Zug fuhr dann zunächst in eine ganz andere Richtung und kehrte erst in einer Steppe jäh dorthin um, wo die Zielstadt war, und die Umkehrschienen leuchteten gewaltig aus dem leeren Gras. Im folgenden Traum trug ich die Ammoniten-Versteinerung immer noch bei mir, und ich verschenkte sie (21. Febr. 1990)

Der Evangelist Lukas nennt sich am Anfang seiner Erzählung einen »von Anfang an Nachgegangenen«; und wie herrlich von der Seite her, von den

Nebenschauplätzen, mit Zacharias und Elisabeth, er sein Erzählen anfängt, fern von seinem Helden Jesus

»Was ist deine Kraft?« – »Kommen lassen.«

»In der Not, der Bitterkeit und der Trauer, auch über sich selbst, kamen ihm die zählenden Gedanken« (»Der Bildverlust«)

Gestern, auf der Fahrt nach Lüttich: das Hochwasser des Rheins, die schäumenden Wellen auf dem Strom wie in einer braunen Urzeit, der Karneval in Köln und dann in Aachen, geschlossene Dome da wie dort, die in kleinen Holzwagen gefahrenen Narrenkinder, ein noch leerer Narrenbus unentwegt durch A. kurvend, die Narren des Abends erwartend, ein einsamer Buchhändler dort in einer leeren Buchhandlung; in Lüttich das »Hôtel de l'Univers« mit dem Rauhhaarteppich, und draußen die Fragmente der Straßenbahnschienen im nachtschwarzen Pflaster, ähnlich den Rundbogenfragmenten in den friulanischen Ziegelgemäuern (Udine, Cividale …); in der tiefen Nacht die sehr breiten Busse, fast aufliegend auf der Straße, so um die Ecken federnd, mit ein paar mitfedernden Passagieren (23. Februar 1990)

Bin ich inzwischen in der Falle des Unterwegsseins, und der Freizügigkeit, und der Ungebundenheit?

»Mit der Liebe ließ er die Luft in sich« (»Der Bildverlust«)

Wo ist meine ursprüngliche Freude an den unbekannten Orten geblieben? Selbst unterwegs im Unbekannten vermisse ich inzwischen die schöne Fremdheit der Welt?

Ob nicht, wie die Tage der Einzelmenschen, auch die Historie »manisch-depressiv« verläuft?

Gestern in Belgien: die Ziegelreihenhäuser, aber ein jedes mit einer anderen Schattierung; die wintersonnendurchschienenen Biergläser in den vorhanglosen Cafés; der Stern dann nachts über Namur wie »damals« in Archea Nemea, Griechenland, so jäh über der Stadt, daß ich, ihn als den ersten der Sterne erwartend, doch wieder den Augenblick seines Aufblinkens verpaßte; die lauthals Weinende, an eine Baustellenschranke gelehnt in der Nacht, ähnlich der Weinenden, Urindurchnäßten am Abend zuvor beim Bahnhof von Lüttich (24. Februar)

Gerade das Fast-Tonlose, bloß so Hingetupfte und ein wenig, dem Atem entsprechend, Ausgebreitete, ist es, das mir im nachhinein das Gefühl des Geschaffenen gibt

»Wenn du schon haßt, hasse entschieden!« sagte er zu sich. Aber als er sich darauf einließ, merkte er, daß es nichts zu hassen gab (Lille, Frankreich)

Ich brauche einen Ort, der mich wachsam und entdeckerisch macht

Daß mit der Abwesenheit von Begehren und Sehnsucht die Ruhe eintrete: Was für ein Irrtum

»Wozu hast du Lust?« – »Zu Verpflichtung und Liebe.« (Im Zug nach Paris)

Wenn ich vollständig erleben will, was fragmentarisch ja schon das (ganze) Erlebnis bedeutet hat – für »fragmentarisch« sag vielleicht auch »im Ansatz«, oder »als Ballettschritt« –, so verliere ich das Erleben, und der Vollständigkeitswahn führt dann zugleich zur Schwermut und zur schmerzhaftesten der Leblosigkeiten

Bei Rubens (in Lille) ist der Körper des Gekreuzigten bei der Kreuzabnahme erstaunlich unversehrt – und noch einmal, wie beim Mahl in Marthas Haus, streichen die (blonden) Haare Magdalenas über seine Füße, liegen diesen auf (und dazu die Erinnerung an A.s Bemerkung zu Rubens im Kunsthistorischen Museum in Wien, R. habe die Menschenkörper »gar nicht gekannt, nur die von Tieren, und auch eher nur die von neugeborenen«)

Warum hat niemand Hitler – vor seiner Unzeit – zum Erzählen gebracht?

»Und«: Der Sonntag und die Nähe der Liebe (Hotel Terminus, Paris-Nord, 25. Februar)

Ein Tag, an dem es immerzu zu regnen anfängt – immer wieder hört man jemanden sagen: »Il commence a pleuvoir!«

Bei: »Ein neues Leben!« kommt mir nichts in den Sinn als: »Neu ans Schreiben gehen!« (Porte d'Auteuil, Nacht, Wind)

Französische Redensart: »Ça n'entre pas dans la question«; als sei das Fragen, die Frage ein Haus, und ist sie das denn nicht? Eine Hütte, ein Obdach, ein Unterstand

»Sei gegrüßt, Begnadete«, sagt der Verkündigungsengel zu Maria, und sie »erschrickt« darüber; und ich dachte an Jane Eyre, von der, nach ihrer »Meinung« gefragt, kommt: »Meine Meinung! rief sie erschrocken« (26. Februar)

Was ich (auch) nicht wußte: der englische Gruß, das Ave Maria, ist zusammengefügt aus dem des Engels und dem Aufschrei der Elisabeth, der vor der schwangeren Maria das eigene Kind im Leib aufhüpft: »Du bist gebenedeit unter den Weibern, und gebenedeit ist die Frucht deines Leibes«

»Erzählst du dir selber oder anderen?« – »Ich erzähle dem Buch«

Neben der Unfähigkeit zu lieben (die es vielleicht gar nicht gibt?), besteht eine andere Unfähigkeit, die es gewiß gibt: die Unfähigkeit, geliebt zu werden

Bist du zu nah an mir, bekomme ich eine Meinung (»Meinung« als Krankheit) von dir; bist du zu fern, ist es ebenso; im rechten Abstand aber fange ich von dir zu träumen (oder spinnen) an; was aber ist der rechte Abstand? Wer erfindet das Abstandmeßgerät?

An das, was ich im Freien gemacht habe, erinnere ich mich in der Regel deutlicher als an das in den Innenräumen

Manchmal verkörpert ein Mensch allein die Menschheit, wie da die Stöckelschuhfrau im engen kurzen Kostüm, mit Regenschirm sich hangelnd durch den Sturm

Ohne dich, Geliebtes, keine Bilder

Wenn die Welt verwaist sein wird von den Bildern, wird es Zeit sein, den Jungen und Wiederjungen zuzuhören

»Er ging langsamer, und es wurde lichter« (»Der Bildverlust«)

Und doch: die Evangelien werden mir immer wieder unheimlich, weil ich ihnen im Leben kaum folgen kann – sie werden mir so zum Abgrund –, während die Kunst mich auffängt, in irdischer Heiligkeit, und ich ihr folgen kann, urbe et orbe

Erst Simeon, im Tempel, sagt der Maria für deren Sohn das Leiden voraus, das ihr der Engel der Verkündigung verschwiegen hat; und daß das Herz der Mutter von einem Schwert durchbohrt werden wird – und er sagt das aber voraus wie? Begeistert, voll des »Pneuma«, staunend (27. Februar)

Was ist, braucht nicht erzählt zu werden; was sein könnte, zusammen mit dem Untergrund dessen, was ist, aber wohl. »Ich wiederhole mich? – Recht so«

Gestern: das Kind mit den schwarzumränderten Augen am Waldrand von Clamart; sein Stillstehen und verlassenes Schauen, ohne ein Blinzeln

Immer noch das »Nochnie(so)gesehene«, wie gerade, nach dem Überfallsregen: »So große Tropfen an den Bäumen habe ich noch nie gesehen!« – Die Tropfen im Baum, von der Sonne beschienen, mit dem Anschein von Blättern

Auch das Kind Jesus geht verloren, wie regelmäßig »das Kind« in meinen Träumen: »Und seine Eltern wußten nichts von ihm ... gingen einen Tagesweg und suchten ihn bei Verwandten und Bekannten Ö«; und zurückgekehrt nach Jerusalem, wo ihr Kind verschwunden ist, brauchen sie drei Tage, es zu finden, drei Tage der Eltern in der Vorhölle, »und es geschah am dritten Tag, daß sie ihn fanden im Heiligtum ...« (immer wieder auch die Zahl Drei), und einerseits waren dort die ihm zuhörenden Schriftgelehrten »außer sich« (*existanto*) über sein »Verständnis«, und andererseits gerieten die Eltern »außer sich« (*exeplagesan*), und die Mutter sagte: »Kind, was hast du uns nur angetan? Sieh, der Vater und ich [das herrliche Griechische »Und ich«: *kago*, ähnlich dem spanischen »Mit mir«, *conmigo*] suchten dich Schmerz habend (*odynomenoi*) ... (der Evangelist Johannes!): da kannst du neu erzählen lernen – und bedenk dabei immer, daß »die Bibel« einfach heißt: »Das Buch« (28. Februar)

Jesaia oder Jesse: die »rauhen« Wege sollen »eben« gemacht werden; vielleicht sollte es heute eher umgekehrt sein?

»Der Bildverlust«: die Historie, den Krieg und den Frieden, werde ich *erfinden*

Wieder der Zug der Menschheit: jetzt als der Zug der Idioten im Vorort, einer hinter dem andern, mit Pudelmützen, knickende Knie beim Gehen, im Nieselregen

»Aufatmen – die Dinge«: Variante: »Atemanhalten – das Licht!«

Noch einmal »Phantasie«: Phantasie bedeutet: »Es wird!« Und der jeweilige Gegenstand der Phantasie wird, statt eingeordnet, erkannt, an seinem Platz, in seiner Sphäre

»Die dunklen Tage waren ihm die farbigsten« (so »Der Bildverlust«)

Verb für das Märchen in der Alltäglichkeit: »tut sich auf« (1. März)

»Und«: Liebe und Zusammenhang

»Unglaublich schön«? *Glaub*lich schön; »unwahrscheinlich schön«? *Wahr*scheinlich schön

Und wem verdankst du die Weite und Märchenhaftigkeit der Welt? Denen, die gearbeitet haben; und auch »ich werde gearbeitet haben«, *laboraverim*

Das schöne Zielen der Vögel, wie gerade das Rotkehlchen, bergauf von der Seine nach Bellevue; zielend irgendwohin, irgendwohin, aber zielend

Die Sehnsucht gliedert, die Begierde nicht

Gedächtnis, bewahre mich vor der Treulosigkeit!

Der Traum ist die greifbare, bildhafte, sich selbst erzählende Mystik

»Wenn ich nicht mit dir bin, bin ich nirgendwo«, sagte die Liebe

Vorstellung einer Annonce: »Mann sucht Frau, um mit ihr den Abscheu vor der Welt zu teilen«

Der Architekt sagte: »Das Ideal eines Hauses: die Form eines Zwischenraums« (wievielter Tag heute meiner Haussuche?; Bahnhof Ch.-Vélizy)

Schreiben, das wilde Sagen (2. März)

Auch das »In der Erzählung«-Sein ist ein Sichloswerden, ein Draußensein, Im-Freien-Sein; vielleicht das allerschönste

»Er bemerkte, daß er mit niemandem mehr etwas teilen konnte, und starb« (»Der Bildverlust«)

Die Sonne der Dinge, auch des sogenannten Unkrauts – diese Sonnen trugen ihn – »und er hob sein Haupt«

Pierre Soulages über die romanischen Plastiken: »Der Lehrer (in der Kindheit) ließ sich über (deren) Ungeschicklichkeit aus ... sein Ideal war die griechische Schönheit. Ich hingegen war von der Schönheit der (romanischen) Proportionen sehr bewegt. Als Kind empfand ich sie als Musik.«

Gerade in den glückenden Augen- und Ohrenblicken wurde umso spürbarer die Abwesenheit der Liebe

Lern vom Grußschimmer in den Augen der andern (Montparnasse, Nacht, 3. März); »immer wieder«

Das Wesen des »Unkrauts«: »die Fähigkeit, langlebige Samen zu bilden, viele Samen zu produzieren, schnell zu wachsen, sich gegenüber anderen Pflanzen gut zu behaupten und sich auch vegetativ, etwa durch Ausläufer, zu vermehren ... durchschnittlich müssen sich mindestens fünf Erbanlagen einer Kulturpflanze ändern, bevor sie zu einem echten Unkraut werden kann«

»Du bist mein geliebtes Wesen!« sagte er, hingekniet in der Traumzeit, das Kind umarmend: »Weißt du das?« – »Ja, ich weiß das«, sagte das Kind, mit Falten um die plötzlich alten Augen (4. März)

»Er schaute um sich, bis der Schmerz des Lebens einsetzte« (»Der Bildverlust«)

»Und«: Ein Mann schlug sein weinendes Kind, und mir Zuschauer wurde der Kopf schwer

Tatkraft – Daseinskraft: Oft genügte ihm die Daseinskraft als Tatkraft

Mit dem Älterwerden sagte er statt »Gib mir eine Erkenntnis!«: »Gib mir ein Detail, gib mir eine Variante!« (für Ludwig Hohl, an der Seine)

Auf die Frage: »Was ist Schönheit?« antwortet der poetische Mensch: »Das da ... und das ... und das ... ist *zum Beispiel* schön«

»... und eines Königs Tochter ist die Herrin des Fests«: immer wieder enden so Shakespeares letzte Stücke – und ich sitze, das lesend, am Sonntagnachmittag über dem Weingarten von Suresnes »ob« Paris, in der weinhellen Sackgasse auf dem Gehsteig, und eine weiße Taube flattert wie mit Pergamentflügeln über die leeren schwarzen Rebstrünke, das einzige Geräusch, Paris unten wie totenstill, und es fallen die ersten Blüten der den Weinberg säumenden Pflaumenbäume ab, »falternd«, abfalternd durch die Hummeln – Hummelwind

Johannes-Evangelium, 6,45: »Der edle Mensch nimmt aus dem edlen Schatz des Herzens das Edle«; Johannes manchmal als Vor-Sokratiker (5. März 1990)

Keine Pilgersehnsucht mehr. Es ist hier. Es *sei* hier!

»Und«: Augenmaß und Gegenwart (Gegenwärtigsein); auch: Augen*farben* und Gegenwart; die höchste Gegenwart in den Augenfarben; der »zeitweise Gott« der Augenfarbengegenwart; »almost you, almost me, almost blue« (Chet Baker)

Zorn ist eine Art Liebe (darauf bestehe ich)

Daß ich manchmal »nicht sicher« bin, heißt nicht, daß ich »unsicher« bin (6. März)

»Er machte, allein, es lieber schlecht, als daß er Hilfe suchte, und so verging sein Leben« (»Der Bildverlust«)

Die besonderen Farben der Hummeln im welken (falben) Laub des Waldbodens (Wald von Meudon)

»Auch Österreich liegt, wie das Böhmen in Shakespeares ›Wintermärchen?‹ an einem Meer.« – »An welchem Meer?« – »Am Meer der Feldwege.«

Das »Umdenken«, das *Metanoein* des Johannes Baptist, ist auch das Prinzip der Dichtung, gegenüber den Tatsachen: diese *um*denken

Wenig kann ich mir vornehmen; den Ernst aber wohl (7. März)

Wie Jesus einfach sagen kann, zur Witwe mit dem toten Sohn: »Me klaie!« (Weine nicht!)

Und zur »Sünderin«, deren Glaube sie »gerettet« habe, sagt er nicht etwa: »Geh hin in Frieden!«, sondern: »Geh hin in *den* Frieden!«

»Er hatte Zeit und machte Umwege« (»Langsame Heimkehr«). – »Er hatte keine Zeit und wurde böse« (»Der Bildverlust«)

Es war Sommer gewesen, als er zu der Fremden gesagt hatte: »Sie sind eine schöne Frau!«, und im Gedächtnis jetzt floß jetzt dort hinter ihr ein Fluß (8. März 1990)

Welche Übergänge im Evangelium! (etwa Joh. 8,54): Gerade noch haben alle geweint, um die tote Tochter des Jairus, und dann, als Jesus sagt, sie schlafe nur, gehen sie von einem Moment zum andern über zum Verlachen: gerade noch: »alle aber weinten«, und jetzt: »kategelon autou«, »ihn verlachend«

»Je älter er wurde, desto mehr Vergnügen machte es ihm, von seinen Niederlagen zu erzählen« (»Der Bildverlust«)

Meine schönsten Träume: die vom Umfangen und Umfangenwerden (das Verb »umfangen«)

Mach dir bewußt die Nähe und Form der Dornen in manchen Bäumen, als dein Augenmaß (eins davon)

Immer wieder in den Evangelien beschwört Jesus seine Jünger, nichts weiterzusagen – und die Evangelien? Das Weitersagen schlechthin (10. März 1990)

Der Blick des Sterbenden, wie ist ihm standzuhalten? Der Blick fragt: Bin ich verloren? Und wie dann, allein mit den Augen, ihm antworten? Es genügt, ihm einfach standzuhalten?

Sooft er allein war mit der Vollkommenheit, der Fülle, der Erfüllung (gestern habe ich »mein Haus« gefunden), wollte er immer wieder jemanden *hinzurufen*

Gestern war ich ruhig. Gestern habe ich gut gespielt

Ein Gottesbeweis: die Augen mancher Kinder, momentweise; ein anderer Gottesbeweis: die Amsel durchs Unterholz stöbernd und dann aufschwirrend (11. März); und eine Entsprechung zu Gottes Stimme aus dem »Säuseln« des Windes: Gottes Stimme im Trappeln von Kindersohlen beim Laufen (12. März)

Gerade in der Fülle, der Vollkommenheit des Existierens immer wieder das »Vanitas vanitatum vanitas...« Und andererseits der kleine Vogel gestern im Wald von Clamart: »Flaum, Flaum von einem Flaum...«

»Nahe der Aussichtslosigkeit erwacht er zum Leben« (so »Der Bildverlust«)

Die Begeisterung erkennst du am Einkehren der Ruhe (Verb für die Ruhe: »kehrt ein«)

»Ein Zug fuhr vorbei. Ein Mensch ging über die Brücke. Die Forsythien waren gelb. Das Leben wurde feierlich« (in den Vororten; »Der Bildverlust«)

Ein märchenhaftes Leben; und dann ein märchenhafter Tod, wie der Ödipus auf (in) Kolonos?

»Man sah dem Himmel an, daß er gerade erst blau geworden war. Eine Hummel wurde herbeigeweht. Ein Kind ging von der Schule heim mit einem frischgekneteten Tier in beiden Händen. Die langen leichten Schlangen der Pappelblüten am Ufer des Flusses blähten sich auf dem Boden im Wind, ohne aber weggeweht zu werden. Menschen saßen in der

Sonne, und er dachte: Was kannst du haben gegen die Menschen? Es war ein Tag, an dem jeder, dem er begegnete, sich wunderte über das Leben, sogar die Maklerin. Warum ›sogar‹?« (so »Der Bildverlust«; 13./14. März 1990)

»Und«: Geduld und Raum

Einer hört auf zu lesen, und ein anderer liest weiter: Du kannst dich auf das Lesen verlassen

Was fällt dir ein zu »Grünen«? – »Lieben.« – Und er bückte sich zum Wasser im Rinnstein; bückte sich, für einen Augenblick, hinein in die blinkende Klarheit der Kindheit (16. März)

Erst von seinem Leben erzählend, erkannte er, was für ein Leben er führte

Was tut das Wiederholen? Es beglaubigt; es besiegelt (weiches, warmes Siegel)

Wenn ich nicht mehr der Gehende sein werde, wer werde ich dann sein? (beim Menhir im Wald von Ch., 19. März)

Ihm fiel eine gute Lüge ein; auch das war ein wahrer Moment

Die herrliche Hinfälligkeit der Windwellen auf dem Wasser (des Etang de l'Ursine); so hinfällig möchte ich sein, leben, tun, lassen, *werden*; stetige Hinfälligkeit der Windspiele auf dem Wasser! Komm, Bild, komm, Phantasie; Phantasie dessen, was ist

»Was ihr im Dunkeln sprecht, das wird im Licht gehört werden« (Lukas 12,3)

Liebe: Ich habe meine Freude an dir (20. März)

Nur bei den Kindern gibt es im Gehen jenes Auf- und Abhüpfen der Haare auf dem Scheitel?

Wenn sich in mir der Appell erhebt: »Tu etwas!«, hebe ich den Kopf und schaue, neige ich den Kopf, um zu hören; wende ich den Kopf, um den Wind an den Schläfen zu spüren

Das Wort in den Evangelien für »unruhig sein«; *meteorizein*, in der Luft sein, zwischen Luft und Erde sein, nicht auf der Erde sein

Trauer als der Aufruf, zu schaffen – so wie die zum Sterben geschubsten Juden in den KZs den Übriggebliebenen zuriefen: »Verschreibt!« (Schreibt auf!; 22. März)

Gestern: Die Stunde vor ihr, die Stunde, bevor sie kam: Auf der Caféterrasse das Rütteln der Stühle im Wind; das Weiß des Rinnsteinwasserfalls als Farbe des Augenblicks und des Wartens auf sie; der tiefschwarze Schatten eines weißen Blindenstocks vorbeiwandernd auf dem Gehsteig; die im Vorbeigehen mit rollenden Schultern und aufgelösten Schuhbändern einen Apfel Essende, und mein Gebet zur Mutter als Beistand, und ihre Antwort: »Me meteorize!«, Sei nicht unruhig! Und so lange wartete ich auf sie – und wurde für einmal ruhig im Warten –, bis sich das »Gesellschaftwerden« in der Sonne auf der Terrasse einstellte, die Gesellschaft mit den Lebenden und den Toten, den Vorbeigehenden und den Mitsitzern, den Vergangenen und den Zukünftigen, den Abwesenden und Anwesenden, den Leuten und den Dingen wie dem Kompaß zwischen den Stickmustern NORD–SUD auf den Socken des Nebenmanns, der Mitsichselbersprecherin zur anderen Hand, unter der riesigen blauen Wollhaube, die sie in der Sonne abnahm, sprechend weiter in das Weltall hinein, unverständlich, Gesellschaftwerden mit den Glanzrändern des Rinnsteinbachs und dem Großvater, in sich hineinmurrend, verirrt in die fremde Weltstadt (23. März 1990)

Immer wieder spricht Jesus zu den Leuten »sich umwendend«

Ein Haus namens »Clair Séjour«, als Inschrift über der Türrundung (Meudon – Bellevue) – so soll auch meines insgeheim heißen

Wie schön, daß die Griechen einst die elegische Vergangenheitsform, den Aorist, hatten, mit einem *Vokal* vor dem Verb, dem $\breve{e}(\varepsilon)$ oder dem $\bar{e}(\eta)$, die beide das Vergangene wie neu beginnen, es »anheben« lassen

Einmal müßte man »Die Welt ist klein!« mit dem gleichen Pathos, der gleichen Leidenschaft sagen wie »Die Welt ist groß!«

Statt »umdenken« (das *Metanoein* des Johannes Baptist) sag »die Gewohnheiten aufgeben«

»Die Liebenden hatten miteinander gemein die Eleganz und das Ungeschick« (»Der Bildverlust«)

Und wieder so ein herrlicher Satz bei Lukas (15,24): »Und sie begannen sich zu freuen« (*erxanto euphrainesthai*)

Im Einsetzen der Liebe dachte er: »Nie mehr spielen!« Aber: als fünftes Element neben Luft, Wasser, Erde, Feuer: das Element Spiel; es *muß* sein?

Es ist schon so: Die Liebe ist das Gewahrwerden der Sprache des andern; der sonst oft so himmelschreiend fremden Sprache (28. März)

Indem ich gerade tief einatmete, sah ich vor mir die Affen auf den Waldbergen um Kyoto (vor zwei Jahren)

»Was ist meine Schuld?« – Auch so hebt die Epik an

Wie unvollständig, und auch unappetitlich, wirken doch viele Männer ohne Frauen; die Frauen dagegen...; und welche Ruhe haben doch manche Frauen in ihren Hüften; nur in der Jugend? (30. März)

Wie oft, wenn wir »Hör« sagen würden, steht in den Evangelien »Sieh« (*idou*)

Und immer wieder auch »nimmt« Jesus die Zwölf (Apostel) »zur Seite«; und immer wieder herrscht er sie an; und immer wieder bricht er unvermittelt auf und zieht weiter, »nach Jericho«, undsoweiter

Die Frische des Morgens in die Sprache *über*setzen und danach auch noch den Nachmittag auffrischen oder frischbewahren

Anzeige am Schaufenster des Meteorologischen Instituts (Avenue Rapp): »Die Wolken werden sich begrenzt halten und sehr diskret bleiben«

Folgende Art Denken war ihm »zu eigen«: auf der Spur des richtigen Worts zu sein

Sie sagte, es gefalle ihr nicht, wenn Frauen traurig seien, wohl aber Männer, das sei sehr schön

Die jähen Ausbrüche Jesu gegen alle und jeden, immer wieder: Er möchte sämtliche anderen niedergemacht, weil sie ihn – siehe Lukas 19 – nicht zu ihrem König wünschen; ist dieser Wahn(?) nicht in jedem von uns, für plötzliche Momente? »Erkennt, ihr Dreckskerle, daß ich derjenige welcher bin!«? »Nieder mit euch!«? (2. April)

»J'ai pas de rêve!« sagte sie, wie eine Heilige

Einmal wieder wollte er eine Menge sehen, in der nicht fast jeder schrecklich allein war

Ohne Gegenüber: wie war es schwer, die Haltung zu bewahren

»Es gab Momente, da war er voll Zorn auf die Schöpfung« (»Der Bildverlust«); aber zu »Zorn«: siehe oben

Ich träumte erstmals von meinem (noch von andern bewohnten) Haus, wie es sich von Raum zu Raum erweiterte und unterirdische, geheime Räume, alle still ausgeleuchtet, bekam, und wie alle Leute aus der Gegend sich in meinem Garten versammelten, unter der himmelhohen Zeder (3. April)

Immer wieder in den Evangelien das »Er begann...«; er *begann*, zu sagen; er *begann*, Wunder zu wirken ...; er *begann*, zu beten ...; er *begann*, sich zu entfernen ...

»Gemessen an anderen war er vielleicht recht; gemessen aber an dem Maß, das er in sich selber hatte ...«

An die Übersetzung von »A Winter's Tale« gehen: mit Kinderblick – d. h., in den Wörtern die Buchstaben tanzen lassen

Verb (anderes) für die Ruhe: sie »erklingt« (»ertönt«)

Übersetze »sursum corda!« einfach mit »Auf!«

Auf einmal ging sie, erwachsene Frau, mit einem Hüpfschritt. Und durch die lange Straße zog ein einziges Grünen. Er sah die Farben – auch nur das Gelbgrün der Badezimmertür – und wurde offen. Der Bogen des Platanenzweigs ging durch seine Brust. Süßer Schmerz des Offenwerdens. Und wieder ging eine Frau vorbei, mit in der Sonne zitternden Lidern und spielenden Lippen, und er dachte: »Wir sind alle gleich!« Und dann kam der Moment des Zeithabens, und mit ihm die Erschütterung (4. April)

Immer wieder auch in den Evangelien Jesu finsteres Drohen, weil ER nicht erkannt wurde: »Zerschellen wird er ...«, »zermalmen« werde ich ...

Anzeige für »Nomaden«-Reise: »Au total plus de 20 aventures ...«

Statt »flüchten« setz dann und wann »entlaufen«, *ändere* auch nur ein (1) gewohntes Wort, und so wird deine Seele gesund (11. April)

Zeichen des Gehens, des Aufbruchs: ein ums Handgelenk gebundenes Schuhband

Ein Regentropfen fiel ihm in die Oberlippenfurche, eine Flocke streifte sie, und das war das Leben

Ein Lehrer sagte von seinem Schüler, dem späteren Meister: »Wenn er das Gefühl hat, nichts von mir gelernt zu haben, wäre dies das größte Kompliment für mich«

Das Herz »schmieden«, ist schon richtig; nur wie?

Und immer wieder ein Wort der Wörter in den Evangelien, so wie Jesus vor dem Ostermahl zu den Jüngern: »mit Sehnsucht habe ich mich gesehnt« (mit euch das Passah-Fest zu feiern vor meinem Leiden; Lukas 22,15; *epithymia epethymesa*)

Er hatte ein Geheimnis. Nur wußte er selber nicht, was dieses war. Doch manchmal wirkte es, und dann durchzog Freude die Welt

Die (tägliche) Trauer des Don Juan als sein Lebensmittel; ohne die Trauer weder Lebensgefühl noch Weltverbundensein (siehe oben)

Karfreitagmittag heute wieder, und der Hase aufspringend, mit schwerem Leib, aus dem lehmigen Weinberg von Suresnes, selber lehmfarben, emporrennend zur blauen Himmelslinie, und keine Glocken, kein Laut außer dem des schweren wuchtigen Hasenleibs trommelnd auf dem Erdboden (13. April 1990)

In der tiefen Nacht begleitete ich ein Ochsengefährt einen Berghohlweg hinunter. Immerzu streichelte ich den schlanken dunklen glatten Kopf des Ochsen, der einen so biegsamen wie straffen Leib hatte und im Gehen-Ziehen von den Wegsäumen das Gras rupfte. Er gehörte einer schönen Frau, die ihn mir anvertraut hatte. Und über das Tier erwachten wir zur Liebe füreinander (15. April)

Die Liebe kannst du nicht dem Geliebten versprechen. Ihr müßt sie einander einem Dritten versprechen (= Sakrament)

Erzählen und die Gefahr, zu verraten: immer wieder dieses Dilemma. Also nicht(s) erzählen? Aber der Psalm der Erzählung, trotz allem. Den bewahrenden, treuen, nicht ins verräterische Detail sich verirrenden Psalmenweg im Erzählen begehen; wozu jeweils der rechte Moment gehört

Das entschlossene Nichtzuhören als eine Art der Teilnahme. Das Fürsichwerden, während der andere sich öffnet und preisgibt, das Alleinwerden als eine Art der Aufmerksamkeit

Woran erkennst du die, die zusammengehören? – An ihrem Anflug von Trauer

»Er kam ins Mannesalter, indem er die Sorgen abtat von seinen Schultern« (»Der Bildverlust«)

Ostermontag: der seltsam stumpfe Tag nach dem Tag, dem Sonntag, der Auferstehung; er sollte als Feiertag abgeschafft werden (16. April)

Gestern: der lange Ostermontag, von Jukeboxlokal zu Jukeboxlokal, und dann endlich das Liebespaar: Wirt und Kellnerin im sonst leeren Gasthaus, sich lange und still und mit großen Augen küssend: »Ich muß dir etwas Schreckliches sagen, ich liebe dich«; und dann unter dem Gelb und Rot des Abendhimmels das kurdische Neujahrsfest in einer fremden Gasse, samt Gegrüßtwerden, wieder einmal, von Unbekannten, das schönste Grüßen (17. April)

Er ließ seinen Herzschlag in ihr Ohr, und Van Morrison sang: It's a marvelous night for a moondance. Und er hatte Lust, mit ihr für immer zu schweigen, nie mehr, mit ihr zusammen, den Mund zu einem Wort zu öffnen, ›faire silence ensemble‹ (dazu Hugo Wolf an Frieda Zimmer: »O daß wir doch ... immer Aug in Auge, Brust an Brust unser Leben verträumen dürften!« (23. April 1990/ 3. März 1894)

Verlieren wirst du, wenn du dich in deiner Kraft täuschst – in deiner Art Kraft

Ich schlief im Freien auf meinem Notizbuch wie einst Jakob auf seinem Stein Bethel; und was tat sich im Traum auf der Himmelsleiter? Das Rufen der Kinder (Parc Monceau, unter dem Ginkgo, 24. April)

»Seit er sie kannte, dachte er nicht mehr an den Tod« (»Der Bildverlust«)

Die »Berenice« von Racine, gegengelesen zur Übersetzung von »A Winter's Tale«: »1506 Verse, 600 in der Frageform«; und dazu das Gewimmel der weißen Fragezeichen der Kastanienblütenstempel jetzt auf den Gehsteigen (25. April)

Eine Spielart des Wortes »Fahrlässigkeit«: das Fahrenlassen, in Fahrt Kommen der Gegenwart in Gestalt der Bäume

Ein paar Gewohnheiten wollte er nicht mehr ändern: das im Dunkeln Sitzen in der Nacht mit Blick auf die Wand mit den Nachtschatten; das nach den Bäumen Schauen; das Heben, nicht nur am Morgen, des Kopfes ins Himmelblau (oder -grau); das tagtägliche sich auf den Weg Machen; das sich ins Leere Wenden (des »mystischen Lamms«); das zeitweise ins Laufen Kommen

Jesus sieht, nennt sich selbst den Diener in der Mitte: »Ich aber bin in eurer Mitte wie (als?) ein Diener« (Diakon) (Lukas 22,24)

Gestern: das Konzert Van Morrisons im »Olympia«: der freche Sänger, im Älterwerden gelöst *und* wild, mit den Mitmusikern als einer Bande von Laienpredigern, die Gitarren schräg gen Himmel gerichtet, auf einem feiertäglichen Feldweg nicht nur in Irland dahinmusizierend – die Geschichte des Sängers geht weiter (26. April)

Als die Jünger Jesus gegen die Häscher verteidigen wollen in der Nacht auf dem Ölberg, sagt er das Wort der Worte (vor allem auf griechisch): »Laßt! *Eâte*!«, mit lang-langem »*a*«

*Grund*gesetz: das Gehen

Wie gestern im Lauf des zunehmend schwülen Tages die Dinge in den Taschen schwer wurden, selbst die leichtesten (27. April)

Rückkehr des verlorenen Horizonts: durch das Gesicht der Liebe

Ein religiöser Mensch, das ist zum Beispiel der Joseph von Arimathäa im Lukasevangelium, denn er »erwartete das Königreich (des) Gottes« (23,51)

»Er ließ sich nichts sagen und lernte mehr und mehr dazu« (»Der Bildverlust«)

Die Liebe, das Vollgefühl; und wenn dieses nicht da ist: »Wo ist die Liebe? Wo ist sie nur?« (29. April)

Ein paar himmlische Mächte mögen mich zuzeiten sehen (gewahren) – und es genügt die Vorstellung

Leichtwerden! Und wie? Mit den Augen

»Wenn er nicht geliebt wurde, fühlte er sich verlassen; wenn er geliebt wurde, fühlte er sich bedrängt« (»Der Bildverlust«)

Auch Bob Dylans »Oh Mercy« ist voll von Fragen: »What good am I?«, »What did you want me to say?«

Die freigelassene Geisel im Libanon erzählte: »Ich weigerte mich (in der Gefangenschaft) zu lesen und fernzusehen, weil ich mich nicht zerstreuen wollte im Verlust meiner Freiheit« (2. Mai 1990)

Eine Art Betrug: die Geliebte mit einer anderen Art ihrer selbst zu betrügen, einer niedrigeren, lieblosen Form oder Weise ihrer selbst

Das strahlende »Ja!« mancher, gewisser Kinder

Der blinde Liebhaber gestern: »Wenn die Frauen schneller atmen, heißt das, ihre Seele kommt mir entgegen« (3. Mai)

Der Kontinent des Morgens – das Schrumpfland des Nachmittags (4. Mai)

Mein Heimatort war vollkommen leer. Aus einer fahlen Wolkendecke schneite es, »viel zu wenig«, dachte ich. Ich ging in ein Leintuch gehüllt durch den lautlosen, ausgestorbenen Ort. Im Gasthof traf ich dann doch auf ein paar Arme und Beine

Das griechische *ataraxia*, Unerschütterbarkeit, übersetz auch mit »Unenttäuschbarkeit«

Zum Mann werden? Mit ruhigem Begehren, ohne die Unruhe der Begehrlichkeit

Wie man doch das Dritte nötig hat, um einander als zwei wiederzufinden – das Dritte etwa als Umriß einer Amsel im Gras; die dritte Form, um sich und den andern als Form wiederzufinden (6. Mai)

Der Abend kam, und edlere Leute bevölkerten die Straßen« (»Der Bildverlust«)

Adverb für den Flug der Schwalben: fernhin

Die Kunst, was gab sie ihm? Den Herzsprung, den Herzsprung zu den Menschen

»Whole lot of people are dying tonight on the disease of conceit, a whole lot of people are crying tonight on the disease of conceit« (der Psalmensänger Bob Dylan); »a lot of people are seeing double tonight on the disease of conceit«

Nein, keine Kleidung, die »wappnet« (wie Wim W. erzählt in seinem Film über Yamamoto), sondern eine Kleidung, die verletzt; die öffnet; ernst und ruhig werden läßt; vor allem durchlässig macht; eine durchlässig machende Kleidung

»Er ging zu einer Verabredung in der Hoffnung, getötet zu werden« (»Der Bildverlust«)

Laß die Dinge tun, die Schuhe, das Hemd, den Bleistift

Eine Frau wirst du erst recht (bel et bien) lieben lernen, wenn du offen bist für ihre Zeichen, die Zeichen der Frau

Das Recht Don Juans; das Recht? Ja, er ist »im Recht« (11. Mai)

Verb für das Blau des Himmels: es »mahnt«

Der schönste Gang, die schönste Gangart: womit der, der geht, zeigt, daß er *alle Zeit der Welt* hat

Beim Heimweg von der Schule: der Kopftanz der Kinder (und neben mir liest jemand ein Buch mit Namen »Le livre des secrets trahis«, und zur anderen Hand leckt ein Hund einem kleinen Kind die Wimpern ab) (13. Mai)

»Spielerlaune«, »Erzählerlaune«: Wahre Wörter; zum Spielen wie zum Erzählen brauche ich eine »Laune«, eine jeweils verschiedene; und die Laune des Erzählens entspricht mir am ehesten

Glück, Raumverlust (nicht immer); Freude, Raumgewinn (nicht immer)

»Dank Harpo Marx ertrug er das grellste Fingerpfeifen auf der Straße« (»Der Bildverlust«)

Das Bild des Dritten (s. o.) – zum Beispiel jetzt des Spatzen auf einer Türschwelle, ist das Inbild des Göttlichen am andern; oder des Verlorenen, Suchenden am andern

»Er saß auf dem Platz bis zum ersten Kind« (»Der Bildverlust«)

Zweifach sich formen: durch das ganz Draußensein und durch das Tiefinnerste, die Schrift (16. Mai 1990)

»Auf der Terrasse des Cafés saßen zwei Liebende und trauerten. Im Maihimmelblau die Verläßlichkeit der Schwalben. Wer war der Erfinder des Hüpfschritts? In manchen Momenten hatte er immer noch das Bedürfnis nach einem Vater. Für eine Zeitlang wußte er nicht mehr, wo er war, und wann es war, und Staunen umgab ihn. Er schlief mit der Vorstellung ihrer Hand auf der Schulter, es war kein Traum, aber auch nicht die Wirklichkeit, es war *eine* Wirklichkeit. Es überkam ihn die Sehnsucht, allein zu sein mit ihrem Körper, mit ihrer Haut, nichts sonst, nur so allein zu sein. Der Ruck der Gewißheit der Liebe. Die Lindenblätter hatten etwas von Elefantenohren – Elefantenohren mit der Leichtigkeit des Paradieses. Angesichts eines Vorbeifahrenden war er wieder einmal lieber der, der ging ...« (»Der Bildverlust«, 15.–23. Mai)

»He's simple and tells much« (The Winter's Tale), und dann: »What colour for my visitation shall I / Hold up before him?«: colour, Farbe – hier: *Grund*

Gestern der Leser auf der Place Dauphine zu einem Buch (das er immer wieder lese): »Es läßt mich jedesmal zittern.« – Und vorher die Frage zweier

Mädchen: »Sind Sie Österreicher?« – »Ja.« – »Danke, das genügt.« (24. Mai)

»Er beschloß, widersprüchlich zu werden, und entdeckte, daß er das seit jeher schon war« (»Der Bildverlust«)

Verb für die Gegenwart: »spricht frei« (28. Mai)

Das Fest des Miteinanderseins: das Miteinandersein als Fest, nichts sonst, das Fest der freien Hände

Im Alpenteich ging wieder einmal mir nichts, dir nichts ein Kind unter, bei gleich geglätteten Wellen, und ich war wieder einmal zu leicht zum Tauchen

Aufbrechen zur Liebe, im zweifachen Sinn; »Liebe, brich mich auf«

Und wieder, und wieder: das Flittern der Rosen nach dem Regen

Arbeit oder Liebe? – Zurück zur Arbeit, um die Liebe wiederzufinden

Der Regen, lang ausgeblieben, tanzt fein um sich selber, als freue auch er sich über das Ereignis (Pfingstsonntag, 3. Juni 1990)

Worin bestand seine Zärtlichkeit? – In seinem (unwillkürlichen) Erzählen

Pfingsten in Gestalt des Nachtwinds; der Nachtwind als dein und mein Pfingstfest

Erlaube dir ein paar falsche Gesten am Tag; auch die können zu einem Tanz führen, dem »Tanz der falschen Gesten« (6. Juni)

»Mine own« sagt im »Winter's Tale« die Mutter zu ihrer wiedergefundenen Tochter (und heute habe ich die Übersetzung beendet, draußen im Garten des leeren Hauses, in dem ich auf den Einzug in mein Haus warte, an die Hauswand gelehnt, bei schwacher Sonne)

Bildverlust = Staunensverlust? (7. Juni 1990)

Eine Baguette lag auf der Jukebox, die ein deutsches Fabrikat war. Manchmal war auch ein Benzinkanister schön; hatte die richtige Größe, das richtige Gewicht, den richtigen Klang in der Hand. Der Kirschbaum des Vororts zeigte vor dem Regen Blätter, die welk wirkten. Der Stadtrand war, wo die Erde durchkam, gemustert in Sechsecken, als Schwelle. Mitten in der Stadt erschien dann jemand mit einem salzgrauen Salinenhocker unter dem Arm. Er sah eine Leiter und wollte daraufsteigen. Im Rinnstein schwamm das Richtscheit eines Maurers, und weiter unten in der Straße schob eine junge Briefträgerin ihr Rad mit der gelben Tasche. Zurück im Vorort, wurde ihm grün vor den Augen. Seine Wege waren einmal seine Himmelsleitern gewesen. Stumpf geworden im Lauf des Tages, schärfte er sich den Blick durch die Linse der Langsamkeit. Eine Blüte fiel ihm vom Baum, ihm. Während der Messe entsprach das »Herr, erbarme dich unser« der Menge am ehesten. Allmählich wurde er erfüllt vom Warten. Das Ansichtigwerden eines Musters, auch bloß des Kachelmusters an einem Küchenboden, genügte, und er faßte sich. Warum brannte ihm das Herz der Liebe fast nur im Schmerz und in der Trauer? Was tat das vielfältige Grün der Bäume? Es gliederte. Und was tat es noch? Es machte ihn zum Gegenüber. Und wieder erschienen die Spatzen als die Vögel des rechten Moments, und er nutzte die Zeit mit Nichtstun, und der Wind übernahm ihn. Ein Ankunftsgefühl hatte er nie in den Zentren, sondern in den Vororten. Endlich wußte er überhaupt nichts mehr. Er sagte: »Ich liebe dich«, und schämte sich, und hörte dann hinter sich noch jemanden sagen: »Ich liebe dich«, und ließ ab, sich zu schämen. Der Gummiring, der die Schriftrolle zusammenhielt, fiel zu Boden und bildete auch schon die Acht. »Was willst du?« fragte er sich selbst: »Oder nein: Was entspricht dir?« Und die Antwort: »Im Angesicht der Welt sein – keine andere Aktivität.« Es herrschte eine stille wuchtige Hitze, in der sich die wilden Erdbeeren röteten im Zusehen (8.–26. Juni)

Das Forschen und Entdecken der Poesie: das Besondere, die Spielart eines jeden einzelnen Dings erforschen – etwa, wie die Blätter eines Erdbeerhains sich anfühlen an der Innenseite des Unterarms, an der darüberstreichenden Handwurzel, am sie umgreifenden Handteller ...

Die Leiter (aus Holz) sah ich gerade als das Sinn- und Sinnenbild des Aus-mir-heraussteigen-Sollens, auch -Könnens; und ich zählte die Sprossen; und ich zählte mich an Hand der Sprossen aus mir heraus

Der Lichtmensch in ihm, wohin verschwand er immer wieder? Der Todesschweiß brach ihm aus während der Nacht zusammengekrümmt in einem fremden Kinderbett. Seine Sehnsucht, sein Bedürfnis nach Metamorphose waren aus auf *eine andere Gestalt*, in der *üblichen Umgebung*, und war das nicht schon in der Kindheit so? Es gab die unnachahmliche Stille, aber auch, in den vormittäglichen Vorstadtstraßen, eine nachahmliche. Immer wieder vergaß er, daß sein Grund, sein Existenzgrund, die Sprachlosigkeit war, oder das: »Nicht sprechen!«; sein Grund? seine Wirklichkeit. Mit sich selber redend, redete er oft zu schnell. Die Schwermut war haltlos; die Trauer, sie hielt. Was bedeutete jener »Todesschweiß«? Was *hieß* er? Denn er war ja keineswegs schon der Tod. Machen, machen, machen: Das war die Kraft der Trauer. Für ein paar Schritte entstand eine Kathedrale des Stummwerdens in ihm. Er betete um schwere Augenlider. Er schwieg und schwieg; schwieg im Namen seiner Vorfahren, schwieg im Namen des zitternden Grases. Es geschah, daß Birnen unter einem Gebüsch lagen. Es geschah, daß ein Zigarettenstummel weggeworfen wurde. Er ging bis zum Wegsteineleuchten. Die Seerosenblätter auf dem Vorortweiher klappten auf im Wind. Als er am Abend seine Tasche neben die ihre stellte, war das eine Art Heimkommen. All seine Sachen verschwanden im Lauf der Zeit, und zuletzt war nur noch ein Schuh übrig, in einem langen Flur, bewahrt von einem Hausmeister, aber es fehlte der andere Schuh. Er war mit den Gefühlen, dem Schauen, den Träumen – »von uns Menschen allen« – immer noch am Anfang; glücklicherweise? Und immer noch glückte es ihm, zu überraschen. Und immer noch sah er in gewissen Momenten den Zweiten Planeten namens Erde, fremd, geheimnisvoll heraustreten aus dem Ersten Planeten Erde, als den im Grunde ersten. Denken nannte er jenes, wobei sein Blick räumlich wurde. Nachtlang, ohne irgendein Zutun, herzten ihrer beider Leiber einander. »Ich habe Zeit«, das hieß auch: »Ich erlaube mir...« Es herrschte in ihm zwischendurch nichts als das Unverständnis – doch war das Unverständnis nicht auch eine Möglichkeit? Das größte der Märchen, das war das Märchen der Tage, der Jahreszeiten, der Jahre im Frieden – ein kleines rotes Elektroauto vorbeifahrend auf der Avenue, hinten an der Heckscheibe ein gepunkteter Ball. Es war die Stunde, da in den Hinterzimmern des Cafés, allein, am Spätnachmittag, die heimlichen Paare saßen. Es war die Stunde, da in den Vorabendautoschlangen die Zigarettenschachteln geschüttelt wurden und meist schon leer waren. Fern vom Geschehen – und das Geschehen setzte ein. Er begann zu glauben, daß sie ihn liebte – was für ein Staunen. Er staunte, daß es eine Freude war. Zwischen ihnen zeigte sich etwas Unzerstörbares; dieses allerdings, um unzerstörbar zu sein, mußte sich immer wieder auch *zeigen*? Er hatte eine Idee: ein Buch zu lesen, es lesen zu *gehen*. In jenen Momenten der unbestimmten, umso unbändigeren Schaffenslust war es ihm recht, keine besonderen Fertigkeiten zu haben. Das Zeichen des Poetischen: Es machte ihn handlungsfähig, in seinem Bereich. Ein einziges richtiges Wort am richtigen Platz kam ihm in den Sinn, und Liebe erfüllte ihn zum Auf-der-Welt-Sein; ein einziges richtiges Wort fädelte ihn ein in das Weltsein. In keinem Haupt- und auch keinem Eigenschaftswort hatte er sich bis jetzt wiedererkannt, oder überhaupt erst erkannt, wohl aber in den Zeitwörtern. »Kleine Wolken und Sonne«, kündigte das meteorologische Fenster an. Die Evangelien erzählten in einer Sprache der Durchdrungenheit vom Göttlichen, leisteten diesem »selbstredend« Gefolgschaft und erweckten so das Vertrauen. »Nie bin ich luzider als im Bergauffahren«, sagte der Etappensieger der Tour de France. Zum glückenden Tag gehörte das Projekt. Der Traum von der notwendigen Kunst, immer dringlicher wurde er, und immer mehr blieb er aus? »Heilige Schrift!« Sich durchs Leben schreiben; auf der Spur der Leere bleiben. Er war froh, nichts zu erzählen zu haben vom Krieg. Am frühen Abend, niemand mehr da als er, betrat er erstmals sein Haus: Prachtvolle Leere. Lesen! Auch das Lesen, nicht nur das Schreiben, in Augenhöhe!; Bekräftigung und Steigerung des Hierseins. Die lila Hortensien im Garten. Der Buchsbaum im Verborgenen. Das Gehen der Amseln in den Gebüschen. Das Einfliegen der Spatzen. Das erste Grillenzirpen des Jahres; Zirpen? »Zymbeln«; im hohen Gras. Das Sieden der Stille. Der schwere vielteilige Schlüsselbund seines Vorgängers: Würde auch er nun zum Schlüsselbundmenschen werden? Die Schlüssel eher rosten lassen? Im leeren Haus ein Brief mit Worten der Liebe, und er wußte auf einmal, wohin mit der Lavendelblüte in seiner Hand (28. Juni – 16. Juli 1990)